# la construction logique du monde

## DERNIERS OUVRAGES PARUS DANS LA MÊME COLLECTION

BARBARA J.-G., *La naissance du neurone*, 2010.

CARNAP R., *Logique inductive et probabilité 1945-1970*, introduction P. Wagner, traduction sous la direction de P. Wagner, 2015.

– *Testabilité et signification*, traduction Y. Benétreau-Dupin, relue par D. Chapuis-Schmitz, introduction P. Wagner, 2015.

DUCHESNEAU Fr., *Leibniz, le vivant et l'organisme*, 2010.

– *Organisme et corps organique de Leibniz à Kant*, 2018.

HEINZMANN G., *L'intuition épistémique*, 2013.

*Helmholtz. Du son à la musique*, textes éd. par P. Bailhache, A. Soulez et C. Vautrin, 2011.

JOLY B., *Descartes et la chimie*, 2011.

LACOUR Ph., *La nostalgie de l'individuel*, 2012.

LASSÈGUE J., *Cassirer. Du transcendantal au sémiotique*, 2016.

LECLERCQ B., *Fondements logiques et phénoménologiques de la rationalité mathématique chez Husserl*, 2015.

LEIBNIZ G. W., *Mathesis universalis. Écrits sur la mathématique universelle*, textes introduits, traduits et annotés sous la direction de D. Rabouin, 2018.

ŁUKASIEWICZ J., *Écrits logiques et philosophiques*, 2013.

MANCOSU P., *Infini, logique, géométrie*, 2015.

MÉLÈS B., *Les classifications des systèmes philosophiques*, 2016.

UZAN P., *Conscience et physique quantique*, 2012.

MATHESIS
Directrice : Hourya BENIS SINACEUR

**R. CARNAP**

# la construction logique du monde

Introduction de
**Élisabeth SCHWARTZ**

Traduction de **Thierry RIVAIN**
revue par **Élisabeth SCHWARTZ**

*Ouvrage publié avec le concours du Centre national du livre*

PARIS
LIBRAIRIE PHILOSOPHIQUE J. VRIN
6 place de la Sorbonne, V$^{e}$

2019

Rudolf Carnap, *Der logische Aufbau der Welt*
Philosophische Bibliothek, Band 514




*Imprimé en France*

ISSN 1147-4920
ISBN 978-2-7116-1584-1

*www.vrin.fr*

# INTRODUCTION À LA TRADUCTION FRANÇAISE

*« mein erstes grösseres Buch »*

L'ouvrage dont nous présentons aujourd'hui la traduction [1], et dont on peut penser que, bien au-delà de sa reconnaissance par toute une tradition de philosophie de la logique, du langage et de la connaissance, qui l'a déjà consacré comme un classique en Angleterre et aux États Unis, la terre d'exil ayant devancé dans l'accueil la terre natale d'Europe continentale, il s'imposera absolument comme l'un des legs les plus durables du XX$^{e}$ siècle au patrimoine universel de la philosophie, est aujourd'hui encore un livre peu connu, et peu lu du public français, auquel il se présente pour la première fois en sa langue, et plus de soixante dix ans après la première publication du texte original par son auteur, Rudolf Carnap, (1891-1970).

Qu'il nous soit donc permis ici d'accompagner de quelques mots de présentation une traduction, dont on peut gager que, permettant enfin à l'ensemble du public francophone de combler un retard de lecture, elle rendra ces mots bientôt inutiles, et qu'elle constitue à elle seule la meilleure introduction à l'esprit de la philosophie de Carnap, mais aussi, peut-être, que, déliant les aujourd'hui encore bien rares lecteur français de Carnap de l'accès par l'anglais, qui marque encore tant le commentarisme spécialisé, elle risque de permettre un renouvellement de l'interprétation savante. Tel est en effet le double, et par là paradoxal, premier bienfait que l'on peut attendre de la traduction française. Elle vaudra pour certains lecteurs découverte et première approche d'un texte encore inconnu, en son contenu; mais aussi peut-être pour d'autres révision, en plus d'un point

1. *Der logische Aufbau der Welt* Publié à Berlin –, Weltkreis-Verlag, en 1928; réédité d'abord en 1961 et tout récemment en 1998 par la Maison Meiner, à Hambourg. La bibliographie du second grand ouvrage, *Logische Syntax der Sprache* paru à Vienne en 1934, indique le titre comme comme désormais chez Meiner à Leipzig.

sensible, du « bien connu » qui en fixait la forme. La présente introduction voudrait préparer, si l'on ose dire, à ce double effet de surprise.

## *L'AUFBAU*, UN CLASSIQUE AMBIGÜ

L'ouvrage que la toute récente réédition allemande présente comme le « *Hauptwerk* » d'un des représentants les plus éminents du positivisme logique dans l'école philosophique du Cercle de Vienne est déjà reconnu comme un classique par la tradition qui se définit comme philosophie analytique. L'*Aufbau* de Carnap est loin encore de jouir en France aujourd'hui d'un tel statut. Et comment pourrait-on enseigner dans les classes une philosophie qu'il faut d'abord traduire ? Mais l'on objectera que l'allemand de Carnap n'a justement pas fait obstacle à la transmission de sa pensée aux États Unis. La traduction de l'*Aufbau* fut tardive, aussi, en langue anglaise. Tandis que le second des grands ouvrages de l'auteur, paru à Vienne en 1934, sous le titre original de *Logische Syntax der Sprache,* au volume 8 des *Schriften zue wissenschaftlichen Weltauffassung,* et par là même associé à la philosophie d'ensemble du Cercle de Vienne[1], sera traduit, et publié en anglais dès 1937, sous le titre, sans référence à la collection de Schlick, de *The logical syntax of language,* en une version revue et corrigée par Carnap lui-même qui, ayant émigré aux États Unis en 1935, s'explique en une Préface signée de mai 1936 à Cambridge[2]. Et, sous l'influence, on le sait, de W.V.O. Quine, le plus illustre des disciples de Carnap, qui devait encore dédier l'un de ses ouvrages philosophiques les plus saillants, *Word and Object*, paru en 1960, « *à Rudolf Carnap, Teacher and Friend* », et dont Carnap avait tenu à mentionner le nom dans la Préface de 1936 au titre des remerciements pour l'aide à la traduction[3], c'est bien

1. Le texte paraît à Vienne chez Springer, avec P. Frank et Moritz Schlick pour éditeurs scientifiques.

2. L'ouvrage paraît à Londres chez Routledge et Kegan Paul, dans la traduction d'Amethe Smeaton, Countess von Zeppelin. Il contient 21 sections ne figurant pas dans le texte publié en Allemagne, et dont Carnap indique qu'elles figuraient dans le manuscrit allemand soumis en 1933, mais n'avaient pu y figurer faute de place, et avaient pour l'essentiel été publiées à part, sous les titres respectifs de *Ein Gültigkeitskriterium für die Sätze der klassischen Mathemati*k (Un critère de validité pour les énoncés des mathématiques classiques) et « *Die Antinomien und die Unvollständigkeit der Mathematik* » (Les antinomies et l'incomplétude des mathématiques). Ces deux textes figurent respectivement aux Volumes 42 et 41 des *Monatshefte für Mathematik und Physik*, parus à Leipzig en 1935 et 1934.

3. Préface de l'édition anglaise, p. XII, le « Dr. W.V. Quine alors remercié par son maître n'avait pas atteint la trentaine. Il a su témoigner, après la disparition de Carnap en 1970, de la

plutôt à cet ouvrage, régulièrement réédité du vivant de Carnap, qu'à *l'Aufbau* que se trouvèrent d'abord associés dans la philosophie américaine du XXe siècle l'œuvre et le legs du Carnap européen. La traduction anglaise de l'*Aufbau* paraitra en 1967, près de quarante ans après l'original, et trois ans seulement avant la mort de son auteur[1].

Aussi est-ce, même dans les ouvrages en langue anglaise, ou de tradition analytique, en réalité à un classique assez peu fréquenté que l'on a pendant assez longtemps fait référence, en évoquant l'*Aufbau*, consacrant en quelque sorte par prétérition et en un hommage ambigu, à travers le grand ouvrage de 1928, en vérité le « second logicisme », de Carnap, celui de la *Logische Syntax der Sprache* autant et plus que le premier, et en un hommage orienté par la critique de Quine, qui vise en son célèbre article de 1951, *Two dogmas of empiricism*, autant et plus que le second logicisme, le second empirisme logique de Carnap.

De cette relative négligence du texte de l'*Aufbau* qui ne fut longtemps étudié en son détail technique qu'à travers la magistrale étude de Nelson Goodman[2], même ou peut-être justement parmi les connaisseurs de la *Syntaxe logique du langage*[3], témoignent depuis une vingtaine d'années maints travaux de philosophes américains voués à « reconsidérer », ou « revisiter » l'histoire de ce qui est considéré, s'agissant de Carnap, mais aussi de Frege, comme une des origines de la philosophie analytique, et

qualité d'accueil du Carnap d'avant Guerre pour le jeune homme inconnu qu'il était lors de sa rencontre avec » l'ancienne Vienne ».

1. La traduction de Rolf A. George paraît chez Routledge et Kegan Paul. Dans sa Préface datée de décembre 1963, à East Lansing, Michigan, le traducteur indique (p. XX), qu'il a pu consulter à maintes reprises le Professeur Carnap, mais que ce dernier n'a pas supervisé la traduction. La traduction contient quelques notes de bas de pages, absentes de l'original, et qui donnent justement l'original allemand de certains termes. Deux notes, aux § 3 et 88, font état de modifications au texte suggérées par Carnap à son traducteur.

L'ouvrage comporte également la traduction de la brochure de Carnap, publiée la même année et chez le même éditeur que l'*Aufbau : Scheinprobleme in der Philosophie : Das Fremdpsychische und der Realismusstreit.* Dans *sa Note pour la troisième édition*, datée de juin 1966, et qui se trouve reproduite dans le texte de l'édition Ullstein, aujourd'hui épuisée, publié en 1979, à partir du texte de la quatrième édition de 1974, elle-même épuisée, Carnap indiquait que cette brochure, présente dans le texte de la seconde édition, n'y figurait plus désormais, puisqu'entre temps publiée dans la série « Theorie » chez Suhrkamp avec une introduction de Günther Patzig.

La Préface de la seconde édition contient une page consacrée par Carnap à la présentation de cette brochure. Ce passage est évidemment traduit dans la version anglaise. Il a disparu des éditions allemandes depuis la publication séparée de *Scheinprobleme.*

2. In *The Structure of Appearance,* Harvard U.P., 1951 ; trad. fr., J.-B. Rauzy (coord.), Paris, Vrin, 2003.

3. Nous donnons désormais le titre en français.

dont apparaît de plus en plus clairement la spécificité, tant sur le plan technique que philosophique, par rapport à l'origine russellienne [1].

Mais en témoigne, également, et autrement, l'histoire de la réception française de l'œuvre. C'est par l'enseignement, et l'œuvre, de Jean Cavaillès, brutalement interrompus par la Guerre, que s'est surtout effectuée la transmission de la philosophie de Carnap, que l'auteur avait lue et discutée dès la publication, comme il avait été à la rencontre de l'Ecole de Vienne aux mêmes années et en un même enthousiasme, mais bien différemment orienté, que celui qu'a décrit Quine. Or c'est à la première génération de ses élèves que l'on doit les premières études de détail, en France, consacrées à l'*Aufbau,* celles de J. Vuillemin et G. Granger [2]. L'explication serrée qu'entretient avec le logicisme de Carnap la Conclusion de la Thèse principale de Cavaillès, soutenue en janvier 1938, et publiée depuis chez Hermann « *Méthode axiomatique et Formalisme. Essai sur le problème du fondement des mathématiques* », et plus encore l'ouvrage posthume *Sur la Logique et la Théorie de la Science,* s'adressent à l'auteur de la *Syntaxe logique du langage.* L'*Aufbau* ne figure pas dans la bibliographie du premier ouvrage, qui commence avec *l'Abriss der Logistik* de 1929.

Carnap lui-même, enfin, serait-il responsable de cette ambivalence de la mémoire et de la référence à son *Hauptwerk* ? C'est une idée que l'on a pu avancer, fortifiée par le manque d'empressement de l'auteur pour une traduction anglaise. Or, d'une part, on peut tout aussi bien penser qu'il ait pu trouver plus naturelle une telle traduction une fois seulement que fut

1. Nous pensons en particulier aux travaux de M. Friedman, dont les titres sont parlants à cet égard, Ainsi son *Carnap's Aufbau Reconsidered* (1987) in *Reconsidering Logical Positivism*, 1999. Le lecteur trouvera un panorama de l'actualité dans le recueil collectif dont nous avons pris connaissance au moment de remettre notre manuscrit à l'éditeur : *Carnap et la construction logique du monde,* S. Laugier éd., Paris, Vrin, 2001.

2. Le livre de J. Vuillemin *La logique et le monde sensible*, Paris, 1971, contient une partie consacrée aux catégories du monde sensible, qui présente une étude de l'*Aufbau* (p. 251-281) et une étude du livre de Goodman. L'auteur y indique (p. 271, note 5) comme l'original de ce chapitre un article paru dans la *Revue L'Age de la Science,* oct. déc. 1969, n°4. Il fut rédigé, indique l'article, lors d'un séjour de l'auteur à *l'Institute for Advanced Study* de Princeton : *« La "constitution" selon Carnap : la construction logique du monde »* (p. 303-333). L'article précise en l'endroit cité une difficulté liée au concept de dimension.

Un premier article de Granger est paru en 1983 sous le titre *« Le problème de la "construction logique du monde" »*, n°144-145 de la *Revue Internationale de Philosophie ;* un second se propose une comparaison entre le *Tractatus* et *l'Aufbau « Logisch-philosophische Abhandlung* et *Logischer Aufbau der Welt ».* Il est publié dans les Actes du 9^e^ Colloque Wittgenstein de Kirchberg en 1984, *Wien*, Hölder-Pichler; Tempsky 1985. Ces articles sont aujourd'hui la seule forme de publication que l'auteur ait donnée des Séminaires d'Aix alors consacrés à l'*Aufbau,* et qui ont inspiré plusieurs travaux, dont celui de son élève J. Proust, dont le livre tiré de la Thèse soutenue à Aix, *Questions de forme*, aujourd'hui épuisé en France, n'est accessible hors bibliothèque qu'en traduction anglaise d'A. Brenner.

disponible à nouveau, en Allemagne même, le texte original. La Préface écrite en 1961 pour la seconde édition chez Meiner exprime à cet éditeur sa gratitude pour avoir rendu à nouveau accessible au public un ouvrage dont non seulement les exemplaires imprimés, mais les plaques d'impression avaient été détruits pendant la Guerre. Elle le remercie également à cette occasion, en son nom et en celui de ses amis du Cercle «*pour avoir poursuivi dans les années trente, malgré toutes les difficultés politiques, et aussi longtemps que ce fut possible, la publication de notre Revue «Erkenntnis»*». L'après guerre avait aussi ses difficultés, qu'ont dites les éditeurs allemands du *Nachlass* de Frege, identifié en 1935 par H. Scholz, en partie détruit par les bombes et publié enfin en son premier tome un an seulement avant la mort de Carnap… D'autre part, et surtout, préfaçant en 1961 cette seconde édition du *Hauptwerk* en sa langue originale, Carnap, certes, identifie plusieurs changements à faire en tel ou tel point de l'ouvrage, en tel ou tel de ses choix, comme il est naturel, on va le voir, à ce style de philosophie fidèle à l'enseignement vif des sciences et de la logique telles qu'elles se font. Mais il redit sans ambiguité la permanence de la position défendue, et de l'attitude choisie, en 1928 : «*Der Logische Aufbau der Welt fut mon premier livre important, le premier essai de mise en ordre systématique de mes réflexions philosophiques antérieures*» Réflexions dont il précise qu'elles se sont cristallisées pour la première fois dans les années 1922 à 1925. «*Lorsque je lis à présent les anciennes formulations, je trouve bien des endroits que je formulerais autrement aujourd'hui ou que je rejetterais même complètement. Mais je reste toujours d'accord avec l'attitude philosophique qui est à la base de ce livre*».

«*Mon premier livre important*», «*mein erstes grösseres Buch*», mon premier essai de mise en ordre systématique «*systematische Ordnung*», le systématique caractérisant en réalité la maîtrise d'une méthode portée à la hauteur d'un absolu. C'est elle bien plus qu'un système, et ce n'est surtout pas un système à contenu autre que formel, qui demeure l'invariant. C'est à cette décision de prendre le parti des formes que tient l'attitude philosophique à laquelle Carnap se savait fidèle. N'est-ce pas la première des explications que l'on peut trouver à ce statut paradoxal de l'*Aufbau* comme classique ignoré d'une tradition moins inconstante que consciente d'avoir hérité de l'auteur une méthode de pensée formelle, et non un fonds doctrinal; et une méthode qui peut et doit dépasser toujours ses coups d'essai, fussent-ils des coups de maître?

## L'*AUFBAU*, MAÎTRE OUVRAGE OU ŒUVRE DE PERCÉE ?

S'il se sent toujours en accord en 1961 avec l'*Aufbau*, c'est, précise en effet Carnap, avant tout quant à la position du problème (*die Problemstellung*) et quant aux » *caractéristiques essentielles de la méthode* ». Le problème principal (*Hauptproblem*) est à ses yeux celui de « *la possibilité d'une reconstruction rationnelle des concepts de tous les domaines de la connaissance à partir des concepts qui se rapportent au donné immédiat* ». Problème général, problème classique, qu'il formule dans la Préface de 1961 dans les termes d'une nouvelle synthèse à trouver entre l'empirisme et le rationalisme de la tradition, qui ferait droit à ce que chaque thèse contient de correct, et qui échappe en partie à chacun des protagonistes : l'importance de la donnée sensible, celle de la mise en forme rationnelle. Synthèse dont on voit bien, et le livre de 1928 l'avait montré, qu'elle peut sembler reprendre à son compte le problème kantien, voire même déjà leibnizien, d'une synthèse à trouver entre empirisme et rationalisme, mais au nom d'une conception toute nouvelle des rapports de la logique à la mathématique et à la connaissance, qui lui permettra d'obtenir le résultat cherché précisément sans jamais faire appel à des synthèses *a priori* au sens kantien, c'est-à-dire subjectives, ni à des réalités immédiatement données comme idéales. Problème classique, donc, de philosophie de la connaissance, et dont l'ouvrage de 1928 ne manquait pas d'indiquer la parenté, elle aussi limitée, avec l'entreprise de la phénoménologie husserlienne. Et cela non seulement en sa prise de conscience de l'importance de la nouvelle mathématique abstraite ou, dit négativement, de l'étroitesse de la philosophie kantienne des mathématiques et de la logique, qui menace cette dernière de rechuter dans le psychologisme qu'elle combat : c'est ici le legs des premières *Recherches Logiques* de Husserl ; mais encore en sa critique de la naïveté de la métaphysique, critique alors adressée au rationalisme classique au nom de l'exigence de retour au donné : c'est ici le sens de la référence de l'*Aufbau* aux *Ideen*.

Mais ce par où Carnap était conscient d'innover, c'était moins par le choix d'un empirisme renouvelé parce que logique, et détourné, comme on l'a remarqué, du statut d'instrument du scepticisme, pour tenter d'être élevé à la gloire de la science ; c'était moins parce qu'en ce positivisme il donnait de la critique de la métaphysique une version plus générale, parce que plus neutre et moins dépendante de formes dépassées de l'idéal même de science positive, que la version transcendantale. C'était par la confiance mise dans les ressources méthodiques offertes par ce qu'il nomme la nouvelle logique, ou la logistique, à la philosophie. Et, surtout, par leur mise en œuvre *effective*.

L'effectivité des conditions de possibilité de la réduction au donné, voilà la nouveauté radicale du propos. Et la permanence de l'attitude, redite en 1961 : « *Mon livre devait traiter la thèse de la possibilité de principe de ramener tous les concepts au donné immédiat. Mais la tâche que je me fixai n'était pas d'ajouter de nouveaux arguments à ceux, nombreux et d'ordre philosophique général, que l'on avait avancés jusque là en faveur de cette thèse. Mon intention était bien plus d'entreprendre pour la première fois la tentative de construire effectivement un tel système* ».

Sur le nombre des concepts de base, concept unique en 1928, et qui est en réalité une relation entre vécus élémentaires, (*Ähnlichkeitserinnerung*), sur la nature des éléments de base, les vécus en 1928, sur le choix même de la base, le domaine du psychisme propre, en 1928, il est possible de varier, choisissant de privilégier une pluralité de concepts de base en place de la relation unique d'*Erinnerung*, ou de choisir des *sense-data* plutôt que des vécus comme éléments, une base physique enfin, plutôt que psychique. Et cela, Carnap ne manque pas en 61 de le souligner, *l'Aufbau* en avait explicitement laissé ouverte la possibilité. La forme d'effectivité qui est choisie peut varier. L'exigence d'effectivité est un absolu. Et c'est ici qu'entre en jeu aux yeux de Carnap la signification inégalée de la nouvelle logique pour l'ensemble de la philosophie, (*für die gesamte Philosophie)* et non pas seulement pour « *le cercle étroit des mathématiciens et des logiciens* » qui lui ont jusqu'alors – en 1928 – presque seuls accordé attention.

Au rang des rares esprits qui avaient saisi cette importance, il comptait certainement alors le Russell des *Principia* mais aussi de *Our knowledge of the External World* et le Wittgenstein du *Tractatus*. Mais la sévère ordonnance systématique du *Tractatus*, qui n'a peut-être aujourd'hui encore pas été entièrement débrouillée par les commentateurs, n'est assurément pas celle d'une construction effective. On peut même dire que Wittgenstein tenait à en avoir évité ce qu'il considérait comme un des leurres, et en lequel dès les Conversations avec Waismann il se reprochait même d'être encore trop resté captif, sacrifiant malgré lui, reconnaît-il, à une forme de dogmatisme quant à la nature des propositions élémentaires. Dogmatisme qu'il indique comme bien plus présent chez Carnap en son effort d'une construction effective[1]. A l'inverse, l'idée carnapienne de ne proposer les

1. La référence à l'*Aufbau* est faite au début du texte du 9 décembre 1931, intitulé *Uber Dogmatismus* dans le recueil de textes publiés en 1967 par Waismann sous le titre *Wittgenstein und der Wiener Kreis*. Il n'est pas sûr, quel que soit l'ampleur des différences entre les deux philosophies et les deux philosophes, que Wittgenstein ait ici pourtant pris toute la mesure de la sensibilité de Carnap à l'idée, qui est peut-être le fond même de la thèse de neutralité de la constitution, que seule compte la démonstration de *possibilité* d'une constitution, qui ne se justifie jamais de manière isolée face à l'expérience ou au donné, mais à

constructions effectives qu'au titre d'esquisses, *(Entwurf)*, dont l'objectif est de valoir pour démonstration constructive de la *possibilité,* qui seule intéresse, d'un système de constitution formelle, dont *la Darstellungsform* doit pouvoir laisser libres les choix de langage qu'aucune expérience isolée, ni même aucun domaine d'objets repéré par avance ne saurait légitimer – cette idée conduisait sans doute l'auteur de l'*Aufbau* à s'avancer, comme Wittgenstein, dans l'horizon qu'il pensait comme lui ouvert à la philosophie *dans son ensemble* par la « nouvelle logique » qu'il emprunte à Frege et Russell. Dans son ensemble, et au titre d'un système, dont l'ordonnance est certes plus à comprendre sur le mode d'une Encyclopédie unifiée qu'exaltera bientôt le Cercle, que d'un système spéculatif, mais qu'il n'est pas non plus question pourtant de réduire à une collection d'esquisses réussies de cette méthode dont Carnap admire les succès, dans les *Principia,* où se trouve selon lui, en 1928, résolu définitivement le problème de constitution des objets mathématiques, et dont il a vu que le Russell de 1914 avait reconnu l'applicabilité effective à la philosophie de la connaissance du monde extérieur. Sans doute l'*Aufbau* peut-elle se lire comme la réalisation effective de ces ouvertures russelliennes dont Carnap a dit dans son Autobiographie les avoir ressenties comme un appel. Mais en un usage bien différent de l'outillage logique, marqué par la systématicité, qui autorise et prescrit même sa neutralité métaphysique. C'est en ce double sens, et en ce double héritage à bien des égards contrasté, de Russell et de Wittgenstein, qu'il pourra, si légitimement, et avec le recul de sa Préface américaine de 1961, revendiquer par rapport à la tradition, empiriste ou rationaliste, pré-logiciste, mais aussi par rapport à Wittgenstein, l'originalité d'un système *effectif,* et par rapport à Russell d'une effectivité *systématique.* «*Mon intention était bien plus d'entreprendre pour la première fois la tentative de construire effectivement un tel système*».

Cette construction effective d'un système dépend donc d'abord du renouvellement apporté, tant à la position leibnizienne que kantienne du problème de la connaissance, par ce que Carnap nomme en 1928 «logistique» ou «nouvelle logique» par rapport à l'*Organon* aristotélicien. On comprend alors immédiatement pourquoi Carnap lui-même, et les lecteurs fidèles à sa manière de philosopher, ont pu, et dû, non pas «oublier» et moins encore renier le *Hauptwerk* de 1928, mais le remanier sur ce point précis où il y allait de sa première et durable originalité : sa manière de penser, et de faire, de la logique. Comme s'agissant de Russell, et justement pas dans le cas de Wittgenstein, l'effectivité du traitement

l'intérieur d'un *système* de constitution. Simplement, pour lui, seule une esquisse effective de ladite *Darstellungsform* peut valoir démonstration de possibilité.

logique imprime sa trace dans le système, où elle tend très naturellement à effacer les formes qu'elle retravaille. En 1928, Carnap fait fond, parlant de la nouvelle logique, sur celle dont il voit tout à la fois la création et l'utilisation dans l'œuvre de Russell, renvoyant aux *Principia,* et négligeant précisément, de son point de vue, de prendre en compte les variations de la philosophie des *Principles* à celle des *Principia,* qu'il assimile plus brutalement encore à celle de Frege dans la référence qui s'y trouve faite. Lui suffit, semble-t-il, que ce qu'il nomme constitution des objets de la logique et des mathématiques s'y trouve à ses yeux d'ores et déjà achevé par le moyen de cette nouvelle logique. (§§ 25, 35, 107).

Or on a pu d'une part, et notamment dans la lumineuse lignée des travaux ouverts par le désormais classique article de Van Heijenoort[1], associer cette confiance en le caractère absolu de la logique nouvelle à ce que ce grand logicien nommait l'universalisme logique, associé à l'interprétation de la logique comme langage plutôt que comme calcul. Mais langage en un sens universel, auquel est devenue étrangère la conception sémantique, ou dite « model-théorétique » de la logique post-tarskienne, notre « nouvelle logique », devenue entièrement mathématique en un sens que ni Frege ni Russell n'avaient prévu. Le « logicisme » tirait presque tout son sens, principalement en son opposition au formalisme en matière de fondement des mathématiques, de cette universalité et unicité de la juridiction du logique sur tout le pensable. Il n'est possible ici que d'évoquer la question de savoir dans quelle mesure, et surtout par quelles procédures effectives, cet idéal a su, dans la philosophie de Russell, survivre au problème posé par les Antinomies. Et celle de la différence entre un universalisme du type de celui de Frege et Wittgenstein, où il est impensable de prendre la syntaxe logique pour objet, et l'universalisme que Russell et Carnap ont entrepris de préserver une fois devenues inévitables les caractérisations métathéoriques à l'intérieur de la logique. Il suffit de noter que leur apparition éclatante dans le premier théorème de complétude de Gödel, et dans ses deux théorèmes d'incomplétude, bouleverse le paysage logique, deux et trois ans à peine après la publication de l'*Aufbau.* S'il est possible pour Carnap de tenter de développer encore ce que F. Rivenc a nommé un universalisme positif, pour le distinguer de celui, négatif, de Frege et Wittgenstein, c'est bien dans la mesure où prime le point de vue de l'effectivité. Et c'est en son effectivité même que, peut-être, tient à la fois le caractère grandiose de l'œuvre, définie par un projet dont on ne pourrait dire l'échec, sauf à fixer d'avance de contingentes limites, et qu'il faut

1. *Logic as calculus and logic as language*, 1967 reproduit avec d'autres textes abordant cette même idée in *Selected Essays*, Bibliopolis, Naples, 1985.

suivre en la nécessité de son mouvement même dans une histoire qui semble le conduire à son autre absolu, le moment sémantique du dernier Carnap, ou le point de vue de la théorie des modèles, mais l'y conduire en vertu de sa propre nécessité[1].

Ainsi comprend-on que *le Hauptwerk* ait pu être traité en ouvrage de percée, et par là même voué à s'effacer derrière la méthode sans qu'il y aille, bien au contraire, d'une ignorance du projet de *l'Aufbau.* Et qu'à la différence de la phénoménologie husserlienne, en laquelle aussi la méthode suspend les évidences naturelles, mais aussi doctrinales, ici l'effectivité du logique se déploie dans l'élément d'une histoire. Histoire en ce sens où très précisément seul, écrivait Heinrich Scholz en 1931[2], l'avènement de ce que l'on appelait alors la logistique, la nouvelle logique dont parle le Carnap de *l'Aufbau,* permet d'user de ce mot par application à la logique. Et cela en renversant une tradition séculaire, naguère encore revivifiée dans le style transcendantal, et pour laquelle la pureté de cette science ou de cette discipline se paie d'une clôture absolue sur elle-même comme sur le fonds propre à la Raison qui n'a en elle, et scellant ainsi sa parenté profonde avec la métaphysique, affaire qu'à elle-même[3]. Avec l'effectivité de la nouvelle logique, c'est bien l'expérimentation qui s'introduit en logique, selon Scholz[4], et avec celle-ci cette possibilité de « *revanche du technique* » qu'avait dite J. Cavaillès, puisqu'« *il renverse les constructions effectuées dans un abstrait qui le dépasse* »[5]. C'est selon ce dernier une telle revanche que prend, entre autres résultats mathématiques, le théorème d'incomplétude de Gödel sur le concept abstrait de théorie nomologique chez Husserl. C'est qu'en effet si « *le progressif est d'essence* » en histoire des mathématiques et si « *les décisions qui le négligent se perdent dans le vide* »[6], l'objection qui, ici, vise la syntaxe universelle du Carnap de la *Syntaxe logique*

1. Pour l'interprétation philosophique de ce rapport singulier, parce que contrasté, de Carnap à l'universalisme, et d'abord pour la précision ici apportée par son auteur au concept de Van Heijenoort dont il explore la lignée, nous renvoyons aux analyses de F. Rivenc, in *Recherches sur l'universalisme logique*, 1993.

2. H. Scholz, *Abriss der Geschichte der Logik,* 1931, Verlag Karl Aber, Freiburg-München. Traduction française par E. Coumet, F. de Laur, J. Sebestik, introduite par J. Vuillemin, Paris, Aubier-Montaigne 1968.

3. Voir par exemple Kant, K.R.V., Préface de la 2e édition, B VIII : si *« sie seit dem Aristoteles keinen Schritt rückwärts hat tun dürfen »* et si lui est évité le tâtonnement préalable à la science, *« sie auch bis jetzt keinen Scritt vorwärts hat tun können, »* lui est inconnu le progrès. Ni pas en arrière, ni pas en avant, d'où le verdict de complétude et de clôture *« und also allem Ansehen nach geschlossen und vollendet zu sein scheint ».*

4. *Loc.cit.* chapitre III, traduction française, p. 103.

5. J. Cavaillès *Sur la Logique et la Théorie de la Science,* ouvrage posthume, Paris, P.U.F., 1947, p. 72 ; 2e édition, Paris, Vrin, 1997.

6. *loc.cit.*, p. 70.

*du langage*, porte aussi contre la « synthèse approfondissante » que représente aux yeux de Cavaillès[1] la phénoménologie husserlienne entre la théorie de la conscience et la forme kantienne de la clôture logique d'une part, le logicisme carnapien qui a su intégrer le progrès dans la logique, et faire droit au système plutôt qu'à la conscience, de l'autre[2].

Si donc l'effectivité de la méthode philosophique de l'*Aufbau* inscrit son auteur dans une histoire qui, comme toute histoire véritable, réserve des surprises propres à mettre en jeu, plus que ses résultats ou prédictions matérielles, jusqu'à la forme même de leur anticipation systématique, et si ici l'histoire de la logique devait se précipiter si peu de temps après la publication du premier grand ouvrage de philosophie conforme à la pureté de son style, loin d'être une énigme, le statut ambigu de l'*Aufbau* porte l'un des témoignages les plus éclatants de ce nouvel esprit philosophique, cherchant comme d'autres au même moment « l'authenticité » du philosopher, mais le cherchant dans cette forme austère de « responsabilité de soi » qu'avait saluée Scholz, en la nouvelle logique mise « *au foyer d'une nouvelle façon de philosopher* »[3].

Il serait par là possible de soustraire ainsi en partie le premier Carnap aux critiques visant le moment d'instabilité de la *Syntaxe logique du langage* du point de vue de l'histoire de la logique, et qui auraient porté plus à vif encore s'agissant de l'*Aufbau*. Dans sa *pratique* de théoricien de la systématicité effective, délaissant lui-même son premier grand œuvre à peine mis au jour pour l'écriture de la *Syntaxe logique du langage*, dont se détournera à son tour le Carnap de *Meaning and Necessity*, l'auteur de l'*Aufbau* donnerait à voir une sensibilité préservée, sous le, ou plutôt justement *les* revêtements des abstractions de ses constructions successives, à l'idée que la logique est ouverte à une histoire. Histoire rationnelle et qui en ce sens, comme dit encore, mais contre Carnap, Cavaillès « *n'a rien à voir avec l'histoire, mais est le caractéristique de l'intelligible* »[4]. Histoire pourtant au sens, repris de Hegel, où en l'enchaînement formel, s'il s'agit bien de la vie des formes et non d'abstraction arbitraire, l'essentiel est « *son progrès nécessaire et chaque fois conditionné par l'effectif* »[5]. A l'idée, que fait valoir pourtant contre le logicisme Cavaillès, selon

1. *Loc.cit.*, p. 44.

2. C'est ainsi que Cavaillès nous apprend à lire le chemin que suit le Husserl des *Prolégomènes* en son élargissement de la conception kantienne de la clôture logique, incriminée au § 58, tant du côté du contenu par référence à la théorie formelle des multiplicités, que du côté de la forme du penser par référence à la conception bolzanienne de la *Wissenschaftslehre*.

3. *Loc.cit.*, p. 100.

4. Cavaillès, loc. cit., p. 36.

5. *Ibid.*, p. 35.

laquelle « *une position simultanée de tous les possibles, même irreprésentable et simplement admise pour servir de base, est en contradiction avec la notion de système formel dont la signification exige une génération par éclatements successifs*[1] », Carnap aurait montré une fidélité au moins pratique. Même si en une dernière ambiguïté qu'il faut maintenant évoquer, faute d'avoir mis ce faire théorique en accord toujours avec son dire, non seulement l'ouvrage de percée consacra le primat du style sur la lettre, et de l'effectif sur l'abstrait, mais il s'exposa peut-être à consacrer le primat de la méthode sur le système, voire, sous couvert de la décision de neutralité, à neutraliser jusqu'à la pensée de leur opposition. C'était alors non pas seulement s'effacer de l'*Aufbau* pour s'y reconnaître, en en sacrifiant l'illusoire, fût-il d'ordre architectonique. C'était risquer peut-être d'exposer à l'oubli de la tradition qui allait le recueillir celle même en laquelle il savait en 1928 plonger d'assez profondes racines pour n'avoir pas encore, et loin s'en faut, proposé le mot d'ordre qui devait faire la bruyante et éphémère fortune du Cercle, celui de l'élimination de la métaphysique. Si, à sa manière, et comme le suggère avec force et précision F. Rivenc, Quine ne s'est pas trompé d'adversaire en attaquant les deux dogmes de l'empirisme en ce point précis de l'empirisme *logique* de Carnap maintenant sous le langage empiriste une sensibilité préservée à l'idée de philosophie première[2], et si par son naturalisme et sa thèse de l'épistémologie naturalisée, il rompt davantage avec Carnap qu'avec le positivisme viennois dans son ensemble ; si enfin cette sensibilité préservée à l'idée de philosophie première va chez Carnap jusqu'à entrer en conflit avec les thèses d'un empirisme naïf, reste qu'il lui avait fallu vider progressivement l'idée de philosophie première de son contenu ontologique. Et que c'est sans doute à ce prix qu'un empirisme principiel peut côtoyer sans incohérence cet engagement conventionnaliste, ce rejet des questions externes, dual de la naturalisation quinienne du logique.

De cette neutralité advenue en une philosophie qui entend surmonter (*überwinden*) les oppositions philosophiques en les neutralisant pour n'en affronter, certes avec quelle rigueur, au prix de quelle ascèse, que les images formelles et la réalité méta-théorique, délaissant la foi qui fait se battre, mais qui soulève aussi les montagnes qu'élève la pensée, le texte de *l'Aufbau* porte justement le témoignage premier, *in statu nascendi*. D'où une nouvelle ambiguité, celle d'un texte pris entre neutralité et neutralisation, qui fait peut-être à la fois sa profondeur et sa double résistance, tant

1. *Ibid.*

2. F. Rivenc, in *La philosophie anglo-saxonne*, Paris, P.U.F., 1994, p. 167-168 et p. 255-256.

à l'indifférence de la tradition philosophique qui s'y est crue trop vite « surmontée » au profit de la logique, qu'à l'allégeance de celle qui s'y est, trop vite aussi, vue encouragée à cet oubli. C'est en particulier, d'abord, à cette *Ähnlichkeitserinnerung*, pour reprendre le nom de la relation fondamentale du système de *l'Aufbau,* à cette évocation des liens de ressemblance dans le texte de 1928, encore écrit en cette langue vernaculaire qui fut celle de la philosophie classique allemande, qui cerne chaque paragraphe en une revue de la « littérature » sur le sujet, et dont le Carnap de 1936, préfaçant la traduction de la *Syntaxe logique du langage,* indiquera la résistance [1], que la traduction française ici présentée pourrait, venant après l'anglaise, offrir des ressources philosophiques nouvelles. Mais en éclairant d'abord le lecteur au plus près du premier, et originaire, usage carnapien de la traduction comme moyen de « constituer » les vrais problèmes et de « surmonter » ceux qu'une antique tradition a consacrés en opposant les choix de systèmes là où n'existeraient que les choix de langage.

## LA LANGUE DE L'*AUFBAU*, TRADUCTION OU NEUTRALISATION DE LA PHILOSOPHIE

Si *l'Aufbau* s'écrit, en sa partie symbolique, dans le langage formel de la logique des relations et des classes tel qu'emprunté à la tradition des écrits de Frege et Russell, si elle en présuppose la sûreté méta-théorique, et le succès entier en matière de fondement de l'arithmétique, et si à ces premiers traits très vite rendus en partie caducs par l'histoire même de la logique l'œuvre doit l'une des raisons de sa mise à l'écart, même et surtout parmi les logiciens ou les spécialistes d'un Carnap qui a véritablement innové, en logique, après l'ouvrage de 1928, *l'Aufbau* s'écrit aussi en un autre langage.

Elle s'ordonne à une méthodologie d'expression et même de construction du sens, philosophique cette fois, même s'il est de part en part logique, ou plutôt par cela même qu'il s'y identifie, qui a pu rendre au moins divisée, voire faussée sa réception. Ce langage est celui de la constitution, qui se propose la tâche d'une réduction de l'ensemble de la connaissance à une base élémentaire, au seul moyen de l'outillage logique. Et d'une réduction qui ne saurait avoir le sens d'une restriction ou d'un appauvrissement du

1. Carnap, *Syntaxe logique du langage*, Préface de 1936 à l'édition anglaise, Routledge and Kegan Paul, 1937, p. XIII, « *The problem of rendering the German terminology was naturally a most difficult one, in some cases there being no English word in existence which corresponded exactly to the original, in others the obvious equivalent being unavailable because of its special association in some other system* ».

contenu, soit que l'on veuille conclure du logicisme à un nominalisme épistémologique, soit que l'on veuille conclure de la base auto -psychique dans le vécu sensible au corps à un empirisme naïf, voire un matérialisme. Mais qui ne saurait non plus, contrairement à ce qu'il en est par exemple chez Frege, garantir le contraire. La réduction est neutre, car elle est traduction, et porte sur les formes de signification, non sur les choses mêmes ; et car il existe plusieurs choix de traduction également légitimes.

Mais le langage de l'*Aufbau* n'est pas encore non plus s'agissant de la critique de la métaphysique celui de la *Syntaxe logique du langage.* Le principe de tolérance, la destitution des questions externes, se laissent certes déjà pressentir en la neutralité de la constitution. Mais, de même que la croyance en une forme naïve, ou primitive, de l'universalisme logique pouvait garantir en 1928, sous la multiplicité des choix de constitution formelle, une unicité de l'armature d'ensemble pour la construction logique du monde, qu'il faudra abandonner tant par l'internalisation syntaxique des questions méta-théoriques que, à partir de 1947 par l'approche sémantique consacrée en 1950 par *Empiricism, Semantics and ontology ;* de même cette croyance en un référentiel logique absolu pouvait gager la position philosophique de l'*Aufbau* face à la tradition philosophique, en particulier celle que l'auteur identifie comme métaphysique, en visant par là l'ensemble des systèmes qui se sont en elle affrontés et dont la constitution entend instituer, en son choix de la neutralité, la pacification par adoption d'une forme de tolérance qui a précédé celle de la syntaxe.

Tolérance primitive, et bien différente puisqu'on peut même dire qu'elle reposait sur une forme d'absolutisme du logique auquel renonce le principe de tolérance. C'est qu'il ne s'agit pas encore dans l'*Aufbau*, comme ce sera le cas dans la *LSS,* de remplacer la philosophie par la logique de la science, et cette dernière par la syntaxe de son langage[1], ni même à vrai dire comme dans le texte publié en la même année 1928, *Scheinprobleme in der Philosophie,* mais dont Carnap a dit l'infléchissement par rapport à son premier livre[2], de porter condamnation sur les thèses portant sur la réalité métaphysique au nom d'un critère de signification basé sur le contenu factuel. Il s'agit de neutraliser les oppositions, entre courants philosophiques, non d'éliminer l'ensemble des combattants et de vider le champ de bataille. De réduire à l'apparence illusoire non pas le régime entier du sens métaphysique, mais la contradiction entre les solutions des

1. *LSS,* Partie V, § 72 et 73.

2. Préface de Carnap à la 2e édition de *l'Aufbau* : il s'agit du paragraphe qui n'a plus été repris dans les rééditions postérieures à la seconde édition, suite à l'édition séparée, avec une introduction de Patzig., de la brochure en question : « *Scheinprobleme in der Philosophie. Das Fremdpsychische und der Realismusstreit* ».

philosophes. Et ce en distinguant, en un sens encore voisin du sens kantien de la critique, ce qui dans ces solutions oppose en effet les systèmes, tels, par exemple, sur la question de la réalité, le réalisme, l'idéalisme et le phénoménalisme (§§ 175 *sq.*), mais n'a pas de sens pour la science, et ce qui, d'autre part, ne touchant qu'à la forme de la constitution, les accorde en tous points.

Condamnation moins radicale de la métaphysique, donc, dans l'*Aufbau*, dira plus tard Carnap, que dans les textes postérieurs. Et radicalisation qu'il impute à l'influence de Wittgenstein, tel du moins qu'il l'a lu et entendu lors des discussions viennoises... Radicalisation dans le rejet, puisque la métaphysique sera alors assimilée au non-sens et non plus simplement au non-scientifique. Et c'est bien la possibilité d'une distinction entre la légitimité du penser rationnel et du connaître d'entendement telle que voulait l'assurer le kantisme qui disparaît aux premières phrases de la Préface du *Tractatus* assignant à la philosophie la tâche d'une critique du pensable en général, c'est-à-dire de l'exprimable, dont la limite ne peut départager le connnaissable et le pensable par assignation aux conditions de l'expérience en général, mais doit rendre à la logique son universalité, et par conséquent si celle ci doit être critique, ne peut qu'être montrée, non dite, depuis un impossible extérieur, et puisque la logique « *prend soin d'elle-même* ».

Pourtant cette condamnation moins radicale de la tradition métaphysique, dans *l'Aufbau,* ne peut *d'une part* s'exercer sans la garantie de cet universalisme qu'elle partage, à ce niveau de généralité, avec Frege, Russell et le Wittgenstein du *Tractatus,* et dont les engagements tolérantistes et conventionnalistes ultérieurs de Carnap voudront justement dénoncer le caractère métaphysique... Sans le tribunal du *système* de constitution gagé sur la possibilité d'*une* structuration logique du monde, le partage ne peut s'opérer entre les questions matérielles insolubles et les questions formelles dont l'invariance est justement ce que les paragraphes 177 et 178 de *l'Aufbau* exploitent à la manière de ce que dans la langue de Kant on eût nommé une ouverture en vue d'un concordat « *La théorie de la constitution ne contredit ni le réalisme, ni l'idéalisme, ni le phénoménisme* »[1]. Ces courants ne divergent que dans le champ de la métaphysique, indique le § 178, c'est-à-dire, conclut-il, qu'ils s'accordent en la théorie de la connaissance, et « *la théorie de la constitution représente le fondement neutre qui leur est commun* »[2], la divergence ne s'installant qu'avec la transgression des limites *(Grenzüberschreibung)*, si ces courants se

1. Titre du § 177.
2. § 178.

donnent comme « *erkenntnistheoretische* »[1]. Et, *d'autre part*, cet absolutisme logique qui donne un nouveau visage à la critique de la pensée rationnelle, a bien pour résultat une réduction beaucoup plus radicale de la métaphysique que ce qu'il en advient dans le kantisme, même relu comme le fait Carnap, à travers la tradition néo-kantienne, et même dans la philosophie du *Tractatus* où Carnap a cru voir matière à durcir son verdict initial. Si en effet le champ de bataille métaphysique n'est pas frappé tout entier de non-sens, et si sont encore conservés des problèmes d'essence (*Wesensprobleme*) : identité, subjectivité, substance, causalité, dualisme de l'âme et du corps, intentionnalité, s'ils se cristallisent en les questions du problème psychophysique ou dans celui de la réalité, il appartient à la constitution d'en clarifier le sens, c'est là l'objet de la dernière partie de l'*Aufbau*, « *Klärung einiger philosophischer probleme auf grund der Konstitutionstheorie* ».

Or cette clarification a pour résultat de rejeter hors des limites de l'exprimable de façon rationnelle, de l'« *erkenntnistheoretish* », (§§ 176-178), la totalité de ce qui, dans lesdits problèmes, excède les limites des questions et réponses constitutionnelles. C'est bien dire qu'elle consacre déjà, par l'assimilation du donné de base au vécu sensible, de l'objet constitué à un quasi- objet, et de la constitution à la forme logique de la science, les trois traits qui définiront la philosophie du Cercle comme un *empirisme*, fût-il logique, en théorie de la connaissance ; un *logicisme* en philosophie de la science ; et un *positivisme* face aux prétentions rationnelles de la métaphysique. Traits dont on comprend bien qu'ils aient attiré, de la part d'un Cavaillès ou d'un Lautmann, si éloignés de consentir à payer l'illumination offerte par la nouvelle logique mathématique d'un renoncement à la puissance spéculative, des critiques et des alternatives presqu'exactement opposées à celles venues du côté du naturalisme quinien et de la manière originale dont ce dernier relativise l'ontologie par rapport au réductionnisme absolu. Traits dont H. Scholz entendait en son *Abriss der Geschichte der Logik* se démarquer dès 1931 aussi clairement qu'il avait immédiatement su exalter la vertu régénératrice de la nouvelle logique pour la philosophie à venir. C'est qu'il la situait comme avait fait Frege, dans l'héritage platonicien et leibnizien. Aussi estimait-il que « *l'idée grandiose d'où est sortie la conception leibnizienne de la logistique* »[2], mais seulement effective chez Leibniz à l'états de « *fragments magnifiques* »[3], et dont l'effectuation complète « *a exigé à elle seule une œuvre très considérable,*

1. *Ibid.*
2. *Loc. cit*, chapitre III, traduction française, p. 100.
3. *Loc. cit.*, p. 87.

*au moins du même ordre de grandeur que l'exécution par Hegel du programme de système proposé par Schelling* »[1], œuvre déposée dans les trois volumes des *Principia* de Russell, était en 1931 encore loin d'avoir fait le plein de son sens philosophique : « *Nous devons ici le souligner, avec assez de gravité et d'insistance pour qu'on ne puisse pas ne pas l'entendre : nous sommes encore très loin de l'idée grandiose d'où est sortie la conception leibnizienne de la logistique. Nous n'avons jusqu'à présent qu'un seul exemple rigoureusement contrôlable de l'application de la logistique à un domaine non mathématique : c'est l'œuvre de Rudolf Carnap sur la* Construction logique du monde »[2]. C'est que s'il en salue la pénétration, qui lui fait dominer de très haut la littérature philosophique ordinaire, et la méthode logique seule garant de la responsabilité de soi, et du sérieux requis du philosophe aujourd'hui, il en déplore le positivisme anti-métaphysique, tel qu'exprimé « *du moins dans la préface* »[3] : « *Mais qu'une* Real-Philosophie *scientifique puisse être obtenue* seulement *en conjoignant la logistique et ce genre de positivisme, voilà qui est loin d'être aujourd'hui décidé. En outre, qu'un problème qui n'existe pas pour un partisan de cette conjonction se dévoile ainsi par là comme un pseudo-problème, il est permis d'en douter* »[4]. En revendiquant le droit pour le logicien aujourd'hui d'être en même temps métaphysicien, Scholz entendait déplorer l'alliance selon lui contingente de la nouvelle logique avec le positivisme du Cercle, propre à « *paralyser les possibilités d'accomplissement philosophique de la logistique, auxquelles nous croyons avec Leibniz* »[5]. Et il entendait défendre l'idée que « *même en cela, Leibniz avait déjà vu beaucoup plus loin que ces leibniziens positivistes auxquels nous devons dans leur domaine tout notre respect* »[6].

Or, si Scholz, contrairement à certains critiques du premier Carnap, en France ou aux États Unis, s'il vise le Cercle, renvoie très directement ici à *l'Aufbau*, et non à la *Syntaxe logique du langage*, et si, en fin de compte, il a raison d'y voir déjà à l'œuvre un positivisme paralysant pour la métaphysique, ou un acte de foi empiriste qui n'engage que son auteur, sa lecture ne rend peut-être pas assez justice à ce qui, dans la thèse de neutralité, propre à l'ouvrage de 1928, conserve malgré tout quelque chose de cette

1. *Loc. cit.*, p. 88.

2. *Loc. cit.*, p. 100. L'auteur renvoie ici en note au titre de 1928.

3. *Ibid.* Cette réserve quant à la « guerre contre la métaphysique » dont Scholz entend vouloir se désolidariser, nous semble témoigner une fois encore de l'acuité de sa lecture. Il semble bien que l'on puisse, et doive défendre l'idée que le corps du texte témoigne autrement que la Préface de la posture carnapienne face à la tradition et à l'avenir.

4. *Loc. cit.*, p. 100-101.

5. *Loc. cit.*, p. 101.

6. *Ibid.*

entr'expression du métaphysique et du logico-mathématique, qui, en une polyphonie toute leibnizienne, œuvre davantage à l'inter-traduction qu'à la réduction de l'un à l'autre. Tout autrement préservée que par le silence qui, dans le *Tractatus,* est le seul élément où peuvent trouver expression authentique les véritables questions philosophiques, et qui puisse répondre aux aspirations sérieuses de la conduite et de l'esprit, la profondeur des problèmes métaphysiques laisse bien, en l'*Aufbau* aussi entendre leur souffle, mais en cette polyphonie du langage de la constitution.

Le montrer en détail et en rigueur est ici impossible. Et la chose engage à l'évidence, non seulement l'exégèse carnapienne, ou celle de l'histoire de la logique mathématique, ou celle des origines de la philosophie analytique, mais, comme l'entendaient bien un Carnap ou un Scholz, la décision à prendre en philosophie au présent. Or, si les derniers mots de la Préface de 1928 sont un acte de foi dans la *Gesinnung,* la façon de penser dont participent au temps de l'*Aufbau* la culture et la vie sociale en leur ensemble, et s'ils disent l'ouvrage porté par la croyance que cette *Gesinnung* appartient à l'avenir, cette même préface s'ouvre par la nécessité de répondre, s'agissant des pensées exprimées en un livre de science, dont seul le corps de l'ouvrage permettra de fonder la validité, à la question du lecteur qui veut en savoir davantage : « *quelle est leur origine et où mènent-elles ?* »[1]. A cette question, sinon à la première, écrit Carnap, une Préface peut répondre. Et sa Préface y répond en effet dans les termes dont Scholz a relevé l'engagement partisan plutôt que la neutralité. L'origine ne semble assignée qu'à la promesse offerte par la nouvelle logique, et l'avenir est bien attendu d'une mise hors jeu (*Ausschaltung*) du travail spéculatif, assimilé au poétique, en philosophie (« *des spekulativen, dichterischen Arbeitens in der Philosophie* »). Pourtant, n'est-ce pas aussi à la question de savoir « *woher kommen diese Gedanken und wohin führen sie ?* » qu'il appartient à l'ouvrage entier de répondre, et non pas seulement à celle de la « *Richtigkeit* », en philosophie ? Et n'est-ce pas de cette remémoration active, *Erinnerung* et non oubli de la tradition, que dépendait en sa spécificité l'actualité de l'*Aufbau* en 1928, comme dépend de la restitution de ce dépôt enseveli peut-être sous les monuments du présent, l'appréciation de son actualité aujourd'hui, si l'esprit, toujours, consacre la libre vie et non l'inerte sédimentation des formes et du concept ?

1. Préface de la première édition, premier alinea.

## TRADUCTION DE L'*AUFBAU* ET LIMITES DE LA NEUTRALITÉ

La présente traduction a pris ce parti. L'auteur, M. Thierry Rivain, qui y a consacré un travail de doctorat auprès de l'Université de Clermont-Ferrand, est venu à Carnap, et à la philosophie, sans en exercer lui- même le métier. Sa traduction a, d'abord, cherché à rendre l'allemand de Carnap en un français auquel, si, certes, il est inévitable dans tous les passages techniques de conserver l'austérité, la répétition canonique ou scolaire, d'un texte de logique, il a paru tout aussi nécessaire de conserver l'originalité native d'un allemand lui-même connoté par toute une tradition lexicale, stylistique qui est celle de ses grands logiciens et de ses grands philosophes[1]. C'est dire qu'il s'est toujours agi, et seulement agi, de traduire, et que M. Rivain s'est interdit dans toute la mesure dont jugera le lecteur, les choix de traduction qui sont en réalité des interprétations. Aussi s'est-il gardé d'une double tentation : d'une part celle de la traduction anachronique en matière de termes techniques, logiques en particulier, qui transcrit par exemple *l'Aufbau* dans les termes, consacrés depuis, de l'analyse russellienne, même s'ils n'avaient pas en 1928 ce monopole, et, surtout, s'ils ne recouvraient pas exactement la même chose; d'autre part celle de la traduction des termes philosophiques en un lexique induit de la tradition philosophique anglaise, langue en laquelle, on l'a dit d'emblée, Carnap a fait depuis la Guerre beaucoup plus massivement école et fut plus commenté qu'en français, mais dont parfois la positivité, quand ce n'est pas le choix implicite d'un empirisme banalisé, déracine le sens des concepts originaux. Il a semblé que c'est à ces deux conditions seulement qu'il est

1. Rappelons ici en effet la relative désuétude du vocabulaire et du symbolisme logiques utilisés par Carnap en 1928. C'est pour l'essentiel le symbolisme des *Principia*, utilisé comme un langage d'exposition, et qui ne donne lieu à proprement parler qu'à des traductions, non à des déductions, même dans la partie proprement logistique du livre. La présente traduction a choisi de traduire de l'allemand en français les abbréviations dont use Carnap pour désigner les constantes de relations, comme a fait pour l'anglais la traduction anglaise. Du symbolisme logique, tel qu'il le présente au § 3, Carnap reconnut très vite évidemment la désuétude. Dans la traduction anglaise, qui ne comporte sur ses 142 notes de bas de page, qui sont en réalité la transcription de mots allemands, que deux notes à proprement parler, l'auteur indique qu'elles lui ont été suggérées par Carnap lui-même. Elles concernent la technique logique. L'une, au § 88, que nous donnons également en note; l'autre, au § 3, au seuil même de la présentation de la langue logique indique : « Le Professeur Carnap suggère qu'il serait préférable de consulter les sections concernées d'après son œuvre ultérieure en logique symbolique, plutôt que la plus ancienne (*Logistik-); en particulier son Einführung in die symbolische Logik*, Vienna, Springer, 1954, et son *Introduction to Symbolic Logic and its Applications*, New York, Dover, 1958 ». La note se termine par un renvoi de la Bibliographie établie par Church dans les tomes I (1936) et III (1938), du *Journal of Symbolic Logic*.

possible de faire aujourd'hui entendre en français d'abord un logicien dont la langue est technique mais datée. Et datée en 1928 autrement que sous la forme mieux connue de la *Syntaxe logique du langage*, dont la plus grande réception a pu, on l'a dit, faire jouer un de ces effets fâcheux du « bien connu » qui finit par n'être plus pensé. Et possible, ensuite, de faire entendre ce que la traduction, non l'élimination, par Carnap, des problèmes philosophiques, conserve, et revivifie, non seulement en sa propre révolution de pensée, mais à l'usage de qui veut penser aujourd'hui, de ce que la tradition métaphysique a consacré comme un fonds d'interrogations propre à s'enseigner, certes, mais, de cela même, propres à s'universaliser bien au delà d'un cercle de spécialistes.

Quelques exemples suffiront ici à indiquer les ressources ainsi offertes, croyons-nous, au lecteur, par une traduction qui s'est efforcée à cette double neutralité. Mais qui a dû affronter la difficulté, qui tient d'une impossible gageure, de traduire un texte qui *d'une part* fonde tout son travail sur le processus de *neutralisation* du sens métaphysique, qui forme pourtant l'une des lignes musicales de l'ensemble, fût-ce en la forme du « langage réaliste » qu'harmonise la constitution, dont la *neutralité* n'est que le résultat, ou même la visée, mais perdrait sens isolée de ce qu'elle neutralise ; et qui *d'autre part* ne peut mener à bien cette neutralisation formelle que par la confiance mise dans l'unicité de la langue logique dont les termes sont à la fois fixés en une technicité qui n'est plus la nôtre, et surdéterminés puisque autorisant, au nom de cette absolutisation, la neutralisation cette fois des styles logiques que nous avons appris à reconnaître justement comme des styles, ainsi en particulier ceux de Russell et Frege. Les exemples qui vont suivre entendent seulement illustrer l'esprit en lequel fut entreprise la traduction, témoigner de la difficulté qu'elle nous a semblé présenter. Et dont au moment de la livrer à un public qui l'aura attendue si longtemps, nous sommes bien conscients que l'urgence de combler ce retard n'excusera pas sans doute les imperfections qui demeurent, et peut-être même précisément eu égard à la difficulté singulière qu'il nous aura semblé pourtant utile, en vue d'améliorations futures, d'identifier avec quelque scrupule.

Ainsi, *dans le registre logique,* la traduction du mot *Festsetzung,* utilisé par Carnap aux §§ 103, 107, 174, 179, peut engager le sens de l'interprétation du « conventionnalisme » de Carnap, de la réduction des objets logiques et mathématiques à des objets sans réalité, et de l'élimination du « troisième domaine » introduit à tort par le synthétique *a priori* dans la connaissance, qui peut pour l'empirisme logique se réduire à la conjonction de l'empirique et du logique, lui-même conventionnel et vide de sens objectif factuel. La traduction anglaise a sans doute contribué à faire lire un peu rapidement cette doctrine du Manifeste dans l'*Aufbau* en donnant partout « convention » là où l'allemand dit *Festsetzung*, qu'il distingue de *Konvention*, même et précisément dans le § 107 lorsqu'il parle de « *konventionellen Festsetzungen* ». Sans prétendre ici trancher les questions d'interprétation, il est clair que le choix ici infléchit en direction d'un sens qui, à tout le moins, est encore fort loin d'être fixé dans *l'Aufbau* et, surtout, projette brutalement le sens logique de la *Festsetzung* sur un sens épistémologique. Lorsque Carnap écrit, au § 107, que la logique, mathématiques incluses, « *besteht nuhr aus konventionellen Festsetzungen über den Gebrauch von Zeichen und aus Tautologien auf Grund dieser Festsetzungen* », il renvoie à une conception de la tautologie définie au § 106 à partir de la définition d'un théorème comme « analytique », elle-même reprise de Frege. Et si, au plan épistémologique, ou ontologique, il complique et renverse l'idée fregéenne de l'analyticité par le privilège de réalité accordé aux seuls objets accessibles empiriquement, au plan logique, et s'agissant de la *Festsetzung*, il reprend ici le terme même de Frege dans la *Begriffsschrift*[1] pour désigner les règles ou stipulations relatives à l'usage des symboles introduits. La question est à l'évidence indépendante de toute prise de position quant à une nature conventionnelle des contenus. Et l'on sait que rien de tel n'est supposé par Frege. Donnant au début de la Troisième Section une illustration du pouvoir de son idéographie pour la représentation purement logique de la théorie des suites, Frege commente une formule représentant le concept de propriété héréditaire dans une f-suite. Le signe d'équivalence qu'elle comporte, entre le symbole de gauche, écrit sous forme d'une implication dans la notation quantificationnelle, et celui de droite, qui désignera désormais l'hérédité en question, est un symbole définitoire, non judicatoire. Usant de signes non préalablement définis, la formule est à elle-même définition. L'aspect stipulatoire tient ici à la fixation de la *Bedeutung,* la formule ne dit pas que le symbole de droite « *hat denselben Inhalt* » que celui de gauche, elle dit qu'il doit l'avoir « *sie soll denselben Inhalt haben* ». Aussi le but d'une telle définition tient-il tout entier dans la simplification extérieure (*äusserliche Erleichterung*) du raisonnement grâce à l'abréviation stipulée (*durch Festsetzung einer Abkürzung*). Il semble que cela soit très exactement ce qu'a en tête Carnap dans les formules du § 107. Il y a plus. On dira, sans doute, que, précisément, c'est bien à un problème d'épistémologie ou d'ontologie que pense aussi Carnap, et qui l'incline à un conventionnalisme étranger à Frege et Russell. Sans doute, mais sauf à taxer sa pratique de logicien de contradiction, ce qui a pu détourner les logiciens de cette œuvre, il faut bien voir que la question de la stipulation logistique est pour lui autre que celle des

1. Troisième section, § 24, formule 69.

conventions dans les sciences du réel. Qu'il évoque à ce propos le rejet du synthétique *a priori* kantien n'a pas tout à fait le même sens aux § 103 et 107 qu'aux § 174 et 179. Le § 103 précise que les règles générales de la constitution peuvent bien être dites *a priori* mais non connaissances puisqu'elles représentent *(darstellen)* non des connaissances mais des *Festsetzungen*. C'était, là encore, rester au plus près du texte de Frege, qui dans le même paragraphe de la *Begriffsschrift* commente la dualité de formules comme la formule 69, dualité que symbolise le double trait de jugement préfixant la formule. Le caractère stipulatoire fait qu'elle n'est pas un jugement; mais aussi, puisqu'une fois fixée (*einmal festgesetzt*) la *Bedeutung* le demeure (*so gilt sie nunmehr*), elle se transforme immédiatement en jugement, mais analytique «*aber als analytisches, weil es, was in die neuen Zeichen hineingelegt war, nur wieder hervortreten lässt*». Mais analytique, donc, car Frege achève ici de démontrer pourquoi il ne peut suivre, ici, «l'expression kantienne» et pourquoi il a commencé ce paragraphe en soulignant *kein synthetisches Urtheil.*

La restitution d'une différence dans la traduction de *Festsetzung* et *Konvention* chaque fois que ce fut possible sans alourdir, et la restitution du sens de stipulation pour le premier, usuel en anglais pour la traduction de Frege, a donc semblé. rendre le texte à lui-même sans préjuger de son interprétation.

Il en irait de même avec le terme de «*Kennzeichnung*» défini au § 13. En choisissant le terme neutre de «caractérisation», M. Rivain évite la traduction interprétative qui est celle de l'anglais donnant «*definite description*». Sans entrer ici dans les questions d'interprétations, il faut noter que le concept de Carnap est introduit après celui de *Strukturbeschreibung* (§ 12), description de structure, pour lequel Carnap use d'un autre mot, et qu'il note explicitement dans la revue de la littérature au § 13 que chez Russell les *Kennzeichnungen* sont nommées «*descriptions*» ou «*Beschreibungen*», terme qu'il emploie à une autre fin. Ce membre de phrase a disparu de la traduction anglaise. Il a semblé nécessaire de le transcrire, et de laisser le lecteur juge des raisons qu'avait Carnap de renvoyer aux descriptions définies de Russell tout en marquant son écart de dénomination. Et cela d'autant qu'il s'y tient dans *l'Abriss der Logistik* auquel il renvoie également. D'autant, surtout, que le § 102 explicite la différence entre *Kennzeichnung* et *Beschreibung* dans le langage réaliste par correspondance avec la différence entre *Bestandsliste* et *Gegenstandsbeschreibung* dans le langage constructif. La première donne seulement les caractères nécessaires et suffisants, la seconde énumère l'ensemble des propriétés et relations, pour un objet donné. Tenue par le choix de «*description*» pour la première, la traduction anglaise est contrainte à démarquer alors *Beschreibung* en «*characterization*». Enfin, toute la discussion des § 153-155 autour du problème difficile de l'élimination des relations «fondées» se trouve obscurcie dans la version anglaise, en particulier au 4e alinea du § 154, par l'introduction du mot de «*definite description*» pour «*eindeutig Kennzeichnung*», et de manière générale dans un contexte où il s'agit d'une «*Kennzeichnung*» des relations. La traduction française de M. Rivain me semble clarifier la situation littérale, et lever l'hypothèque interprétative qui, on le comprend, n'est pas mince, de la traduction du concept carnapien par celui de l'analyse russellienne.

Signalons enfin avant de donner quelques exemples pris dans le second registre, la difficulté de traduction, à partir du § 141 de ce que Carnap nomme ici *Die Zeichengebung,* et *Die Angaben der anderen Menschen.* Carnap indique au § 142 qu'il faut constituer simultanément la *Angabe-beziehung* (entre l'*Angabe* et son *Sachverhalt*), et la *Zeichengebungs-beziehung* (entre le mot et l'objet désigné), et cette dernière n'est pas confondue avec la relation introduite au § 19, la *Zeichenbeziehung,* entre un objet physique, dont l'exemple peut être un mot, et ce qu'il signifie (*Bedeuten),* tel le mot «Rome» et la ville de Rome. C'en est une relation partielle, en ce qu'elle met en jeu autrui par ses «*zeichengebenden Ausser-ungen*». Carnap en signale l'extrême difficulté de constitution. Et, en effet, dès lors qu'il entend constituer l'intersubjectivité, non la supposer, et le faire sur la base auto psychique elle-même définie à partir des vécus d'un être corporel, bref dès lors qu'il se prive en particulier des ressources de l'intention de signification, il se trouve confronté à un problème de traduction radicale. Il n'était pas possible en français de faire apparaître la racine commune, *Geben.* Et il n'était pas opportun non plus, pour les raisons qu'on vient de dire, de calquer le vocabulaire de Carnap sur celui qui traduit en français celui de la première des *Recherches logiques* de Husserl. Husserl qui n'est pas même cité au § 19 au moment de distinguer expression et signification, alors que Carnap avait sûrement en tête le titre de la première des *Recherches Logique*s, qui figurent à la bibliographie. Pourtant, d'une part il fallait garder quelque chose de l'idée d'ouverture, d'offre orientée vers un auditeur, qui distingue la *Zeichengebungs-beziehung* de la *Zeichenbeziehung*. Même si Carnap n'évoque en somme que la *Kundgabe*, et non la *Kundnahme,* l'émission extérieure dans le medium physique, et non l'appréhension intériorisante. D'autre part cette émission de signe, que l'anglais traduit par «*production of signs*», met en jeu ces actes d'un *Zeichengebend* que même l'anglais rend par «*sign-giver*» et non par «*producer*» car, même en l'esquisse d'une constitution en termes de *Reizbeziehung*, relation de stimulation, c'est d'un comportement du *Leib*, non d'une émission de signal quelconque qu'il s'agit.

Enfin, c'est, comme chez Frege, pour Carnap au § 142 par le recours au contexte du sens propositionnel, et non sur le modèle du rapport des signes isolés à leurs objets, qu'il est possible de constituer la signification. Et de sa possibilité de faire image d'un état de choses articulé, et non d'une chose, il fait un usage stratégique, comparable à celui de Wittgenstein dans le *Tractatus.* Si, sans doute, les suggestions constitutionnelles qu'il propose intègrent une composante behavioriste, il n'a pas semblé légitime de les y réduire par une traduction qui neutralise l'aspect logique du sens. Carnap avait sûrement aussi en vue la dernière *Recherche Logique* de Frege. Frege qui reconnaît l'*Annahme* dans la pensée et son *Anerkennung* dans le jugement sans recourir jamais à l'intention de signification, y définissait bien l'affirmation comme *Kundgebung* du jugement, expressif de la vérité d'un sens articulé. La traduction d'*Angabe* a donc semblé devoir retenir de cette articulation quelque chose que le mot anglais de « *report* » neutralise davantage. D'où le choix du couple « *donation de signes* » et « *énonciation* » pris dans le langage linguistique pour faire droit à ce double jeu des actes, qui ne sont pas d'une conscience mais non plus assimilables à des processus matériels, et du sens qui en définitive est bien gagé sur le factuel mais que son articulation rend irréductible à une reproduction inerte.

Avec le dernier exemple, nous avons déjà touché au *registre philosophique*. Ici sont légion les exemples de difficulté d'une traduction. M. Rivain en a lui-même commenté quelques-uns. On se bornera ici à évoquer, d'abord, la traduction d'*Erlebnis,* par *vécu.* Elle se conforme naturellement à une tradition française déjà établie dans le commentaire, qui a perçu immédiatement la parenté du terme avec celui de la phénoménologie husserlienne, et que dissimule le choix d'« *experience* » par l'anglais. Sans doute la méthode logique de Carnap est-elle étrangère à la méthode phénoménologique s'agissant du traitement de la constitution. Mais il importe de rendre lisible le fait que Carnap s'accorde avec Husserl, et ce en citant dans le corps même du texte du § 64 les §§ 31-32 des *Ideen,* sur le moment premier de la méthode et la nécessité de suspension des évidences de l'attitude naturelle. Sans doute aussi Carnap entend-il, contrairement à Husserl en fin de compte neutraliser la décision d'idéalisme, et, surtout, relativiser l'empan du rationalisme, mais ce n'est pas non plus pour reconduire à un empirisme de type classique. C'est uniquement dans ce contexte suspensif de l'attitude naïve et de son langage qu'il est possible de comprendre le fameux titre du § 65, qui dit le donné « *subjektlos* », ou la thèse du § 140 selon lequel la séquence complète du vécu d'autrui « *ne consiste en rien d'autre qu'un réarrangement de mes vécus et de leurs constituants* », tandis que la traduction par *expérience* risque d'en trahir l'intention. Et, enfin, c'est bien l'assimilation du donné au vécu comme unité élémentaire indécomposable, en ses liens avec le concept de *Gestalt,* qui éloigne définitivement la méthode de constitution dans l'empirisme de *l'Aufbau* des procédures génétiques d'un empirisme classique, en substituant à l'impossible analyse des idées la quasi-analyse synthétique du vécu, donné comme inanalysable.

De même que *l'Erlebnis* n'est pas la sensation des classiques, et qu'il faut constituer les qualités sensibles, la constitution, qui n'emprunte que les moyens de la pensée formelle, doit être distinguée, Carnap le souligne à maintes reprises, de la synthèse subjective. Pourtant, non seulement l'*Aufbau* montre, à maintes reprises également, que la constitution effectue un travail qui répond, avec les moyens de la seule logique, aux questions que résolvent dans le kantisme et le néo-kantisme l'Analytique des concepts et celle des principes. Non seulement il consacre le § 83 tout entier à montrer que les relations fondamentales, voire, *la* relation fondamentale, peuvent être considérées comme le pendant dans son système des catégories dont il fait au § 156 gloire à l'outillage logique moderne d'avoir su réduire le nombre par rapport à l'excessive richesse des tables traditionnelles depuis celle d'Aristote. Mais le § 83 définit très précisément la catégorie comme synthèse, et ce dans les termes kantiens de synthèse de la multiplicité de l'intuition à l'unité de l'objet. Le divers devient le donné, la synthèse la forme de constitution, par classes et relations, et la catégorie la relation fondamentale. Ce rôle de la synthèse est souligné dès l'introduction de la procédure logique, mais synthétique, de quasi-analyse au § 74. Mais il intervient même aux § 101 et 102 au titre du langage de la construction fictive, en la fiction de la séparation (entre donné et synthèse) et de la rétention du donné. Et surtout dans le § 132 au titre de l'analogie de la postulation de substance dans le cas de la synthèse physique de l'objet et dans celui de la synthèse des états du « porteur » subsistant que sont ici vécus élémentaires correspondant à des points de temps individuels. On parle alors, dit Carnap, non d'objet psychique mais de « *das Ich* » ou « *meine Seele* ». Sans doute ensuite ne manque-t-il pas de souligner que cette constitution est métaphysiquement neutre. Elle n'en demeure pas moins synthétique et, en son résultat, subjective. Mais est-ce même seulement en son résultat ? le § 75 fait honneur à Cassirer et au néo-kantisme d'avoir insisté sur l'importance de la mise en ordre relationnelle du donné, et l'auteur se réjouit, en anticipant sur ce que dira la seconde Préface d'une nouvelle synthèse pacificatrice entre empirisme et rationalisme, de ce que sa conception de la constitution se trouve anticipée simultanément au moins partiellement par les deux positions fréquemment hostiles du positivisme et de l'idéalisme transcendantal. Le § 67 enfin qui met en place la nécessité de partir du donné non travaillé, mais du donné unitaire, non atomisé, donc du vécu non analysable à la manière de l'associationnisme, mais indécomposable et accessible à la réflexion, renvoie indirectement à Kant. L'écho n'était pas en effet encore éteint en Allemagne, chez les émules de Mach, des analyses de la déduction kantienne en sa partie métaphysique et, singulièrement, de la synthèse de reproduction dans l'imagination. Ce double jeu, du logique et de l'*erkenntnismässig* dans l'*Aufbau* pose de redoutables problèmes d'interprétation. Ils sont particulièrement épineux au niveau de ce que Carnap nomme à partir du § 154 les « relations fondées », lorsqu'il aborde le problème de l'élimination des relations fondamentales, qui implique à la fois l'universalisme logique et la naturalité requise de l'« *erlebbar* ». Il s'entend nécessairement dans le jeu de la langue de Carnap. On en retiendra l'exemple de la relation fondamentale unique, *Ähnlichkeitserinnerung,* telle qu'introduite au § 78. On en jugera en comparant par exemple le commentaire qu'en a donné Nelson Goodman et celui, qui le prolonge mais le discute, de J. Vuillemin[1]. La difficulté ici n'est pas celle de la nécessité d'une complémentation du temps phénoménologique pour constituer le temps physique, dont l'ordre est celui défini par une relation non seulement asymétrique et transitive, mais connexe. Difficulté que Carnap identifie lui-même. C'est celle de l'intrication du primitif logique et de l'« *erkenntnismässig grundlegender* » qui peut bien évoquer, comme le suggère Vuillemin, la distinction des jugements d'expérience et de perception, et, peut-être, ici, leur subreptice confusion, essentielle à la réussite de la constitution. Sans l'actualité du vécu celle-ci perd tout sens, or elle doit postuler la primitivité de la saisie d'une relation, non entre vécus quelconques, ou tout deux passés, qu'un stockage d'information permettrait de reproduire, mais entre vécus actuels et vécus absents qu'une « *Erinnerung* » doit produire, et le peut à partir de l'actualité du vécu d'*Erinnerung* lui-même. « *Unter "Erinnerung" ist hier nicht nur die Reproduktion eines schon entschwundenen Erlebnisse verstanden, sondern auch die Retention eines kurz vorher gewesenen, noch nicht entschwundenen, sondern nachklingenden Erlebnisses, z. B. einer Wahrnehmung*[2]. Et c'est bien alors en tant que synthèse qu'elle fonctionne.

1. N. Goodman, *The Structure of Appearance*. Harvard University Press, 1951; Bobs-Merrill 1966, 2ᵉ édition; nous citons d'après la seconde édition, et renvoyons aux p. 171-172 et 180-181, soit au commentaire, au chapitre V, des paragraphes 78 (108) et 87 (120) de *l'Aufbau* par Goodman.

J. Vuillemin, *La logique et le monde sensible*, chapitre VII, § 54 en particulier, où se trouve évoquée et discutée la critique de Goodman.

2. *Aufbau,* § 78.On sait que Kant avait au § 24 de la Déduction transcendantale dans la seconde édition de la *K.R.V.*, en B 152 distingué synthèse transcendantale spontanée, et synthèse psychologique associative réglée par les lois empiriques d'association, en distinguant imagination « *produktive* » et « *reproduktive* ».

Faute de quoi l'asymétrie de la relation qui distingue formellement la relation de ressemblance et l'*Ähnlichkeitserinnerung* ne s'explique plus, et la constitution postule l'ordre des vécus. Il était malaisé de traduire. L'anglais donne «*recollection of similarity*», et Nelson Goodman, qui commente l'*Aufbau* dans son grand ouvrage de 1951, dont il a dit le projet remonter au début des années 30, le lit dans l'original, et avec la collaboration de Carnap. Il choisit de traduire «*recognition of similarity*», au plus près du texte qui explicite la formule «*x Er y*» par la relation qui vaut entre deux vécus reconnus *(erkannt)* partiellement semblables par comparaison d'une *Erinnerungsvorstellung* de x avec y. Il a semblé que ces choix, plus littéraux, étaient préférables à celui de l'inversion qui est adoptée par Vuillemin, à partir de son article de 1969; et depuis accréditée assez largement en France[1]. Et préférables eu égard à l'esprit même de sa pénétrante lecture. C'est en effet le sens littéral qui met en jeu la difficulté que Vuillemin reconnaît aussi clairement que Goodman, et dont il indique même que la décision, suggérée par ce dernier de tenir pour non pertinent l'argument épistémologique du recours à la nature de la recognition, est en réalité intenable. Comme, néanmoins, Carnap traite, et doit traiter cette *Erinnerung* comme une relation entre deux termes, et pouvoir interpréter *xRy* dans le langage réaliste, ce qui a sans doute déterminé justement le choix de Vuillemin écartant recognition, la présente traduction s'est, non sans hésitation, décidée à un choix qui maintient la littéralité du mot allemand, où c'est *Erinnerung* qui est la relation, et *Ahnlichkeit qui* la spécifie, non l'inverse; mais en optant pour le mot neutre de «rappel» qui, contrairement à «souvenir» ou «recognition» évoque en français l'idée de relation et d'ordre.

De même que l'*Erlebnis* n'est pas la sensation de l'empirisme classique, et que la relation fondamentale de constitution du système n'est pas sans évoquer la position kantienne du problème de la déduction des catégories, la traduction du registre des données sensibles dans le cas de ce qu'une tradition allemande a caractérisé comme subjectives, voire «*bloss Subjektiv*» pose au traducteur un problème, s'agissant par exemple du *Gefühl* au § 76, Carnap indique qu'il inclut le domaine (*Gebiet)* du *Gefühl* dans celui nommé en général *Sinnesgebiet*. Mais il précise immédiatement ne vouloir affirmer par là, et non plus nier, que les *Gefühle* soient des *Sinnesempfindungen.* Aux § 82 et 85 il précise que demeure ouverte la question de savoir s'il existe une autre classe de qualités distincte de celle

1. J. Vuillemin, *La «constitution» selon Carnap : la construction logique du monde*, p. 312 note 1, in *L'Age de la Science*, 1969, n°4 : *«je traduis par "ressemblance mémorielle" le nom composé "Ahnlichkeitserinnerung" (littéralement souvenir d'une ressemblance)»*.

des sensations et *Gefühle*, celle des *Gedanken, Wollungen.* Aux § 131 et 133, les indications de constitution montrent à l'évidence que celle-ci n'aura d'usage effectif à faire que de la sensibilité à l'objet, et de l'attribution de qualités objectives, puisqu'ordonnée, au delà du monde de la perception, à la constitution finale du « *qualitätsfreien physikalischen Welt* (§ 133) ». Pourtant Carnap entend reconnaître l'existence, avant ou hors de la science, de l'attribution de qualités subjectives ne mettant en jeu précisément que « l'intérieur ». Certes, les exemples qu'il donne, de la pensée enfantine ou poétique, sont en définitive raccordés à des impressions sensibles. Mais il n'en allait pas autrement dans l'idéalisme classique allemand. Certes, surtout, son positivisme le conduit à rejeter ce type de pensée précisément hors des prises de la pensée rationnelle. Et c'est en quoi il rompt avec cet idéalisme. Il a tout de même semblé nécessaire de conserver la traduction consacrée en français de « *sentiment* », qu'il est tendancieux, même s'il n'y a pas certes pour Carnap de sentiment *a priori*, de réduire comme fait l'anglais à « *emotion* ». Et, pour les mêmes raisons, de traduire ici la nuance de l'allemand *Lyrik* lorsqu'il est fait au § 133 référence, pour illustrer l'attribution de la mélancolie par exemple à une forêt, non pas à l'ensemble de la poésie, mais à ce qu'une tradition allemande, qu'il arrive si souvent à Wittgenstein d'évoquer, a consacré en poésie et en musique comme celle du sentiment.

L'exemple de la traduction du mot *Gefühl* amène à considérer un autre cas, voisin par la difficulté de rendre en un contexte positiviste, et empiriste, un mot si connoté dans l'allemand philosophique en une tradition, répudiée explicitement par Carnap s'agissant de Hegel et de la pensée spéculative[1], ouvertement désertée s'agissant de la phénoménologie

1. Et encore, même en ce cas, il faudrait être plus prudent qu'on ne le pense. Au § 42, certes « *überschlagbar* » écrit Carnap, comme en plusieurs autres *loci philosophici* de l'ouvrage, il fait une très significative référence à ce qu'il nomme « *die Dialektik des begrifflichen Fortganges* », à propos de l'élargissement constitutionnel de l'opposition *Sein und Gelten.* Sans doute est-ce à ses yeux la constitution, c'est-à-dire une pensée formelle qui en donne expression « *in logisch strenger Form* » et l'on a dit déjà son assimilation de la spéculation à la poésie. Mais, limitée au plan du théorique, du scientifique, l'idée dont il défend la nouveauté est celle d'une critique de l'idée de limites fixées une fois pour toutes entre niveaux (*Stufe*) par celle d'une nécessaire mobilisation de la limite « *von Stufe zu Stufe* ». Il s'agit certes ici de la révolution apportée dans la conception de l'abstraction par la logique quantificationnelle, et sur laquelle Frege avait déjà attiré l'attention philosophique dans ses *Grundlagen.* L'assimilation du concept, donc du prédicat logique à une fonction, et du sujet logique à un argument, permet de traiter les objets d'un niveau comme éléments d'une classe ou termes d'une relation qui vaut d'eux ; mais celle-ci peut à son tour en tant que telle être considérée comme élément d'un concept de second ordre en un procès de pensée qui n'a pas la stérilité classificatoire de la subordination des concepts. Comment ne pas penser qu'en faisant fonds sur cette toute nouvelle logique, mais en l'appliquant à un système de

husserlienne[1], le nom *Geist,* et l'adjectif *geistig*, qui interviennent au plus haut niveau de la constitution, celle des «*fremdpsychische und geistige Gegenstände*». Ici aucune tradition aussi établie qu'à propos des vécus ne s'offrait en français pour s'écarter de la traduction anglaise, qui choisit «*cultural*» pour «*geistig*» et «*cultural sciences*» pour «*Geisteswissenschaften*». Il a semblé pourtant nécessaire de le faire. Certes, c'est, de fait, aux sciences sociales ou humaines que pense plutôt ici Carnap. Et la référence à Dilthey précise au § 23 en quel sens est évoquée ici sa contribution au problème de la constitution : il lui revient d'avoir dégagé l'autonomie catégorielle du «*geistig*» par rapport au physique et au psychologique. De ce que ces derniers domaines sont envisagés par la logique et la théorie de la connaissance comme «*paradigmatische Sachgebiet*» aurait résulté une insuffisance de la philosophie du XIX^e siècle dans l'appréciation de ce «*methodische und gegenstandstheoretische Eigenart des Gebietes der Geisteswissenschaften*». Le XX^e siècle consacrerait donc à la suite de Dilthey l'autonomie des sciences culturelles? c'est le raccourci de la traduction anglaise. Pourtant, d'une part sans doute Carnap n'ignorait rien, s'agissant de Dilthey, de la filiation hegelienne, puisqu'il écrit «*Erst die neuere Geschichstphilosophie (seit Dilthey)*» soit la récente philosophie de l'histoire, et non, comme donne l'anglais «*the more recent history of philosophy*». D'autre part, Carnap engage lui-même au début du § 23 une explicitation de ce que signifie l'expression «*geistigen Gegenstände*» en précisant «*kulturellen, historischen, soziologischen*». Cette explicitation a sauté dans la version anglaise, qui donne imédiatement «*cultural*» et fait de «historiques, sociologiques» une parenthèse explicative, en se bornant à donner l'allemand «*geistige Gegenstände*» en bas de page. Le lecteur de la présente traduction pourra lire ce membre sauté, mais aussi, et surtout, le texte des 5 à 6 lignes suivantes qui ont également disparu de l'anglais. Carnap y justifie l'usage de «*geistig Gegenstand*» par celui de «*Geisteswissenschaften*», en même temps qu'il constate la désuétude contemporaine des mots «*geistig*» et «*Geist*». Plutôt que de renchérir sur cette désuétude, il a semblé préférable, et même indispensable, de laisser ici le lecteur prendre connaissance du commentaire intégral que donne Carnap

constitution de la structure logique du monde dont Frege ne souffle mot, limitant la hiérarchie des fonctions à deux ordres ; et surtout en précisant que sa neutralisation, si étrangère à Frege, de l'opposition concept/objet «*bedeutet jedoch keine Substantialisierung des Begriffs, sondern eher umgekehrt eine "Funktionalisierung" des Gegenstandes*» (§ 5), Carnap ne prononçait pas par hasard les mots de «*Dialektik des begrifflichen Fortganges*», sans rien retenir de la critique hegelienne de l'abstraction ?

1. Que l'on compare sur ce point la Préface de 1928 et l'exaltation du courage de l'esprit face à la crise de l'humanité européenne dans la Conférence de Husserl à Vienne en 1935. Mais l'optimisme du premier texte était loin, lorsqu'en 1935 Carnap s'exile aux Etats-Unis.

lui-même de son usage de l'allemand. Et cela d'autant qu'il choisit bien lui-même en définitive, et en position de titre du § 23 ou de la Partie V dans son ensemble et en titre de ses § 150-151 ce mot de « *geistig* ». Il aurait pu sembler possible, sans amputer le texte du § 23, d'y prendre appui pour établir à partir de là une convention de traduction évitant les mots « spirituel » et « esprit » auxquels la présente traduction s'est tenue. Si elle le fait, plus consciente aujourd'hui pourtant que ne pouvait l'être le Carnap de 1928, de l'abandon du vocabulaire du *Geist*, c'est que la substitution ici aboutirait à rendre le texte en plus d'un point quasiment inintelligible. Et, en particulier, très précisément en ces points où Carnap installe un régime de philosophie neutre en ayant lui-même souvenir, et conscience, de neutraliser la spéculation idéaliste. C'est le cas dès la fin du § 24, lorsqu'il s'agit de neutraliser les « *Wesensprobleme* » que posent les relations de *Manifestation* et *Dokumentation* du « *geistig* » au profit des seuls problèmes de correspondance formelle. Problèmes ici comme ailleurs indécidables, dit Carnap. Mais lorsqu'il évoque ces tentatives de solution entre lesquelles il ne se prononcera pas, c'est bien à la tradition philosophique qu'il fait référence « *Emanationstheorie, Inkarnationstheorie, psychologistische, materialistische Deutung* », et, en particulier, à l'opposition des philosophies de l'Histoire entre Hegel et Marx. C'est bien ce que montre le § 56 où, cette fois, l'anglais doit bien traduire « *Geist* » par « *spirit* ». Carnap tient à ce que la constitution du *geistig* à partir du psychologique ne soit pas confondue, il le dira au § 151, avec sa psychologisation, et l'on comprend qu'il sente ici le besoin de contrer une objection car il vient de se livrer à une analyse du concept d'État. Et, de manière générale, s'il admet une sur-détermination de la question des possibilités formelles de constitution par celle de l*a priori*té du point de vue de la connaissance, il insiste toujours sur le fait que le choix est ouvert entre plusieurs bases. Ainsi le choix de la séquence adoptée dans l'*Aufbau* : psychique propre, physique, psychisme d'autrui, spirituel (§ 58), pourrait-il être remplacé par le choix d'une base physicaliste. A plus forte raison ne peut-il être question d'interpréter, en l'esquisse effective de constitution que donne l'*Aufbau,* la réductibilité formelle, qui est traduction, en réductibilité métaphysique. Ainsi, le titre du § 57 indique-t-il que les objets physiques et psychiques sont mutuellement réductibles. S'agissant du « *geistig* », et de sa réductibilité au psychique, c'est, explique le § 56, dans la conception de la priorité cognitive qui est celle de *l'Aufbau,* et non dans l'absolu, qu'il est constitué à partir du psychique et non l'inverse. Et, pour nommer cette option inverse, Carnap évoque en des termes très généraux et comme à titre de possibilité « certaines conceptions » où elle est « pensable ». Mais la parenthèse indique qu'il identifie une forme, même vague, de dialectique hegelienne « *eine Theorie, die das ganze Weltsgeschehen dialektisch als Emanation eines Geistes deutet* » : « *emanation of a spirit* » doit bien écrire l'anglais. Il a donc semblé préférable de s'y tenir en toutes les occurrences du mot. Et de ne pas ajouter au constat de désuétude du terme d'esprit en un texte qui pourtant en maintient l'emploi la censure rétroactive de sa lettre propre.

A la double neutralité visée par la traduction, face à l'interprétation qui fige un état, ou pire une vulgate, de la logique formelle mise en jeu par le texte, alors qu'elle a cessé d'être la nôtre, et face à celle qui reconnaît ou déplore trop vite en le mouvement de la constitution une élimination de contenu conceptuel indésirable, en tant que telle sans histoire interne, l'on voit bien que répond la double difficulté d'y réussir. Et qu'elle n'est autre que la difficulté du défi que s'est tendu à lui-même le Carnap de *l'Aufbau.*

En s'engageant avec la clarté et le courage qu'a dit la Préface de 1928 dans la voie de cet esprit qui, selon lui, appartenait à l'avenir, il a illustré en son « *premier grand livre* » une forme décidée de la neutralité philosophique. Il fut libre à ses successeurs, il l'est à ses lecteurs aujourd'hui, d'entendre ce choix sans vouloir savoir quelle était la croisée des chemins, et ce que la neutralité, en effet, neutralisait.

Sans doute Carnap, en se confiant à un modèle de la critique comme « *Uberwindung* » dont le courage théorique se montre à ce qu'il fait, mais désespère de ce qu'il est permis à l'esprit, ou à la Raison, de penser en dehors du domaine de la science, a-t-il bien avoué dans son Autobiographie, lorsqu'il se compare à Wittgenstein, que ce renoncement ne lui coûtait pas autant qu'au maître du *Tractatus*. A ce dernier, confie-t-il, les défauts de la métaphysique étaient sensibles comme ceux d'une personne aimée. Ils laissaient indifférente la neutralité de Carnap. Si, pourtant, l'un comme l'autre n'ont cessé de redessiner la forme de cette théorie générale du sens d'où l'on pourrait voir le monde qui est le nôtre, avec l'élévation que demande l'esprit, était-ce seulement l'effet du constat que le silence, pour l'un, la polyphonie, pour l'autre, n'en finissent pas de se reconquérir sur l'expression des limites du langage ? Ou ce constat n'a-t-il pas à voir avec ce besoin de métaphysique tel que l'indiquait Kant dans une image semblable à celle de Carnap, celle d'une bien aimée brouillée avec nous *(mit uns entzweiten)* à laquelle, si cassants ou dédaigneux pourtant que puissent se montrer ceux qui jugent d'une science non selon sa nature, mais selon ses effets accidentels, on reviendra toujours[1] ? Et n'a-t-il pas à voir

1. Kant, *K.R.V.*, Architectonique de la Raison pure, A 850-B 878 « *so spröde, oder geringschätzend auch diejenigen tun, die eine Wissenschaft nicht nach ihrer Natur, sondern*

avec le courage d'y répondre sans trêve en ce que d'autres avant eux ont nommé l'endurance du concept?

Ou bien la neutralité serait-elle l'invincibilité du sophiste[1] comme le silence celle du sceptique? A quoi au juste renonce, au fond, la réponse négative que donnent les derniers mots du livre à la question qui fait titre interrogatif pour le dernier paragraphe *Rationalismus?* et à laquelle, cette fois il n'est pas donné de réponse neutre[2]?

C'est avec ces questions, croyons-nous, avec Carnap, que le lecteur entre dans *l'Aufbau,* et qu'il demande, puisqu'il y cherche des pensées et non des choses, « *d'où elles viennent et où elles mènent* ». Il nous a semblé que la réponse exige d'abord l'accès au texte dans sa forme native. Puisse, dans la mesure dont sera juge le lecteur, la présente traduction œuvrer à la présentation de cette forme. Telle qu'encore prise dans un passé qu'elle n'écarte qu'en le recueillant, et qui, peut-être, fait doublement retour en sa postérité, aujourd'hui qu'apparaît encore trop métaphysique en sa structuration la première logique de sa mise à distance, et constamment renaissant, au moins en son courage, le besoin de l'esprit dont elle entendait neutraliser l'expression.

ELISABETH SCHWARTZ

*allein aus ihren zufälligen Wirkungen zu beurteilen wissen, man werde jederzeit zu ihr, wie zu einer mit uns entzweiten Geliebten zurückkehren ».*

1. Jules Vuillemin a proposé cette comparaison du sophiste et du philosophe, à dessein d'éclairer le dialogue entre Carnap et Gödel, dans plusieurs textes récents. Le premier est publié sous le titre « La question de savoir s'il existe des réalités mathématiques a-t-elle un sens ? », au tome 2 des Actes du Colloque international Nelson Goodman, Revue *Philosophia Scientiae*, Nancy, 1997. Le second, inédit, est à paraître sous le titre « Le sophiste et le philosophe », dans *Jules Vuillemin, L'Un et le Multiple* (Olms). On y verra également la réponse de J. Mosconi. Le troisième se trouve dans le Bulletin de la Société Française de Philosophie (juillet-septembre 2000, Paris, Vrin, 2000), sous le titre *Formalisme et réflexion philosophique*. Ce dernier texte suppose à vrai dire la comparaison, à laquelle il donne sans la reprendre explicitement, un prolongement tout nouveau en distinguant la foi et les œuvres dans le cas du monde intelligible.

2. *Aufbau, Zusammenfassung*, § 183.

RUDOLF CARNAP

# LA CONSTRUCTION LOGIQUE DU MONDE

# AVERTISSEMENT

*Der logische Aufbau der Welt* parut pour la première fois à Berlin en 1928 aux éditions Weltkreis. La seconde édition fut établie en 1961 chez Felix Meiner (Hambourg) et comportait en plus le texte « Pseudoproblèmes en philosophie » déjà publié à Berlin en 1928. Celui-ci ne fut pas repris dans la troisième édition de 1966.

L'*Aufbau* fut traduit en anglais par Rolf George et parut en 1967 à Berkeley (University of California Press) et à Londres (Routledge and Keagan Paul) sous le titre « The logical Structure of the World ».

La présente traduction est réalisée d'après l'édition Ullstein de 1979 (Frankfort, Berlin, Vienne). Alors que nous achevons cette traduction, Felix Meiner vient de rééditer l'*Aufbau*. L'édition Ullstein utilisée reprend sans changement le texte intégral de la quatrième édition de 1974 (Felix Meiner). Elle comporte une note suivie des préfaces des seconde et première éditions. Nous avons respecté l'ordre des préfaces du texte de référence. On y trouve d'autre part deux bibliographies : la première, de 1966 (troisième édition), est située après la préface de la seconde édition et rassemble seulement les travaux auxquels Carnap se réfère dans cette préface. La seconde, en fin d'ouvrage, fait en même temps fonction d'index nominum. Elle comprend les références bibliographiques auxquelles renvoient les « revues de la littérature » insérées dans le corps du texte.

L'index thématique présenté par Carnap a été traduit et chaque item renvoie aux paragraphes correspondants. Nous avons donné la traduction allemande des différents concepts répertoriés de sorte que cet index fasse également fonction de glossaire.

L'ensemble des notes de traduction, qu'elles visent à éclairer un choix de traduction, à commenter le sens d'un concept ou un passage, est regroupé à la fin de l'ouvrage.

Nous avons joint enfin un tableau des principales abréviations des classes et des relations utilisées dans la représentation du système de constitution.

## NOTE POUR LA TROISIÈME ÉDITION

La seconde édition de ce livre comportait également ma brochure, « Pseudoproblèmes en philosophie. Le psychisme d'autrui et la querelle du réalisme », parue presque en même temps en 1928. Elle fut écrite pour un cercle de lecteurs plus large et présente donc un caractère moins technique. La brochure n'est pas reprise dans cette édition car elle est parue entre temps avec une introduction de Günther Patzig dans la collection « Theorie » des éditions Suhrkamp qui ont obtenu l'autorisation de l'éditer séparément.

Juin 1966

RUDOLF CARNAP

## PRÉFACE DE LA SECONDE ÉDITION

« La construction [1] logique du monde » fut mon premier livre important, le premier essai de mise en ordre systématique de mes réflexions philosophiques antérieures. La première version fut écrite dans les années 1922 à 1925. Lorsque je lis à présent les anciennes formulations, je trouve bien des endroits que j'exprimerais autrement aujourd'hui ou que je rejetterais même complètement. Mais je reste toujours d'accord avec l'attitude philosophique qui est à la base du livre. Cela vaut surtout pour la position du problème et pour les caractéristiques essentielles de la méthode utilisée. Le problème principal concerne la possibilité de reconstruire rationnellement les concepts de tous les domaines de la connaissance à partir de concepts qui se rapportent au donné immédiat. J'entends par reconstruction rationnelle la recherche de nouvelles définitions [2] pour d'anciens concepts. Ce n'est pas habituellement de manière réfléchie mais par un développement spontané plus ou moins inconscient que les anciens concepts se sont constitués. Les nouvelles définitions doivent l'emporter sur les anciennes en clarté et en exactitude et surtout mieux s'intégrer dans un édifice conceptuel systématique. Une telle clarification conceptuelle, souvent nommée aujourd'hui « explicitation », me semble demeurer l'une des tâches les plus importantes de la philosophie, notamment lorsqu'elle se rapporte aux principales catégories de la pensée humaine.

Des philosophes de différentes tendances ont depuis longtemps avancé l'idée que tous les concepts et jugements procèdent du concours de l'expérience et de la raison. Au fond, empiristes et rationalistes sont d'accord avec cette manière de voir quoique les deux partis estiment à des degrés fort différents l'importance de ces facteurs et masquent souvent leur accord sur l'essentiel par l'exagération de leurs points de vue. Cette thèse commune est parfois formulée, en simplifiant, de la manière suivante : les sens fournissent le matériau de la connaissance que la raison organise en un système. La tâche à accomplir est donc la synthèse de l'ancien empirisme et de l'ancien rationalisme. L'ancien empirisme mettait avec raison l'accent sur l'apport des sens mais ne reconnaissait pas la signification et la spécificité de la mise en forme logico-mathématique. Si le rationalisme comprenait cette signification, il croyait que la raison ne fournit pas seulement une forme mais peut, à partir d'elle-même (« a priori »), produire un nouveau contenu. C'est sous l'influence de Gottlob Frege auprès duquel j'ai étudié à Iéna et qui ne fut reconnu en général comme un logicien exceptionnel qu'après sa mort, et par l'étude de l'œuvre de Bertrand Russell, que j'ai compris d'une part l'importance fondamentale des mathématiques pour la construction du système de la connaissance, d'autre part leur caractère purement logique, formel, sur lequel repose leur indépendance à l'égard des contingences du monde réel. Ces vues sont à la base de mon livre. A travers les discussions menées au sein du cercle de Schlick à Vienne et sous l'influence des idées de Wittgenstein, elles ont ultérieurement évolué et conduit à la manière de penser caractéristique du cercle de Vienne. On donne parfois à cette orientation le nom d'empirisme ou de positivisme logique pour indiquer ses deux dimensions.

Mon livre devait traiter la thèse de la possibilité de principe de ramener tous les concepts au donné immédiat. Mais la tâche que je me fixai n'était pas d'ajouter de nouveaux arguments à ceux, nombreux et d'ordre philosophique général, que l'on avait avancés jusque là en faveur de cette thèse. Mon intention était bien plus d'entreprendre pour la première fois la tentative de construire effectivement un tel système; par conséquent de choisir en premier lieu quelques concepts de base simples, par exemple des qualités sensibles ou des relations que l'on peut trouver dans le vécu à l'état brut, et d'établir alors sur cette base des définitions des autres concepts des diverses catégories. Pour mener à bien cette tâche, même si elle se limitait à certaines étapes exemplaires, on avait besoin d'une logique dépassant de loin la logique traditionnelle, notamment dans le domaine de la logique des relations. La nouvelle logique développée au cours des décennies passées, avant tout par Frege, Whitehead et Russell, a seule rendu possible l'exécution de cette tâche. Cette logique comporte une théorie globale des relations et de leurs propriétés structurelles; en outre, en définissant les nombres et les fonctions numériques à partir de concepts purement logiques, elle fait de l'ensemble des concepts mathématiques une partie de la logique. Je fus fortement impressionné par l'apport de la nouvelle logique et je constatai la possibilité de nouvelles et fécondes applications de sa méthode pour analyser et reformer les concepts de tous les domaines et donc des sciences du réel. La plupart des philosophes n'ont même pas pressenti à cette époque l'importance révolutionnaire de la nouvelle logique pour la philosophie et pour la recherche des fondements de la science.

Le système établi dans ce livre prend les vécus élémentaires pour éléments fondamentaux (§ 67). Il n'utilise qu'un seul concept fondamental, une relation particulière entre les vécus élémentaires (« le rappel de ressemblance », § 78). On verra alors que les autres concepts peuvent être définis sur cette base, par exemple les différents sens, le sens de la vue, les parties du champ visuel et leurs relations spatiales, les couleurs et leurs rapports de ressemblance. Il est sûrement intéressant de pouvoir se limiter à un concept fondamental unique. Néanmoins ce procédé me semble aujourd'hui trop artificiel. Je préférerais utiliser un nombre un peu plus élevé de concepts de base, d'autant que je pourrais ainsi éviter certains défauts propres à mon ancienne constitution des qualités sensibles (cf. les exemples des § 70 et 72). Actuellement je veillerais à ne pas prendre pour éléments premiers des vécus élémentaires (malgré les raisons qui plaident en faveur de ce choix compte-tenu de la psychologie de la forme, voir le § 67), mais quelque chose de semblable aux éléments de Mach, par exemple des données sensibles concrètes comme « un certain rouge en un point donné du champ visuel à un moment donné ». Et je choisirais pour concepts fondamentaux certaines relations entre ces éléments comme la relation temporelle « x est antérieur à y », la relation de proximité spatiale dans le champ visuel et dans d'autres champs sensoriels, et la relation de ressemblance qualitative, par exemple la ressemblance de couleur.

Un tel système, comme celui que je présente dans le livre, a sa base dans les vécus particuliers du psychisme propre. Mais j'ai également exposé dans le livre la possibilité d'une autre forme de système dont les concepts de base se rapportent à des objets physiques (§ 59). En dehors des trois formes citées en exemple au § 62, dont la base réside dans le domaine physique, il me faut surtout considérer une forme dont les éléments fondamentaux sont des choses physiques et les concepts premiers des propriétés et relations observables de ces choses. L'existence d'un accord intersubjectif plus profond sur de telles propriétés et relations constitue l'un des avantages de cette base. Les concepts qu'utilisent les scientifiques pour se comprendre avant toute systématisation sont de ce type. Aussi un système de constitution reposant sur cette base m'apparaît particulièrement adapté à la reconstruction rationnelle du système conceptuel des sciences du réel. Avec Otto Neurath, j'ai développé au cours des débats du cercle de Vienne la possibilité d'un système global des concepts sur une base physique. Ce « physicalisme » a été présenté dans sa forme première assez grossière par Neurath et moi-même dans plusieurs articles dans les volumes 2 à 4 de la revue « Erkenntnis » (1931-1934). Dans son développement ultérieur, il a été modifié sur bien des points et amélioré.

Je voudrais dans ce qui suit souligner certains points sur lesquels les conceptions présentées dans mon livre ont changé, en me limitant ici aux points les plus importants. J'ai donné un exposé détaillé de l'évolution de ma manière de penser et de mes idées philosophiques dans mon autobiographie intellectuelle [Autob.]. (Les renvois [-] à certaines de mes publications plus tardives et aux écrits d'autres auteurs se réfèrent à la bibliographie suivante de 1961.)

Reconnaître qu'il n'est pas toujours possible de réduire les concepts de niveau supérieur à ceux de niveau inférieur au moyen de définitions explicites constitue l'un des changements les plus importants ; on doit en général faire preuve de plus de liberté dans leur mode d'introduction. Sans en avoir été bien conscient, j'étais moi-même déjà sorti de fait du cadre des définitions explicites lors de la constitution du monde physique. Pour coordonner par exemple les couleurs avec les points spatio-temporels, j'ai indiqué seulement des principes généraux et non des règles opératoires précises. Cette manière de procéder est proche de la méthode d'introduction des concepts par postulats, sur laquelle je reviendrai plus tard. La thèse positiviste de la réductibilité des concepts de choses à des concepts proprement psychiques reste valable ; mais il faut abandonner la prétention de définir les premiers à partir des seconds et par suite de traduire les énoncés sur des choses en énoncés sur des données sensibles. Il en va de même pour la thèse physicaliste de la réductibilité des concepts scientifiques et des concepts du psychisme d'autrui aux concepts de choses. Ces changements sont expliqués dans [Test] § 15. Dans cet article, je propose ces principes dits de « réduction » comme une forme plus libre d'introduction des concepts, particulièrement appropriée pour les concepts dispositionnels.

J'ai ultérieurement tenu compte de la méthode d'introduction des « concepts théoriques » à l'aide de postulats théoriques et de règles de coordination que la science et notamment la physique théorique utilisait déjà couramment, et j'ai étudié le caractère logique et méthodologique de ces concepts (voir [Theor.]). Les règles de coordination lient les termes théoriques aux termes observationnels. L'interprétation que les termes théoriques reçoivent ainsi demeure cependant toujours incomplète. Là réside la différence essentielle entre termes théoriques et termes définis sur un mode explicite. C'est certainement comme concepts théoriques dans le sens indiqué que les concepts de la physique théorique et d'autres branches scientifiques plus avancées doivent être compris. J'incline aujourd'hui à penser qu'il en est de même pour tous les concepts liés au psychisme d'autrui, ceux de la psychologie scientifique comme ceux du vécu quotidien.

Feigl [Mental] a donné de notre conception actuelle du physicalisme une présentation d'ensemble ; voir de plus son écrit [Phys.] et mes réponses [Feigl] et [Ayer].

Aujourd'hui mes commentaires sur la méthode extensionnelle (§ 43 à 45 de l'« *Aufbau* ») ne me paraissent plus satisfaisants. La thèse de l'extensionnalité, dans sa première forme usuelle que Wittgenstein, Russell et moi-même (§ 43) avons soutenue, avance que tous les énoncés sont extensionnels. Mais la thèse est inexacte dans cette forme. J'en ai donc proposé ultérieurement une version moins stricte, qui stipule que tout énoncé non extensionnel peut être traduit en un énoncé logiquement équivalent dans un langage extensionnel. Il semble que cette thèse s'applique à tous les exemples connus jusque là d'énoncés non extensionnels ; toutefois elle n'est pas encore démontrée et nous ne pouvons que la poser comme un présupposé (voir [Syntax] § 67 ; [Meaning] § 32, méthode V). Au fond, la méthode que j'ai appelée au § 43, méthode extensionnelle, consiste simplement à appliquer un langage extensionnel à tout le système de constitution ; ce qui ne soulève aucune objection. Sur certains points cependant, ma description de la méthode manque de clarté. On pourrait avoir l'impression qu'elle considère comme suffisant pour la validité de la construction d'un concept donné A par un concept B, que A et B aient la même extension. En réalité une condition plus forte doit être remplie : l'identité d'extension de A et B ne doit pas être fortuite, mais nécessaire en raison soit de règles logiques soit de lois de la nature (voir mon article [Goodman]). Cette condition n'est pas explicitée dans mon livre. Mais mon intention était de réaliser la reconstruction de manière telle que l'identité d'extension soit valable pour n'importe quel homme (supposé avoir des sens normaux et en dehors de « circonstances particulièrement défavorables », § 70 et 72), par conséquent indépendamment du choix contingent de ses observations fonction de son itinéraire dans le monde. Cette condition est donc remplie par les définitions de mon système (pour autant qu'elles ne sont pas erronées). Par exemple, caractériser le sens de la vue par le nombre dimensionnel 5 repose sur les lois bio-psychologiques qui stipulent que la vue de tout homme normal (sans dyschromatopsie) est l'unique sens pour lequel l'organisation des qualités se fait selon cinq dimensions.

Je voudrais rapidement mentionner les interprétations et les travaux critiques les plus importants sur l'« *Aufbau* ». C'est Nelson Goodman qui a le plus approfondi les problèmes de mon livre. Dans son ouvrage [Structure], il donne de ma théorie une présentation détaillée et en fait un examen critique profond et pénétrant, qui aborde aussi les questions techniques de méthode. Il décrit ensuite la constitution de son propre système. S'il a pour l'essentiel le même but que le mien, il s'en écarte considérablement sur plusieurs points. Dans son article [*Aufbau*], Goodman expose brièvement son opinion sur mon système; j'y ai répondu dans [Goodman]. Qui veut entreprendre la constitution d'un système conceptuel analogue trouvera dans les travaux de Goodman de précieuses suggestions, même s'il n'est pas en accord avec lui sur tous les points. Victor Kraft et Jorgen Jorgensen commentent l'« *Aufbau* » dans le cadre d'une présentation des conceptions du cercle de Vienne et de l'empirisme logique. Un exposé encore plus complet est donné par Francesco Barone dans son livre [Neopos]. Sa brochure [Carnap] est un résumé succinct et moins technique destiné à un cercle plus large. Elle comporte également une bibliographie des écrits d'autres auteurs sur divers aspects de mes idées philosophiques. Wolfgang Stegmüller ([Gegenw.]chapitre IX, paragraphe V) fournit une présentation et un commentaire de qualité des principales idées de mon livre, du physicalisme et des problèmes connexes.

Depuis la guerre, « La construction logique du monde » n'était plus disponible. En effet les exemplaires imprimés, mais aussi les plaques d'imprimerie, avaient été détruits. Je tiens à remercier l'éditeur, monsieur Felix Meiner, qui a entrepris de publier à nouveau ce livre. A cette occasion, je lui exprime aussi mes remerciements et ceux de mes amis pour avoir poursuivi dans les années trente, malgré toutes les difficultés politiques, et aussi longtemps que cela fut possible, la publication de notre revue « Erkenntnis ».

Université de Californie
Los Angeles, mars 1961
RUDOLF CARNAP

# BIBLIOGRAPHIE 1966

Sont indiquées ici mes publications et celles des autres philosophes sur lesquelles j'attire l'attention dans ma préface. On trouvera des références bibliographiques concernant Carnap, le cercle de Vienne et l'Empirisme logique dans Ayer [Posit.](66 p.), Barone [Carnap](4p.), Del Pra (17p.), Feigl [Mental](14p.), Schilpp (54p.).


AYER, Alfred J. (éditeur)

[Posit.] Logical positivism. Glencoe, Illinois, 1958.

BARONE, Francesco

[Carnap] Rudolf Carnap. Torino, 1953.
(Extrait de Filosofia 4, 1953, 353-392.)

[Neopos.] Il neopositivismo logico. Torino, 1953.

CARNAP, Rudolf

[Syntax] Logische Syntax der Sprache. Wien, 1934.

[Test.] Testability and meaning. Philosophy of Science 3, 1936, 419-471 ; 4, 1937, 1-40. Parue également séparément, New Haven, Conn., 1950.

[Meaning] Meaning and necessity. A study in semantics and modal logic. Chicago (1947) et seconde édition augmentée 1956.

[Einf.] Einführung in die symbolische Logik mit besonderer Berücksichtigung ihrer Anwendungen. Wien (1954) et seconde édition remaniée et augmentée 1960.

[Theor.] Theoretische Begriffe der Wissenschaft; eine logische und methodologische Untersuchung. Zeitschrift für philos. Forschung 4, 1960-61, 209-233 et 571-596. (traduit par A. Scheibal de Feigl [Minn. St.] vol. 1, 38-76.)

[Beob.] Beobachtungssprache und theoretische Sprache. Dialectica 12, 1958, 236-248. Reproduit dans Logica: Studia Paul Bernays dedicata. (Bibliothèque scientifique, vol. 34), Neuchâtel 1959.

[Autob.] Intellectual autobiography dans Schilpp.

[Replies] Replies and systematic expositions dans Schilpp.

[Feigl] Herbert Feigl on physicalism. [Replies] § 7.

[Ayer] A.J. Ayer on other minds. [Replies] § 8.

[Goodman] Nelson Goodman on "Der logische Aufbau der Welt ". [Replies] § 21.

DEL PRA, Mario (éditeur)

Rivista Critica della Storia di Filosofia 10, 1955, fasc. V-VI. (Un double cahier sur Rudolf Carnap.

FEIGL, Herbert

[Minn. St.] (éditeur avec d'autres) Minnesota Studies in Philos. of Science, vol. 1, 1956, vol. 2, 1958.

[Mental] The "mental" and the "physical", dans [Minn. St.] vol. 2.

[Phys.] Physicalism, unity of science and the foundations of psychology, dans Schilpp.

GOODMAN, Nelson

[Structure] The structure of appearance. Cambridge, Mass. 1951.

[Aufbau] The signifiance of "Der logische Aufbau der Welt". Dans Schilpp. (Reproduit dans Sidney Hook (éditeur), American philosophers at work. New York 1956.)

JØRGENSEN, Jørgen

The development of logical empiricism. Int. Encyclopedia of Unified Science II/9, Chicago 1951.

KRAFT, Victor

Der Wiener Kreis, Der Ursprung des Neupositivismus. Wien 1950.

SCHILPP, Paul A. (éditeur)

The philosophy of Rudolf Carnap. (The Library of Living Philosophers.) 1964.

STEGMüLLER, Wolfgang

[Gegenw.] Hauptströmungen der Gegenwartsphilosophie. Seconde édition Stuttgart 1960.

## PRÉFACE DE LA PREMIÈRE ÉDITION

A quoi tend un ouvrage scientifique ? Il présente des idées et cherche à convaincre le lecteur de leur validité. Mais le lecteur entend en savoir davantage : quelle est leur origine et où mènent-elles ? A quels courants en d'autres domaines sont-elles liées ? La totalité de ce livre est nécessaire pour établir la justesse des idées. Je voudrais donc ici, en dehors du cadre de la théorie, essayer de fournir brièvement une réponse à la seconde question : quelle place occupe-t-il dans le mouvement actuel de la philosophie et dans la vie en général ?

Les mathématiciens ont construit au cours des dernières décennies une nouvelle logique. Ils y ont été contraints par la crise des fondements des mathématiques, l'ancienne logique y étant totalement prise en défaut. Ce n'est pas seulement son insuffisance que l'on a reconnue dans cette situation critique, mais bien pire, ce qui peut arriver de pire à une doctrine scientifique : elle conduisait à des contradictions. La construction de la nouvelle logique a trouvé là son impulsion la plus puissante. Elle évite les contradictions que présentait l'ancienne ; mais au delà de cet apport purement négatif, elle a déjà fourni la preuve d'une contribution positive quoique limitée encore à revoir et redéfinir les fondements des mathématiques.

Historiquement, il est compréhensible que la nouvelle logique n'ait d'abord intéressé que le cercle étroit des mathématiciens et des logiciens. Seul un petit nombre a pressenti son importance remarquable pour toute la philosophie et cet élargissement de son champ d'utilisation ne fait que commencer. Si la philosophie est disposée à suivre le chemin de la science (au sens strict), elle ne saurait renoncer à ce moyen particulièrement efficace d'élucidation des concepts et de clarification de l'état de ses questions. Ce livre prétend accomplir un premier pas en ce sens et engager à poursuivre dans cette direction.

Il s'agit avant tout ici de la question de la théorie de la connaissance, par conséquent de la réduction des connaissances les unes aux autres. La réponse à cette question révèle la fécondité de la nouvelle méthode : elle conduit à un système homogène de réduction des concepts que la science met en jeu, en forme d'arbre généalogique, qui ne requiert qu'un petit nombre de concepts originaires. Sans doute cette clarification des rapports mutuels des concepts scientifiques fera apparaître sous un jour nouveau un grand nombre de problèmes philosophiques parmi les plus généraux. On montrera que certains problèmes se trouvent considérablement simplifiés grâce à l'intelligence ainsi acquise de la théorie de la connaissance tandis que d'autres se révèlent comme de faux problèmes. Ces conclusions plus éloignées ne seront que brièvement abordées dans ce livre. Il s'agit là d'un vaste champ, vierge pour une grande part, qui attend d'être traité.

La position fondamentale et la marche des idées de ce livre ne sont pas le fait de l'auteur seul et ne lui sont pas propres; elles font partie d'une certaine ambiance scientifique qu'un unique individu ne saurait produire ni dominer. Les idées ici consignées sont soutenues par une équipe de collaborateurs effectifs ou simplement sympathisants, qui ont en commun avant tout une attitude résolument scientifique. La distance prise avec la philosophie traditionnelle n'est qu'une caractéristique négative. Les déterminations positives sont plus essentielles. Il n'est pas facile d'en tracer les contours mais je vais essayer d'en donner une esquisse. La nouvelle manière de philosopher est née d'un contact étroit avec le travail des scientifiques, notamment en mathématique et physique. En conséquence le philosophe s'attache à adopter l'attitude fondamentale du chercheur scientifique faite de rigueur et de sens des responsabilités tandis que celle du philosophe de l'ancienne école l'apparente davantage au poète. Ce nouveau comportement ne change pas seulement la façon de penser mais aussi la manière de poser les tâches à accomplir. Un individu ne se lance plus dans l'entreprise téméraire de construire l'édifice complet de la philosophie. Chacun au contraire travaille à sa place déterminée au sein de l'ensemble de la science qui est une. Si une telle attitude est naturelle aux physiciens et aux historiens, nous assistions en philosophie au spectacle de la construction d'un grand nombre de systèmes successifs et juxtaposés qui étaient incompatibles, ce qui ne peut que décourager l'esprit scientifique de l'homme. Nous pensons pouvoir regarder l'avenir avec d'autant plus de confiance que nous imposerons à l'individu un travail limité en philosophie comme en science: les connaissances s'acquièrent pas à pas en une construction lente et circonspecte; chacun n'apporte que ce dont il peut répondre et qu'il peut justifier devant la collectivité. C'est ainsi que l'on assemble consciencieusement pierre après pierre pour construire un édifice solide auquel les générations suivantes pourront continuer à travailler.

L'élimination en philosophie du travail spéculatif qui tient de la poésie résulte de cette exigence pour chaque thèse d'une justification et d'une fondation contraignante. Dès lors que l'on a pris au sérieux en philosophie l'exigence de rigueur scientifique, on en est venu nécessairement à bannir toute la métaphysique, puisqu'on ne peut justifier ses thèses de manière rationnelle. Si chaque thèse scientifique doit être fondée rationnellement, cela n'implique pas qu'elle doit avoir été découverte de manière rationnelle, à l'aide de considérations conformes à l'entendement. Attitude première et orientation des intérêts ne sont pas déterminées par les idées mais conditionnées par les sentiments, tendances, dispositions et circonstances de la vie. Cela vaut tout autant pour les sciences les plus rationnelles comme la physique et les mathématiques que pour la philosophie. Mais ce qui est décisif, c'est que le physicien pour fonder une thèse ne s'appuie pas sur quelque chose d'irrationnel, il se fonde au contraire sur des motifs purement empiriques et rationnels. Nous exigeons de nous la même chose dans le travail philosophique. Le traitement pratique des problèmes philosophiques et la découverte de nouvelles solutions ne relèvent pas uniquement de l'intellect mais auront toujours quelque chose d'instinctif et mettront en jeu des moyens fonction de l'intuition. La fondation par contre doit se dérouler devant le forum de l'entendement; dès lors nous ne devons pas nous appuyer sur une expérience intuitive ou sur des exigences intérieures. Les besoins de l'âme, nous les connaissons aussi en philosophie, mais cela doit conduire à la clarté des concepts, la netteté des méthodes, à des thèses dont on peut répondre, à l'efficience, fruit d'un travail collectif au sein duquel l'individu a sa place.

Nous ne pouvons pas nous dissimuler que précisément aujourd'hui, dans les domaines métaphysique et religieux, les courants qui s'opposent à une telle attitude exercent de nouveau une puissante influence. Qu'est-ce qui nous permet malgré tout d'espérer que notre appel en faveur de la clarté et pour une science débarrassée de métaphysique l'emporte, sinon la conscience, ou pour le dire plus modestement, la croyance que ces forces contraires appartiennent au passé. Nous ressentons une intime parenté entre l'attitude sousjacente à notre travail philosophique et cette attitude spirituelle qui travaille actuellement des aspects de la vie tout-à-fait différents, nous la percevons dans des courants artistiques, en architecture notamment, et dans les mouvements qui s'attachent à donner à la vie humaine une forme rationnelle: à la vie personnelle et collective, à l'éducation, en somme à ce qui règle la vie extérieure. C'est partout que nous remarquons ici cette même attitude fondamentale, un même style de penser et d'agir. Cet esprit introduit la clarté dans tous les domaines, tout en reconnaissant la complexité de la vie qui n'est jamais totalement pénétrable; il mène à la fois au soin dans la configuration du détail et à la saisie des grandes lignes de l'ensemble; il concilie la solidarité entre les hommes et le libre épanouissement de l'individu. Cet esprit appartient à l'avenir, telle est la croyance qui porte notre travail.

Vienne, mai 1928
RUDOLF CARNAP

# I. INTRODUCTION : TÂCHE ET PLAN DES RECHERCHES

## A. LA TÂCHE

> *The supreme maxim in scientific philosophing is this : Wherever possible, logical constructions are to be substituted for inferred entities.*
>
> Russell

1. *Objectif : Le système de constitution des concepts*

Les présentes recherches ont pour objectif d'établir un système logique et conforme à la connaissance des objets ou des concepts, le « système de constitution ». Le terme objet sera constamment employé dans son sens le plus large pour tout ce sur quoi peut porter une proposition[3] (*Aussage*).

Nous comptons donc parmi les objets non seulement les choses, mais aussi les propriétés et les rapports[4] (*Beziehungen*), les classes et les relations (*Relationen*), les états et les processus, en outre ce qui est réel comme ce qui est fictif.

Le système de constitution ne vise pas seulement comme d'autres systèmes de concepts, à classer les concepts en diverses catégories[5] (*Arten*) et à examiner les différences et les relations mutuelles de ces catégories. Les concepts au contraire doivent être « constitués », c'est-à-dire dérivés par degrés de certains concepts fondamentaux, afin de dresser un arbre généalogique des concepts au sein duquel chacun trouve sa place déterminée. Que soit possible cette dérivation de tous les concepts à partir d'un petit nombre de concepts de base, telle est la thèse principale de la théorie de la constitution. C'est par là surtout qu'elle se distingue des autres théories de l'objet.

2. *Que signifie « constituer » ?*

Pour préciser le sens de notre objectif, le système de constitution, il convient d'expliquer dès maintenant certains concepts importants de la théorie de la constitution. Un objet (ou un concept) est dit réductible à un ou plusieurs objets si on peut transformer toutes les propositions portant sur lui en propositions portant sur ces autres objets. (Cette explication à l'aide du concept approximatif de « trans-formation » qu'illustrent bien les exemples suivants, est pour le moment suffisante. Je donnerai plus tard les définitions précises de la réductibilité et de la constitution (§ 35) ; elles se rapporteront non aux propositions mais aux fonctions propositionnelles.) Si a est réductible à b et b à c, a est alors réductible à c : la réductibilité est transitive.

EXEMPLE : Toutes les fractions sont réductibles aux nombres naturels (c'est-à-dire aux entiers positifs) car on peut transformer toutes les propositions portant sur des fractions en propositions sur des nombres naturels. Par exemple, $^3/_7$ est réductible à 3 et 7, $^2/_5$ à 2 et 5 ; et la proposition « $^3/_7 > {}^2/_5$ », transformée en proposition portant sur des nombres naturels, s'énonce : « Pour des nombres naturels quelconques x et y, 3x>2y si 7x H 5y ». De plus, tous les nombres réels et les irrationnels sont réductibles aux fractions. Finalement tous les termes (Gebilde) de l'arithmétique et de l'analyse sont réductibles aux nombres naturels.

Si un objet a est réductible aux objets b et c, d'après l'explication précédente, on peut transformer les propositions portant sur a en propositions sur b et c. « Réduire a à b, c » ou « constituer a à partir de b, c » signifiera établir une règle générale qui indique de quelle manière il faut, dans chaque cas particulier, transformer une proposition sur a pour obtenir une proposition sur b, c. Nous nommons cette règle de traduction « règle de constitution » ou « définition constitutive » (*konstitutionale Definition)* (puisqu'elle a la forme d'une définition, cf. § 38).

Par système de constitution, nous entendons une mise en ordre étagée des objets de telle sorte que les objets de chaque niveau soient constitués à partir des objets de niveau inférieur. Du fait de la transitivité de la réductibilité, tous les objets sont ainsi indirectement constitués à partir des objets du premier degré ; ces objets fondamentaux forment la base du système.

EXEMPLE : On pourrait établir un système de constitution de tous les concepts arithmétiques en les dérivant graduellement, selon des chaînes de définitions, des concepts fondamentaux des nombres naturels et des successeurs immédiats.

L'axiomatisation d'une théorie consiste à organiser la totalité de ses propositions en un système déductif dont les axiomes forment la base, et l'ensemble de ses concepts en un système de constitution dont les concepts fondamentaux forment la base. On s'est jusqu'ici moins intéressé à la méthodologie de cette seconde tâche qu'est la constitution systématique des concepts qu'à la première tâche, la déduction des propositions à partir des axiomes. C'est celle-là qu'il nous faut traiter ici et appliquer au système conceptuel de la science, de l'ensemble de la science unitaire. Seule la construction d'un tel système unifié de tous les concepts permettra de surmonter la décomposition de la science en des sciences particulières séparées et juxtaposées sans relation entre elles.

Bien que le point de départ subjectif de toute connaissance réside dans les éléments du vécu et leur imbrication, il est cependant possible, comme le montrera la construction du système de constitution, de parvenir à un monde objectif, intersubjectif, qui soit conceptuellement saisissable en tant que monde identique pour tous les sujets.

3. *La méthode : l'analyse de la réalité à l'aide de la théorie des relations*

Ce qui caractérise avant tout la méthode des recherches suivantes relatives à la théorie de la constitution, c'est la tentative de rendre mutuellement fécondes deux branches particulières de l'ensemble de la science traitées jusqu'ici séparément. Quoique déjà bien avancées, elles ne pourront, selon la conception que nous défendons ici, faire de nouveaux progrès importants qu'unies entre elles. La logistique ou logique symbolique a été développée par Russell et Whitehead au point qu'existe une *théorie des relations* qui permet de traiter d'emblée presque tous les problèmes de la théorie pure de l'ordre. Par ailleurs, la réduction du réel au donné est apparue comme une exigence des temps modernes, en partie accomplie par Avenarius, Mach, Poincaré, Külpe et surtout Ziehen et Driesch (pour ne citer que quelques noms). Il reste maintenant à *appliquer à l'analyse du réel cette théorie des relations* pour formuler les conditions logiques propres à la forme d'un système constitutif des concepts, pour concevoir plus précisément la base du système, pour essayer enfin de démontrer à travers l'exposition du système (au moins dans ses grandes lignes) la possibilité de sa construction sur cette base et dans le cadre de ces formes logiques.

Revue de la littérature : Les idées fondamentales de la théorie des relations remontent aux idées de « mathesis universalis » et d'« ars combinatoria » de Leibniz. L'application de la théorie des relations à la construction du système de constitution est très proche de l'idée de Leibniz d'une « caracteristica universalis » et d'une « scientia generalis ».

Logistique : Le système logistique le plus complet est celui de Whitehead et Russell. C'est actuellement le seul à comporter une théorie des relations achevée et par suite le seul qui sera pris en compte en tant qu'instrument méthodologique pour la théorie de la constitution. Il repose sur les travaux préliminaires de Frege, Schröder, Peano et d'autres. Il est exposé en entier dans [Princ. Math.]; Carnap fournit un abrégé du système avec des applications [Logistik]. On trouvera des explications des concepts (sans la symbolique) chez Russell [Principles], [Math. Phil.], chez Dubislav [Wörterbuch]; avec une autre symbolique chez Behmann [Math.] et une revue historique avec de nombreuses références bibliographiques (jusqu'en 1917) chez Lewis [Survey].

APPLICATION DE LA THÉORIE DES RELATIONS : Whitehead et Russell présentent des projets d'application de la théorie des relations à des objets non-logiques (mais sans la réalisation logistique pour le moment) : « Théorie de l'abstraction extensive » (Theorie der Ausdehnungsabstraktion) et « Théorie des processus » (Theorie der Vorgänge) de Whitehead dans [Space], [Nat. Knowledge], [Nature]; la construction du monde extérieur chez Russell dans [External W.], [Const. Matter], [Sense-data]. Dans sa mise en pratique, la théorie de la constitution s'écarte considérablement de Russell. Elle se base néanmoins sur son principe méthodique : « La première règle d'une manière scientifique de philosopher s'énonce ainsi : chaque fois que c'est possible, il faut remplacer les entités que l'on infère, par des constructions logiques » [Sense-data]155. Ce principe doit être utilisé ici de manière encore plus radicale que chez Russell (par exemple par le choix du psychisme propre comme base (§ 64) pour la constitution du non-vu à partir du perçu (§ 124) et celle du psychisme d'autrui (§ 140)). Dans la seconde partie de [Logistik] de Carnap, on trouve des exemples d'application de la théorie des relations à divers domaines (théorie des ensembles, géométrie, physique, théorie de la parenté, analyse de la connaissance et analyse du langage).

THÉORIE DE LA CONSTITUTION : Mach et Avenarius ont fourni les suggestions les plus importantes pour résoudre le problème de la réduction des concepts scientifiques au donné. Trois essais différents d'un système de concepts existent actuellement : Ziehen [Erkth], Driesch [Ordnungsl.], Dubislav [Wörterbuch]; ils n'ont cependant aucun rapport les uns avec les autres. Seul celui de Dubislav a la forme d'un système de constitution, attendu que des définitions en chaîne y sont données. Il faudra indiquer les points de convergence particuliers qui existent entre ces systèmes et le nôtre; dans l'ensemble toutefois, il en diffère de manière essentielle par les moyens méthodologiques utilisés.

En outre il y a aussi des points de rapprochement avec la visée de Husserl d'une « mathésis » des vécus [Phänomenol.]141 et la théorie de l'objet de Meinong. Les systèmes de classification des concepts ou des sciences (ceux d'Ostwald, Wundt, Külpe, Tillich par exemple) en sont plus éloignés puisqu'ils ne fournissent aucune dérivation des concepts les uns à partir des autres.

### 4. *L'unité du domaine des objets*

Si un système de constitution des concepts ou des objets (on peut l'entendre dans l'un ou l'autre sens, cf. § 5) du type que nous avons indiqué s'avère possible, il s'ensuit que les objets ne se répartissent pas en domaines disjoints, qu'*il n'y a au contraire qu'un domaine d'objets et donc une seule science*. En vérité, on peut malgré tout distinguer diverses catégories d'objets caractérisées par l'appartenance aux différents niveaux du système de constitution et par la forme de constitution[6] propre aux objets d'un même niveau. Nous montrerons ultérieurement (dans la section IIIA) que les formes de niveaux, selon lesquelles s'accomplit la constitution des objets plus élevés à partir des objets élémentaires, ne représentent pas une liaison par sommation mais un « complexe logique ». L'objet « État » par exemple devra être constitué dans le système de constitution à partir de processus psychiques; mais cela ne signifie pas qu'il soit une somme de processus psychiques. Nous distinguerons entre « tout » et « complexe logique » : le tout est composé d'éléments qui en forment les parties; un complexe logique indépendant n'a pas ce type de rapport avec ses éléments. Ce qui le caractérise, c'est la possibilité de transformer toutes les propositions portant sur lui en propositions portant sur ses éléments.

EXEMPLE : La géométrie synthétique offre une illustration de l'unité des objets et de la multiplicité des différentes structures. A partir des points, des droites et des plans comme éléments simples, elle constitue les structures supérieures en tant que complexes de ces éléments. Cette constitution s'opère en différentes étapes et les structures de chaque niveau se distinguent de manière essentielle les unes des autres. Mais en même temps toutes les propositions portant sur ces structures sont au fond des propositions sur les éléments. Nous rencontrons donc ici différentes catégories d'objets et malgré cela, un unique domaine d'objets d'où ils sont tous issus.

5. *Concept et objet*

Comme nous employons constamment ici le terme « objet » dans son sens le plus large, à chaque concept correspond un objet et un seul, « son objet » (à ne pas confondre avec les objets qui tombent sous le concept). Nous parlons donc également de l'« objet » des concepts généraux. Contrairement à la doctrine traditionnelle du concept, la généralité d'un concept nous semble relative et par suite, la limite entre concepts généraux et individuels varie suivant le point de vue (voir § 158). Qu'un symbole déterminé (*Gegenstanszeichen*) corresponde au concept ou à l'objet, qu'une proposition vaille pour des concepts ou des objets, cela ne traduit aucune différence d'ordre logique, mais tout au plus d'ordre psychologique relative à la représentation subjective. Au fond, il ne s'agit pas du tout de deux conceptions différentes mais seulement de deux manières différentes de formuler l'interprétation. C'est pourquoi dans la théorie de la constitution, nous parlons tantôt des objets tantôt des concepts constitués sans faire de différence essentielle.

Ces deux langages parallèles qui expriment la même chose en termes d'objet ou de concept, correspondent au fond aux *langages du réalisme et de l'idéalisme*. Les objets constitués sont-ils « produits par la pensée » comme l'enseigne l'école de Marburg[7] ou « seulement reconnus » par elle comme l'affirme le réalisme? La théorie de la constitution utilise un langage neutre; pour elle, les objets ne sont ni « produits » ni « reconnus », mais « constitués »; et qu'il soit clair dès à présent que ce terme « constituer » sera constamment entendu dans un sens parfaitement neutre. Aussi du point de vue de la théorie de la constitution, la controverse entre « production » et « reconnaissance » est une querelle de langage inutile.

Nous pouvons même aller plus loin encore et dire (sans le justifier ici) que le concept et son objet sont la même chose. Cette identité ne traduit cependant pas une substantialisation du concept; à l'inverse elle confère plutôt à l'objet un statut de fonction.

## B. Plan des recherches

6. *Discussions préliminaires (section II)*

La seconde section sert de préparation à la théorie de la constitution. Ses discussions ne présupposent donc pas l'idée fondamentale de cette théorie, à savoir la possibilité d'un système de constitution unifié, mais clarifient seulement la situation scientifique ou plus précisément l'état de la théorie de l'objet tel qu'il se présente aujourd'hui.

J'explique dans la première partie de la section l'important concept de structure (au sens de composante purement formelle d'une relation *(Relation)* et j'essaierai de démontrer sa signification fondamentale pour la science : on montrera qu'il est possible par principe de caractériser tous les objets au moyen des seules propriétés structurelles (par conséquent par certaines propriétés logiques formelles des relations et des complexes de relations) et par suite de *traduire tous les énoncés scientifiques uniquement en termes de structure.*

On abordera dans la seconde partie les *catégories d'objets* les plus importantes, en particulier les catégories du physique, du psychisme et du spirituel, en fonction de leurs caractéristiques, de leurs différences et de leurs relations mutuelles, et ceci non du point de vue et dans le langage de la théorie de la constitution, mais selon l'interprétation usuelle et dans le langage (réaliste) des sciences empiriques. Nous obtiendrons ainsi en un certain sens un aperçu sur ce qui doit servir de matériau pour la construction du système de constitution qui sera donc soumis au réquisit matériel d'intégrer la totalité de ce matériau.

7. *Les problèmes formels du système de constitution (section III)*

Avec la troisième section commence la présentation de la théorie de la constitution. Dans la première partie, on étudiera plus précisément le concept de constitution et on mettra en particulier l'accent sur sa différence avec la liaison par sommation. On montrera que la constitution d'un objet doit revêtir la forme logique de la définition; chaque objet à constituer sera ainsi introduit au moyen de sa définition constitutive soit en tant que classe soit en tant que relation. C'est donc l'une de ces deux formes que réalise chaque pas accompli au sein du système de constitution. Classes et relations sont les « formes de niveaux » (*Stufenformen*) du système; il n'en est pas requis d'autres.

On entreprendra dans la seconde partie des recherches formelles et matérielles sur les « formes d'objet » et la « forme systémique » du système de constitution. Par « forme d'objet », on vise la série des étapes constitutives d'un objet à partir des objets fondamentaux. On montrera, non pas pour des objets et catégories d'objets particuliers, mais en général, comment la « forme d'objet » est acquise à partir des connaissances que les sciences du réel ont sur l'objet en question, notamment sur ses caractéristiques (*Kennzeichen*). Par « forme systémique », on entend la forme globale du système, c'est-à-dire comment s'organisent les différents moments du système et les objets ainsi constitués. Parmi les diverses formes de système possibles sur le plan formel et matériel, on retiendra la forme qui représente le rapport des objets les uns aux autres de la façon la plus conforme à la connaissance.

La troisième partie traitera de la « base » du système de constitution, c'est-à-dire des objets premiers. Ils sont de deux espèces essentiellement différentes : les « éléments fondamentaux » et les « relations fondamentales », qui représentent les premières mises en ordre de ces éléments. « Mes vécus » seront pris pour éléments fondamentaux du système (mais il ne s'agit d'abord que de termes de relation dépourvus de nom et de nature et ce n'est qu'à un certain stade de la constitution qu'ils seront ainsi désignés). C'est donc la forme systémique à base autopsychique qui sera choisie. On montrera ensuite comment il est possible de concevoir ces éléments fondamentaux comme des unités indécomposables, et malgré cela, de constituer ces objets que l'on appellera plus tard « caractères » et « constituants » du vécu par une procédure proprement synthétique mais prenant la forme linguistique d'une analyse (la « quasi-analyse »).

Ce ne sont pas les éléments fondamentaux, mais les relations fondamentales, qui sont les véritables concepts premiers du système de constitution auxquels tous les concepts de la science doivent être rapportés. Cela correspond à une conception principielle de la théorie de la constitution, à savoir qu'*une structure relationnelle est première par rapport à ses membres*. Pour le choix des relations fondamentales du système de constitution, les recherches matérielles (*sachliche Untersuchungen*) qui seront menées vont préparer les niveaux inférieurs du système. Il s'agit en effet de savoir dans quel ordre et dans quelle catégorie pourront être constitués les objets de ces niveaux et quelles relations fondamentales seront requises pour ce faire. Quoiqu'il en soit, il apparaîtra finalement qu'un très petit nombre de relations premières et peut-être même une seule suffit.

Dans la quatrième partie, on expliquera comment et dans quel but les processus de constitution du système, présentés au stade d'ébauche dans la section IV, devront être donnés en quatre langues : dans le langage propre du système, à savoir la logistique, et en outre dans trois traductions qui faciliteront la compréhension des constitutions individuelles et l'examen de la réalisation de certaines exigences formelles. Ces trois traductions consistent en la reproduction de la définition constitutive en langue naturelle, en sa traduction dans un langage réaliste qui renvoie à des états de choses, et en sa conversion en une procédure opératoire (langage constructif) basée sur certaines fictions qui doivent fournir une aide à l'intuition.

8. *L'ébauche d'un système de constitution (section IV)*

Les résultats des recherches précédentes seront mis en pratique dans la quatrième section, dans laquelle est représentée l'ébauche d'un système de constitution dans ses traits principaux. On indiquera en détail (partie A) les niveaux inférieurs du système en représentant les constitutions individuelles sous forme symbolique et en les traduisant dans les trois langages auxiliaires (cf. § 7). Cette partie du système ne sera pas exposée de manière aussi détaillée. Non que son contenu soit déjà bien établi, mais on ne veut donner ici qu'un exemple pour éclairer au mieux le sens de l'ensemble des recherches et accomplir de plus un travail préparatoire au problème de l'organisation la plus appropriée des niveaux inférieurs. Dans cette partie, en ne prenant pour base qu'une relation fondamentale, on constituera entre autres les qualités sensibles, les domaines sensibles, le sens de la vue, l'ordre spatial du champ visuel, l'ordre qualitatif des couleurs et un ordre temporel provisoire.

Dans la seconde partie (B), on ne donnera plus les constitutions qu'en langue naturelle et sans la précision antérieure; les différents niveaux seront néanmoins encore clairement décrits. C'est ici que l'on constituera le monde spatio-temporel avec les choses visuelles qu'il contient, ainsi que mon corps comme l'une de ces choses visuelles, les autres sens (en dehors de la vue), et les autres objets, composantes et états, du psychisme propre. En s'aidant des autres sens, on achèvera la constitution du monde visuel en monde de la perception et on lui opposera le monde de la physique qui n'a plus affaire avec les qualités sensibles.

Dans la troisième partie (C), les autres constitutions ne seront qu'ébauchées à grands traits, dans la mesure où cela s'avère nécessaire pour reconnaître la possibilité de leur réalisation. Seront ainsi brièvement esquissées la constitution du psychisme d'autrui sur la base des autres êtres humains (en tant que choses physiques) à l'aide de la relation d'expression, la constitution du monde des autres et du monde intersubjectif, enfin la constitution des objets spirituels et des valeurs.

9. *L'élucidation de quelques problèmes philosophiques (section V)*

On montrera dans la cinquième section, à propos de quelques-uns des problèmes philosophiques traditionnels, comment la théorie de la constitution peut être mise à profit pour clarifier l'état d'un problème, dans la mesure où il se situe à l'intérieur du domaine de la science (rationnelle)[8]. Les problèmes traités serviront seulement à illustrer la méthode sans les aborder plus en détail.

On traitera en premier lieu (A) certains problèmes d'essence (*Wesensprobleme*), en particulier les problèmes de l'identité, du dualisme du physique et du psychisme, de l'intentionnalité et de la causalité.

On essaiera dans la partie (B) de clarifier l'état du problème du parallélisme psychophysique.

Ensuite sera discuté le problème de la réalité (C, D). On montrera que la théorie de la constitution est la base commune des tendances philosophiques qui entendent donner une réponse à ce problème, la base du réalisme, de l'idéalisme et du phénoménalisme, et que ces courants ne divergent qu'au delà de la théorie de la constitution, dans le domaine de la métaphysique.

C'est dans la dernière partie (E) que seront discutées les tâches et les limites de la science pour laquelle nous revendiquons une séparation nette de la métaphysique.

# II. DISCUSSIONS PRÉLIMINAIRES

## A. De la forme des énoncés scientifiques

### 10. *Description de propriété et description de relation*

*Que la science ne traite que des propriétés structurelles des objets*, telle est la thèse que nous allons soutenir et qui sera justifiée dans les recherches ultérieures. Nous allons d'abord définir le concept de structure. Pour justifier la thèse suivront alors des recherches sur la possibilité et la signification des caractérisations structurelles. Mais c'est sur la possibilité d'un système de constitution formel et qui embrasse cependant (en droit sinon en fait) tous les objets, que repose la véritable démonstration de la thèse, et l'ébauche d'un système de constitution, présentée dans la section IV, tentera d'en apporter la preuve.

Pour développer le concept de structure qui est au fondement de la théorie de la constitution, nous partons de la différence entre deux types de description des objets d'un domaine quelconque. Nous appelons ces deux types de description, *description de propriété* et *description de relation*. La description de propriété indique quelles propriétés appartiennent aux objets particuliers du domaine; la description de relation indique quelles relations existent entre les objets sans rien dire des objets en eux-mêmes. La description de propriété fournit par conséquent des informations individuelles, en un certain sens absolues, et la description de relation des informations relatives.

Exemples : Une description de propriété présente par exemple la forme suivante : Soit les objets a, b, c d'un domaine. Tous les trois sont des hommes; a est âgé de vingt ans et grand ; b, âgé de vingt et un ans, petit et mince ; c est gros.

Une description de relation : Soit les objets a, b, c du domaine. A est le père de b, b la mère de c, c le fils de b ; a a soixante ans de plus que c.

Si variée que puisse être la forme prise par chacune des deux sortes de description, elles n'en restent pas moins différentes par principe. Certes, on peut fréquemment tirer de la description de propriété des conclusions quant aux relations (b a un an de plus que a dans le premier exemple) et inversement, de la description de relation déduire des propriétés des objets (dans le second exemple, a et c sont du sexe masculin, b est du sexe féminin). Mais ce qui est alors inféré n'est pas équivalent à ce qui est donné, il est au contraire plus pauvre de sens : on ne peut faire l'inférence inverse. Ainsi la différence principielle persiste-t-elle. De plus les deux types apparaissent souvent mêlés.

EXEMPLES : Descriptions de propriété : Description de l'ensemble des coniques en fournissant les caractéristiques de chacune. Description d'une courbe en indiquant son équation cartésienne[9], par conséquent l'ordonnée du point correspondant à chaque abscisse. Chronologie des personnages historiques avec la mention des dates de naissance et de mort de chacun.

Description de relation : Description d'une figure géométrique constituée de points et de droites en donnant les rapports d'incidence. Description d'une courbe en indiquant son équation paramétrique[9], soit le rapport de situation de chaque élément à l'ensemble des éléments précédents. Description d'un ensemble de personnes par un arbre généalogique, c'est-à-dire par les liens de parenté de chaque personne.

Si la différence entre les deux types de description est si fortement soulignée, c'est pour soutenir la conception qu'elles n'occupent pas une place équivalente. La description de relation se trouve au commencement de tout le système de constitution et forme ainsi la base de la science dans son ensemble. En outre, le but de toute théorie scientifique est de devenir une pure description de relation quant à son contenu. Il est vrai que celle-ci peut prendre la forme linguistique d'une description de propriété, ce qui sera souvent utile, mais elle se distingue des véritables descriptions de propriété parce que chacune de ses parties peut, si nécessaire et sans dommage, être transformée en une description de relation. La description de propriété joue dans la science le rôle de forme commode de description de relation ou, lorsque la transformation n'est pas encore possible, présente un état provisoire de la théorie en question.

EXEMPLE : L'emploi en physique des noms de couleurs (bleu, rouge, etc.) met manifestement en jeu une description de propriété. Actuellement, cette forme de description traduit simplement une simplification linguistique, puisqu'à la base se trouve la théorie ondulatoire et que les noms de couleurs peuvent être exprimés dans les termes de cette théorie (en longueurs d'onde) ; autrefois en revanche, cette description de propriété dénotait le caractère incomplet de la théorie de la lumière dans la mesure où elle n'était pas convertible en description de relation.

11. *Le concept de structure*

Nous qualifions de *description de structure* un type particulier de description de relation. Elle n'énonce ni les propriétés des éléments particuliers du domaine, comme toute description de relation, ni même les relations existant entre ces éléments. Seule la « structure » des relations est donnée dans une description structurelle, c'est-à-dire un ensemble de toutes leurs propriétés formelles (on fournira plus tard une définition plus précise de la structure). Par propriétés formelles d'une relation, on entend celles que l'on peut formuler sans référence au contenu de sens de la relation ni à la catégorie des objets auxquels elle s'applique. Elles forment l'objet de la théorie des relations. On peut définir les propriétés formelles d'une relation uniquement à l'aide des symboles logistiques, par conséquent à l'aide en définitive du petit nombre de signes fondamentaux qui forment la base de la logistique ou logique symbolique. Ce ne sont donc pas les symboles spécifiques de la théorie des relations, mais les symboles de base utilisés pour construire l'ensemble de la logique, théories des propositions, des fonctions propositionnelles (des concepts), des classes et des relations.

Il nous faut mentionner certaines des propriétés formelles les plus importantes.

Une relation est dite symétrique quand elle est identique à sa converse (par exemple l'égalité d'âge), sinon elle est non-symétrique (comme être frère de…); une relation non-symétrique est dite antisymétrique quand elle exclut sa converse (la paternité par exemple). Une relation est dite réflexive si elle est constamment vérifiée (à l'intérieur de son champ) pour l'identité (comme l'égalité d'âge), autrement elle est non-réflexive (par exemple la relation d'enseignement); une relation non-réflexive est dite irréflexive quand elle exclut l'identité (la paternité par exemple). Une relation est dite transitive quand elle reste toujours valable avec le terme qui suit le conséquent (der übernächsten Glied) (comme être ancêtre de…), sinon elle est non-transitive (par exemple être ami de…); une relation non-transitive est dite intransitive si elle n'est jamais valable avec le terme qui suit le conséquent (la paternité). Une relation est connexe quand la relation ou sa converse existe constamment entre deux termes différents de son champ (comme la relation « être à une, deux ou trois places plus à droite » dans une tablée de six personnes). Une relation s'appelle une suite si elle est irréflexive, transitive (par suite asymétrique) et connexe (« plus petit que » pour les nombres réels par exemple). Une relation symétrique et réflexive est une relation de similitude; si elle est en outre transitive, c'est une équivalence (cf. § 71, 73).

Parmi les autres propriétés formelles des relations, nous trouvons l'univocité, la co-univocité et la biunivocité[10], le nombre déterminé d'éléments du champ, du domaine et du co-domaine, des antécédents et des conséquents, etc.

Pour rendre intuitif ce que nous devons entendre par structure des relations, imaginons pour chaque relation ce diagramme sagittal : tous les termes de la relation sont représentés par des points; une flèche part de chaque point vers les points avec lesquels il se trouve dans cette relation. Une double flèche marque une paire pour laquelle la relation vaut dans les deux sens; une flèche qui revient sur elle-même caractérise un terme en relation avec lui-même. Si deux relations ont le même diagramme sagittal, elles ont la même structure ou sont dites isomorphes. Le diagramme sagittal est en quelque sorte la représentation symbolique de la structure. Naturellement, les diagrammes sagittaux de deux relations isomorphes n'ont pas besoin d'être congruents. Nous appelons aussi équivalents deux diagrammes sagittaux tels que l'un d'eux peut être converti en l'autre au moyen d'une déformation (sans perturbation des connexions) (équivalence topologique).

12. *La description de structure*

Une description en langue naturelle est équivalente à ce qu'indique le diagramme sagittal d'une relation (dont les éléments ne sont pas nommés) quand elle énumère toutes les paires liées par la relation sans utiliser les dénominations des membres individuels qui ont également un sens en dehors de cette énumération, quand elle fait au contraire usage par exemple d'une numérotation arbitraire entreprise seulement pour cette énumération. Car une telle énumération, pouvant être tirée du diagramme sagittal, ne contient rien de plus que celui-ci. Et inversement le diagramme sagittal peut être tracé à partir de l'énumération des paires. Le tableau des paires numérotées donne ainsi, comme le diagramme sagittal, la description intégrale de la structure.

Si deux relations ont la même structure, elles possèdent les mêmes propriétés formelles. Si donc la structure d'une relation est donnée, l'ensemble de ses propriétés formelles se trouve par là déterminé. En revanche on ne peut pas en général dire quelles propriétés formelles suffisent à fixer la structure d'une relation donnée; il revient à la théorie des relations d'examiner ce point en détail. La représentation figurée de la structure au moyen du diagramme sagittal n'est naturellement réalisable que pour un nombre fini de termes. Mais on doit pouvoir donner la définition exacte du concept de structure en général et décrire une structure en particulier sans aide figurative. Cependant pour notre but, nous pouvons nous servir sans arrière-pensée de l'illustration au moyen du diagramme sagittal, puisque celui-ci, dans tous les cas où il peut être tracé, reproduit exactement la structure et qu'il comporte tous les caractères principiels du concept général de structure.

Tandis qu'en général, comme nous l'avons vu précédemment, la description de relation permet encore des conclusions relatives aux propriétés individuelles des termes, ce n'est plus le cas pour une description de structure. *Elle forme le degré le plus élevé de formalisation et de dématérialisation.* Soit un diagramme sagittal ne comportant que des doubles flèches ; nous savons alors qu'il représente la structure d'une relation symétrique ; mais on ne peut reconnaître s'il s'agit par exemple de personnes et de la relation de connaissance, ou de localités et de la relation de communication téléphonique directe, etc. Ce qu'affirme notre thèse, à savoir que les énoncés scientifiques se rapportent seulement à des propriétés structurelles, signifierait donc qu'*ils ont trait à de pures formes, sans dire ce que sont les éléments et les relations de ces formes.* Cette affirmation paraît de prime abord paradoxale. Que les mathématiques, à savoir non seulement l'arithmétique et l'analyse, mais aussi la géométrie, ne constituent que des propositions de structure, a été démontré en toute rigueur par Whitehead et Russell en déduisant les disciplines mathématiques de la logistique. Il semble par contre en aller tout autrement avec les sciences du réel[11]. Une telle science doit bien savoir si elle a affaire à des personnes ou à des villages. *Elle doit pouvoir distinguer ces différents objets*, ce qu'elle fait le plus souvent dans un premier temps en les caractérisant à l'aide d'autres objets ; mais *en définitive la caractérisation s'opère par pure description de structure.* Tel est le point décisif qui sera approfondi dans ce qui suit.

REVUE DE LA LITTÉRATURE : La dérivation du concept de structure (ou « nombre relationnel ») dans la théorie des relations se trouve chez Russell [Princ. Math.]II 303 *sq.* Russell y donne des éclaircissements ([Math. Phil.]53 *sq.*) et des indications sur l'importance scientifique générale et philosophique du concept ([Math. Phil.]61 *sq.*). Cf. Carnap [Logistik]§ 22.

Récemment fut réclamée à plusieurs reprises une « logique de l'individualité » (faisant suite aux idées de Dilthey, Windelband, et Rickert), c'est-à-dire une méthode d'élaboration conceptuelle qui rende justice à la singularité des données individuelles et ne tente pas de les comprendre par réduction graduelle à des concepts génériques (de classes). Une telle méthode serait d'une grande valeur pour la psychologie individuelle et pour toutes les sciences humaines, l'histoire en particulier (voir par exemple Freyer [Obj. Geist.]108 *sq.*). On doit ici souligner que le concept de structure de la théorie des relations forme une base appropriée pour une telle méthode. La méthode devrait être développée en adaptant le moyen fourni par la théorie des relations à chaque domaine à traiter. Voir aussi la théorie des concepts de relation de Cassirer [Substanzbegr.], notamment 299, et les exemples d'application de la théorie des relations (hormis aux objets culturels) chez Carnap [Logistik] seconde partie.

## 13. *Des caractérisations*

Un énoncé scientifique n'a de sens que si l'on peut indiquer la signification des noms d'objet qu'il comporte. Pour ce faire, il existe deux possibilités différentes : la première est la « monstration[12] » (*Aufweisung*). L'objet en question est rendu accessible à la perception et désigné par un geste; par exemple, « voilà le Feldberg ». La seconde consiste en une périphrase dépourvue d'ambiguïté que nous nommons caractérisation (*Kennzeichnung*). Une caractérisation n'indique pas toutes les propriétés de l'objet, sinon elle remplacerait la perception réelle, mais elle s'appuie sur l'observation. Elle ne fournit pas même les caractères essentiels mais seulement le nombre de caractères nécessaires *pour pouvoir reconnaître sans équivoque l'objet visé, compte-tenu du domaine d'objets dont il est question.* Par exemple le nom Feldberg peut désigner la plus haute montagne de la Forêt Noire ou la montagne située à tant de km à l'est de Fribourg. Afin que la caractérisation soit valable, il ne suffit pas que la phrase descriptive ait un sens; mais il faut qu'au moins un objet ayant les propriétés caractéristiques se trouve dans le domaine d'objets considéré et qu'il ne s'y trouve qu'un seul objet semblable. Par suite on ne peut décider a priori si une caractérisation dénote quelque chose et ce qu'elle dénote, mais seulement eu égard au domaine d'objets en cause.

Le plus souvent, comme dans les exemple cités, la caractérisation indique la relation de l'objet visé à d'autres objets. Il semble alors de prime abord que toute caractérisation ne fasse que repousser le problème de la détermination de l'objet et que finalement on ne puisse le résoudre définitivement qu'au moyen de monstrations. Mais comme nous allons le voir, la possibilité d'un système univoque de caractérisation au sein d'un domaine d'objets existe par principe, même sans l'aide de monstrations. Certes cette possibilité n'est pas donnée dans tous les cas et pour un domaine d'objets quelconque, on ne peut décider a priori si elle existe ou non. La question de cette possibilité est particulièrement importante pour le domaine global des objets de la connaissance. Ici non plus on ne peut en décider a priori; cependant, comme nous le verrons plus tard, admettre cette possibilité est la présupposition nécessaire pour la possibilité d'une science purement rationnelle qui dépasse la subjectivité.

REVUE DE LA LITTÉRATURE: Sur les caractérisations, voir: Russell [Princ. Math.]I 31 *sq.*, 69 *sq.*, 181 *sq.*, [Math. Phil.]168 *sq.*, et Carnap [Logistik] § 7, 14. (les caractérisations y sont appelées « descriptions » et « Beschreibungen », termes que nous employons cependant dans d'autres usages).

### 14. *Exemple d'une caractérisation purement structurelle*

Comment est-il possible de caractériser sans équivoque tous les objets d'un domaine déterminé sans qu'un objet quelconque soit directement montré et sans faire appel à quelque objet extérieur au domaine ? C'est sur un exemple concret qu'il sera le plus facile de le reconnaître. Nous allons le présenter en détail en raison de l'importance de sa signification générale.

EXEMPLE : Considérons la carte des voies ferrées, par exemple du réseau euro-asiatique. Comme cette carte n'est pas dessinée à l'échelle, mais déformée comme il est habituel dans les indicateurs, voir de manière plus importante encore, elle ne fournit pas les distances mais reproduit pourtant exactement les connexions du réseau; en termes géométriques, elle indique non les propriétés métriques mais topologiques du réseau. On a utilisé l'exemple de la carte ferroviaire pour clarifier le concept de propriété topologique. De même est-il approprié à l'explication du concept logique de propriété structurelle, qui lui est étroitement apparenté mais plus général. A présent supposons en plus que toutes les gares soient marquées par des points et que la carte ne comporte aucun nom ni aucune indication autre que les lignes de chemin de fer. Pouvons-nous établir les noms des points de notre carte par l'observation du réseau ferroviaire réel, telle est la question. Comme le réseau ferroviaire réel est bien difficile à examiner, nous pouvons faire usage d'une seconde carte pourvue de tous les noms. Puisque notre première carte peut être beaucoup plus déformée que ne le sont habituellement les cartes des indicateurs, rechercher des formes caractéristiques, par exemple la longue ligne sibérienne, ne nous aidera en rien; c'est par une autre voie que nous allons progresser. Nous repérons les nœuds ferroviaires d'ordre le plus élevé, c'est-à-dire où convergent le plus grand nombre de lignes. Il n'y en a qu'un petit nombre. Admettons que nous ayons trouvé vingt nœuds ferroviaires de chacun desquels partent huit lignes. Si nous comptons alors pour chaque point, sur chacune des huit lignes, le nombre de gares jusqu'aux nœuds suivants, il n'y aura sûrement pas deux de ces vingt points qui concorderont pour les huit nombres; les vingt points seraient ainsi identifiés. Si toutefois deux points ou même tous les vingt devaient concorder, il nous suffirait d'envisager les liaisons mutuelles de chacun de leurs huit nœuds ferroviaires voisins (ont-ils ou non des liaisons directes les uns avec les autres, combien de gares se trouvent entre eux et combien de lignes partent de chaque nœud voisin, etc.) pour être tout à fait certain de ne plus trouver de coïncidence dans le réseau ferroviaire réel actuel. Mais si nous avions affaire à un réseau ferroviaire pour lequel les caractères cités ne permettaient pas encore de discrimination, nous devrions alors poursuivre pas à pas des nœuds ferroviaires voisins à leurs nœuds voisins, et ainsi de suite, de façon à trouver de plus en plus de caractéristiques pour les nœuds principaux. Nous continuons jusqu'à trouver des caractéristiques qui ne concordent plus, même si nous devions pour cela examiner la totalité du réseau. Si on trouve le nom d'un premier point de notre carte, on en déduit facilement les autres, puisque pour les points voisins, seul un petit nombre de points entre en ligne de compte.

Mais comment faire à présent si, même après l'examen de tout le réseau, aucune différence n'apparaissait entre deux nœuds? Il y aurait alors deux points ayant la même caractérisation structurelle (points homotopes) relativement à la liaison avec les gares voisines. Il apparaîtrait ainsi que cette relation ne suffit pas pour une caractérisation univoque; nous devrions renoncer à désigner les objets du domaine présent uniquement par des caractérisations structurelles sans monstration ou alors nous devrions faire appel à une ou plusieurs autres relations. Nous choisirions en premier lieu des relations d'un genre similaire : voisinage par liaison routière, téléphonique, etc. Mais pour rester strictement dans le cadre des propositions de structure, nous ne devrions pas désigner ces relations par des noms mais seulement au moyen du diagramme sagittal correspondant à l'ensemble de leur réseau. Il nous faudrait supposer que l'observation de la réalité géographique montrerait clairement si le réseau proposé est celui des liaisons routières euro-asiatiques ou celui des liaisons téléphoniques, etc. Comme au début avec la relation de liaison ferroviaire, nous chercherions à caractériser de manière tout à fait analogue à l'aide de chacune de ces autres liaisons, d'abord des points particuliers, puis tous les points. Personne n'admettra alors que deux points soient encore homotopes relativement à toutes les relations mises en jeu. Comme un tel cas cependant ne fait que contredire nos représentations de la réalité sans être impensable, nous devrons donc, en raison du problème principiel, pousser plus loin le questionnement et demander ce qu'il en est de la caractérisation univoque si toutes les relations ne s'avèrent pas encore suffisantes? Nous n'avons utilisé jusqu'à présent que des relations spatiales, parce que leur représentation à l'aide d'un schéma spatial est usuelle avec les cartes géographiques et ce qu'il y a de plus facilement compréhensible. Mais nous pouvons faire encore appel à toutes les autres relations géographiques et mettre les lieux en relation au moyen des rapports entre nombres d'habitants (non des nombres d'habitants eux-mêmes), par l'intermédiaire des phénomènes économiques, des relations climatiques, etc. Si deux membres du domaine d'objets demeurent alors homotopes, c'est que nous avons précisément affaire à deux lieux géographiquement indiscernables. Si nous passons alors à une nouvelle catégorie de relations et considérons de la même manière par exemple toutes les relations historiques entre les lieux, etc., nous aurons en définitive utilisé tous les concepts des sciences du réel, sciences physiques et humaines. A présent, si aucune différence entre les deux lieux ne devait apparaître après épuisement de toutes les relations scientifiques disponibles, c'est qu'ils sont bien indiscernables, non seulement pour la géographie, mais en général pour la science. Qu'ils soient subjectivement différents dans la mesure où par exemple je me trouve dans un lieu et non dans un autre, ne traduit aucune différence objective. Dans l'autre lieu se trouvera alors un homme exactement de même nature que moi, qui dira pareillement : je suis ici et non là-bas.

### 15. *La possibilité générale de caractérisation structurelle*

L'exemple présenté montre que la caractérisation d'objets individuels au moyen de propositions purement structurelles, sans monstration, est souvent possible sur la base d'une description de structure à l'aide d'une ou de plusieurs relations dont seule la structure est précisée, au sein d'un domaine d'objets déterminé, si ce domaine n'est pas trop restreint et si la ou les relations ont une structure d'un degré suffisant de multiplicité. Là où la caractérisation n'est pas encore possible sans équivoque, il faut élargir le domaine ou bien faire appel à d'autres relations. Si après utilisation de toutes les relations scientifiquement disponibles, aucune différence n'apparaît entre deux objets déterminés d'un domaine d'objets, ils sont tout à fait équivalents pour la science, quoique subjectivement ils puissent être considérés comme différents. (Nous ne ferons que brièvement allusion au fait que, si les présupposés précédents étaient totalement réalisés, les deux objets ne devraient pas seulement valoir comme équivalents mais comme strictement identiques; on ne pourra pas s'engager ici dans la justification de cette affirmation de prime abord paradoxale.) Il ressort donc que *la caractérisation univoque au moyen de pures indications de structure est en général possible, pour autant qu'est possible en général une différenciation scientifique :* cette caractérisation ne fait alors défaut pour deux objets que s'ils ne sont pas du tout discernables par des moyens scientifiques.

Par la méthode de caractérisation structurelle, il devient à présent possible de faire correspondre de manière univoque des signes aux objets empiriques et de les rendre ainsi accessibles au travail conceptuel, quoique par ailleurs les objets empiriques ne peuvent de toute façon être déterminés individuellement que par cette symbolisation. C'est dans cette méthode que réside l'explication de ce « fait singulier, que nous établissons dans la connaissance une relation de correspondance entre deux ensembles, dont l'un… n'est défini dans ses éléments que par cette correspondance » (Reichenbach [Erk]38).

La caractérisation purement structurelle décrite est apparentée à la définition implicite telle qu'elle a été utilisée par Hilbert pour son axiomatique de la géométrie [Grundlagen] et dont Schlick a exposé dans [Erkenntnisl.] la méthode générale et la signification scientifique. La définition implicite ou définition au moyen d'axiomes consiste en ce qu'un ou plusieurs concepts sont déterminés précisément en établissant que certains axiomes doivent valoir pour eux. Rien de plus n'est exigé des axiomes que l'absence de contradiction, propriété formelle qui peut être vérifiée par un examen purement logique. Les propositions constituées ensuite sur un objet défini ainsi implicitement résultent des axiomes de manière déductive, par conséquent également par une procédure purement logique. A proprement parler, ce n'est pas un objet (concept) déterminé que l'on définit implicitement au moyen d'axiomes, mais une classe d'objets ou, si on préfère, un « objet indéterminé » ou un « concept impropre »; cf. Carnap [Uneigentl.].

A la différence de la définition implicite, la caractérisation structurelle caractérise (ou définit) seulement un objet particulier, à savoir un objet d'un domaine empirique extralogique (dans l'exemple du § 14, une gare donnée dans le domaine des gares de chemin de fer). La validité d'une telle caractérisation ne requiert donc pas seulement que les propositions de caractérisation structurelle soient libres de contradiction, mais en plus cet état de fait empirique que dans le domaine considéré existe au moins un objet qui réponde à la caractérisation et qu'il n'en existe pas plus d'un. Les autres propositions portant sur l'objet ainsi caractérisé ne seront donc pas toutes analytiques, comme pour l'objet défini implicitement, c'est-à-dire déductibles des propositions définissantes, mais également synthétiques, portant en effet sur des constatations empiriques dans le domaine d'objets concerné.

### 16. *Toutes les propositions scientifiques sont des propositions de structure*

Il ressort de nos analyses sur la caractérisation structurelle que chaque nom d'objet présent dans un énoncé scientifique peut être remplacé par principe (à condition qu'existent les connaissances requises) par une caractérisation structurelle de l'objet, jointe à l'indication du domaine d'objets auquel la caractérisation se rapporte. Cela ne vaut pas seulement pour des noms d'objets particuliers, mais aussi pour des noms généraux, tels que des noms de concepts, de classes, de relations (comme nous l'avons vu dans l'exemple du § 14 pour les relations de liaisons routières ou autres). Ainsi chaque énoncé scientifique peut par principe être transformé en un énoncé qui ne comporte que des propriétés de structure et l'indication d'un ou de plusieurs domaines d'objets. A présent, une thèse fondamentale de la théorie de la constitution (cf. § 14), dont la preuve devra être apportée dans les analyses ultérieures, stipule qu'il n'y a au fond qu'un unique domaine d'objets, et que tout énoncé scientifique traite de ses objets. Dès lors est supprimée la nécessité d'indiquer le domaine d'objets propre à l'énoncé; il en résulte que *tout énoncé scientifique peut être en droit transformé de sorte qu'il ne soit plus qu'une proposition structurelle*. Mais cette transformation n'est pas seulement possible, elle est impérative. Car la science entend parler de ce qui est objectif; cependant tout ce qui n'est pas d'ordre structurel, mais matériel, tout ce qui se manifeste concrètement, est en dernier ressort subjectif. C'est en physique que nous observons facilement cette désubjectivation qui a déjà transformé presque tous les concepts physiques en de purs concepts de structure.

Ce sont en premier lieu tous les concepts mathématiques qui sont réductibles à des concepts de la théorie des relations; le champ tensoriel ou le champ vectoriel à quatre dimensions sont des schèmes structurels; le réseau des lignes de monde avec les relations de coïncidence et de temps propre est un schème structurel dans lequel seulement une ou deux relations sont encore désignées par des noms, mais sont déjà définies selon la modalité du schème.

Selon la manière de voir de la théorie de la constitution, on peut présenter les faits ainsi : la suite des vécus est différente pour chaque sujet. Si malgré tout un accord dans la dénomination doit être atteint pour les objets constitués sur la base des vécus, cela ne peut alors avoir lieu en se référant au donné matériel entièrement divergent, mais seulement par la caractérisation formelle des structures d'objet. En vérité, il persiste encore un problème: comment peut-il résulter des suites de vécus extrêmement différentes, des objets dont la structure concorde pour tous les sujets grâce à l'utilisation de règles formelles communes de constitution? C'est le problème de la réalité intersubjective. Il faudra y revenir ultérieurement. Nous retiendrons tout d'abord que *pour la science, il est possible et même nécessaire de se limiter aux propositions de structure ;* c'est ce qu'affirmait notre thèse. Il ressort malgré tout des considérations antérieures que les énoncés scientifiques peuvent prendre la forme linguistique d'une description de relation matérielle ou même d'une description de propriété (§ 10).

REVUE DE LA LITTÉRATURE : A partir de considérations semblables aux nôtres, on a parfois soutenu que, non le donné lui-même, comme les sensations, mais « seulement les relations entre les sensations pouvaient avoir une valeur objective » (Poincaré [Valeur] 198). Si cette conception va manifestement dans la bonne direction, elle ne va pas assez loin : nous devons passer des relations aux structures de relation, si nous voulons aboutir à des objets complètement formalisés; les relations elles-mêmes dans leur dimension qualitative ne permettent pas encore d'atteindre le plan intersubjectif. C'est Russell qui le premier a attiré l'attention sur l'importance de la structure pour l'acquisition de l'objectivité ([Math. Phil.]62 *sq.*).

## B. APERÇU SUR LES CATÉGORIES D'OBJETS ET LEURS RELATIONS

### 17. *L'importance des catégories d'objets pour la théorie de la constitution*

Cette section (IIB) ne sera pas consacrée à de nouvelles recherches mais à faire seulement un tour d'horizon des différentes catégories d'objets indépendantes en fonction de leurs propriétés caractéristiques connues. Certaines relations entre ces catégories seront discutées, soit qu'elles aient donné lieu à la formation de problèmes métaphysiques (comme celui de la relation psychophysique par exemple), soit qu'elles soient importantes pour comprendre le rapport logique et cognitif des catégories d'objets et par suite les problèmes de constitution (comme la relation d'expression par exemple).

Le problème des catégories d'objets et de leurs relations mutuelles est particulièrement important parce que la théorie de la constitution a pour but la construction d'un système des objets. Ce système en définitive devra faire apparaître les distinctions et les relations que nous allons présenter ici, notamment la distinction des « sphères d'objets », ce qui constitue un test significatif pour la forme retenue par la théorie de la constitution, puisqu'elle pose la thèse de la possibilité de dériver les concepts de tous les objets d'une unique base commune.

La théorie de la constitution qui sera présentée ultérieurement ne prendra pas pour point de départ les faits et les problèmes qui vont être exposés dans ce chapitre, elle commencera la construction entièrement au début. Elle ne tiendra compte de certains de ces faits qu'à certaines étapes de la construction du système et ils constitueront la pierre de touche la plus importante pour apprécier son résultat final. Il apparaîtra par contre que, dans le système d'objets nouvellement construit, les problèmes n'apparaissent pas du tout dans l'état où ils sont ici décrits ; la confusion et la distorsion de cet état des problèmes ne sont pas tant dues aux faits eux-mêmes qu'à certaines confusions conceptuelles traditionnelles qui tiennent plutôt à l'histoire qu'aux choses. (Il est donc juste de reporter à plus tard les objections aux hypothèses de cette section, au moment où celles-ci seront mises en jeu pour la construction.)

Aussi comme cette section, bien plus encore que la précédente (IIA), ne sert que de préparation, elle peut être sautée sans que la théorie de la constitution qui sera présentée dans les principales sections ultérieures, y perde sa cohérence, hormis certaines discussions principielles des paragraphes 20, 22, 25.

18. *Les objets physiques et psychiques*

Comme les concepts du physique et du psychique seront pris ici dans leur sens usuel, nous n'en donnerons pas d'explication détaillée ni même de définition, ce d'autant qu'il s'agit sous un certain aspect de concepts vagues et « logiquement impurs » (§ 29).

Comme représentants des objets physiques, nous prendrons en premier lieu leur catégorie la plus importante, *les choses physiques*. Elles sont caractérisées avant tout par le fait qu'elles occupent dans un temps donné un espace déterminé, c'est-à-dire une portion étendue d'espace. Lieu, forme, taille et situation constituent ainsi les facteurs déterminant toute chose physique. Il faut de plus ajouter à ces facteurs au moins une qualité sensible telle que la couleur, le poids ou la température, etc.

Etant donné que nous prenons constamment le mot objet dans son sens le plus large, comme ce à propos de quoi peut être énoncé quelque chose, nous ne faisons aucune différence entre processus et objet. Aux *objets psychiques* appartiennent tout d'abord les processus de la conscience : perceptions, représentations, sentiments, pensées, volitions, etc. Nous comptons en outre parmi eux les processus inconscients, dans la mesure où ils sont supposés analogues aux processus conscients, tels que les représentations inconscientes.

Ces objets ont en commun avec les objets physiques de posséder une détermination temporelle. Mais pour le reste, ils s'en distinguent nettement. Un objet psychique n'a pas de couleur ou d'autre qualité sensible ni de détermination spatiale. A ces caractères négatifs s'ajoute, en tant que caractère positif, l'appartenance à un sujet individuel déterminé.

19. *Relation psychophysique, relations d'expression et de désignation*

La relation psychophysique existe entre un processus psychique et le processus « correspondant » ou « parallèle » du système nerveux central. Selon l'interprétation la plus souvent soutenue, la totalité des objets psychiques appartiennent au domaine de cette relation tandis que seule une très petite partie des objets physiques appartiennent à son co-domaine, à savoir les processus du système nerveux d'un animal (ou même seulement d'un être humain) vivant.

Nous sommes capables de reconnaître à partir de la voix, des mines ou d'autres mouvements d'un homme, ce qui « se passe en lui », par conséquent d'inférer à partir de processus physiques quelque chose du psychique. Nous nommons relation d'expression, la relation à la base de cette inférence entre par exemple un mouvement et le processus psychique dont il est l'expression. A son domaine appartiennent presque tous les mouvements du corps et de ses membres, y compris les mouvements involontaires. Au co-domaine appartient une partie des objets psychiques, notamment les sentiments.

Beaucoup d'objets physiques que nous utilisons pour comprendre d'autres hommes et dont nous disons qu'ils « expriment » le psychique, ne sont pas directement en relation avec ce qu'ils expriment, mais dans une relation complexe. Cela vaut pour tous les objets physiques qui ne sont pas des processus à même le corps d'autrui, comme ce qui est écrit, formé ou prononcé (les ondes sonores de l'air), etc. Ces objets physiques sont à rattacher aux antécédents de la relation d'expression proprement dite, c'est-à-dire aux mouvements corporels, qui en sont la cause physique. En effet la liaison causale est ici de nature telle que le « caractère formel » (Gestaltcharakter) portant la valeur expressive subsiste à travers elle. Si les traits d'écriture peuvent être utilisés en graphologie pour l'interprétation du psychisme, c'est seulement parce qu'ils ont en commun un certain caractère formel avec les mouvements de la main qui écrit. Il y a donc aussi en même temps un renvoi constant à la relation d'expression véritable qui existe entre les mouvements de la main (non les traits de l'écrit) et le psychisme.

La relation d'expression doit être distinguée de la relation de désignation (*Zeichenbeziehung*). Celle-ci lie les objets physiques « signifiant » quelque chose (*bedeuten*) et ce qu'ils signifient, par exemple le signe écrit « Rome » et la ville de Rome. Comme tous les objets, dans la mesure où ils sont des objets de connaissance conceptuelle, sont désignés d'une manière quelconque ou peuvent l'être par principe, ils appartiennent, quel que soit leur catégorie, au co-domaine de la relation de désignation.

Dans de nombreux cas, le même objet physique est lié au psychique suivant à la fois une relation d'expression et une relation de désignation. Mais les relations peuvent et doivent être nettement distinguées. Ainsi des paroles sont dans tous les cas, quelque soit leur contenu, l'expression de quelque chose de psychique; car par le ton de la voix, le tempo, le rythme, etc., mais aussi le choix des termes particuliers et du style, elles trahissent quelque chose de l'état psychique momentané du locuteur. Mais les paroles ont de plus une signification; la différence entre leurs teneurs expressive et significative (*Ausdrucks-, Bedeutungsgehaltes*) est particulièrement facile à reconnaître lorsque la signification dénote autre chose que les processus psychiques du locuteur.

20. *Problème de correspondance et problème d'essence d'une relation*

Toute relation pose deux sortes de problème dont la distinction est particulièrement importante quand il s'agit d'une relation entre objets de catégories différentes. Le problème de correspondance renvoie à la question suivante: pour quelles paires d'objets la relation existe-t-elle? Plus précisément, comment énoncer la loi générale de correspondance de la relation à examiner? La réponse revêt alors la forme suivante: si l'antécédent (*Vorderglied*) est de telle ou telle nature, alors le conséquent (*Hinterglied*) est de telle ou telle nature (ou inversement).

EXEMPLE: Considérons la relation de désignation entre des mots écrits et leurs significations. Comme il n'y a dans les langues naturelles aucune loi qui régisse la signification des mots, c'est-à-dire aucune règle générale qui permettrait de déduire de la forme d'un mot sa signification, la seule possibilité pour indiquer dans ce cas le champ de la relation réside dans l'énumération de toutes les paires de termes. Ce qui se fait à l'aide d'un dictionnaire si on suppose à la base une langue déjà connue; autrement comme dans un jardin botanique, c'est-à-dire une collection d'objets auprès de chacun desquels le nom est inscrit. Si le sens des mots est connu, on peut répondre au problème de correspondance de la relation de désignation pour les phrases en indiquant une fonction générale qui, à la vérité, a le plus souvent une forme très compliquée. Elle est en effet la syntaxe de la langue en question, donnée sous forme d'une loi de signification. Une telle loi peut avoir dans un cas élémentaire la forme suivante: si une phrase se compose de trois mots, un substantif au nominatif, un verbe actif à la troisième personne du singulier du présent, et un substantif à l'accusatif, elle signifie que l'objet dont le premier mot est le signe est dans la relation signifiée par le verbe avec l'objet désigné par le troisième mot.

Il faut distinguer du problème de correspondance le problème de l'essence d'une relation. On ne demande plus seulement quels objets sont liés par la relation, mais ce qu'il en est vraiment de la relation qui attribue chaque terme l'un à l'autre, ce par quoi ils sont liés. La question ne porte pas sur la nature des objets reliés, mais sur l'essence de la relation elle-même. Sur la base de la théorie de la constitution, nous fixerons ultérieurement la différence entre science et métaphysique (§ 182) et nous verrons que les problèmes de l'essence sont d'ordre métaphysique (§ 161, 165, 169).

EXEMPLE : L'exemple de la relation causale, c'est-à-dire la relation de cause à effet (en se limitant au domaine physique), montre clairement la différence de sens entre problème d'essence et problème de correspondance et la répartition des tâches qui en résultent entre science particulière et métaphysique. Déterminer quelle cause est ainsi reliée à quel effet, par conséquent la question de la correspondance, est traitée par la physique. Et sa tâche consiste à répondre à cette question par une loi générale de la forme : si la cause est de telle ou telle nature, alors l'effet sera de telle ou telle nature; ce que fait la physique avec les lois naturelles. Par contre elle ne répond nullement à la question de savoir de quelle sorte est cette relation causale entre les processus de telle ou telle nature, qui se rapportent les uns aux autres en tant que cause et effet, ce qu'est au fond l'essence de leur liaison, l'essence de l'efficience causale (« Bewirken »).

Les problèmes de la causalité seront formulés plus précisément et discutés dans la dernière section en conclusion de la théorie de la constitution (§ 165).

Le sens du problème de l'essence est étroitement rattaché au concept de relation d'essence, par lequel on pense ce qui relie de manière « essentielle », « réelle » ou « véritable » les termes de la relation, à la différence de la simple relation de correspondance qui affecte seulement l'un à l'autre les termes corrélatifs. On montrera plus tard (§ 161) que le problème de la relation d'essence aussi bien que le problème de l'essence d'une relation ne peut être résolu ni même posé dans le cadre de la science (rationnelle). Il appartient à la métaphysique.

EXEMPLE : Le concept de relation d'essence joue également un rôle important à propos du problème de la causalité. Dans les discussions relatives aux fondements de la physique, à l'encontre de certaines conceptions positivistes ou mathématisantes, on continue (à tort) de souligner que la causalité, en tant que concept central de la physique, ne représente pas seulement une corrélation, donc une fonction mathématique, mais aussi une relation d'essence entre les processus ordonnés, à savoir véritablement l'effet d'un processus sur l'autre.

### 21. *Les problèmes de correspondance et d'essence des relations présentées*

On voit bien avec l'exemple de la causalité que le problème de correspondance relève de la science particulière. Ce qui vaut aussi pour les relations précédemment citées. Le problème de correspondance de la relation psychophysique est traité par la neurophysiologie, la psychologie et la psychopathologie. On s'efforce d'établir le type du processus physiologique du système nerveux central correspondant à un processus psychique déterminé et vice-versa. Cette tâche reste encore à accomplir dans sa quasi-totalité. Les difficultés techniques de ces recherches sont évidentes; en revanche il n'existe ici aucun obstacle de principe, c'est-à-dire pas de limites absolues à notre connaissance. La relation d'expression est comparativement moins étudiée, malgré son importance pour la vie pratique. De sa connaissance en effet dépend la compréhension d'autrui. Nous possédons cependant et mettons à profit cette connaissance, non d'une manière théoriquement explicite, mais de façon purement intuitive, par empathie (*Einfühlung*). Ceci explique que la résolution du problème de correspondance de cette relation soit proportionnellement moins avancée. Toujours est-il qu'il y a aujourd'hui des essais prometteurs de théories de physiognomonie, de la mimique, de graphologie et de caractérologie. Ce n'est sûrement pas par un unique système théorique que l'on répondra au problème extrêmement vaste et complexe de la correspondance pour la relation de désignation. Malgré l'extension immense de la relation de désignation (signes écrits, signaux, insignes, etc.), c'est avec elle que l'on rencontre le moins de difficulté pour résoudre le problème de correspondance; il n'existe en tout cas aucune difficulté de principe.

Nous voyons donc que les problèmes de correspondance de ces relations seront résolus par des sciences déterminées et qu'ils ne présentent aucune difficulté de principe. Il en va maintenant tout autrement avec les problèmes d'essence. Comme il ne s'agit plus ici d'établir mais d'interpréter des faits, on ne peut répondre à ces questions d'une manière empirique. C'est pourquoi leur traitement ne relève pas des sciences spécialisées.

En ce qui concerne les problèmes de correspondance, quand on n'a pas encore tranché entre différentes hypothèses, du moins peut-on indiquer quelle constatation empirique restant à faire permettrait de décider en faveur de l'une ou l'autre. Avec les problèmes d'essence en revanche, non seulement on demeure indécis vis-à-vis de réponses qui divergent jusque dans leurs fondements, mais elles semblent indécidables; spectacle sans espoir pour le spectateur impartial, puisque, si téméraire que soit l'attente d'un progrès futur de la connaissance, on ne saurait prévoir que quelque connaissance empirique ou d'une autre nature puisse emporter la décision.

La question de l'essence de la relation d'expression a reçu différentes réponses divergentes et partiellement contradictoires. Le mouvement expressif a souvent été interprété comme l'effet du psychique exprimé (ce qui repousse le problème à celui de l'essence de la relation causale), mais ailleurs comme sa cause ou comme lui étant identique. Le sentiment exprimé serait parfois inhérent à l'expression corporelle d'une manière telle qu'on ne saurait l'analyser. C'est donc ici que sont rencontrées les relations d'essence les plus diverses. Avec la relation de désignation, le problème est simplifié parce que le lien entre le signe et ce qu'il désigne comporte toujours une dimension conventionnelle, c'est-à-dire qu'il est établi de manière arbitraire. Il est rare d'admettre dans ce cas une relation d'essence spécifique à la symbolisation.

22. *Le problème psychophysique, question centrale de la métaphysique*

Le problème d'essence de la relation psychophysique peut être désigné simplement comme « le problème psychophysique ». Parmi les problèmes que la philosophie a développés au cours de son histoire, il n'est pas seulement celui qui a le rapport le plus étroit avec la relation psychophysique, mais il est apparu progressivement comme le problème central de la métaphysique.

La question s'énonce ainsi : à supposer que tous les processus psychiques, ou certains types seulement, correspondent toujours à des processus simultanés du système nerveux central, qu'est-ce qui relie les processus correspondants ? Si le problème de correspondance de la relation psychophysique, dont la solution est à peine entrevue, était complètement résolu, nous pourrions toujours déduire de la nature d'un processus psychique celle du processus neurologique correspondant et inversement ; pourtant, nous n'aurions encore rien fait par là pour résoudre le problème psychophysique qui est un problème d'essence. Car il n'a pas pour objet la relation de correspondance, mais la relation d'essence, c'est-à-dire ce qui conduit fondamentalement d'un processus à l'autre, en vertu de l'essence, ou les dérive tous deux d'une racine commune.

On connaît les solutions avancées ainsi que leurs irréductibles contradictions mutuelles. La théorie de l'occasionalisme et celle de l'harmonie préétablie n'ont plus de valeur qu'historique. Compte tenu de l'état actuel du problème, on retiendra surtout trois hypothèses : l'hypothèse de l'interaction, celle du parallélisme et l'hypothèse de l'identité au sens de la théorie du double aspect. L'hypothèse de l'interaction suppose comme relation d'essence entre les deux termes une causalité réciproque. L'hypothèse du parallélisme (au sens étroit excluant la philosophie de l'identité) nie l'existence d'une relation d'essence et n'admet qu'une corrélation fonctionnelle entre les deux sortes d'objets ou de processus. Enfin la philosophie de l'identité ne reconnaît absolument pas la dualité des catégories d'objets mais comprend le physique et le psychique comme les deux « faces » (« l'extérieur » et « l'intérieur ») d'un même substrat. Les arguments que les adversaires de chacune de ces hypothèses avancent, semblent solides : le lien causal que la science reconnaît entre tous les processus spatiaux ne peut être maintenu dans l'hypothèse d'une interaction psychophysique ; d'un autre côté on ne comprend pas comment, avec une simple corrélation fonctionnelle, c'est-à-dire une relation logique mais non réelle, devrait avoir lieu une perception qui corresponde à la nature des stimuli sensoriels; et l'identité de deux catégories d'objets aussi différentes que le sont le physique et le psychique, restera un mot vide aussi longtemps que l'on ne peut indiquer ce qui doit être véritablement compris avec les expressions figurées de substrat, de face interne et externe.(Ce faisant nous ne critiquons pas le parallélisme ou l'hypothèse de l'interaction en tant qu'hypothèses de travail purement heuristiques pour la psychologie; nous ne visons ici que des conceptions métaphysiques.)

Trois réponses mutuellement contradictoires et également insatisfaisantes, et aucune possibilité de trouver, ou même de se représenter un état de choses conforme à l'expérience qui pourrait être ici décisif, on peut difficilement imaginer situation plus désolante pour un problème. Cela nous amène à présumer que les questions relatives au problème d'essence, notamment celle du problème psychophysique, sont peut-être de fausses questions. Avec la théorie de la constitution, nous serons conduits à considérer que c'est effectivement le cas. Si les formes de constitution des objets et des catégories d'objets sont trouvées et si par suite leurs lieux logiques dans le système de constitution sont connus, si en outre le problème de correspondance de chacune des relations précédentes est résolu, on a alors épuisé tout ce que la science (rationnelle) peut dire de la relation. Une question sur l'« essence » de la relation qui dépasse ce cadre serait dépourvue de sens; elle ne peut absolument pas être formulée en termes scientifiques. On le verra plus précisément avec les explications de la section V (§ 157 *sq.*).

23. *Les objets spirituels*

En dehors des deux catégories d'objets déjà abordées, le physique et le psychique, la catégorie la plus importante pour la philosophie est celle des objets spirituels (*geistig*) au sens d'objets « culturels », « historiques », « sociologiques ». Ils appartiennent au domaine d'objets des sciences de l'esprit et compte tenu justement du nom de ces sciences, il semble convenable de les appeler des objets « spirituels ». L'utilisation des expressions « spirituel » et « esprit » pour le psychisme, pour l'unité psychique du sujet, la psyché, ou pour des secteurs déterminés du psychisme, est devenue de plus en plus rare et elle est de préférence évitée. Font partie des objets spirituels les événements individuels et les mouvements collectifs, les groupes sociologiques, les institutions, tous les courants culturels; ainsi que les propriétés et les relations de ces processus et de ces structures. La philosophie du dix neuvième siècle n'a pas suffisamment pris en compte l'autonomie de la catégorie des objets spirituels. Cela tient en particulier à ce que les recherches logiques et cognitives ont eu en vue avant tout la physique et la psychologie en tant que domaines paradigmatiques. Seule la philosophie de l'histoire récente (depuis Dilthey) a dégagé l'individualité du domaine des sciences de l'esprit sur le plan de la méthode et de la théorie de l'objet.

Les objets spirituels ont sans doute en commun avec les objets psychiques d'être liés au sujet : leurs « porteurs » sont à chaque fois les personnes d'un cercle déterminé. Mais les « porteurs » peuvent changer, ce par quoi ils s'opposent nettement aux objets psychiques : un État, des mœurs peuvent subsister alors que les sujets porteurs passent et sont remplacés. Les objets spirituels ne sont pas non plus composés à partir d'objets psychiques (ni peut-être physiques). Il s'agit de catégories d'objets complètement différentes ; les objets spirituels appartiennent à d'autres « sphères d'objets » (en un sens qui sera expliqué ultérieurement, § 29) que les objets physiques et psychiques. Ce qui signifie qu'aucun objet spirituel ne peut être employé de manière sensée dans une proposition portant sur un objet physique ou psychique.

On expliquera plus tard en rapport avec la théorie de la constitution comment l'affirmation de l'unité du domaine d'ensemble des objets de la connaissance a le sens d'une dérivation (ou constitution) de tous les objets à partir d'une base commune et comment l'affirmation de « sphères d'objets » distinctes traduit l'existence de différents niveaux et formes de constitution ; ainsi ces deux conceptions apparemment contradictoires deviennent-elles conciliables (cf. § 41).

### 24. *Manifestations et témoignages de l'esprit*

Parmi les relations qui existent entre les objets de l'esprit et les autres catégories d'objets, il ne nous faut discuter ici que des deux plus importantes sur lesquelles repose entièrement la reconnaissance des objets spirituels et par suite leur constitution. Nous qualifions ces deux relations de « manifestation » et de « témoignage » (*Dokumentation*). Un objet spirituel, qui existe pendant un certain temps, n'a pas besoin d'être actuel, c'est-à-dire d'apparaître à chaque instant de cette durée. Les processus psychiques dans lesquels il apparaît à chaque fois et devient « manifeste », nous les nommons ses « manifestations » (psychiques). La relation des manifestations (psychiques) d'un objet spirituel à cet objet, nous la qualifions de « *relation de manifestation* » (plus exactement relation de manifestation psychospirituelle ou simplement psychique).

Exemple : Cette relation existe par exemple entre la décision instantanée d'un homme de retirer son chapeau devant un autre homme et l'usage de retirer son chapeau. Cet usage n'existe pas seulement lors des instants au cours desquels une personne quelconque le manifeste justement quelque part, mais également pendant les intervalles de temps, aussi longtemps que vivent des personnes qui ont cette disposition psychique à réagir à une perception déterminée en retirant leur chapeau avec le sens d'une salutation ; dans l'intervalle, l'usage est seulement latent.

Un objet physique peut également être la manifestation d'un objet spirituel. Ainsi l'usage de se découvrir se manifeste-t-il par le mouvement corporel instantané correspondant d'un homme donné; mais un examen plus attentif montre que la relation de manifestation psychique demeure encore ici fondamentale ; c'est pourquoi c'est elle qu'il faut entendre quand on parle tout simplement de relation de manifestation.

Par *témoignages* d'un objet spirituel, nous désignons les formes physiques durables dans lesquelles la vie de l'esprit se cristallise pour ainsi dire, les produits, les témoins matériels et les documents du spirituel.

EXEMPLES : Les témoignages ou représentations d'un style artistique consistent en des édifices, des peintures, des sculptures, etc. qui appartiennent à ce style. Les témoignages du système de chemin de fer actuel comportent tout le matériel ferroviaire fixe et roulant et les pièces écrites de l'entreprise.

Traiter des problèmes de correspondance des relations de manifestation et de témoignage relève des sciences de l'esprit. Car elles doivent établir à travers quelles actions physiques et psychiques les objets spirituels individuels se manifestent. C'est en cela que consiste d'une certaine manière toute qualification d'un objet spirituel quelconque. D'autre part la relation de témoignage est d'une importance toute particulière pour les sciences de l'esprit : en effet l'étude des objets spirituels qui n'existent plus (et ils constituent la plus grande partie du domaine) repose presque exclusivement sur les déductions faites à partir de témoignages comme les traces écrites, les reproductions, les objets construits ou façonnés, etc. Mais ces déductions supposent connue l'attribution des témoignages, c'est-à-dire la réponse au problème de correspondance de la relation de témoignage. Ainsi pour les sciences de l'esprit, la détermination conceptuelle et les critères de reconnaissance de leurs objets de recherche sont des tâches liées aux problèmes de correspondance des deux relations.

Comme pour les relations envisagées précédemment (§ 21, 22), le traitement du problème de correspondance relève à nouveau de la science spécialisée, celui du problème d'essence par contre de la métaphysique. Nous n'avons pas à discuter ici de plus près les solutions avancées (théorie de l'émanation, de l'incarnation, interprétation psychologiste ou matérialiste). Elles révèlent un état du problème analogue à ce qu'il en est pour les problèmes d'essence précédents : un antagonisme des différentes conceptions, sans que l'on puisse entrevoir la possibilité qu'une connaissance d'origine empirique puisse emporter la décision.

### 25. *La multiplicité des catégories d'objets indépendantes*

Après avoir envisagé les catégories du physique, du psychique et du spirituel, il nous faut encore fournir des exemples d'autres catégories d'objets indépendantes. Nous pourrons ultérieurement préciser la proposition relative à l'indépendance de chacune de ces catégories en ce sens qu'elles appartiennent à des « sphères d'objets » différentes (§ 29). La possibilité d'attribuer à ces catégories d'objets une place dans le système conceptuel à construire ou « système de constitution » (section IV) constituera un test pour la théorie de la constitution que nous allons présenter.

Nous montrerons plus tard (§ 41) que la multiplicité des catégories d'objets indépendantes ne contredit qu'en apparence la thèse de l'unité du domaine de l'objet.

EXEMPLES : Objets logiques : La négation, l'implication, la preuve indirecte sont des objets logiques au sens le plus étroit, c'est-à-dire à l'exclusion des objets mathématiques qui leur sont étroitement liés, mais qui peuvent être construits pour eux-mêmes, conformément à la séparation habituelle des sciences ; la fixation de la frontière étant à dire vrai passablement arbitraire dans ce cas. (Les objets logiques seront insérés ultérieurement dans le système de constitution des concepts – ils seront « constitués » – au § 107.)

Objets mathématiques : Le nombre 3, la classe des nombres algébriques, le triangle équilatéral. Le triangle doit être compris ici au sens mathématique abstrait et non au sens intuitif spatial. (Constitution des objets mathématiques : § 107.)

La catégorie des formes spatiales : La sphère, le triangle équilatéral. Ces expressions doivent être comprises ici au sens propre de l'intuition spatiale et non comme expressions de la géométrie abstraite (cf. les objets mathématiques). Les formes spatiales se distinguent nettement des objets physiques par l'absence des déterminations de temps, de lieu, de couleur, de poids, etc. (Constitution des formes spatiales : § 125.)

La catégorie des couleurs : Gris, rouge, vert. Les couleurs se distinguent des objets physiques car elles ne possèdent aucune détermination de temps, de lieu (elles sont entendues dans un sens purement phénoménal), mais aussi de couleur à proprement parler, de poids ou d'autres qualités sensibles. La distinction des couleurs et des objets psychiques repose sur la différence entre contenu de représentation et représentation. (Constitution des couleurs : § 118 ; pour les constituer comme objets intersubjectifs, il faudrait encore appliquer à cette constitution la procédure de l'intersubjectivation décrite au § 148 ; ce qui vaut également pour les prochaines constitutions.)

La catégorie des sons : Do, mi, l'accord do-mi-sol.

Les catégories des odeurs et des goûts doivent être constituées en tant que catégories indépendantes comme celles des couleurs et des sons. (Constitution de ces qualités sensibles aux § 131, 133.)

Les objets biologiques : Le chêne, le cheval (tous deux entendus en tant qu'espèces et non comme individus). Un tel objet biologique n'est pas une somme, mais un complexe d'objets physiques, à savoir une classe. Sur la différence entre complexe et collection, voir le § 36; sur la différence spécifique entre classe et collection, le § 37. (Constitution des objets biologiques : § 137.)

Les objets éthiques : Le devoir, l'obéissance, la valeur morale d'une action. Sur la différence avec les objets psychiques, cf. ce qui a été dit à propos des couleurs. (Constitution : § 152.)

On reconnaîtra aisément que cette liste des catégories d'objets peut être encore allongée. Elle devrait cependant suffire à notre objectif : elle montre qu'il y a une multiplicité de catégories d'objets indépendantes et sert à la vérification des systèmes d'objets, en l'occurrence le système de constitution.

# III. LES PROBLÈMES FORMELS DU SYSTÈME DE CONSTITUTION

## A. LES FORMES DES NIVEAUX DE CONSTITUTION

26. *Les quatre problèmes principaux de la théorie de la constitution*

La théorie de la constitution cherche à établir un système de constitution, c'est-à-dire un système des objets (ou des concepts) organisé en niveaux; l'ordre des niveaux est tel que les objets de chaque niveau sont constitués sur la base des objets des niveaux inférieurs en un sens qui sera précisé ultérieurement. L'établissement de ce système pose avant tout les quatre problèmes suivants : il faut premièrement choisir une base de départ, premier niveau sur lequel tous les autres se fondent. Deuxièmement, il faut déterminer les formes dans lesquelles doit s'opérer périodiquement le passage d'un niveau au suivant. Il faut troisièmement étudier comment les objets de chaque catégorie peuvent être constitués par l'application graduelle de ces formes. La quatrième question a trait à la forme globale du système telle qu'elle résulte de la disposition étagée des différentes catégories d'objets. Nous désignons ces quatre problèmes comme *problèmes de la base, des formes de niveaux, des formes d'objets, et de la forme du système*. Les problèmes de la base, des formes d'objets et de la forme du système sont étroitement liés. Leurs solutions se conditionnent mutuellement car du choix de la base dépendent les constitutions des objets et par là, la construction du système; il est d'autre part capital que la base choisie permette de construire toutes les catégories d'objets. Comparativement, le problème des formes de niveaux est moins tributaire de la réalisation requise du système dans son entier et aussi moins difficile. Tandis que la base en effet se compose d'objets non logiques pour le choix desquels existe une quantité illimitée de possibilités, pour les formes de niveaux, seul un assez petit nombre de formes logiques est à prendre en considération, indépendamment du contenu du système; il ressortira dans ce qui suit que ces formes procèdent des concepts de constitution et de complexe logique. A la vérité, il n'apparaît pas d'emblée, comme on l'affirme ici, que des formes si simples et en aussi petit nombre (deux) suffisent. Cela résultera tout d'abord de considérations ultérieures sur la définition comme forme de constitution (§ 38-40) et trouvera finalement sa confirmation avec la construction elle-même (section IV).

Les problèmes de la base, des formes d'objets et de la forme du système seront traités dans les parties suivantes (B-D) de cette section ; c'est alors essentiellement des états de choses empiriques qu'il faudra prendre en compte, à savoir les propriétés et les relations des objets étudiés dans les sciences particulières ; il s'y rattache encore une discussion des formes symboliques et linguistiques dans lesquelles le système de constitution doit être représenté (partie E). Le problème des formes de niveaux, qui est de l'ordre de la logique formelle, doit d'abord être résolu dans cette partie (A).

27. *Les quasi-objets*

Nous pouvons répartir les signes du langage selon qu'ils ont déjà leur signification en eux-mêmes ou qu'ils l'acquièrent seulement en liaison à d'autres signes. En toute rigueur, seuls les signes (le plus souvent complexes) qui désignent une proposition (*Aussage*), c'est-à-dire les phrases (*Satz*), ont une signification indépendante. Cependant pour les signes qui ne forment pas une phrase en eux-mêmes et ne peuvent par suite se présenter dans la science que comme partie d'une phrase, nous devons faire encore une différence entre les noms dits propres, c'est-à-dire les signes qui désignent un objet particulier et concret déterminé (par exemple Napoléon, Lune), et les autres signes correspondant à des parties de phrase. Les noms propres ont encore, suivant la conception traditionnelle, une signification indépendante au moins relative et se distinguent ainsi des autres que nous nommerons, après Frege, « signes insaturés ».

Il faut toutefois noter que cette distinction n'est pas au fond une différence bien nette logiquement ; nous la faisons ici plutôt par respect pour la tradition, sans essayer de cerner plus précisément le concept de nom propre. Peut-être ne s'agit-il ici que d'une différence de degré ; aussi le choix de la limite est-il dans une certaine mesure arbitraire, comme semblent le montrer les discussions ultérieures sur les objets individuels et généraux (§ 158).

Conformément au mode d'utilisation originel des signes, seul un nom propre peut se trouver à la place du sujet dans une phrase. Mais en pratique, la langue en est venue à admettre comme sujet des signes d'objets généraux et finalement également d'autres signes insaturés. Cet usage impropre cependant n'est licite que si la transformation dans le mode légitime est possible, c'est-à-dire si la phrase peut être traduite en une ou plusieurs phrases dans lesquelles seuls des noms propres occupent les places du sujet ; on en dira davantage plus tard. Dans le mode d'utilisation impropre, les signes insaturés, quoiqu'ils ne désignent rien par eux-mêmes, sont donc pourtant employés comme s'ils désignaient un objet tout comme les noms d'objets. Qui plus est, on a pris alors l'habitude de parler de « ce qu'ils désignent » en feignant consciemment ou non qu'il y ait quelque chose de tel. En raison de sa commodité, nous conserverons ici cette fiction. Mais pour bien garder présent à l'esprit ce caractère fictif, nous ne dirons pas d'un signe insaturé qu'il désigne un objet, mais un « quasi-objet[13] ». (Suivant notre conception rigoureuse, les objets dits « généraux » comme « un chien » ou « des chiens » sont alors des quasi-objets.)

EXEMPLES : Si par exemple Luchs et Karo sont des noms propres de chiens, nous avons dans les phrases « Luchs est un chien » et « Karo est un chien » le constituant commun « ... est un chien », qui est un signe insaturé (à savoir une fonction propositionnelle, voir § 28). De manière analogue, on obtient comme constituant commun d'autres phrases le signe insaturé « ... est un chat ». De nouveau celui-ci se compose du constituant « ...est... » qu'il a en commun avec le précédent et il leur reste les constituants résiduels « ...un chien » et « ...un chat » en tant que signes insaturés d'un autre type. A présent, pour exprimer que tous les chiens sont des mammifères, si nous voulons garder la même forme de phrase « ...est un... », dans laquelle un nom d'objet occupe normalement la place du sujet, nous devrons former des phrases compliquées du genre : « quelque soit la valeur de la variable x, si x est un chien, alors x est un mammifère ». Au lieu de celle-ci, nous formons un nouveau type de phrase en nous autorisant à placer à la place du sujet un signe insaturé comme s'il était un nom d'objet. Nous disons : « un chien est un mammifère ». Dans cette phrase, il n'apparaît plus de véritable nom d'objet. Du signe insaturé « chien » qui ne dénote aucun objet, nous disons qu'il désigne un quasi-objet (puisque nous le plaçons dans la phrase comme s'il désignait un objet).

Si nous voulons comprendre plus précisément les rapports dont il est question, nous devons remplacer au moins ce qui dans les phrases désigne non des objets extralogiques, mais des relations logiques, par des symboles logistiques, dont la signification apparaît par comparaison avec les phrases précédemment citées (mise en forme logistique de l'armature logique, § 46). Nous avons tout d'abord les phrases « Luchs 2 chien », « Karo 2 chien » ; ensuite les signes insaturés « ... 2 chien » et « ... 2 chat » ou « x 2 chien » et « x 2 chat »), qui désignent des fonctions propositionnelles. En plus les signes insaturés « chien » et « chat », qui désignent des classes. Dans la phrase « chien ½ mammifère », le signe de classe est utilisé comme un nom d'objet (sur ½, voir § 33). Parce que les signes de classes sont justement introduits en vue d'un tel usage, toutes les classes sont des quasi-objets (§ 33).

La phrase « chien ½ mammifère », en tant que phrase constituée seulement de signes de classe, sans signe d'objet, n'est justifiée quant à sa forme que dans la mesure où on peut la reconvertir en une phrase dans laquelle seulement des noms d'objet prennent la place du sujet, à savoir dans la phrase citée ci-dessus avec la variable x. Un examen plus attentif montrerait que les classes « chien » et « mammifère » se révèlent être des complexes d'individus du genre animal (§ 36).

Les « objets » de la science sont presque toujours des quasi-objets. Cela ne vaut pas seulement pour tous les concepts généraux, ce qui saute facilement aux yeux pour notre pensée nominaliste actuelle (cf. § 5), mais aussi pour la plupart des objets scientifiques individuels, comme cela ressortira de la théorie de la constitution. (Cf. § 158 sur les objets individuels et généraux.)

Les deux formes de niveaux de constitution utilisées dans notre système que nous discuterons ultérieurement, sont des formes de quasi-objets.

REVUE DE LA LITTÉRATURE : La doctrine des signes insaturés a été établie par Frege [Funktion], [Grundges]I5, et Russell en donne une discussion détaillée [Princ. Math.]I, 69 *sq.*, [Math. Phil.]182 *sq.* Comme nous l'avons évoqué, notre conception est encore plus radicale; mais on ne peut en fournir ici un exposé détaillé.

La conception des objets généraux en tant que quasi-objets est proche du *nominalisme*. Mais il faut expressément souligner que cette conception se rapporte au problème de la fonction logique des symboles (les mots) qui désignent les objets généraux ; la question de savoir si une réalité (au sens métaphysique) est attribuée à ce qui est ainsi désigné, n'est pas par là tranchée par la négative; elle n'est tout simplement pas posée (cf. section V D).

### 28. *Les fonctions propositionnelles*

Si dans une phrase nous supprimons un ou plusieurs noms d'objet (d'abord des noms propres, puis également des noms de quasi-objets), nous disons du signe insaturé restant qu'il désigne une *fonction propositionnelle*. En introduisant en tant qu'*arguments* les noms supprimés dans les places laissées vides ou *places d'argument*, nous obtenons à nouveau la phrase initiale. Mais en général, pour obtenir une phrase vraie ou fausse, nous n'avons pas besoin d'employer précisément les noms d'objet supprimés ; nous pouvons en prendre d'autres qui, combinés au signe insaturé, déterminent un sens; ce sont les *arguments admissibles* de la fonction propositionnelle. Au lieu de laisser vide la place de l'argument, nous préférons la marquer par le symbole d'une variable.

Nous disons des objets dont l'introduction produit une phrase vraie, qu'ils *satisfont* la fonction propositionnelle; les autres objets, pour autant qu'ils soient en général des arguments admissibles, produisent une phrase fausse. Nous nommons *propriété ou concept de propriété* une fonction propositionnelle à un seul argument. Les objets satisfaisant cette fonction possèdent cette propriété ou tombent sous son concept. Nous nommons *relation ou concept de relation* une fonction propositionnelle à deux ou plusieurs places d'argument (relation dy- ou polyadique). Pour les paires, triplets, etc. qui satisfont cette fonction, nous disons que la relation est valable pour eux ou qu'elle existe entre eux ou qu'ils sont dans cette relation. Toute fonction propositionnelle représente ainsi un concept, soit une propriété soit une relation.

EXEMPLES DE FONCTIONS PROPOSITIONNELLES : a) Propriété. De la proposition « Berlin est une ville d'Allemagne », on obtient en supprimant le nom d'objet « Berlin » la fonction propositionnelle à une place d'argument « ...est une ville d'Allemagne » ou « x est une ville d'Allemagne » ; elle représente la propriété, être une ville d'Allemagne, ou simplement le concept « ville d'Allemagne ». Ce signe insaturé est complété par le nom Hambourg pour former une phrase vraie ; en revanche, il forme avec le nom Paris une phrase fausse, et avec le nom Lune, une suite de mots dépourvue de sens. Ainsi disons-nous que Hambourg, mais non Paris, tombe sous le concept « ville d'Allemagne » ; quant à l'objet Lune, il n'est pas valable de dire qu'il tombe ou ne tombe pas sous ce concept car la Lune n'est pas comme Berlin ou Paris un argument admissible de la fonction.

b) Relation. De la proposition « Berlin est une ville d'Allemagne », on obtient en supprimant les deux noms d'objet « Berlin » et « Allemagne », la fonction propositionnelle à deux places d'argument « ...est une ville de... » ou « x est une ville de y » ; elle représente la relation dyadique entre une ville et le pays dans lequel elle se trouve. Ce signe insaturé est complété en une phrase vraie par exemple par la paire « Munich, Allemagne », en une phrase fausse par la paire « Munich, Angleterre », et par la paire « Lune, Allemagne », en une suite de mots dépourvue de sens. Par conséquent Munich est dans cette relation avec l'Allemagne mais non avec l'Angleterre, tandis que pour la paire Lune, Allemagne, on ne peut affirmer ni l'existence ni la non-existence de cette relation.

29. *Parenté de sphère et sphères d'objets*

Deux objets (tout comme deux quasi-objets) ont une parenté de sphère (*Sphärenverwandtschaft*) quand il y a dans une fonction propositionnelle une place d'argument pour laquelle ces deux objets constituent des arguments admissibles. Pour toute autre place d'argument d'une fonction propositionnelle quelconque, les deux noms sont alors toujours des arguments soit tous les deux possibles soit tous les deux impossibles. Cela résulte de la théorie des types logiques dans laquelle cependant on ne peut entrer ici davantage. Deux objets qui ne sont pas ainsi apparentés sont dits sans parenté de sphère (*sphärenfremd*).

EXEMPLES : Dans l'exemple a du paragraphe précédent, Hambourg et Paris apparaissent apparentés ; la Lune par contre est sans parenté avec Hambourg et Paris. Dans l'exemple b, Berlin et Munich apparaissent apparentés de même que Allemagne et Angleterre. « Lune, Allemagne » ne forme pas une paire d'arguments admissibles ; il n'en résulte pas que les deux objets, mais que au moins l'un d'eux est un argument irrecevable pour la place d'argument considérée. Allemagne étant un argument admissible, Lune n'est pas acceptable pour sa place d'argument. Lune est par conséquent sans parenté de sphère avec Berlin et Munich.

Par *sphère d'un objet*, nous entendons la classe de tous les objets qui lui sont apparentés (*sphärenverwandt*). (Puisque la parenté de sphère est transitive, les sphères d'objets s'excluent mutuellement.) Si tout objet d'une catégorie est apparenté (ou non apparenté) à tout objet d'une autre catégorie, nous disons alors que les catégories elles-mêmes sont apparentées (ou non apparentées). Il ne peut en être autrement pour des catégories pures; une catégorie est dite *pure* quand tous ses objets sont mutuellement apparentés, quand par conséquent la catégorie est une sous-classe d'une sphère; sinon la catégorie est *impure*. Seules les catégories pures constituent des concepts logiquement incontestables, seules elles ont des classes pour extension (cf. § 32 *sq.*). Toutefois les catégories impures jouent un grand rôle dans la manière dont la science procède en pratique; par exemple les principales catégories d'objets telles que le physique, le psychique et le spirituel sont, comme nous le verrons, des catégories impures.

30. *La « confusion des sphères » comme source d'erreur*

Quand les propositions portant sur deux objets sont exprimées en langue naturelle, l'examen de ces objets quant à leur parenté de sphère revient à vérifier si une suite de mots forme ou non une phrase douée de sens. Toutefois cet examen est souvent rendu difficile par une certaine polysémie (*Mehrdeutigkeit*) de la langue d'un genre particulier. Le plus souvent, on ne tient pas compte de cette polysémie mais c'est ainsi précisément qu'elle a eu en philosophie des effets lourds de conséquences et qu'elle a également freiné de manière extraordinaire la compréhension sur de nombreux points requis justement pour construire un système conceptuel. Maintenant encore elle complique l'accomplissement de cette tâche. Il ne s'agit pas de la polysémie grossière (de l'homonymie), comme par exemple avec les mots « Hahn », « Feder »[14], ni de la polysémie plus subtile de nombreuses expressions de la vie courante, de la science ou même de la philosophie, comme par exemple avec les mots « représentation », « valeur », « objectif », « idée », etc. On tient déjà compte de ces deux sortes de polysémie, la première dans la vie courante, la seconde en philosophie, et ainsi au moins les erreurs les plus grossières sont-elles évitées. Des exemples sont nécessaires pour illustrer la troisième sorte de polysémie qui nous importe ici. Le terme « dankbar »[15] semble être univoque quand il est pris dans son sens propre (c'est-à-dire abstraction faite de son emploi au sens figuré qui appartient au second type de polysémie, en référence par exemple à une tâche ou à un travail). Toutefois ce n'est pas seulement une personne que nous qualifions habituellement de « dankbar » mais aussi son caractère, un regard, une lettre ou un peuple. Chacun de ces cinq objets cependant appartient à une sphère différente. Il résulte de la théorie des types que les propriétés d'objets non apparentés sont elles-mêmes non apparentées. Il existe donc ici cinq concepts de « Dankbarkeit » sans parenté de sphère et dont la confusion serait source de contradictions. A vrai dire, le danger d'une déduction erronée n'existe pas en général puisque précisément l'absence de parenté des objets, à propos desquels on parle de « Dankbarkeit », empêche de se méprendre sur le concept visé parmi les cinq concepts qui sont désignés par un seul mot, tout en étant différents et sans parenté de sphère. En général l'emploi d'un seul mot pour ces différents concepts n'étant donc pas préjudiciable, il s'avère légitime et pratique. Ce n'est que pour des distinctions conceptuelles plus fines, importantes pour les problèmes de théorie de la connaissance et de métaphysique, que cette polysémie doit être prise en compte. Lorsque l'on ne tient pas compte de la différence des concepts sans parenté de sphères, nous parlons de confusion des sphères.

Revue de la littérature : Jusqu'à présent le type de polysémie que nous venons d'évoquer n'a pas fait l'objet d'une considération expresse en logique. Mais elle a une certaine parenté avec la pluralité des « suppositions[16] » d'un mot que les scholastiques avaient coutume de distinguer; cf. Erdmann [Bedeutung]66 *sq.* Elle est cependant plus étroitement liée à la théorie des types que Russell a établie pour surmonter les paradoxes logiques et qu'il a mise en application dans son système logistique [Types], [Princ. Math.]I, 39 *sq.*, 168 *sq.*, [Math. Phil.]133 *sq.*, cf. Carnap[Logistik]§ 9.

Russell toutefois n'a appliqué cette théorie qu'à des structures de logique formelle et non à un système de concepts concrets (ou plus précisément seulement à des variables et à des constantes logiques et non à des constantes non-logiques). Nos sphères d'objets correspondent aux types de Russell appliqués à des concepts extra-logiques. Ainsi la théorie des types justifie notre distinction des sphères d'objets et l'affirmation qu'il s'agit bien dans l'exemple précédent de cinq concepts « dankbar » différents alors que ces exemples donnés dans la langue naturelle opéreront de prime abord de manière assurément moins convaincante. Certes la théorie des types n'est pas universellement acceptée mais jusqu'ici aucun de ses adversaires n'est parvenu à présenter un système logique qui soit en mesure, sans utiliser une théorie des types, d'éviter les contradictions (les dits paradoxes) dont souffre l'ancienne logique.

Comment à présent cette polysémie peut-elle devenir une source d'erreur lors du contrôle de la parenté de sphère ? Cela apparaît déjà évident avec les cinq objets mentionnés pour lesquels on parle de « Dankbarkeit » et que par suite l'on pourrait tenir par erreur pour apparentés en fonction du critère du paragraphe 29. L'exemple suivant le montrera de manière plus précise.

31. *Exemple d'application*

EXEMPLE : Examinons en premier lieu quels objets sont apparentés avec une pierre (une pierre déterminée, particulière). Voici par exemple des propositions portant sur cette pierre : « la pierre est rouge », « la pierre pèse cinq kilogrammes », « la pierre se trouve en Suisse », « la pierre est dure ». Nous sommes assurément en présence de propositions douées de sens; nous n'avons pas besoin de savoir si elles sont vraies ou fausses. Nous devons maintenant introduire dans ces propositions les noms d'autres objets à tester et décider si ces propositions conservent alors ou non un sens, sans nous soucier dans le premier cas de savoir si la proposition devient vraie ou fausse. Si nous devons tester par exemple une autre pierre ou un poulet, nous constatons qu'il en résulte des propositions sensées. Par conséquent ces objets sont apparentés à la première pierre (un examen plus approfondi nous montrerait qu'ils appartiennent tous à la sphère des objets physiques). Par contre la série suivante d'objets, qui débute par la pierre, ne comprend aucun objet qui lui soit apparenté; aucun sens en effet ne résulte de l'introduction de ces noms à la place de la pierre dans les propositions citées.

Série d'exemples d'objets : Objets physiques : une pierre déterminée, l'aluminium; objets psychiques : un souci particulier, unique, la vivacité de monsieur N. ; objets spirituels : la constitution de l'empire, l'Expressionisme; objets biologiques : la race mongole, la transmission des caractères acquis; objets logico-mathématiques : le théorème de Pythagore, le nombre 3; phénomènes sensibles (*sinnesphänomenol. Gegenstände*) : la couleur verte, une mélodie donnée; objets de la physique : le quantum élémentaire d'électricité, la température de fusion de la glace; objet éthique : l'impératif catégorique; objet temporel : le jour actuel.

Ce qui rend difficile l'examen de la parenté de sphère de ces objets et la possibilité d'erreur liée à la polysémie précédemment évoquée (la confusion des sphères) apparaît par exemple dans les cas suivants :

Les propositions « la pierre est rouge » et « la pierre est dure » semblent être également pourvues de sens avec l'aluminium, la première étant fausse, la seconde vraie. C'est seulement en établissant que les deux autres propositions sur la pierre (« elle pèse cinq kg. », « elle se trouve en Suisse ») sont dénuées de sens avec l'aluminium qu'apparaît l'absence de parenté de sphère des deux objets. Cela nous conduit à une analyse plus fine et à reconnaître que les propriétés rouge et dure ne sont pas la même chose selon qu'il s'agit d'une chose ou d'une substance.

Cet exemple nous apprend qu'il est souvent nécessaire d'entreprendre l'examen de la parenté de sphère avec plusieurs propositions différentes pour ne pas être induit en erreur par l'impureté des termes.

L'examen précis de la série d'objets énumérés montrerait qu'ils sont tous sans parenté de sphère entre eux. En ce qui concerne le premier objet, la pierre, on pourrait utiliser pour ce faire les quatre propositions citées au début. Nous avons déjà vu que certaines d'entre elles prises isolément conduisaient en apparence à une parenté de la pierre avec d'autres objets de la série. Prises ensemble cependant, elles montrent l'absence de parenté de la pierre vis-à-vis des autres objets : aucun autre nom d'objets de la série ne pourrait être introduit de manière sensée, même en apparence, dans chacune de ces quatre propositions. Il faudrait réaliser un examen analogue pour tout autre objet de la série.

L'absence de parenté de sphère des objets de la série entre eux signifie que chacun d'eux est le représentant d'une sphère d'objets différente. Puisque l'on peut facilement prolonger à volonté la liste de telle sorte que tous les objets soient sans parenté les uns avec les autres, il apparaît que le nombre des différentes sphères d'objets est grand; pour l'instant du moins, on ne peut entrevoir encore si ce nombre est fini. Il en est de même en d'autres termes des catégories d'objets qui ne sont pas coordonnées les unes aux autres (comme par exemple les parties d'une classification), mais sont différentes « toto caelo » (attendu que chacune a son propre « caelum », c'est-à-dire sa propre sphère).

Dans la série précédente, différentes catégories d'objets sont représentées par plusieurs objets. Puisque ces objets ne sont pas apparentés, ces catégories se révèlent donc impures. Cela vaut de manière presque générale : les catégories d'objets usuelles de la science sont presque toutes impures, elles ne constituent donc pas des concepts logiquement recevables (par exemple, physique, psychique, etc.).

32. *L'extension d'une fonction propositionnelle*

Si deux fonctions propositionnelles sont en rapport l'une avec l'autre de telle sorte que tout objet (ou paire, triplet, etc.) qui satisfait l'une satisfait aussi l'autre, nous disons que la première *implique universellement*[17] la seconde. Si deux fonctions propositionnelles s'impliquent ainsi réciproquement, nous disons qu'elles sont « universellement équivalentes » ou qu'*elles ont la même extension* (*umfangsgleich*). Des fonctions propositionnelles de même extension sont donc satisfaites par exactement les mêmes arguments. Si nous attribuons le même symbole à des fonctions propositionnelles équivalentes et si nous n'utilisons plus désormais que ce nouveau symbole pour les désigner, il est manifeste que nous échappe alors tout ce qui les différencie et que par cette procédure nous ne saisissons que ce en quoi elles concordent. Nous qualifions ce procédé de *procédure « extensionnelle »* et nous nommons « *symboles extensionnels* » ces symboles communs à des fonctions propositionnelles équivalentes. Ils n'ont pas de signification indépendante; il n'est légitime de les employer que dans la mesure où nous indiquons, pour toutes les formes de propositions dans lesquelles nous voulons les utiliser, la règle de transformation en des propositions dans lesquelles ils n'apparaissent plus; lors de la retraduction, ces symboles sont remplacés par les fonctions propositionnelles elles-mêmes (plus exactement, tout symbole extensionnel est remplacé par l'une quelconque des fonctions propositionnelles équivalentes auxquelles il est affecté).

Aussi, quoique ces symboles n'aient pas de signification indépendante et soient à un degré encore plus élevé que les fonctions propositionnelles des signes insaturés, nous en parlons suivant l'usage linguistique habituel comme s'ils désignaient des objets que nous nommons « *extensions* ». Les extensions sont donc des quasi-objets. Nous disons de deux fonctions propositionnelles coextensives qu'elles ont la même extension (d'où le terme de coextensives ou équivalentes) puisque le même symbole extensionnel leur est affecté. Si de plus deux fonctions propositionnelles sont telles que tout objet (ou paire, triplet, etc.) qui satisfait la première satisfait aussi la seconde, on comprendra facilement que ce même rapport d'implication universelle persiste quand on remplace l'une des deux par une fonction équivalente. C'est pourquoi nous pouvons exprimer ce rapport à l'aide des symboles extensionnels; le symbole ½ placé entre deux symboles extensionnels représentera par définition l'implication universelle entre les deux fonctions propositionnelles correspondantes. Et si à présent nous interprétons concrètement suivant l'usage linguistique les symboles extensionnels, nous disons alors que la proposition « a½b » signifie que l'extension a est comprise dans l'extension b et nous qualifions cette relation entre deux extensions de relation d'inclusion ou de subsomption.

Soit une fonction propositionnelle; on forme le symbole de son extension en plaçant les variables munies d'accent devant l'expression entre parenthèses de la fonction: $\hat{x}\hat{y}$ (...x...y...). Nous en donnerons des exemples dans les discussions suivantes à propos des deux types d'extension que sont les classes et les relations.

### 33. *Les classes*

L'extension d'une fonction propositionnelle à un seul argument, c'est-à-dire d'une propriété, s'appelle une classe. A des propriétés de même extension correspond donc la même classe. Un objet g qui satisfait une fonction propositionnelle est nommé élément de la classe d'appartenance a (en symboles, g2a); g appartient à la classe a (et non « est inclus dans a » !). Si la classe a est incluse dans la classe b (au sens défini de la subsomption), on dit que a est une sous-classe de b (a½b).

Il convient d'expliquer brièvement quelques-uns des principaux concepts de la théorie des classes. La classe des objets qui n'appartiennent pas à une classe donnée a s'appelle le complément ou la négation de a (symbolisée -a). Ne lui appartiennent que les arguments admissibles mais non satisfaisants, et non tous les autres objets. A l'intersection de deux classes (a\b) appartiennent les objets qui appartiennent à la fois à chacune des deux classes. A la réunion de deux classes (a[b) appartiennent les objets qui appartiennent au moins à l'une des deux classes. La réunion d'une classe et de sa complémentaire forme la sphère d'objets des éléments de cette classe, car lui appartiennent tous les arguments admissibles de la fonction propositionnelle correspondante, et seulement eux.

En tant qu'extensions, les classes sont des quasi-objets. Les symboles de classe n'ont pas de signification indépendante, ils ne sont qu'un moyen pratique pour pouvoir parler de manière générale des objets satisfaisants une fonction propositionnelle donnée sans être obligé de les énumérer un par un. Le symbole d'une classe représente donc en quelque sorte ce qui est commun à ces objets, à ses éléments.

Exemple : La fonction propositionnelle « x est un homme » (que nous prenons à titre d'exemple) est satisfaite par les mêmes objets que les fonctions « x est un animal doué de raison » et « x est un bipède sans plumes ». Ces trois fonctions propositionnelles ont donc la même extension. C'est pourquoi nous leur attribuons le même symbole extensionnel, par exemple ho. (Nous posons donc par définition : ho $\mathrm{H}_{\mathrm{Df}}$ $\hat{x}$ (x est un homme) (cf. § 32[18]). Comme il s'agit d'une fonction propositionnelle à un seul argument, ho est un symbole de classe. Ho est un signe insaturé qui ne signifie rien en lui-même, mais les propositions dans lesquelles on le rencontre, ont une signification parce qu'il est établi comment ce symbole peut en être éliminé ; ainsi la proposition « d 2 ho » peut être transformée en « d est un homme » ou en « d est un bipède sans plume ». Quoique ho ne désigne rien en lui-même, on parle donc de ce qu'il désigne comme s'il s'agissait d'un objet que nous nommons par précaution un quasi-objet ; c'est la classe des hommes, extension de la fonction propositionnelle « x est un homme ».

Il est important d'insister sur le fait que les classes eu égard à leurs éléments sont des quasi-objets et de ce fait appartiennent à une autre sphère d'objets ; les classes en effet sont fréquemment confondues avec les totalités composées de leurs éléments. Mais ces totalités ne sont pas des quasi-objets relativement à leurs parties, elles appartiennent au contraire à la même sphère. Nous aurons à discuter plus tard en détail de la différence entre classe et totalité, et de l'absence de parenté de sphère entre la classe et ses éléments (§ 37).

Revue de la littérature : Frege est à l'origine de la théorie des fonctions propositionnelles et de leurs extensions (ou parcours de valeurs pour Frege), [Funktion][Grundges]. Elle a été exploitée par Whitehead et Russell dans leur système logistique ([Princ. Math.], voir aussi [Math. Phil.]157 *sq.*). Keyser en donne aussi un bon exposé [Math. Phil.] 49 *sq.* ; Keyser de plus élargit de manière intéressante le concept de fonction propositionnelle sous la forme de la « Theoriefunktion » ou « doctrinal function[19] » (58 *sq.*). Cf. Carnap [Logistik] § 8.

Frege a montré que les symboles des extensions et par là ceux des classes sont des signes insaturés (voir la citation au § 27). Selon la conception de Russell, il est sans importance pour la logique de savoir si les symboles de classe désignent ou non d'authentiques objets puisque les classes ne sont pas définies en elles-mêmes mais, comme chez Frege, seulement en relation avec des propositions complètes (« no class-theory[20] »); récemment Russell s'est exprimé de façon encore plus tranchée en qualifiant les classes de fictions logiques ou de fictions symboliques [External W.] 206 *sq.*, [Math. Phil.] 182 *sq.*, ce qui coïncide avec notre manière de désigner les classes comme des quasi-objets. De plus selon Russell, les classes sont d'un tout autre type que leurs éléments étant donné qu'aucune proposition ne peut avoir un sens à la fois pour une classe et pour l'un de ses éléments (qu'elle soit vraie ou fausse) (Théorie des types logiques), ce qui correspond à notre conception de l'absence de parenté de sphère entre une classe et ses éléments (§ 37).

34. *Les relations*

On appelle « relation » (*Relation*) l'extension d'une fonction propositionnelle à plusieurs arguments, c'est-à-dire d'une relation (*Beziehung*)[4]. Il existe ainsi une analogie formelle exacte entre les relations et les classes en tant qu'extensions des fonctions propositionnelles à un seul argument ou extensions des propriétés. Nous pouvons donc ici abréger parce que bien des choses seront immédiatement compréhensibles du fait de cette analogie. Comme les classes, les relations sont aussi des quasi-objets.

A des relations équivalentes correspond la même « relation ». Une paire d'objets x, y (ou un triplet, un quadruplet, etc.) qui satisfait une fonction propositionnelle et par suite celles qui lui sont équivalentes s'appelle une paire de membres (*Gliederpaar*) de la relation correspondant à ces fonctions propositionnelles (si Q désigne la relation, on écrit xQy). Comme on ne peut pas en général permuter les places des arguments d'une fonction propositionnelle, il faut également distinguer les différents membres d'une paire ou d'un triplet, etc. Pour une relation dyadique, nous qualifions les membres d'une paire d'antécédent et de conséquent. La capacité des relations à déterminer un ordre résulte de la différenciation des places d'argument; d'où l'importance de la théorie des relations pour décrire l'ordre au sein d'un domaine quelconque.

Pour rendre les choses plus concrètes et quoique les relations soient des quasi-objets, la langue naturelle modifie ici la représentation, faisant de la relation une troisième chose qui flotte entre les deux membres de la relation. Cette réification, qui correspond à une façon de parler figurée impropre, est le plus souvent consciente et par suite sans danger; avec elle, l'expression linguistique se fait plus intuitive. Par simplicité, nous nous conformons encore ici à l'usage linguistique qui emploie les symboles de relation comme des noms d'objets, mais nous continuons de nommer ce qu'ils désignent des quasi-objets pour bien marquer le caractère impropre du langage.

Nous devons brièvement mentionner certains concepts principaux de la théorie élémentaire des relations. La classe des antécédents possibles d'une relation, Q par exemple, s'appelle le domaine de Q (en symboles, D'Q); celle des conséquents possibles, le co-domaine de Q (X'Q). Si le domaine et le co-domaine appartiennent à la même sphère d'objets, la relation est dite homogène ; dans ce cas, la réunion des deux domaines forme le champ de Q (C'Q). La relation qui vaut pour chaque paire de Q pris dans l'ordre inverse s'appelle la converse de Q ($\breve{Q}$). Soit aPb et bQc, il existe alors une relation entre a et c que l'on appelle composition (*Verkettung*) ou produit relatif de P et Q (PjQ). Les puissances relatives : $R^2$ signifie RjR, $R^3$ signifie $R^2$jR, etc. ; $R_{po}$ désigne la réunion des puissances (relation de puissance ou chaîne) ; $R^o$, la relation d'identité dans le champ de R.

Les concepts de symétrie, réflexivité, transitivité et de connexité ont été précédemment expliqués (§ 11). Une relation est co-univoque (*einmehrdeutig*) quand à tout conséquent est affecté seulement un antécédent ; elle est univoque (*mehreindeutig*) dans le cas inverse. Quand la relation réalise les deux propriétés, elle est bi-univoque (*eineindeutig*).

On appelle corrélateur entre P et Q une relation R qui attribue de manière bi-univoque aux membres liés par Q les membres liés par P de sorte qu'à toute paire de P correspond constamment une paire de Q, et inversement. S'il existe un tel corrélateur entre P et Q, P et Q sont dites isomorphes ou de même structure. Ceci est en accord avec notre définition figurée antérieure de l'identité de structure à l'aide du diagramme sagittal (§ 11). La « structure » ou « nombre relationnel » d'une relation P doit être précisément définie comme la classe des relations isomorphes à P (cf. la définition analogue du nombre cardinal, § 40).

35. *Réductibilité et constitution*

Nous avions précédemment (§ 2) expliqué le concept de réductibilité à l'aide du concept imprécis de « transformation » d'une proposition. Nous devons maintenant préciser ce qu'il faut entendre par « transformation » ; le concept d'identité d'extension (ou d'équivalence universelle) des fonctions propositionnelles va nous y aider (§ 32). Nous entendons par proposition ou fonction propositionnelle portant exclusivement sur les objets a, b, …, une proposition dans l'expression écrite de laquelle a, b, … apparaissent seulement comme symboles non-logiques ; on peut donc aussi y rencontrer des constantes logiques (§ 107) et des variables générales. S'il existe pour toute fonction propositionnelle portant exclusivement sur a, b, c, … (dans laquelle b, c, …peuvent aussi manquer) une fonction propositionnelle de même extension portant exclusivement sur b, c, …, a est alors dit réductible à b, c, … Bien que cela soit moins précis, nous pouvons dire plus simplement qu'*un objet est réductible à d'autres objets quand toutes propositions portant sur lui peuvent être traduites en propositions qui ne portent plus que sur ces autres objets.*

Le cas à la fois le plus simple et le plus important est celui où n'apparaît dans la fonction propositionnelle que l'objet à réduire et non les autres.

EXEMPLE : « x est un nombre premier » est équivalent à « x est un nombre naturel qui n'admet que 1 et lui-même pour diviseur ». Par là l'objet (ou le concept) nombre premier est réduit aux objets : nombre naturel, un, diviseur.

C'est à présent le concept de constitution déjà expliqué au § 2 qui requiert de même une définition précise. « Constituer » un concept à partir d'autres concepts signifie donner sa définition constitutive sur la base de ces autres concepts. Nous entendons par définition constitutive du concept a sur la base des concepts b, c, une règle de traduction qui indique de manière générale comment toute fonction propositionnelle dans laquelle apparaît a peut être transformée en une fonction propositionnelle de même extension dans laquelle on ne rencontre plus a mais seulement b et c. Dans le cas le plus simple, cette règle de traduction est une méthode de remplacement de a chaque fois qu'il apparaît, par une expression déterminée dans laquelle n'apparaissent que b et c (définition explicite).

Si un concept est réductible à d'autres concepts, il peut certes par principe être constitué à partir d'eux. La connaissance de sa réductibilité toutefois ne signifie pas encore connaissance de sa constitution. Car établir la règle générale de transformation de toutes les propositions portant sur le concept forme encore une tâche en soi.

EXEMPLE : Il est facile de comprendre la réductibilité des fractions aux nombres naturels ; de même une proposition donnée portant sur certaines fractions peut être aisément transformée en une proposition portant sur des nombres naturels (voir § 2). Il est plus difficile en revanche de constituer par exemple la fraction $^2/_7$, c'est-à-dire d'indiquer une règle générale selon laquelle les propositions sur $^2/_7$ peuvent être transformées en propositions sur 2 et 7 (cf. § 40). Ce travail a été accompli par Whitehead et Russell pour tous les concepts mathématiques [Princ. Math.] ; ils fournissent ainsi un système de constitution des concepts mathématiques.

### 36. *Complexe et totalité*

Si un objet est réductible à d'autres objets, nous l'appelons un « complexe logique » ou simplement un « complexe » de ces objets, et ceux-ci sont appelés ses éléments. D'après ce qui a été dit auparavant (§ 33, 34), les classes et les relations sont des exemples de complexes.

Si un objet se rapporte à d'autres objets comme à ses parties relativement à un milieu extensif, espace et temps par exemple, nous le nommons « totalité extensive » ou simplement le « tout » des autres objets; quant aux parties, nous les qualifions parfois aussi d'éléments du tout. Le tout se compose de ses parties.

La différence entre complexe et totalité ne doit pas être confondue avec la différence entre totalité véritable (totalité organique, forme [*Gestalt*]) et simple collection (ou somme). Celle-ci est importante en biologie et en psychologie; pour la théorie de la constitution cependant, elle n'est pas d'une importance aussi fondamentale que la première puisqu'il s'agit seulement ici d'une différence entre deux sortes de totalité. On peut d'ailleurs se demander si cette seconde différence ne correspond pas seulement à une différence de degré, c'est-à-dire si les propriétés attribuées à de véritables totalités n'appartiennent pas à toutes les totalités à un degré plus ou moins élevé. Peut-être n'y a-t-il pas de collections pures. La question néanmoins ne peut être vraiment tranchée puisque jusqu'ici n'existe aucune définition suffisamment nette de la véritable totalité et de la forme.

Revue de la littérature : Driesch ([Ordnungsl.], [Ganze] notamment 4) distingue somme et totalité (au sens de totalité véritable ou organique), celle-ci perdant des propriétés essentielles au cas où une partie lui est enlevée. Ce qui caractérise les structures dont s'occupe la théorie de la forme, c'est que les propriétés et la fonction d'une partie dépendent de sa position au sein de la totalité à laquelle elle appartient (Köhler, [Gestaltprobl.]514; voir aussi Wertheimer [Gestaltth.]). La parenté des deux définitions est évidente; un organisme comme totalité de ses membres, une mélodie comme totalité de ses sons, une maison comme totalité de ses pierres sont des exemples pour lesquels ces deux définitions sont pertinentes. Il n'est pas facile de trouver un exemple de pure collection. Même une pierre comme totalité de ses molécules ou un tas de pierre comme totalité de ses pierres sont de véritables totalités. Peut-être peut-on qualifier de pure collection l'ensemble du fer présent sur terre, mais cela reste discutable.

Les concepts de totalité et de complexe ne s'excluent certainement pas. Mais la théorie de la constitution a justement affaire avec les complexes qui ne se composent pas de leurs éléments comme une totalité de ses parties. Nous qualifions ces complexes de « complexes indépendants ». Le fait que les éléments soient ou non des parties de la structure au sens extensif constitue donc le caractère distinctif entre une totalité et un complexe indépendant.

Il résulte des définitions de la constitution et du complexe qu'un objet constitué à partir d'autres objets est un complexe de ces objets. Par conséquent *tous les objets d'un système de constitution sont des complexes des objets fondamentaux du système.*

Soit une proposition portant sur un quasi-objet, c'est-à-dire une phrase exprimant cette proposition dans laquelle le signe insaturé se trouve à la place où, suivant la forme de la phrase, ne peut se trouver à l'origine qu'un nom d'objet; il faut définir alors la règle d'usage du signe insaturé. On doit pouvoir retransformer cette phrase en une phrase où seuls d'authentiques noms d'objets occupent la place d'un objet (la place du sujet par exemple). Il s'ensuit qu'un quasi-objet appartenant à un domaine d'objets est toujours un complexe des objets de ce domaine, c'est-à-dire qu'il est un complexe indépendant et non la totalité de ses éléments. Une totalité en effet est un objet du même type que ses éléments. Comme les classes sont des quasi-objets relativement à leurs éléments, elles sont des complexes indépendants de ces éléments[21] (cf. § 37); de même les relations sont des complexes indépendants de leurs membres.

37. *Une classe ne se compose pas de ses éléments*

Nous disons d'une classe et d'un tout qu'ils se correspondent si les parties du tout sont les éléments de la classe. Puisqu'un tout peut-être décomposé en parties de différentes manières, à un tout correspond toujours de nombreuses classes différentes. Inversement toutefois, à une classe correspond au plus un tout, car ses éléments sont déterminés de manière univoque au moyen de la classe et deux objets qui se composent des mêmes parties sont identiques. Si à présent les classes se composaient de leurs éléments, c'est-à-dire si elles étaient identiques aux touts qui leur correspondent, les nombreuses classes qui correspondent à un même tout seraient également identiques entre elles. Comme nous l'avons vu, elles sont cependant différentes les unes des autres. *Par conséquent les classes ne peuvent pas se composer de leurs éléments comme un tout de ses parties. En tant que quasi-objet par rapport à leurs éléments, les classes sont des complexes de leurs éléments, précisément des complexes de leurs éléments indépendants puisqu'elles ne se composent pas de ceux-ci.*

Il en est de même pour le concept mathématique d'ensemble qui concorde avec le concept logique de classe. Il est important de souligner que l'ensemble également ne se compose pas de ses éléments étant donné que le caractère de totalité, de collection ou d'agrégat est attribué par erreur au concept d'ensemble depuis son origine (avec la définition de Cantor). En général cette conception n'a aucune conséquence dans la théorie des ensembles elle-même; elle est cependant responsable du rejet répété du mode de définition du concept de puissance (ou de nombre cardinal), l'un des principaux concepts de la théorie des ensembles (cf. § 41) qui soit logiquement incontestable et le plus utile méthodologiquement.

EXEMPLE : On peut considérer les membres, mais aussi les cellules ou les atomes comme des parties dont la totalité forme un chien. Par contre la classe des membres du chien, celle de ses cellules et celle de ses atomes constituent trois classes différentes. A chacune d'entre elles en effet appartiennent d'autres éléments et correspond également un autre nombre cardinal; elles ne peuvent donc pas être identiques. Ces diverses classes correspondent à la totalité «chien». Puisqu'elles ne sont pas identiques entre elles, l'ensemble de ces classes ne peut être identique à la totalité qu'est le chien; toutes étant logiquement également légitimes puisque chaque décomposition en parties constitue sur le plan logique un point de vue également justifié, on ne peut non plus admettre que l'une d'elles en particulier soit identique à la totalité.

REVUE DE LA LITTÉRATURE : La thèse de ce paragraphe a déjà été clairement exposée par Frege : «L'extension d'un concept n'est pas constituée par les objets qui tombent sous le concept» [Krit.]455. Russell a également justifié les classes à un élément et la classe nulle [Math. Phil.]184. Voir aussi les remarques pertinentes de Weyl [Handbuch]11.

Mais une classe n'est pas seulement différente de la totalité qui lui correspond, elle appartient à une autre sphère d'objets. Comme nous l'avons vu, les extensions sont des quasi-objets par rapport à leurs éléments. Dès lors nous comprenons, comme l'enseigne la logistique, qu'une fonction propositionnelle ne peut pas admettre comme argument possible pour une même place d'argument à la fois une extension et ses éléments. *On ne peut rien affirmer d'une classe qui puisse l'être de ses éléments et d'une relation, rien qui puisse être affirmé de ses membres.* (La fameuse proposition de la logistique que l'on ne peut affirmer d'une classe ni son appartenance ni sa non-appartenance à elle-même en est un cas particulier).

Etant donné qu'une totalité est apparentée à ses parties tandis qu'une classe est sans parenté de sphère avec ses éléments, une classe est aussi sans parenté avec la totalité qui lui correspond.

EXEMPLE : La différence entre un mur en tant que totalité de ses pierres et la classe de ces pierres montre très clairement que le mur est apparenté aux pierres alors que la classe est sans parenté avec elles. Cela résulte du critère énoncé au § 29 mettant en jeu les fonctions propositionnelles. Les fonctions propositionnelles «x est constitué d'argile cuite», «x est carré», «x est dure» sont satisfaites autant par une pierre que par le mur; les fonctions «x est d'une seule couleur», «x a de petites dimensions» sont satisfaites par la pierre; le mur satisfait ces fonctions ou leurs négations. Dans tous les cas, la pierre et le mur constituent des arguments possibles pour l'ensemble de ces cinq fonctions. La classe des pierres en revanche ne l'est pour aucune de ces fonctions propositionnelles. Par contre elle est un argument admissible pour les fonctions «x a le cardinal 100», «x est la sous-classe de la classe des pierres» tandis que pour celles-ci, ni le mur ni une pierre ne sont des arguments admissibles.

### 38. *La constitution opère par définitions*

Au cours de la construction du système de constitution, constituer un nouvel objet signifie, conformément à notre définition du concept de constitution, que l'on indique comment les propositions portant sur lui peuvent être transformées en propositions portant sur les objets fondamentaux du système ou sur ceux qui ont déjà été constitués. On doit par conséquent indiquer une règle qui permette d'éliminer le nom du nouvel objet de toutes les phrases dans lesquelles il peut se présenter; en d'autres termes, une définition du nom de l'objet.

Il faut à présent distinguer deux cas différents. Dans le cas le plus simple, on peut fournir un symbole composé de symboles déjà connus (c'est-à-dire de symboles fondamentaux ou définis auparavant) qui peut toujours être placé à la place du nouveau symbole d'objet quand celui-ci doit être éliminé. Telle est la constitution par *définition explicite*: le nouveau symbole est défini comme équivalent au symbole composé. Dans ce cas, le nouvel objet n'est pas un quasi-objet relativement à certains des anciens objets, car on peut indiquer de manière explicite ce qu'il est. Il appartient à l'une des sphères d'objets déjà formées, même si nous le concevons peut-être comme le représentant d'une nouvelle catégorie d'objets. La distinction des catégories, à l'opposé de celle des sphères, n'est pas logiquement univoque, mais dépend des finalités pratiques de la classification.

Le second cas correspond à l'impossibilité d'une définition explicite. Un type particulier de définition est alors requise, la définition dite d'usage (*Gebrauchsdefinition*).

### 39. *Les définitions d'usage*

Si un objet ne peut être défini de manière explicite, son nom ne désigne isolément rien qui ait un rapport de sens avec d'anciens objets; dans ce cas, nous avons affaire à un quasi-objet par rapport aux anciens objets. Mais si l'objet peut être dit constitué sur la base des anciens objets, il doit être possible malgré tout de transformer les propositions portant sur lui en propositions dans lesquelles seuls apparaissent les anciens objets quoiqu'on ne puisse lui attribuer de symbole composé à partir des symboles des anciens objets. Nous devons alors avoir une règle de traduction qui détermine de manière générale la procédure de transformation de la forme des phrases dans lesquelles le nom de l'objet apparaît. En opposition à la définition explicite, une telle introduction d'un nouveau symbole est dite définition « in usu » (« définition in use ») ou définition « d'usage », puisque ce n'est pas le nouveau symbole, lequel n'a en lui-même aucune signification, mais son usage dans toutes les phrases qui se trouve défini.

Revue de la littérature : Voir là-dessus Russell [Princ. Math.]I, 25, 69.

L'appellation « définition implicite » est usitée pour un tout autre mode de détermination des objets au moyen de systèmes d'axiomes et doit lui être réservée (cf. § 15). On entend parfois par définitions explicites (en un sens plus large) aussi bien les définitions explicites proprement dites que les définitions d'usage quand par exemple on les oppose aux définitions implicites.

Pour pouvoir appliquer la règle de traduction à toutes les phrases d'une certaine structure, elle doit se rapporter aux fonctions propositionnelles. Elle doit mettre en regard les expressions de deux fonctions propositionnelles dont l'une comporte le nouveau nom d'objet et l'autre seulement les noms d'anciens objets, les mêmes variables devant se présenter dans les deux; la seconde expression est ainsi fournie comme traduction de la première. Une réflexion simple montrera qu'il faut procéder ainsi. Si l'expression comportant le nouveau symbole ne contenait aucune variable, si en d'autres termes elle n'était pas l'expression d'une fonction propositionnelle mais d'une proposition, c'est-à-dire une phrase, la règle ne pourrait pas s'appliquer à des phrases différentes mais uniquement à cette seule phrase. Et si cette expression comporte des variables, la traduction fournie par la règle doit posséder les mêmes variables; sinon, lors de son application à une phrase à traduire donnée, on n'indiquerait pas comment les noms d'objets qui occupent dans celle-ci les places d'arguments, devraient être transposés dans la traduction.

Exemples : Bien que l'on puisse supposer connue la forme de la définition explicite, il est important que la différence avec la définition d'usage soit très claire. Si le nombre 1 et l'addition sont connus, les autres nombres peuvent être définis de manière explicite : « 2 $H_{Df}$ 1+1 », « 3 $H_{Df}$ 2+1 », etc. (on doit lire « $H_{Df}$ » comme « doit signifier par définition » ou « doit pouvoir être constamment remplacé par »).

La définition d'usage : supposons connus les concepts de nombre naturel et de multiplication. On veut introduire le concept de nombre premier. L'expression « nombre premier » ne peut pas être définie de manière explicite comme viennent de l'être « 2 » et « 3 ». Il semblerait que l'on puisse donner une définition de la forme : « les nombres premiers $H_{Df}$ ces nombres pour lesquels… » ou « un nombre premier $H_{Df}$ un nombre pour lequel… ». Mais une telle définition ne serait explicite qu'en apparence; cette apparence trompeuse est due à l'expression linguistique qui donne l'illusion que des dénominations telles que « les nombres premiers » ou « un nombre premier » dénotent un objet attendu que la langue emploie ces expressions comme sujets de phrases. Des expressions comme « ceux qui » ou « un » sont justement déjà des abréviations (très pratiques) pour des définitions d'usage; elles correspondent aux symboles logistiques de classe. Le concept de nombre premier n'est pas un véritable objet comparé aux nombres 1, 2, 3 … Il ne peut donc être défini que par l'usage en indiquant quelle signification doit avoir une phrase du type « a est un nombre premier », dans laquelle a est un nombre. On indiquera cette signification en donnant une fonction propositionnelle qui ne contient que des symboles connus, équivalente à la fonction propositionnelle « x est un nombre premier »; elle peut servir par conséquent de règle de traduction pour les phrases du type « n est un nombre premier ». Nous pouvons par exemple donner la définition suivante : « x est un nombre premier » $\mathrm{H}_{\mathrm{Df}}$ « x est un nombre naturel et n'a que 1 et lui-même pour diviseurs ».

40. *Les formes de niveaux : classes et relations*

Nous avons vu que la constitution d'un objet prendra la forme d'une définition. Cette définition constitutive est soit une définition explicite soit une définition d'usage. Dans le premier cas, l'objet constitué appartient à la même sphère que certains des anciens objets et l'on n'atteint pas alors un nouveau niveau de constitution. *C'est donc toujours par une définition d'usage que se produit le passage à un nouveau niveau de constitution.* Toute définition d'usage montre qu'une fonction propositionnelle présentée à l'aide d'un nouveau symbole a la même signification (*gleichbedeutend*) qu'une fonction propositionnelle exprimée seulement avec d'anciens symboles. Par la même signification, on doit entendre que les deux fonctions propositionnelles sont satisfaites par les mêmes objets. Puisque deux fonctions propositionnelles qui ont même extension (*umfangsgleich*) sont satisfaites par les mêmes objets (§ 32), nous pouvons introduire dans la définition d'usage à la place de la seconde fonction n'importe quelle autre fonction propositionnelle de même extension. La fonction propositionnelle présentée à l'aide du nouveau symbole ne se rapporte donc pas à une ancienne fonction propositionnelle particulière, mais à toutes les fonctions de même extension; en d'autres termes, elle appartient à l'extension de ces fonctions propositionnelles. Par suite nous pouvons également concevoir la nouvelle fonction de manière purement extensionnelle : nous introduisons le nouveau symbole comme signe d'extension. Au moyen d'une définition constitutive conduisant à un nouveau niveau de constitution se trouve ainsi définie soit une classe soit une relation, selon que la seconde fonction propositionnelle, la fonction définissante, possède une ou plusieurs places d'argument. *Classes et relations sont donc les types formels des niveaux de constitution* (*Stufenformen*). On peut illustrer ces deux formes à l'aide d'exemples issus de l'arithmétique.

Exemples : 1. Classe : Les nombres cardinaux (ou puissances) sont définis en logistique comme classes des classes (ou des ensembles) d'égale puissance; deux classes sont dites d'égale puissance quand on peut faire une application (*Abbildung*) de l'une sur l'autre de manière biunivoque. Par exemple toutes les classes de cinq éléments sont d'égale puissance; la classe de second degré dont les éléments sont toutes ces classes est alors désignée comme le nombre cardinal cinq.

La construction de l'arithmétique sur la base de cette définition montre que celle-ci est incontestable et suffisante d'un point de vue formel puisqu'elle permet de déduire toutes les propriétés arithmétiques des nombres cardinaux et qu'elle ne conduit à aucune contradiction. Pourtant, on s'est souvent refusé à admettre cette définition, non pour des raisons logiques, mais pour des raisons purement intuitives faciles à comprendre. Ainsi, cette classe à laquelle doivent appartenir toutes les classes du monde de cinq éléments, apparaît si dépourvue de limite et susceptible de tout contenir que son identité avec le cardinal cinq, forme arithmétique aux contours strictement tracés, semble absurde. Cette apparence cependant tient seulement à la substitution dont nous avons discuté, qu'opère la représentation (Vorstellungsmässig), de la classe par le tout correspondant (cf. § 37); cette substitution souvent opportune a toutefois ici pour effet d'induire en erreur. Revenons à notre exemple: la classe des doigts de ma main droite n'est pas la totalité « ma main droite » et la classe de toutes les classes semblables de cinq éléments n'est pas composée de toutes les mains, de tous les pieds, de tous les tas de cinq pierres, etc. Cette collection sans limite définie serait en vérité inutilisable en tant que structure arithmétique. Au contraire, on ne peut pas dire ce qu'est la classe des doigts de ma main droite car cette classe n'est qu'un quasi-objet, à savoir un complexe indépendant. Un symbole introduit pour elle n'aurait aucune signification en lui-même; il servirait seulement à faire des propositions portant sur les doigts de ma main droite sans être obligé d'énumérer séparément ces cinq objets, c'est-à-dire des propositions portant sur ce qui leur est commun, comme les propriétés de forme, de couleur, de matière. De même on ne peut pas dire ce qu'est la classe des classes de cinq (c'est-à-dire la classe des classes que l'on peut appliquer de manière bi-univoque élément par élément sur la classe des doigts de ma main droite). Elle aussi n'est qu'un quasi-objet, à savoir un complexe indépendant. Si nous introduisons pour elle un symbole, par exemple $Cl_5$, il ne désigne aucun objet véritable; il ne sert qu'à faire des propositions portant sur les éléments de cette classe, c'est-à-dire sur toutes les classes de cinq, sans être obligé de les énumérer, ce qui ne serait pas réalisable en pratique à cause du nombre infini d'éléments. Si $Cl_5$ est ainsi un symbole qui nous permet de faire des propositions sur les propriétés communes à toutes les classes de cinq, quelle différence pourrait-il y avoir encore avec le symbole arithmétique « 5 » (pour le nombre cardinal) ? Le nombre cardinal 5 est aussi un quasi-objet comme la classe $Cl_5$; aussi le symbole 5 ne désigne aucun objet véritable mais sert seulement à faire des propositions sur les propriétés communes à toutes les classes de cinq possibles. Nous voyons donc que la définition citée du nombre cardinal ne remplace pas, comme on le croit souvent, les nombres cardinaux par d'autres structures construites de manière schématique et présentant avec eux une certaine analogie formelle, mais qu'elle convient au contraire exactement au concept arithmétique lui-même; seulement cet état de choses a été masqué par la conception erronée des classes, jamais exprimée mais presque toujours implicite, comme totalité ou collection.

REVUE DE LA LITTÉRATURE : La définition donnée du nombre cardinal a d'abord été établie par Frege : [Grundlg]79 *sq.*, [Grundges.]I, 57. Elle a été retrouvée indépendamment par Russell en 1901 et appliquée à la fondation des mathématiques [Principles]114, [External W.]199 *sq.*, [Math. Phil.]11, [Princ. Math.]I.

Hausdorff [Mengenl.]46, et J. König [Logik]226 note, ont émis vis à vis de cette définition des réserves comme celle que nous avons mentionnée; cf. aussi Fraenkel [Mengenl.]44. Russell lui-même, s'efforçant de rester constamment le plus près possible de l'usage linguistique, ne s'est pas assez nettement démarqué, du moins au début, de la conception des classes comme totalité malgré sa « no class theory »[Princ. Math.], [External W.]126; certes maintenant il met fermement l'accent sur la différence entre classe et agrégat ou amas, c'est-à-dire totalité ou collection selon notre formulation [Math. Phil.]184, mais il se croit pourtant obligé d'accepter avec cette définition du nombre cardinal une bizarrerie nécessaire pour obtenir un concept déterminé et univoque [Math. Phil.]18. Notre conception s'accorde avec celle de Weyl [Handbuch]11.

EXEMPLE : 2. Relation : Nous avons vu précédemment que les fractions sont réductibles aux nombres naturels; elles sont par conséquent qualifiables de complexes de nombres naturels (§ 2). Précisément les fractions sont des complexes indépendants, à savoir des quasi-objets car on peut les définir comme des relations entre des nombres naturels. Par exemple, « 2/3 H$_{Df}$ $\hat{x}\hat{y}$(x et y sont des nombres naturels tels que 3x H 2y) ».

### 41. *Les niveaux de constitution*

Etant donné un système de constitution quelconque, dans lequel sont constitués sur la base d'objets fondamentaux donnés des domaines d'objets toujours nouveaux en alternant par étapes répétées la constitution des classes et des relations, nous qualifions de « *niveaux de constitution* » ces domaines sans parenté de sphère les uns avec les autres, chacun d'eux formant un domaine de quasi-objets par rapport au domaine précédent. Les niveaux de constitution sont donc les sphères d'objets qui, par la constitution des objets les uns sur la base des autres, sont organisées hiérarchiquement en un système de constitution. La *relativité du concept de quasi-objet* apparaît très clairement ici : il vaut pour un objet d'un niveau de constitution quelconque relativement aux objets des niveaux inférieurs.

De même est-il maintenant possible de reconnaître en quel sens sont compatibles les deux thèses de la théorie de la constitution que nous avons déjà établies auparavant mais qui paraissaient se contredire. Il s'agit des thèses de l'unité du domaine de l'objet (§ 4) et de la pluralité des types d'objets indépendants (§ 25). Dans le système de constitution, tous les objets sont constitués à partir de certains objets fondamentaux mais selon une construction par niveaux. Comme la constitution s'opère à partir des mêmes objets fondamentaux, il s'en suit que les propositions portant sur tous les objets peuvent être transformées en propositions sur ces objets fondamentaux, de sorte que la science, en vertu de la signification logique de ses propositions, ne traite que d'un unique domaine. Tel est le sens de la première thèse. La science cependant ne fait nullement dans sa démarche pratique un usage constant de cette convertibilité en transformant effectivement toutes ses propositions. Au contraire, ses propositions présentent en règle la forme de propositions portant sur des objets constitués, non sur des objets fondamentaux. Et ces objets constitués appartiennent à des niveaux de constitution différents qui tous sont étrangers les uns aux autres. Suivant la forme logique de ses propositions, la science a donc affaire à de multiples types d'objets indépendants. Tel est le sens de la seconde thèse. La cohérence des deux thèses repose sur la possibilité de constituer à partir des mêmes objets fondamentaux différents niveaux correspondant à des sphères d'objets distinctes.

42. *Être et valoir*[1]

En s'appuyant sur un usage linguistique parfois employé, on peut également parler de divers « modes d'être » des objets des différentes sphères. Avec cette expression, on se rend bien compte que les objets de sphères différentes sont tout à fait distincts et incomparables. A la vérité, la différence sur laquelle insiste beaucoup la philosophie contemporaine entre l'ordre de ce qui est et l'ordre de ce qui vaut, renvoie aussi à la distinction des sphères d'objets, plus précisément à la différence entre objets véritables et quasi-objets. Si en effet un quasi-objet est constitué à partir de certains éléments de son domaine d'origine, il « vaut » alors pour ces éléments; il se distingue ainsi de ses éléments comme ce qui vaut de ce qui est. On dit couramment qu'une relation vaut pour ses membres; on le dit moins d'une classe pour ses éléments quoique l'emploi de cette expression soit ici aussi légitime, puisque nous avons affaire au même rapport dans les deux cas. La théorie de la constitution dépasse la conception usuelle de ce qui est et de ce qui vaut; elle ne considère pas en effet cette opposition comme une opposition unique, tracée une fois pour toute, mais au contraire comme un rapport qui se reproduit sans cesse et fait passer d'un niveau à l'autre. Ce qui vaut pour les objets d'un premier niveau est interprété comme l'étant d'un second niveau; il peut alors faire office d'objet pour une valeur nouvelle d'un troisième niveau, etc. C'est en cela que consiste pour la théorie de la constitution la dialectique du développement conceptuel suivant une forme logiquement rigoureuse. Les concepts d'être et de valeur sont donc relatifs et traduisent la relation de chaque niveau de constitution au suivant.

1. § pouvant être sauté (R. Carnap).

Exemple du mouvement graduel de la constitution dans lequel le rapport de ce qui vaut à ce qui est ne cesse de se reproduire :

A partir de choses, on constitue des classes; celles-ci ne se composent pas de choses, elles ne sont pas un étant au sens d'une chose mais valent pour les choses. Ces classes, quoique de l'ordre de ce qui vaut, sont ensuite interprétées en tant qu'étant (d'un second mode d'être). A partir d'elles, on peut passer par exemple aux nombres cardinaux qui valent pour ces classes (cf. § 40 sur la constitution des nombres cardinaux en tant que classes de classes). Les cardinaux appartiennent à un troisième mode d'être et donnent lieu à la constitution des fractions en tant que relations qui valent pour certains nombres cardinaux (cf. § 40); ces fractions sont à leur tour objectivées (vergegenständlicht), interprétées en tant qu'étant (d'un quatrième mode d'être) et deviennent des éléments originaires pour certaines classes qui valent pour elles, à savoir pour les nombres réels. Ceux-ci appartiennent à un cinquième mode d'être; les nombres complexes en tant que relations qui valent pour certains nombres réels, à un sixième mode d'être, etc.

L'exemple cité ne conduit certes qu'à six degrés mais laisse déjà entrevoir à combien d'objets de types différents mène la constitution si de nombreuses étapes semblables sont franchies. On finit alors par atteindre des structures pour lesquelles on ne peut reconnaître au premier coup d'œil – cela semble même de prime abord impossible – qu'elles sont constituées à partir des objets fondamentaux. D'où l'aspect paradoxal du jugement de Kronecker que la totalité des mathématiques ne traite de rien d'autres que des nombres naturels et plus encore de la thèse de la théorie de la constitution que *les objets de toutes les sciences sont constitués à partir des mêmes objets fondamentaux simplement par l'application des formes de niveaux, classe et relation.*

43. *Réserve à l'égard de la méthode extensionnelle de constitution*

Nous avons vu précédemment (§ 39) que la constitution par une définition d'usage consiste à faire apparaître l'équivalence de deux fonctions propositionnelles. Nous avons en outre considéré (§ 40) que la nouvelle fonction propositionnelle ne peut être déterminée que par son extension et qu'il suffit donc d'introduire à la place de la fonction propositionnelle elle-même son symbole extensionnel au moyen de la définition constitutive. Ainsi chaque concept n'est-il défini qu'en extension. C'est pourquoi nous parlons d'une *méthode de constitution extensionnelle*. Elle s'appuie sur la *thèse de l'extensionalité*: dans toute proposition portant sur un concept, celui-ci peut être pris en extension, c'est-à-dire représenté par son extension (classe ou relation); plus exactement, dans toute proposition portant sur une fonction propositionnelle, celle-ci peut être remplacée par le symbole de son extension.

On pourrait maintenant se demander si la méthode extensionnelle n'est pas source de difficultés quand on passe du concept ainsi défini à d'autres concepts et à des propositions portant sur lui. Car la conception de la logique jusqu'ici en vigueur ne reconnaît pas la thèse de l'extensionalité : on ne peut pas mettre en forme de proposition extensionnelle toutes les propositions portant sur un concept.

Revue de la littérature : Cette réserve est liée à l'ancienne distinction entre logique de l'extension (Umfangslogik) et logique du contenu (Inhaltslogik). En vérité, on ne disposait pas de critère précis pour savoir si une proposition se rapporte à l'extension ou au contenu d'un concept. La distinction devint importante lorsque Boole, Venn, et Schröder édifièrent les premiers systèmes de logistique ou logique symbolique au sens d'une pure logique de l'extension et établirent leurs limites de manière plus étroite encore en adoptant la subsomption comme forme unique de proposition. Poursuivant l'œuvre de Frege, Russell a ensuite dépassé cette limitation étroite ; logiques de l'extension et du contenu sont unies dans son système. Frege fut le premier à rendre clairement la différence, connue depuis des millénaires et maintes fois traitée, entre le contenu et l'extension d'un concept en distinguant le concept comme fonction dont les valeurs sont des valeurs de vérité, et son parcours de valeur (fonction propositionnelle et extension avec notre formulation). Par suite, Russell a développé la logique du contenu comme théorie des fonctions propositionnelles et la logique de l'extension comme théorie des extensions (classes et relations). Dans ce système, la logique extensionnelle comporte déjà non seulement des propositions prédicatives au sens de la subsomption mais aussi un grand nombre de formes propositionnelles qui se distinguent suivant leur rapport prédicatif ; la logique intensionnelle n'est pas liée à des formes déterminées de proposition. Selon la conception soutenue autrefois par Russell, on ne peut traduire toutes les propositions de la logique intensionnelle en propositions extensionnelles [Princ. Math.]I, 76 *sq.*, [Math. Phil.]187 *sq.* Cette conception a été contestée par Wittgenstein [Tractatus] 243 *sq.* et Russell lui-même tend désormais à l'abandonner : préface au traité de Wittgenstein (194 *sq.*) [Princ. Math.]I S.XIV et 659 *sq.*

A partir d'une conception proche de celle de Wittgenstein, nous montrerons que cette position ne peut de fait être maintenue. Nous reconnaîtrons la validité de la thèse de l'extensionalité de sorte que la réserve vis-à-vis de la méthode extensionnelle deviendra caduque.

Cette réserve ne se rapporte pas seulement au système de constitution dont il est ici question ; elle est mise en avant par l'aile de la philosophie la plus éloignée des mathématiques, opposée par principe à une telle méthode formelle qui emploie surtout des extensions, notamment quand il s'agit comme ici non de problèmes de pure logique mais de théorie de la connaissance. La manière qu'a Russell de formuler la différence entre propositions extensionnelles et intensionnelles étant l'unique tentative réalisée jusqu'ici pour clarifier le problème contenu-extension, elle demeure, malgré les propres réserves de Russell, l'arme la plus efficace que nous puissions mettre dans la main de nos adversaires pour trancher valablement la question.

Une proposition qui peut être transformée en proposition portant sur des extensions (classe ou relation) est dite *extensionnelle*; autrement elle est *intensionnelle*. La condition nécessaire et suffisante pour qu'une proposition portant sur une fonction propositionnelle f soit extensionnelle, est que l'on puisse remplacer f par n'importe quelle autre fonction propositionnelle équivalente à f sans préjudice pour la valeur de vérité de la proposition. La *thèse de l'extensionalité* énonce que toutes les propositions portant sur n'importe quelle fonction propositionnelle sont extensionnelles et que par conséquent il n'existe pas de proposition intensionnelle.

REVUE DE LA LITTÉRATURE : Dans [Princ. Math.]I, 72 *sq.*, et [Math. Phil.]187 *sq.* de Russell se trouvent des exemples de propositions (apparemment) intensionnelles.

EXEMPLE : Considérons les fonctions propositionnelles équivalentes « x est un homme » et « x est un animal raisonnable ». Nous allons maintenant examiner la proposition suivante portant sur la première fonction propositionnelle quant à son extensionalité : « « x est un homme » implique universellement (c'est-à-dire pour toute valeur d'argument), « x est mortel » ». Nous n'avons pas besoin d'examiner si cette proposition est vraie ou fausse. A chaque fois que l'on remplace « x est un homme » par la fonction équivalente « x est un animal raisonnable » ou par n'importe quelle fonction propositionnelle équivalente, elle conserve sa valeur de vérité, c'est-à-dire qu'elle demeure inchangée, vraie ou fausse.

Le critère est donc rempli et l'implication à évaluer est extensionnelle. Il est facile de vérifier qu'elle peut effectivement être transformée en une proposition d'extension ou de classe : « la classe des hommes est comprise dans la classe des mortels ». (La seconde fonction propositionnelle a été ici simultanément transformée.)

Examinons à titre de contre-exemple la proposition suivante portant sur la même fonction propositionnelle : « je crois que « x est un homme » implique universellement « x est mortel » ». Nous ne sommes pas autorisé ici à remplacer simplement « x est un homme » par une fonction propositionnelle équivalente. Car je ne peux conclure de la proposition initiale que ma croyance s'applique somme toute à d'autres concepts équivalents comme le concept d'animal raisonnable. Cette proposition « je crois que… » semble ainsi être une proposition non-extensionnelle, donc une proposition intensionnelle portant sur la fonction « x est un homme ». Nous reviendrons ultérieurement sur cet exemple et sur la thèse de l'extensionalité; certains concepts nouveaux, requis pour la résolution de ce problème, doivent auparavant être introduits.

44. *Distinction entre propositions portant sur le signe, le sens et la signification*

Pour fonder la thèse de l'extensionalité et justifier ainsi la méthode extensionnelle de constitution, nous allons tout d'abord introduire à la place de la distinction expliquée des propositions portant sur des fonctions propositionnelles en propositions intensionnelles et extensionnelles, une autre classification. Celle-ci, plus générale, ne concernera pas seulement des propositions portant sur des fonctions propositionnelles mais aussi sur n'importe quel objet, proposition ou fonction. Nous distinguerons les propositions portant sur le signe (*Zeichen*), le sens (*Sinn*) et la signification (*Bedeutung*)[22].

Cette distinction est liée aux trois manières différentes selon lesquelles un signe peut être employé. Du signe lui-même, nous distinguons d'une part le sens qu'il exprime et d'autre part la signification qu'il dénote. (Cette distinction provient de Frege [Sinn], [Grundgs.]I, 7.) Soit un signe à la place de l'argument d'une fonction propositionnelle. Même si le signe et ce qu'il dénote sont connus, ce qu'il vise en tant qu'argument de la fonction propositionnelle demande à être éclairci. On pourra habituellement le deviner facilement à partir du contexte. Mais par souci de clarté, nous voulons ici (dans les paragraphes 44 et 45 seulement) préciser laquelle des trois manières précédentes est en vue en apposant une marque distinctive au signe de l'argument. Nous mettons entre guillemets le signe de l'argument quand le signe lui-même est l'argument de la fonction propositionnelle, par exemple « « 7 » est un chiffre arabe », « « 5+2 » se compose de trois symboles ». Nous le mettons entre crochets quand sa signification, c'est-à-dire ce qu'il dénote, est visé avec l'argument, comme c'est habituellement le cas, par exemple dans « [7] est un nombre impair ». Mais il y a encore une troisième chose qui peut être comprise avec le symbole 7. Pour la différencier de la signification, nous l'appelons sens de ce signe et la marquons au moyen de parenthèses pointues, par exemple « Je viens d'avoir la représentation h7i ». Ce que nous visons ici apparaîtra plus clairement encore si on confronte quelles substitutions sont possibles dans ces trois cas tout en maintenant la valeur de vérité de la proposition. C'est dans l'expression d'une proposition visant le signe qu'il est le plus difficile de changer le symbole de l'argument : la proposition précédente sur « 7 » ne tolère ni l'introduction de « VII » ni celle de « 5+2 ». En revanche dans la phrase mentionnée auparavant, on est autorisé à placer hVIIi au lieu du h7iqu'elle contient. Car dans cette proposition qui vise le sens, on entend que j'avais une représentation du nombre sept et cet état de choses, je peux l'exprimer aussi bien à l'aide de l'un des trois signes suivants hsepti,h7i, hVIIi. Par contre la proposition « Je viens d'avoir la représentation « 5+2 » » n'a pas nécessairement la même valeur de vérité; je n'ai pas besoin d'avoir eu la représentation d'une somme de 5 et de 2. C'est la proposition portant sur la signification qui demeure la plus stable. Dans les phrases « [7] est un nombre impair » ou « [7]>6 », je peux placer aussi bien [VII] ou [5+2]. Conformément à cela, nous déclarons qu'avec le signe lui-même, nous visons le caractère écrit (ou linguistique, etc.); 7, VII, 5+2 sont différents quant au signe lui-même et par conséquent « 7 », « VII », « 5+2 », avec notre mode de désignation, sont des objets différents. Par sens d'un signe, nous comprenons ce qu'ont en commun les objets intentionnels de ces représentations, pensées, etc. que le signe a pour but de susciter; 7 et VII ont le même sens, à savoir le nombre sept en tant que contenu de représentation ou de pensée, 5+2 a un autre sens; par conséquent h7iest la même chose que hVIIi, mais h5+2i est quelque chose d'autre. De même hl'étoile du soiri est la même chose que hthe evening-stari mais hl'étoile du matiniest quelque chose d'autre; hScotti est autre chose que hl'auteur de Waverleyi. Par signification d'un signe, nous entendons l'objet qu'il dénote; 7, VII, et 5+2 ont la même signification, à savoir le nombre sept; (l'égalité arithmétique équivaut à l'identité logique comme l'a montré Frege [Grundgs.] I, S.IX); [7], [VII], et [5+2] sont la même chose, de même [l'étoile du soir] et [l'étoile du matin] sont identiques comme [Scott] et [l'auteur de Waverley].

La même distinction entre le signe lui-même, son sens et sa signification, telle qu'elle est énoncée ici pour les signes dont les significations sont des objets au sens strict, vaut également pour les phrases en tant que signes de propositions et finalement aussi pour les signes de fonctions propositionnelles. En raison de l'analogie avec ce qui a été expliqué, nous pouvons ici abréger. Considérons d'abord les phrases. Le sens d'une phrase est la pensée qu'elle exprime; la signification d'une phrase est (selon Frege) sa valeur de vérité, le vrai ou le faux.

EXEMPLE : Soient trois phrases que nous désignerons simplement par A, B, C : A) Socrate est un homme. B) Socrates homo est. C) 2+2 H 4. A, B, C sont différents comme signes (en tant que phrases); A et B ont le même sens, A, B, et C ont la même signification, c'est-à-dire la même valeur de vérité, le vrai. Les propositions portant sur ces phrases peuvent être classées comme précédemment : « « A » se compose de quatre mots » est une proposition visant le signe; on ne peut placer ni « B » ni « C » à la place de « A ». « hAiest un état de chose historique » est une proposition qui vise le sens; à la place de hAi, on peut bien mettre hBimais non hCi. « [A] est équivalent à [1+1 H 2] (c'est-à-dire a la même valeur de vérité) » est une proposition portant sur la signification; on peut ici mettre à la place de [A] aussi bien [B] que [C].

45. *Justification de la méthode extensionnelle*

Pour des propositions portant sur des fonctions propositionnelles, cette classification en trois catégories est de la plus haute importance. Prenons comme exemple de fonction propositionnelle : 1) « x est un homme », 2) « x homo est », 3) « x est un animal raisonnable ». Ces trois fonctions sont équivalentes puisqu'elles sont satisfaites par les mêmes valeurs de x ; elles ont donc la même signification. Mais le sens de la première n'est semblable qu'à celui de la seconde et non de la troisième. Dans une proposition visant le signe portant sur la première fonction, par exemple « « x est un homme » se compose de onze lettres », on ne peut introduire ni la seconde ni la troisième fonction. « Je crois qu'il y a des choses qui satisfont hx est un hommei » est une proposition qui vise le sens ; on peut placer ici la seconde mais non la troisième fonction propositionnelle, puisque ma pensée et ma croyance ne s'applique pas nécessairement au concept d'animal raisonnablc. « [x cst un homme] implique universellement : x est mortel » est une proposition portant sur la signification ; la seconde fonction aussi bien que la troisième peut y être placée tout comme n'importe quelle fonction propositionnelle équivalente. Selon les critères mentionnés auparavant (§ 43), cette proposition visant la signification serait une proposition extensionnelle portant sur la fonction propositionnelle x est un homme, la proposition qui vise le sens une proposition intensionnelle, tandis que la proposition visant le signe ne traite pas du tout de la fonction propositionnelle mais de son signe, d'un groupe de lettres. Nos réflexions nous amènent à reconnaître que la proposition qui vise la signification et celle qui vise le sens ne traitent pas du tout de la même chose, car hx est un hommei n'est pas la même chose que [x est un homme] ; c'est la même différence qu'entre h5+2i et [5+2], c'est-à-dire entre ce que je me représente avec la somme 5+2 et le nombre sept.

Il résultc dc tout ccla quc la différence entre propositions extensionnelles et intensionnelles portant sur une fonction propositionnelle n'est pas valable car ces propositions ne se rapportent pas du tout au même objet. Seules les propositions dites extensionnelles concernent la fonction propositionnelle elle-même ; les propositions dites intensionnelles en revanche visent autre chose (par exemple un concept en tant que contenu d'une représentation ou d'une pensée).

*La thèse de l'extensionalité est donc valide : il n'y a pas de propositions intensionnelles portant sur des fonctions propositionnelles* ; les propositions tenues pour telles ne portaient pas sur des fonctions propositionnelles mais sur leur sens. Toute proposition qui ne se rapporte pas au sens de la fonction propositionnelle mais à la fonction elle-même, conserve sa valeur de vérité avec n'importe quelle fonction propositionnelle équivalente et peut donc être représentée selon la forme d'une proposition extensionnelle.

Notons, sans le justifier davantage, que ce résultat peut être étendu. Ce que nous venons de considérer ne vaut pas en effet seulement pour les propositions portant sur des fonctions propositionnelles mais suite aux idées précédentes, cela vaut d'une manière analogue pour les propositions portant sur des propositions et sur des objets au sens strict. Nous aboutissons par conséquent à ce résultat général qu'il n'y a pas de proposition intensionnelle. Toutes les propositions sont extensionnelles. Dans toute phrase, on est autorisé à remplacer le signe de l'objet que juge (beurteilen) la proposition, que ce soit un objet au sens strict, une proposition ou une fonction propositionnelle, par tout signe de même signification, même s'il a un autre sens.

Dès lors que toute proposition portant sur une fonction propositionnelle peut prendre la forme d'une proposition extensionnelle, il ne se trouve aucune restriction quant à la possibilité de propositions portant sur des fonctions propositionnelles, si seules les extensions de celles-ci sont introduites. *Par là se trouve justifiée la méthode extensionnelle de constitution.*

## B. La forme du système

### I. *Recherches formelles*

#### 46. *La forme du système est liée à la réductibilité*

Après avoir discuté du problème des formes de niveaux et trouvé qu'il fallait construire les différents niveaux du système de constitution par des définitions de classes et de relations, se pose à présent un second problème, celui de la forme du système, de la forme globale du système de constitution. Comment la construction des niveaux doit-elle être menée afin que la totalité des objets de la science y prenne place ? Dans la section préparatoire II B, nous avons déjà envisagé différentes catégories d'objets. Les objets des diverses catégories doivent maintenant être organisés en système : qu'un objet a puisse toujours être constitué sur la base des objets b, c, … situés avant lui, détermine l'ordre au sein du système de constitution. En d'autres termes, a doit être réductible à b, c, … ; par conséquent on doit pouvoir transformer les fonctions propositionnelles portant sur a en fonctions propositionnelles équivalentes sur b, c, …

Pour appliquer ce critère de manière rigoureuse, il faudrait que les fonctions propositionnelles examinées soient mises en forme logistique soit en totalité soit en ce qui concerne leur armature logique, ou au moins qu'elles soient logiquement formées. Nous disons d'une proposition ou d'une fonction propositionnelle qu'elle est *mise en forme logistique* quand on l'exprime à l'aide de symboles logiques. Par *armature logique* d'une proposition ou d'une fonction propositionnelle, nous entendons sa structure formelle logique (*formal-logische Form*). D'une proposition nous dirons par conséquent que seule son armature logique est mise en forme logistique quand les concepts non-logiques sont exprimés au moyen des termes usuels de la langue tandis que les relations logiques entre ces concepts, qui constituent l'armature, sont formulées par des symboles logiques. Une proposition est dite logiquement formée quand elle est complètement exprimée dans les termes de la langue, mais de telle façon que l'armature pourrait être transcrite de manière univoque en une forme logistique selon des conventions formulées ou non.

EXEMPLE : Proposition en langue naturelle :
« Si quelqu'un est un nègre, il est aussi un homme ».
Proposition logiquement formée :
« Si quelque individu appartient à la classe des nègres, alors il appartient toujours à la classe des hommes ».
Mise en forme logistique de l'armature logique :
« (x) : x 2 Nègre.¾. x 2 Homme »
Mise en forme logistique de la proposition entière :
« (x) : x 2 nè. ¾. x 2 ho ».

REVUE DE LA LITTÉRATURE : Sur l'armature logique :
Carnap [Logistik] § 42 *sq.* avec des exemples de mise en forme logique des propositions.

47. *Critère de réductibilité en langage réaliste*

La théorie de la constitution entend organiser en système les objets de toutes les sciences selon leur réductibilité les uns aux autres. Nous aurons à étudier ultérieurement les différentes catégories d'objets en fonction de leur réductibilité. Se présente alors une difficulté : les propositions et fonctions propositionnelles que nous devons examiner suivant le critère de réductibilité ne sont données qu'en langue naturelle. Aussi allons-nous énoncer le critère dans une forme telle qu'il n'ait pas trait aux fonctions propositionnelles et à leurs relations logiques mais aux états de choses et à leurs relations factuelles (*sachlich*). Nous le traduisons ainsi du langage constitutionnel de la logique formelle dans le langage « réaliste » des états de choses (sur la différence entre ces deux langages, § 52).

Le critère matériel (*Sachverhaltscriterium*) de réductibilité que voici est sans doute obtenu aux dépens de la rigueur logique mais il est plus facilement applicable aux situations empiriques des sciences particulières : nous disons un objet a réductible aux objets b, c, … quand on peut fournir une condition nécessaire et suffisante de l'existence de tout état de choses concernant les objets a, b, c, … qui ne dépende que de b, c, …

Il faut maintenant montrer que ce critère coïncide avec le précédent (§ 35). L'équivalence de deux fonctions propositionnelles A et B signifie que A implique universellement B et réciproquement (§ 32). Si A implique universellement B, cela signifie que dans chaque cas où A est satisfait, B l'est aussi ; en d'autres termes que A est une condition suffisante de B. Et si A est universellement impliqué par B, cela signifie que B n'est jamais satisfait quand A ne l'est pas ; A est donc une condition nécessaire de B. Si donc A et B sont équivalentes, A est une condition nécessaire et suffisante de B (et en même temps B de A, mais cela importe peu ici). Mais il semble encore exister une divergence sur un point : le nouveau critère parle d'états de choses alors que l'ancien parle de fonctions propositionnelles. Décrit-on un état de choses au moyen d'une fonction propositionnelle ou d'une proposition ? On doit ici faire une différence : les *états de choses individuels* s'expriment à l'aide de propositions et les *états de choses généraux* à l'aide de fonctions propositionnelles. L'expression linguistique ne distingue pas les deux catégories de manière précise. Avec le critère de réductibilité, c'est à des faits généraux que nous avons affaire ; en effet ce n'est que pour de tels faits qu'il peut être question d'un rapport de condition. (Il en est de même avec les faits rencontrés dans les lois de la nature.) Les deux critères s'accordent donc aussi sur ce point.

48. *L'état de choses fondamental d'un objet*

Le critère matériel de réductibilité présente encore une difficulté avec l'expression « tout état de choses ». En toute rigueur, pour décider de la réductibilité d'un objet à d'autres objets, il faudrait étudier le nombre total et souvent incalculable des états de choses possibles dans lesquels ces objets se trouvent impliqués. On peut cependant montrer qu'il existe, pour chaque objet, un *état de chose fondamental* et dans tous les autres états de choses dans lesquels il est impliqué, c'est uniquement dans le cadre de cet état fondamental qu'il apparaît. Plus précisément nous dirons dans le langage constitutionnel qu'il y a pour chaque objet une *fonction propositionnelle fondamentale* avec laquelle on peut toujours exprimer son occurrence (*Vorkommen*). Pour un concept de propriété, l'état de choses fondamental est la présence de cette propriété (et la fonction propositionnelle fondamentale : « x a la propriété… » ou « x est un… ») ; pour un concept de relation, ce sera l'existence de cette relation (et la fonction : « x se trouve avec y dans la relation… »).

Conformément à la méthode extensionnelle de constitution (§ 43), prenons pour un concept de propriété son symbole de classe, par exemple k, et pour un concept de relation son symbole de relation Q. Les fonctions propositionnelles fondamentales sont donc respectivement « x2k » et « xQy ». En effet toutes les phrases dans lesquelles apparaît un symbole de classe k ou un symbole de relation Q peuvent être transformées de sorte que k ou Q ne se présente que dans la combinaison « x2k » ou xQy.

La définition par laquelle un objet doit être constitué dans le système de constitution, sa définition constitutive, doit faire appel à l'état de choses fondamental de cet objet : la fonction propositionnelle fondamentale est le *definiendum*, la fonction qui fournit la condition nécessaire et suffisante de cet état de choses est le *definiens*. Deux fonctions propositionnelles en effet sont équivalentes lorsque l'une fournit une condition nécessaire et suffisante pour l'autre (§ 47) ; la mise en regard de deux fonctions propositionnelles équivalentes, dont la première ne comporte, hormis les variables, qu'un symbole qui n'est pas présent dans l'autre, peut être interprétée comme définition de ce symbole, à savoir comme définition d'usage.

Exemple de constitution d'un objet à l'aide de son état de choses fondamental : Soit l'état de choses fondamental de l'équilibre thermique : « x est en équilibre thermique avec y », et sa condition nécessaire et suffisante : « les corps x et y, quand ils sont mis en contact (directement ou par l'intermédiaire d'un autre corps), ne gagnent ni ne perdent de chaleur ». Ces deux fonctions propositionnelles sont donc équivalentes. Nous pouvons par suite les utiliser pour établir une définition de l'équilibre thermique, objet de la première fonction. Nous désignons par équilibre thermique la relation entre x et y ainsi caractérisée : les corps x et y mis en contact (direct ou indirect) ne gagnent ni ne perdent de chaleur. Si les autres objets mentionnés dans la définition ont déjà été constitués, l'objet « équilibre thermique » peut être introduit, « constitué » dans cette forme au cours de la construction du système de constitution.

### 49. *Indice et condition*

D'après nos analyses, la preuve de la réductibilité d'un objet consistera à établir une condition à la fois nécessaire et suffisante de son état de choses fondamental. Il s'agit alors de savoir si l'on peut établir une telle condition pour tout état de choses fondamental. Pour résoudre cette question, nous employons le concept d'indice (*Kennzeichen*) scientifique. L'indice d'un fait est une condition suffisante de ce fait. Mais toute condition suffisante ne saurait faire office d'indice. Conformément à l'usage linguistique, nous ne faisons usage du terme « indice » que pour les conditions auxquelles le fait est habituellement reconnu, qui par conséquent sont repérées d'ordinaire avant le fait.

EXEMPLE : Il y a entre une haute pression atmosphérique et le niveau élevé d'un baromètre un rapport conditionnel réciproque : si la pression atmosphérique est élevée, le baromètre est haut ; si le baromètre est haut, la pression atmosphérique est alors élevée. Mais la condition ne peut être appelée indice que dans le second cas.

La science a coutume de fournir des indices pour de nombreux états de choses dont elle traite, en particulier pour les états élémentaires dont les autres sont composés ; sont donc précisément concernés les états de choses considérés comme fondamentaux, comme par exemple « cette chose est un chêne », « cet organisme est une coopérative de consommation ». En vérité même dans la procédure scientifique, le processus de reconnaissance d'un tel état de choses, donc de l'existence d'un concept déterminé, a lieu le plus souvent de manière intuitive et non en s'appuyant sur ces indices. Mais c'est seulement parce que des indices peuvent être donnés que ce concept reconnu intuitivement vaut en tant qu'objet scientifique clairement défini. Dans de nombreux cas cependant, en particulier dans les sciences humaines (*Geisteswissenschaften*), s'il s'agit par exemple du style d'une œuvre d'art, les indices ne sont bien souvent pas donnés ou ne le sont que de manière vague. C'est alors par empathie (*Einfühlung*) et non par application de critères rationnels qu'est arrêtée l'existence de l'état de choses. On considère à bon droit un tel jugement empathique comme scientifique. Mais cette légitimité repose sur l'un des faits suivants : soit il est possible, même si cela s'avère le plus souvent délicat dans un cas isolé, d'indiquer d'emblée des indices dont la mise en œuvre ne requiert aucune empathie ; soit la recherche de ces indices est admise comme tâche scientifique et tenue pour possible de principe. Un jugement empathique ou de tout autre origine, que par principe on ne pourrait soumettre à un contrôle rationnel au moyen de critères conceptuels, ne saurait prétendre à une reconnaissance scientifique. Les sciences humaines, sinon de manière explicite, du moins dans la pratique, prennent également en compte cette limite pour admettre les jugements empathiques.

C'est pourquoi nous disons qu'*il y a par principe un indice pour tous les états de choses de la science* ; ce qui implique la tâche, possible en droit, de déterminer un indice pour tous les états de choses. Une analyse plus précise, qui ne saurait prendre place ici, montrerait aussi que pour tout état de choses de la science, il y a par principe *un indice qui ne saurait tromper ni jamais faire défaut*, c'est-à-dire un indice qui existe constamment mais seulement dès lors qu'existe l'état de choses. On peut toujours former un indice de ce type par combinaison des différents indices des cas particuliers. Un tel indice est alors la condition à la fois nécessaire et suffisante de l'état de choses. *Par suite on établit la constitution de chaque objet scientifique en produisant ce type d'indice pour son état de choses fondamental.*

Exemple : L'indice qui a donné son nom au serpent à lunettes est un indice infaillible et qui ne manque jamais de cet état de choses qu'un animal est un serpent à lunettes. Par conséquent les deux fonctions propositionnelles suivantes sont équivalentes : « x est un serpent à lunettes » et « x est un animal qui porte sur l'arrière de la tête le dessin d'une paire de lunettes brisée ». Avec ces fonctions propositionnelles dont la première exprime l'état de choses fondamental de l'objet serpent à lunettes, on peut maintenant établir une définition constitutive qui s'énoncerait habituellement ainsi : « on entend par serpent à lunettes un animal qui porte sur l'arrière de la tête le dessin d'une paire de lunettes brisée ».

50. *Valeur logique et valeur cognitive*

Si une phrase portant sur un objet est transformée de manière telle qu'à la place du nom de l'objet soit introduite sa définition constitutive, le sens de la phrase correspondant à ce que l'on se représente (*vorstellungsmässige Sinn)* change dans de nombreux cas et par là sa valeur cognitive. Ceci pouvant susciter une importante réserve à l'égard de la méthode de constitution proposée, il faut aborder de plus près la question de savoir en quoi la phrase ainsi transformée concorde ou non avec la phrase originelle.

Si a est réductible à b, c, les fonctions propositionnelles K, L, ... portant sur a sont équivalentes aux fonctions K', L', ... portant exclusivement sur b, c. La *transformation constitutive*, c'est-à-dire l'élimination de l'objet a à l'aide de la définition qui le constitue, consiste à transformer les fonctions propositionnelles K, L, ... en K', L', ... Ces fonctions étant respectivement équivalentes, cette transformation constitutive ne modifie pas l'extension (§ 32); pour une proposition, sa valeur de vérité demeure inchangée, c'est-à-dire qu'elle demeure vraie ou fausse. Nous pouvons exprimer conjointement ces deux cas en disant que la valeur logique demeure inchangée, qu'il s'agisse de fonctions propositionnelles ou de propositions. Nous lui opposons la valeur cognitive. Par exemple lors d'une transformation constitutive, une proposition vraie d'une grande valeur cognitive peut faire place à une proposition triviale; dans ce cas, nous disons que la valeur cognitive a changé alors que la valeur logique reste identique puisque la proposition triviale est également vraie. *La transformation constitutive d'une proposition (ou d'une fonction propositionnelle) ne change jamais la valeur logique mais parfois la valeur cognitive*. (Elle réalise donc une traduction dans laquelle, à la différence des traductions linguistiques usuelles, le contenu de représentation ne demeure pas le même.) C'est en cela que réside une caractéristique essentielle de la méthode de constitution : *elle prend uniquement en considération la valeur logique des dénominations d'objets, des propositions et des fonctions propositionnelles, et non leur valeur cognitive; elle est purement logique et non psychologique.*

EXEMPLE : Une définition constitutive du serpent à lunettes a été fournie dans le § 49. A l'aide de cette définition, nous allons entreprendre la transformation constitutive de la phrase suivante : « l'animal qui porte sur l'arrière de la tête le dessin d'une paire de lunettes est un serpent à lunettes ». Il en résulte la tautologie : « l'animal qui sur l'arrière… est un animal qui sur l'arrière… » Si la valeur cognitive de la phrase originelle a été perdue dans la transformation, la valeur logique en revanche est conservée. La tautologie, comme la phrase originelle, a le vrai pour valeur de vérité.

Revue de la littérature : Notre théorie de la caractérisation univoque se rattache dans l'ensemble à la théorie des descriptions de Russell ([Princ. Math.]I, 181 *sq.*, [Math. Phil.]168 *sq.*, [Description]). Elle s'en écarte cependant du fait de notre distinction entre valeurs logique et cognitive : la caractérisation a pour nous la même valeur logique que la dénomination de l'objet caractérisé. Nous ne nous heurtons pas alors à l'argument de trivialité de Russell ([Princ. Math.]I, 70, [Math. Phil.]175 *sq.*), puisqu'une proposition triviale peut avoir la même valeur logique qu'une proposition pourvue d'une valeur cognitive positive. Cette conception est en rapport avec la thèse de l'extensionalité (§ 43 *sq.*).

### 51. *Traduction logique et traduction du sens*

Si la constitution d'un objet consiste à en rechercher un indice infaillible et qui ne fasse pas défaut (plus précisément un indice de son état de choses fondamental), signe caractéristique qu'elle prend pour définition de l'objet, celle-ci ne semble pas correspondre à ce qu'une définition, au sens d'une élucidation conceptuelle, est censée fournir. Car une telle définition devrait indiquer les caractères essentiels du concept qui le plus souvent n'appartiennent pas au signe distinctif.

Nous pouvons concevoir une définition comme une règle de substitution ou d'insertion; elle indique qu'un signe donné (le definiendum) peut être remplacé dans toutes les propositions par un autre signe (le definiens). L'invariance requise dans cette traduction peut être de différentes sortes. Si l'on demande seulement que les propositions traduites aient la même valeur logique que les propositions originelles, mais pas nécessairement la même valeur cognitive, nous parlons d'une « *traduction logique* ». Si par contre on exige de plus (comme dans la traduction d'un texte d'une langue dans une autre) que la traduction laisse également inchangée la valeur cognitive, donc le sens contenu dans les propositions, nous parlons alors d'une « *traduction du sens* »; (dans ce cas, la valeur logique demeure également nécessairement inchangée). Puisque la constitution d'un objet dans le système de constitution n'a affaire qu'avec la valeur logique et non avec la valeur cognitive, la définition constitutive qui procède à partir du signe distinctif et fournit une traduction logique, est donc particulièrement appropriée.

Revue de la littérature : La simple considération de la valeur logique (la valeur de vérité) pour la déduction constitutive concorde avec la définition donnée par Leibniz de l'identité : « Eadem sunt, quorum unum potest substitui alteri salva veritate ».

52. *Langages réaliste et constitutionnel*

On peut encore émettre une autre réserve vis-à-vis de l'utilisation pour la définition constitutive d'un indice. Il semble exister une opposition fondamentale entre la théorie de la constitution et les sciences du réel en ce qui concerne la conception de la réalité. Si par exemple on constitue l'hétéropsychisme (les processus psychiques chez un autre homme) sur la base d'indices physiques, à savoir les mouvements d'expression et les réactions corporelles d'autrui (y compris les manifestations du langage), on pourrait objecter d'un point de vue réaliste que le psychisme d'autrui est en réalité quelque chose d'autre que la comportement réactionnel qui ne joue que le rôle d'indice.

EXEMPLE : Considérons la colère (en tant qu'élément du psychisme d'autrui, donc la colère d'un autre homme distincte de la colère propre que l'on suppose déjà constituée). On pourrait énoncer ainsi la définition constitutive de la colère d'autrui : « colère de l'homme A » signifie « état corporel de A caractérisé par tels ou tels processus physiques de ce corps ou par la disposition à réagir à des stimuli physiques de tel ou tel type par des processus physiques de tel ou tel type » (le type de processus étant caractérisé à l'aide des processus physiques de ma propre colère). Le réaliste objecterait que le comportement physique d'autrui n'est pas lui-même la colère mais seulement un indice de la colère.

K désigne la réaction physique indice d'un processus psychique déterminé d'autrui. L'objection soutient que le concept de ce processus psychique d'autrui n'est pas lui-même identique à K et requiert donc un signe propre, par exemple F. Ce qui suit vise à répondre à cette objection. On peut transformer toutes les propositions scientifiques portant sur F, en particulier toutes celles que fait la psychologie (mais non les propositions métaphysiques) en propositions sur K à condition de ne pas changer leur valeur logique. Puisque K et F satisfont les mêmes fonctions propositionnelles, on peut les considérer comme identiques quant à la valeur logique. Si l'on attribuait à F une signification qui ne s'accorde pas avec K, elle ne pourrait aucunement faire l'objet d'une formulation scientifique (F ne pourrait pas être constitué). (Cette question se rattache à la thèse de Leibniz relative à l'identité des indiscernables, cf. le § 51, ainsi qu'au problème de l'introjection et à la dimension métaphysique du problème de la réalité, § 175 *sq.*)

Le langage réaliste (qu'utilisent le plus souvent les sciences du réel) et le langage constitutionnel ont au fond la même signification ; ils sont tous les deux neutres vis-à-vis de la décision (*Entscheidung*) que prennent le réalisme et l'idéalisme relativement au problème métaphysique de la réalité (*Wirklichkeit*). En vérité le réalisme dont les sciences du réel font preuve de manière appropriée dans le langage se prolonge souvent en pratique en réalisme métaphysique; elles dépassent alors les limites de la science (cf. § 178). Il n'y a rien à objecter à cette transgression tant qu'elle n'intéresse que les représentations qui accompagnent les propositions scientifiques; mais cette transgression des limites est inadmissible si elle influe sur le contenu des propositions scientifiques.

Il faut à nouveau souligner la neutralité du langage constitutionnel. Ce langage ne traduit pas une orientation soi-disant cognitive mais en fait métaphysique (par exemple réaliste, idéaliste, solipsiste), il n'exprime que des relations logiques conformes à la connaissance. De même le terme de quasi-objet ne vise qu'un rapport logique particulier et non la négation d'une valeur métaphysique de la réalité. Tous les objets réels sont précisément des quasi-objets (la théorie de la constitution les tient pour réels dans la même mesure que les sciences du réel, § 170).

Si nous considérons que les langages réaliste et constitutionnel ont la même signification, il apparaît que les définitions constitutives et les propositions du système de constitution doivent être acquises par traduction à partir des indices et des autres propositions en langage réaliste que fournissent les sciences du réel.

Si ces langages sont reconnus comme étant seulement deux langages différents qui expriment le même état de choses, de nombreux cas de polémique dans le domaine de la théorie de la connaissance, peut-être même la plupart, deviennent sans objet.

### 53. *Résumé. La méthode de résolution du problème de la forme du système*

Le problème de la forme du système se ramène à la question suivante : comment les différentes catégories d'objets doivent-elles être ordonnées de sorte que les objets des niveaux les plus élevés puissent toujours être constitués à partir des objets des niveaux inférieurs, les premiers étant donc réductibles aux seconds. Pour résoudre ce problème, nous devons donc examiner les différentes catégories d'objets en fonction de leur réductibilité respective. A cette fin nous chercherons pour chaque objet à examiner, sur la base de la connaissance scientifique spécifique du domaine d'objets en cause, les diverses possibilités de conditions nécessaires et suffisantes de l'existence de l'état de choses fondamental de l'objet. Pour ce faire, nous pourrons avancer en recherchant, dans les sciences particulières concernées, un indice (infaillible et ne faisant jamais défaut) de l'état de choses fondamental. Mais par cette méthode, on ne peut pas découvrir chaque condition nécessaire et suffisante. La recherche en effet n'est menée que dans une direction déterminée : à partir d'un objet vers les objets que l'on considère déjà connus. Avec la forme que nous choisirons plus tard pour le système de constitution, la constitution suivra justement cette direction puisque ce système entend présenter une construction par niveaux de la connaissance théorique des objets. Aussi pourra-t-on souvent employer la méthode par indices. Mais pour reconnaître la possibilité d'autres formes de système, il nous faudra considérer les autres conditions qui ne sont pas des indices. Après avoir développé ici la méthode d'examen de la réductibilité, nous allons mener cet examen lui-même dans la seconde partie du chapitre pour les catégories d'objets les plus importantes. C'est ainsi que sera acquise la connaissance des différentes possibilités de forme de système.

REVUE DE LA LITTÉRATURE : L'étude de la réductibilité d'un objet correspond à ce que le langage réaliste appelle « détermination » des objets de la réalité (Realität) à partir d'autres objets ou du donné. C'est Külpe qui a présenté de la manière la plus approfondie les méthodes et les critères spécifiques appliqués à cette détermination ([Realis.], on consultera en particulier le volume III).

On peut accepter et utiliser dans la théorie de la constitution l'ensemble des résultats des recherches sur la « réalisation » (Realisierung), dont ceux de Külpe ; elle doit seulement se garder de ne pas introduire à la place du concept purement constitutionnel de réalité un concept d'ordre métaphysique (cf. § 175 *sq.*). Elle doit pratiquer une abstention méthodique relativement à la position du réel (*Realsetzung*) (cf. § 64) ; c'est pourquoi elle fait bien d'utiliser un langage neutre, de traduire du langage réaliste dans le langage constitutionnel ce que les sciences du réel ont trouvé (voir § 52).

## II. *Recherches matérielles*

### 54. *La primauté cognitive*

Suivant la méthode développée dans la première partie du chapitre, nous devons étudier les objets à connaître en fonction de leurs rapports de réductibilité. Mais on ne peut déterminer sans ambiguïté l'ordre du système uniquement en fonction de ces rapports qui s'établissent souvent dans les différents sens.

La forme du système de constitution dont on donnera ici l'ébauche, est caractérisée non seulement par l'ordre des objets selon leur réductibilité, comme toute forme systémique, mais aussi suivant la primauté cognitive. Un objet (et une catégorie d'objets) est dit *premier dans l'ordre de la connaissance* par rapport à un objet qui sera dit *second* quand celui-ci est connu par l'intermédiaire de celui-là et quand par suite la connaissance du premier est supposée pour celle du second. En appliquant la méthode par indice, nous suivons dans tous les cas ce sens exigé pour la constitution puisqu'un indice est premier par rapport à son objet sur le plan cognitif. Nous devons cependant examiner également les autres sens des rapports de réductibilité pour arrêter les différentes formes possibles de système.

La considération des relations cognitives entre les objets ne signifie pas que les synthèses et constructions opérées dans le processus effectif de la connaissance doivent être représentées dans leur état concret par le système de constitution. Le système de constitution reproduit cette mise en forme uniquement sur le mode du schème ou de la rationalisation ; la connaissance intuitive y est remplacée par des inférences discursives.

55. *Les objets spirituels sont réductibles aux objets psychiques*

Nous avons vu précédemment que la relation de manifestation existe entre les objets psychiques et les objets spirituels et la relation de témoignage entre les objets physiques et les objets spirituels (§ 24). C'est par l'intermédiaire de ces deux relations qu'est obtenue la connaissance des objets spirituels. Sans doute n'est-il pas nécessaire que chaque objet spirituel se manifeste directement ou dispose d'un témoignage direct. Certains peuvent dépendre d'autres objets spirituels qui en procurent la connaissance. C'est alors indirectement qu'ils sont reconnus à partir de manifestations et de témoignages.

EXEMPLE : On détermine le genre de religion d'un peuple d'après les représentations, les sentiments, les idées, les aspirations de type religieux que l'on rencontre chez les individus de ce peuple ; on fait de plus appel à des témoignages tels que les écrits, les sculptures, les monuments. La reconnaissance s'appuie donc sur les manifestations et les témoignages de l'objet à connaître.

Si parfois on prétend pouvoir connaître des objets spirituels sans passer par les processus psychiques qui les manifestent et par les témoignages physiques, de telles méthodes en tout cas n'ont pas encore été utilisées jusqu'ici dans la science et ne sont pas connues. En vérité, ce n'est généralement pas par des inférences discursives, mais par l'empathie (*Einfühlung*) ou mieux la « compréhension[23] » que les sciences de l'esprit connaissent leurs objets, qu'il s'agisse de mœurs, de langue, d'État, d'économie, d'art ou de quoi que ce soit d'autre. Mais cette procédure intuitive utilise sans exception les manifestations et les témoignages comme matériaux de départ. En outre la compréhension intuitive ou l'empathie n'est pas seulement suscitée par la connaissance des objets psychiques ou physiques intermédiaires, mais elle est complètement déterminée dans son contenu par la nature de ces objets.

EXEMPLE : La saisie de la valeur esthétique d'une œuvre d'art, par exemple d'une sculpture en marbre, n'est certes pas identique à la perception des propriétés sensibles du morceau de marbre, de sa forme, son volume, sa couleur, et sa matière. Mais cette appréhension n'a pas le sens de quelque chose de juxtaposé à la perception dans la mesure où il ne lui est pas donné un autre contenu à côté du contenu de perception ; plus précisément, elle est déterminée de manière univoque par l'intermédiaire du perçu sensible. Il existe une relation fonctionnelle univoque entre la nature physique du morceau de marbre et la valeur esthétique sensible de l'œuvre d'art qui se manifeste dans ce bloc de marbre.

Nos analyses montrent que tous les objets spirituels sont réductibles, directement ou par l'intermédiaire d'autres objets spirituels, à leurs manifestations et à leurs témoignages. Mais le témoignage d'un objet spirituel met nécessairement en jeu une manifestation. Quand un objet physique en effet doit être créé ou transformé pour devenir témoignage, moyen d'expression de l'objet spirituel, cela nécessite un acte de création ou de transformation d'un ou de plusieurs individus, et par là des processus psychiques dans lesquels l'objet spirituel devient vivant et à travers lesquels il se manifeste.

Il en ressort que nous pouvons cerner plus étroitement le domaine des objets auxquels les objets spirituels sont réductibles : *tout objet spirituel est réductible à ses manifestations et par conséquent à des objets psychiques.*

56. *La constitution des objets spirituels à partir des objets psychiques*

La connaissance de la réductibilité de tous les objets spirituels aux objets psychiques ne permet pas encore de décider s'ils doivent également être constitués à partir de ceux-ci dans le système de constitution. On peut imaginer certaines conceptions qui conduiraient à admettre que tous les objets psychiques soient réductibles à des objets spirituels (par exemple une théorie qui donnerait une interprétation dialectique de tout ce qui se produit dans le monde comme l'émanation d'un esprit). Cette hypothèse introduirait la possibilité d'une orientation inversée de la constitution. Nous n'avons cependant pas à examiner ici la justesse de cette hypothèse.

Avec la forme de système que nous utiliserons pour notre ébauche de système de constitution, les objets spirituels seront constitués à partir des objets psychiques et non l'inverse; ceci en raison du rapport cognitif existant entre les deux catégories d'objets tel qu'il apparaît dans la méthode de la science. Nous avons déjà noté que les manifestations des objets spirituels (et en outre les témoignages qui renvoient aussi à des manifestations) jouent le rôle d'indice, c'est-à-dire qu'elles servent d'intermédiaires pour la connaissance et que de leur nature seule, la science peut inférer la nature des objets spirituels eux-mêmes. On établit ainsi que les objets psychiques sont premiers sur le plan cognitif par rapports aux objets spirituels. Puisque selon le principe précédemment exposé, dans la forme de système retenue, l'orientation de la constitution doit être déterminée par la primauté cognitive, il est dès lors arrêté que dans notre système de constitution, les objets spirituels sont constitués à partir des autres objets, à savoir les objets psychiques de préférence, et non l'inverse.

La conception selon laquelle un État, des mœurs, une religion sont composés des processus psychiques à travers lesquels l'objet en question se manifeste, comme un morceau de fer est composé de ses molécules, est proche de la manière de penser des sciences de la nature. Au contraire, suivant le mode de penser habituel aux sciences de l'esprit, ces objets sont conçus comme appartenant à une catégorie spécifique et non comme une simple somme de processus psychiques. Certes la théorie de la constitution soutient la réductibilité des objets spirituels aux objets psychiques et constitue ceux-là à partir de ceux-ci dans l'une des formes de système. Malgré tout, la conception des sciences de l'esprit reste pour elle justifiée. *Les objets spirituels ne sont pas composés des objets psychiques.* Nous avons insisté auparavant sur leur spécificité et montré qu'ils ne présentent pas seulement de grandes différences avec les objets psychiques, mais qu'ils appartiennent à une autre sphère d'objets (§ 23, 31).

Si la théorie de la constitution fait droit à la manière de penser des sciences de l'esprit quant à l'autonomie de la catégorie des objets spirituels, elle répond par ailleurs à l'exigence particulièrement marquée dans la pensée des sciences de la nature d'une analyse des objets spirituels en fonction de leur réduction à d'autres objets. Mais on ne doit pas ici comprendre analyse au sens d'une décomposition en parties constitutives. Comme nous l'avons précédemment défini, la réduction et la constitution ne signifient que la possibilité de traduire les propositions (§ 2, 35). Toutes les propositions portant sur des objets spirituels peuvent par principe être transformées en propositions portant sur des objets psychiques. Mais cela aussi doit être compris en un sens restreint. Non comme si l'on pouvait reproduire dans des propositions portant sur des objets psychiques le sens de ce que l'on énonce sur des objets spirituels (ce qui est parfois, mais non toujours le cas). Comme nous l'avons discuté au § 50, affirmer la possibilité de la transformation au sens constitutionnel signifie seulement la possibilité d'une règle de transformation dont l'application conserve la valeur logique mais inconstamment la valeur cognitive.

Revue de la littérature : La question de savoir si l'on peut décomposer des objets spirituels en processus psychiques a souvent fait l'objet de controverses. Voir par exemple [Obj. Geist]53. de Freyer. D'après nos analyses, on répondra négativement s'il s'agit de montrer que l'objet est composé de parties constitutives, mais par l'affirmative si par décomposition on entend la preuve de la réductibilité logique.

### 57. *Les objets physiques sont réductibles aux objets psychiques et réciproquement*

On peut transformer les propositions portant sur des objets physiques en propositions portant sur des perceptions, par conséquent sur des objets psychiques. On transforme ainsi la proposition « un corps est rouge » en une proposition très compliquée qui énonce que dans certaines conditions se produit une sensation visuelle déterminée (le rouge).

Même les propositions portant sur des objets physiques, qui ne se rapportent pas directement aux qualités sensibles, peuvent être ramenées à des propositions de ce type. Si un objet physique quelconque n'était pas réductible à des qualités sensibles, et par là à des objets psychiques, cela voudrait dire qu'il n'y aurait de lui aucun indice perceptible. Les propositions portant sur lui flotteraient dans le vide; il n'aurait du moins dans la science aucune place. *Par conséquent tous les objets physiques sont réductibles aux objets psychiques.*

A tout processus psychique correspond un processus « parallèle » dans le cerveau, donc un processus physique. Ainsi à chaque propriété du processus psychique correspond de manière univoque une propriété déterminée du processus cérébral (même si elle est tout à fait différente). Par suite toute proposition portant sur un objet psychique peut être traduite en une proposition portant sur des objets physiques. Mais comme le problème de correspondance de la relation psychophysique n'est pas encore résolu (cf. § 21), on ne peut pas au stade actuel de la science donner la règle générale de cette traduction; cependant l'existence logique de cette règle, c'est-à-dire la validité de la correspondance indiquée, est ici suffisante pour en déduire *la réductibilité de principe de tous les objets psychiques aux objets physiques.*

REVUE DE LA LITTÉRATURE : Wundt ([Phys. Psychol.]III, 752) défend cette conception d'une correspondance psychophysique générale et univoque tandis que Becher ([Gehirn]) et Bergson ([Matière]) s'y opposent. Busse donne sur ce problème des indications bibliographiques détaillées [Geist]. Voir également les § 58, 59.

Une autre forme de réduction des objets psychiques aux objets physiques ne s'appuie pas sur la relation psychophysique qui reste encore très mal connue, mais sur la relation d'expression. Par relation d'expression au sens étroit (§ 19), nous retiendrons ici ce que l'on pourrait désigner comme une « relation d'énonciation » (*Angabebeziehung*). On entend par là la relation entre un mouvement corporel et un processus psychique quand le mouvement indique la présence et la nature du processus psychique par le parler, l'écriture ou toute autre donation de signe; ainsi la relation entre le mouvement vocal d'un homme qui forme la phrase « Je me réjouis du beau temps » et sa joie du beau temps. Les mouvements d'expression, y compris de ce type, sont les seuls indices à partir desquels nous pouvons reconnaître les processus psychiques chez les autres hommes, les processus hétéropsychiques. Tout processus psychique qui se manifeste comme processus psychique d'autrui peut donc être reconnu par principe, soit qu'il puisse être inféré à partir des mouvements d'expression, soit qu'il soit objet de questionnement (ou d'énonciation). Par conséquent toute proposition portant sur un objet psychique peut être transformée en une proposition portant sur ces indices. Il en ressort que tous les objets psychiques sont réductibles aux mouvements d'expression (au sens large), donc à des objets physiques.

Puisque l'on peut reconnaître par principe toutes les sortes de processus hétéropsychiques et du fait de la complète légalité qui régit les processus physiques, il en résulte que tous les types de processus psychiques ont leurs « parallèles » physiques dans le système nerveux central (contrairement entre autres à la conception de Bergson[24], voir ci-dessus). Nous n'en ferons pas ici la démonstration ; elle ne présente pas pour la forme systémique que nous utilisons l'importance qu'elle a pour la forme de système à base physique (§ 59).

58. *Le psychisme propre et le psychisme d'autrui*

Pour décider si les objets psychiques doivent être constitués dans notre système à partir des objets physiques ou inversement, ces deux possibilités existant logiquement en raison de leur réductibilité réciproque, il nous faut examiner le rapport cognitif entre ces deux catégories d'objets. Il est maintenant clair que les processus psychiques des autres sujets ne peuvent être reconnus que par l'intermédiaire d'objets physiques, mouvements d'expression (au sens large) ou processus cérébraux si nous supposons un état de la neurophysiologie qui n'est pas encore atteint actuellement. En revanche, la reconnaissance des processus autopsychiques ne nécessite pas de passer par la reconnaissance d'objets physiques ; elle se produit directement. Pour pouvoir par conséquent ordonner les objets psychiques et physiques dans le système de constitution selon leur rapport cognitif, nous devons diviser en deux parties le domaine des objets psychiques : nous séparons les objets du psychisme d'autrui de ceux du psychisme propre. Dans l'ordre cognitif, les objets autopsychiques (*eigenpsychische G.)* sont premiers par rapport aux objets physiques tandis que les objets hétéropsychiques (*fremdpsychische G.*) sont seconds. C'est pourquoi nous constituerons les objets physiques à partir des objets du psychisme propre et ceux du psychisme d'autrui à partir des objets physiques.

L'ordre de succession des quatre domaines d'objets principaux en fonction de la primauté cognitive est donc le suivant : le psychisme propre, le physique, le psychisme d'autrui, et le spirituel. Avec notre forme de système, la classification dans le système de constitution doit donc correspondre à cet ordre. C'est ainsi qu'est tout d'abord déterminée en gros la forme globale du système. Nous discuterons ultérieurement de la classification des catégories particulières d'objets au sein de ces principaux domaines.

Revue de la littérature : La nécessité d'un traitement séparé du psychisme propre et du psychisme d'autrui, surtout pour la recherche cognitive, a été clairement présentée notamment par Dingler [Naturphil.] (« autopsychologie » et « allopsychologie »).

Contrairement à Scheler, Becher montre dans ses analyses [Geisteswiss.]285 *sq.* que le psychisme d'autrui n'est reconnu que par l'intermédiaire du physique. Pour une démonstration plus détaillée de la réductibilité du psychisme d'autrui au physique, c'est-à-dire de son caractère secondaire pour la connaissance, voir Carnap [Realismus].

59. *La forme de système à base physique*

S'il n'est pas nécessaire que l'ordre de constitution reproduise l'ordre cognitif des objets, d'autres formes de système s'avèrent possibles. La possibilité de situer la base du système dans le domaine des objets spirituels pose problème. Certes tous les processus psychiques peuvent être considérés comme des manifestations des objets spirituels ; mais, et c'est là que réside la difficulté, voir même l'impossibilité de cette forme, il n'est pas possible d'interpréter toutes leurs propriétés comme étant déterminées par la nature des objets spirituels qui se manifestent à travers eux. Aussi n'existe-t-il pas de réductibilité générale des objets psychiques aux objets spirituels.

Comme tous les objets spirituels sont réductibles aux objets psychiques et ceux-ci aux objets physiques, la base du système peut être placée dans le domaine des objets physiques. On peut qualifier cette forme de système de matérialiste puisque la construction d'un système de constitution de ce type s'apparente particulièrement au point de vue du matérialisme. Il est cependant important de distinguer clairement la dimension logique, constitutionnelle d'une théorie de sa dimension métaphysique. Du point de vue logique de la théorie de la constitution, il n'y a rien à objecter au matérialisme scientifique. Il est justifié d'affirmer que tous les objets psychiques ou autres sont réductibles aux objets physiques. Le matérialisme métaphysique va plus loin en affirmant que tous les processus psychiques sont de nature physique dans leur essence et que rien n'existe que le physique. Cela n'est ni soutenu ni contesté par la théorie de la constitution et en général par la science (rationnelle). Les expressions « essence » et « exister » (au sens entendu ici) n'ont aucune place dans le système de constitution et se révèlent déjà par là d'ordre métaphysique ; voir à cet effet les § 176, 161.

Un système de constitution matérialiste a pour avantage d'avoir pour base ce domaine (le domaine physique) qui est le seul à posséder une légalité claire de ses processus. Les processus psychiques et spirituels sont dépendants dans cette forme de système des objets physiques par leur constitution; ils prennent ainsi place avec eux dans l'ensemble unique des processus soumis à la loi (*das eine gesetzmässige Gesamtgeschehen*). Comme la tâche des sciences du réel (sciences de la nature, psychologie, sciences humaines) consiste d'une part à découvrir des lois générales, d'autre part à expliquer les processus particuliers par leur subsomption sous des lois générales, le système de constitution à base physique présente la classification des concepts la plus appropriée au point de vue de ces sciences. (Sur le problème de la base de cette forme de système, cf. le § 62.) On ne peut donner ici un exposé plus détaillé de ce système et de son importance scientifique.

Du point de vue de la théorie de la connaissance (contrairement à celui des sciences du réel), nous sommes conduits à un autre ordre des concepts, au système de constitution ayant le psychisme propre pour base (§ 60).

Revue de la littérature: La psychologie dite du comportement (le béhaviorisme de Watson, Dewey, etc. voir les références bibliographiques chez Russell [Mind]) ramène tout le psychisme à la perception externe, donc au physique. Un système de constitution fondé sur cette conception choisirait donc une base physique. D'après ce qui a été dit, un tel système serait en soi tout à fait possible et réalisable. Mais que soit justifiée la prétention du béhaviorisme à reproduire exactement par cet mise en ordre des objets le rapport cognitif resterait un problème.

On pourrait s'interroger sur la possibilité pour le domaine des valeurs de prendre également place dans un système de constitution à base physique. Ce doute est néanmoins écarté avec Ostwald [Werte] par la dérivation des valeurs de différentes sortes sur une base énergétique (suite au second principe de l'énergétique à l'aide du concept de dissipation). Nous devons convenir d'un point de vue philosophique que la dérivation énergétique des valeurs, tout comme la dérivation dans l'ordre du vécu (erlebnismässig), « phénoménologique » (que nous mettrons en application dans notre ébauche de système de constitution, voir § 152), est légitime dans sa méthode et féconde dans son contenu. Trancher entre les deux n'est pas une question de validité, mais de forme de système. Il s'agit seulement d'une différence dans l'orientation du questionnement et par suite dans la constitution du concept. La science dans sa totalité a besoin des deux théories pour représenter les deux orientations de la réductibilité logique; tout comme elle a besoin autant d'une psychologie béhavioriste qu'introspective; et d'une manière générale, d'une déduction de tous les concepts aussi bien à partir du vécu que matérialiste.

### 60. *Les formes de système à base psychique*

On peut également prendre le psychisme pour base d'un système de constitution. Sa légitimité logique est indépendante de l'orientation métaphysique et repose sur la démonstration précédente de la réductibilité aux objets psychiques de tous les objets spirituels d'une part et de tous les objets physiques d'autre part. Cette forme de système est habituellement à la base des théories d'orientation positiviste, notamment des théories sensualistes. Mais l'emploi que nous faisons de cette forme ne signifie nullement que nous prenons pour base une conception sensualiste ou positiviste. Prendre position sur les problèmes que posent ces courants philosophiques sort du cadre de la théorie de la constitution et appartient au domaine de la métaphysique comme on le montrera plus tard (§ 178).

On doit distinguer principalement deux formes de système à base psychique : l'une a pour base le domaine du psychisme dans son entier, l'autre seulement le psychisme propre. Il ressort des analyses antérieures qu'avec la première forme de système (sans préjudice de sa possibilité logique) la constitution ne peut pas toujours suivre le sens du rapport cognitif. Dans l'ébauche de système de constitution que nous allons exposer, nous utiliserons donc uniquement la seconde forme qui a sa base dans le psychisme propre puisque nous voulons présenter la classification des objets conformément à l'ordre de la connaissance.

Revue de la littérature : Gätschenberger ([Symbola]437 *sq.*, notamment 451) montre la possibilité de deux « sous-langages » (Untersprachen) qui correspondent (selon notre mode d'expression) aux formes de système à base physique et psychique : le langage de la « nécessité » des sciences de la nature et le langage du « donné » de la psychologie. Gätschenberger pense qu'on ne saurait tout dire uniquement à partir du donné ; nous montrerons pourtant la possibilité de réaliser intégralement un système à base psychique à travers son application dans le système de constitution.

## C. La base

### I. *Les éléments fondamentaux*

#### 61. *Division du problème de la base : éléments fondamentaux et relations fondamentales*

Le problème de la base du système de constitution se divise en deux parties. Nous devrons d'abord décider quels objets nous prendrons pour éléments fondamentaux formant le premier niveau de constitution. Mais pour poursuivre la constitution, il est nécessaire de poser d'autres objets à l'origine du système de constitution, des classes (« classes fondamentales ») ou des relations (« relations fondamentales »). Si en effet les éléments fondamentaux étaient donnés sans propriété et juxtaposés sans relation, la constitution ne saurait progresser à partir de là. Comme nous le montrerons plus tard, nous poserons à l'origine du système de constitution, non pas des classes, mais des relations, « les relations fondamentales ». Ce sont ces relations fondamentales et non les éléments fondamentaux, qui forment les objets ou les concepts fondamentaux non-définis du système à partir desquels sont constitués tous les autres objets. Sur le plan de la constitution, ces relations fondamentales sont premières par rapport à leurs membres, les éléments fondamentaux ; en général, la théorie de la constitution considère les objets individuels comme secondaires par rapport à leurs relations.

Ainsi nous allons diviser le problème de la base en une question sur les éléments fondamentaux et une question sur les relations fondamentales.

62. *Les possibilités d'une base dans le domaine physique*

Il nous est apparu que le système de constitution pouvait revêtir la forme globale d'un système à base physique ou psychique (alors qu'une forme de système à base spirituelle n'apparaissait pas réalisable). Pour obtenir un aperçu sur les diverses possibilités de systèmes de constitution, nous devons traiter le problème de la base pour les différentes formes de système et pas simplement pour celle que nous mettrons en application. En ce qui concerne la base physique, indiquons brièvement à titre d'exemple trois possibilités sans en exclure d'autres pour autant.

Exemples : 1. On peut prendre pour éléments fondamentaux les électrons (y compris les protons en tant que charges élémentaires positives) et pour relations fondamentales leurs rapports spatiaux et temporels. On peut alors définir à l'aide d'implications portant sur l'accélération des électrons les valeurs de champ électromagnétique. Les atomes de tous les éléments chimiques sont constitués comme des systèmes déterminés d'électrons et la gravitation à l'aide d'implications portant sur l'accélération des atomes. La dérivation des autres grandeurs d'état physiques et des autres concepts n'offre plus alors aucune difficulté de principe puisque la physique les ramène entièrement au champ électromagnétique, aux électrons et à la gravitation. Les choses et les qualités physiques sensibles sont ensuite facilement constituées à partir des objets physiques puisque ceux-ci les déterminent de manière univoque.

2. On peut prendre pour éléments fondamentaux les points de l'espace-temps du continuum spatio-temporel à quatre dimensions et pour relations fondamentales leurs rapports de position dans ce continuum et les rapports co-univoques entre nombres réels et points de l'espace-temps qui correspondent aux composantes individuelles des fonctions de potentiel, champ électromagnétique quadri-vectoriel et champ tensoriel de gravitation. A partir de là, on peut, suivant la théorie de la relativité générale dans la forme de Weyl, déduire par principe tous les concepts physiques. Les électrons sont constitués en tant que « points » de distribution singulière de potentiel (eigentümlicher Potentialverteilung) (ou comme

singularités topologiques à l'aide des relations de position); les autres déductions s'opèrent comme dans le premier cas.

3. Les points de monde au sens des éléments des lignes de monde de points physiques[25] (conformément à la représentation de Minkowski) peuvent être pris pour éléments fondamentaux; ils ne sont pas identiques aux points de l'espace-temps du second exemple, mais leur sont liés de manière univoque. On peut prendre ici pour relations fondamentales la relation de coïncidence et la relation d'ordre temporel local. A partir de là, on peut constituer toutes les déterminations topologiques puis métriques de l'univers spatio-temporel (cf. Carnap [Abhäng.], [Logistik]§ 37; Reichenbach [Axiomatik]) et ensuite les champs vectoriel et tensoriel de la théorie de Weyl, après quoi le reste de la construction se poursuit comme précédemment.

Après avoir constitué les objets physiques sur une base de ce type, on peut constituer les autres catégories d'objets conformément à nos analyses antérieures sur la réductibilité des objets psychiques aux objets physiques et des objets spirituels aux objets psychiques (§ 55 *sq.*).

### 63. *Les possibilités d'une base dans le domaine psychique*

Il existe deux possibilités différentes de base dans le domaine psychique selon que l'on choisit pour base le psychisme propre (base « solipsiste ») ou le psychisme en général. Avec le psychisme propre, le choix des éléments fondamentaux est restreint aux objets psychiques qui n'appartiennent qu'à un seul sujet. Dans ce cas, comme nous l'avons vu précédemment, il faut diviser le domaine psychique en deux parties que la constitution traite différemment: le psychisme propre à partir duquel on constitue le physique et le psychisme d'autrui constitué à partir de celui-ci. Si l'on choisit pour base le psychisme en général, on prend pour éléments fondamentaux les objets psychiques de tous les sujets. Cette voie a pour avantage une constitution plus facile de tous les objets psychiques (elle est menée exactement comme la constitution du psychisme propre lorsque celui-ci est pris pour base). La constitution du psychisme se trouve alors entièrement accomplie tandis qu'avec le psychisme propre pour base, il reste, après avoir constitué le physique, à constituer le psychisme d'autrui, ce qui présente des difficultés diverses et d'un tout autre type. Dans les deux cas, on peut prendre différents types d'objets psychiques pour éléments fondamentaux, par exemple les vécus indécomposables (de tous les sujets ou d'un seul sujet), les constituants des vécus ou certains types de constituants comme les sensations. Ces possibilités seront discutées ultérieurement (§ 67) lorsque sera traitée la base autopsychique que nous utiliserons ici.

64. *Le choix d'une base autopsychique*

Malgré les avantages que présente une base dans le psychisme en général, nous choisirons le psychisme propre comme base pour l'ébauche du système de constitution. La raison principale en est notre volonté de représenter avec ce système de constitution non seulement un ordre constitutif logique des objets, mais en plus leur ordre cognitif (§ 54). C'est aussi pour cette même raison que nous avons exclu la forme de système à base physique pour laquelle existent différentes possibilités logiques. Certains soutiennent sans doute la conception que ce n'est pas le psychisme propre mais le psychisme en général qui formerait le domaine fondamental de l'ordre cognitif. Mais cette conception n'est pas défendable compte-tenu du fait que la connaissance du psychisme d'autrui est impossible sans passer par celle du physique (§ 58).

La seconde raison de préférer la forme de système à base autopsychique relève de la logique formelle. Même si un système de constitution à base psychique générale pouvait également représenter l'ordre cognitif des objets, un système à base autopsychique aurait cependant l'avantage de constituer le même ensemble de tous les objets sur une base beaucoup plus étroite.

Nous qualifions aussi la base autopsychique de base « solipsiste ». Mais on ne se fonde pas ce faisant sur la conception même du solipsisme selon laquelle seul un unique sujet et ses vécus seraient réels et non les autres sujets. La distinction entre objets réels et non-réels ne se trouve pas à l'origine du système de constitution. A ce stade, on ne fait aucune différence entre les vécus que la constitution distinguera ultérieurement en perception, hallucination, rêve, etc. Ce n'est qu'à un niveau de constitution assez élevé qu'apparaît cette distinction et avec elle, celle des objets réels et irréels (cf. § 170 *sq.*). A l'origine du système de constitution, les vécus doivent être pris comme ils se donnent ; les positions de réalité et d'irréalité qui les accompagnent ne sont pas conservées mais « mises entre parenthèses » ; on pratique par conséquent la réduction phénoménologique (« ἐποχή ») au sens de Husserl ([Phänoménol.] § 31, 32).

Il faut définir plus précisément encore le domaine fondamental au sein du psychisme propre car la qualification de psychique vise aussi le cas échéant l'inconscient. Le domaine fondamental réside seulement dans le conscient (au sens large) : tous les vécus en font partie, qu'ils soient ou non l'objet d'une réflexion, simultanément ou après coup[26]. C'est pourquoi nous préférons parler de « flux du vécu ». On pourrait aussi qualifier le domaine fondamental de « donné » ; mais il faut alors veiller à ne pas présupposer quelque chose ou quelqu'un auquel le « donné » soit donné (voir § 65). Par rapport aux expressions « psychisme propre » ou « flux du vécu », le terme « donné » a l'avantage d'une certaine neutralité; en toute rigueur, on devrait désigner ces expressions à l'aide du mode de désignation qui sera introduit plus tard (§ 75) : $_{Z}$psychisme propre$^{Y}$ et $_{Z}$flux du vécu$^{Y}$.

REVUE DE LA LITTÉRATURE : Choisir pour base le psychisme propre, c'est seulement prendre la forme du solipsisme, en adopter la méthode et non adhérer au contenu même de sa thèse; aussi parlerons-nous ici de « solipsisme méthodique ». Driesch a particulièrement insisté sur ce point de vue en tant que point de départ obligé de la théorie de la connaissance et l'a exposé de manière détaillée ([Ordnungsl.]not. 23). Il faut encore citer ici certains défenseurs de cette conception qui cependant n'utilisent la méthode solipsiste qu'en partie, au début, puis sautent au psychisme d'autrui. Comme le plus souvent ils n'emploient pas des formes de constitution rigoureuses, on ne sait pas clairement si cette transition secondaire traduit la poursuite de la construction sur la base du psychisme propre comme dans notre système ou bien un abandon de cette base.

V. Schubert-Soldern ([Erkth.]65 *sq.*) entend que son solipsisme soit compris strictement de manière méthodique et non métaphysique ([Solipsismus] 49, 53), ce que ses critiques ne prennent pas souvent en considération. Gomperz [Ereignis] 236 *sq.*; Ziehen [Erkth.]37, 39, 277 *sq.*; Husserl [Phänoménol.] par ex. 316; nécessité de l'intersubjectivation : 317; Dingler [Naturph.] 121 *sq.*; Reininger [Psychophys.] 51; Jacoby [Ontol.]. Volkelt ([Gewissheit]55 *sq.*) choisit pour la théorie de la connaissance une origine « monologique », donc également dans le psychisme propre; il fait une bonne critique du point de départ d'Avenarius, Cornelius, Petzold et Rehmke, qui n'est pas (ou pas purement) dans le psychisme propre; la voie suivie par Volkelt pour dépasser les limites de la subjectivité diverge cependant considérablement de la nôtre. Russell ([External W.] 96 *sq.*; [Sense-data]157 *sq.*) tient pour très souhaitable de constituer le physique sur une base autopsychique, mais le considère comme difficile et non réalisable actuellement.

A l'opposé des systèmes cités, beaucoup d'autres n'emploient pas le solipsisme méthodique, il en est même qui le rejettent formellement. L'emploi d'une base non autopsychique est particulièrement frappant chez Mach ([Anal.] 19) parce qu'elle ne semble pas s'accorder au tableau d'ensemble de ses conceptions. On ne va pas énumérer ici les adversaires de la base autopsychique, on citera seulement Frischeisen-Kölher. Celui-ci ne prend pas pour sujet cognitif le moi, mais la conscience en général dont les mois individuels sont des phénomènes. Ceci est d'autant plus important que cet adversaire ne peut s'empêcher de transférer dans le psychisme propre le phénomène originaire de la connaissance : « Revenir à l'expérience personnelle constitue le point de départ de tout retour méthodique à la conscience de soi (Selbstbesinnung) » (p. 244); « il n'y a pas à contester la limitation de tout le donné à la sphère de mon moi » (p. 254); « dans ma réflexion, je ne dépends donc depuis le début que de la conscience que j'ai de moi-même » (p. 265); il insiste particulièrement sur l'indépendance de cet état de choses par rapport à la prise de position relative au problème du réalisme : « Il n'y a pas d'objets d'expérience qui soient communs à une pluralité de sujets connaissants.

Cette thèse, si paradoxale qu'elle puisse paraître, ne s'appuie sur aucune hypothèse relative à la réalité ou à l'irréalité du monde extérieur. Pour la comprendre, nous ne devons pas quitter le terrain du réalisme naïf ». Nous pouvons même renvoyer ici à la réfutation des conceptions antisolipsistes de Mach, Schuppe, Cassirer par Frischeisen-Kölher et nous éviter ainsi de nous y arrêter plus longtemps. Il est difficile de comprendre comment, malgré toutes ces concessions, Frischeisen-Kölher croit pouvoir ne pas utiliser la base autopsychique pour sa théorie de la connaissance. L'explication tient sans doute à ce qu'il ne semble guère possible de parvenir, en partant d'une base autopsychique, à la connaissance et à la constitution des autres sujets, du psychisme d'autrui et d'un monde extérieur intersubjectif. Pour d'autres philosophes aussi (comme Natorp, Rickert [System]184 *sq.*, entre autres), c'est probablement la principale raison pour choisir une base qui ne soit pas dans le psychisme propre. Puisque la théorie de la constitution écarte les obstacles, libère et montre le chemin qui mène d'une base autopsychique au psychisme d'autrui et au monde intersubjectif (cf. § 66, 140, 145-149), il ne devrait plus exister de raison de prendre une autre base.

### 65. *Le donné est sans sujet*

Les expressions « base autopsychique » et « solipsisme méthodique » ne doivent pas être interprétées comme si on posait au commencement une séparation entre le moi, le « ipse », et les autres sujets ou comme si l'un des sujets empiriques était isolé et déclaré sujet cognitif. Au début, il ne peut être question ni des autres sujets ni du moi[27]. Ce n'est qu'à un stade tardif et simultanément qu'ils sont constitués, l'un avec l'autre. Le choix de ces expressions signifie seulement qu'une fois accomplie la construction de l'ensemble du système de constitution, il existe différents territoires que nous nommons domaines du physique, du psychisme, à savoir du psychisme propre et du psychisme d'autrui, et du spirituel, suivant les appellations usuelles. On retrouve ces domaines dans tout système complet de constitution quelle que soit sa forme. C'est pour différencier les formes de système que nous indiquons à présent, pour chacun, dans quel domaine d'objets se trouveront les éléments fondamentaux, une fois accomplie la construction du système; avant celle-ci, nous n'attribuons aux éléments fondamentaux ni propriété ni domaine, il ne peut absolument pas être déjà question de ces domaines et surtout d'une distinction de différents sujets. Comme les éléments fondamentaux de notre système peuvent, la constitution étant accomplie, être définis comme vécus du moi, nous disons que les éléments fondamentaux de notre système de constitution sont « mes vécus ».

(Plus exactement suivant le mode de désignation du § 75, $_{Z}$mes vécus$^{Y}$.)

Il est possible de clarifier ce fait par une analogie. Si nous constituons à partir des nombres 1, 2, 3, etc. d'abord le zéro et les nombres négatifs correspondants, puis graduellement les nombres rationnels, réels et complexes, nous dirons finalement pour caractériser notre région d'origine au sein du domaine d'ensemble des nombres que nous avons pris pour éléments premiers les nombres réels entiers positifs. Au début de la constitution, la qualification des éléments comme réel, positif et entier, n'a aucun sens; on ne peut les définir ainsi qu'après la constitution des domaines des nombres complexes, négatifs, ou fractionnaires.

De même la qualification des éléments fondamentaux de notre système de constitution comme « autopsychiques », c'est-à-dire comme « psychiques » et comme « miens », n'a de sens qu'une fois constitués les domaines du non-psychique (à savoir tout d'abord le physique) et du « non-moi ». Mais elle est alors particulièrement importante pour faire la différence avec les autres formes de système dont la base réside dans le psychisme en général ou le physique. Ce n'est de même qu'eu égard au système dans son ensemble et non pour les éléments fondamentaux en tant que tels que ces autres qualifications de la base ont un sens. Avant la construction du système, la base, dans chaque forme de système, est neutre, c'est-à-dire en elle-même ni psychique ni physique.

*Le fait d'être lié au moi (Ich-Bezogenheit) n'est pas une propriété originaire des éléments fondamentaux, du donné.* Qu'un vécu soit lié au moi n'a de sens que lorsqu'il est question des vécus des autres qui sont constitués à partir de « mes » vécus. On doit même contester l'existence souvent admise d'une dualité quelconque dans le vécu fondamental telle qu'une « corrélation entre objet et sujet » par exemple. « Que dans l'état de choses que doit présupposer tout penser, on distingue deux composantes, ...est le bien commun de toutes les théories depuis le commencement de la philosophie moderne » dit Frischeisen-Köhler [Wissensch.]190. Ces théories sont victimes d'un préjugé dont le langage porte principalement la responsabilité du fait de la forme sujet-prédicat des phrases.

De même le fait d'être lié au moi ne se trouve pas à l'origine dans les différents domaines sensibles. Il semble tout d'abord n'appartenir qu'aux perceptions visuelles et être lié ainsi à l'organisation spatiale et par là à la conscience de la distance. On peut en déduire que l'aveugle ne constitue aucun dualisme sujet-objet à partir des impressions du toucher, ce qui est souvent masqué par l'adaptation de l'aveugle à l'usage linguistique du voyant. De plus le comportement des aveugles opérés montre que « les impressions optiques ne leur sont pas données au début avec la profondeur » puisque ces aveugles « sont encore uniquement et entièrement impression »[28]. Il en ressort que les vécus de tous les domaines sensibles, y compris la vue, sont à l'origine des vécus simples, indivisibles et que la distinction moi-objet est le fait d'une transformation qui se rattache au traitement des impressions visuelles organisant l'espace.

Revue de la littérature : Sur les expériences des aveugles : Wittmann [Raum]15 *sq.*] faisant suite à Ahlmann [Opt. Vorst.].

Volkelt ([Gewissheit] 59 *sq.*) a exposé de manière particulièrement claire la « neutralité » des vécus en tant qu'éléments fondamentaux : ce n'est que secondairement qu'il est possible de dire d'eux en toute rigueur qu'ils sont « mes » vécus et qu'ils sont « psychiques », une fois reconnus le « toi » et le « psychique ».

Les philosophes suivants soutiennent également la conception que le moi n'appartient pas à l'état de choses originaire de la connaissance, au donné. Mach [Anal.] 19 *sq.* ; von Schubert-Soldern [Erkth.] 65 *sq.* ; Nietzsche [Wille] § 276, 309, 367 *sq.* : « Que lorsqu'il y a penser, il doive y avoir quelque chose qui pense, procède seulement du mode d'expression lié à l'usage grammatical qui pose un agent pour une action ». Aster également ([Erkenntnisl.] 33) attire l'attention sur l'influence trompeuse de la forme linguistique. Gomperz [Ereignis] à la suite de Wahle. Ziehen [Erkth.] 50 *sq.* ; 279, 445 *sq.* ; argumentation détaillée contre Schuppe dans [Schuppe]. Dingler [Naturphil.] 120 *sq.* ; Schlick [Erkenntnisl.] 147 *sq.* ; Gätschenberger [Symbola] 151.

Par contre nous divergeons de différents systèmes avec lesquels nous sommes par ailleurs d'accord sur des points importants, par la conception d'un donné sans moi (ichlos) : Schuppe (cf. Ziehen [Schuppe]) ; Natorp [Psychol.] 26 *sq.* ; Driesch [Ordnungsl.] 19 ; Husserl [Phänoménol.] 65, 160 ; Jacoby [Ontol.] 169 ; Russell [Description] 210. Nous avons déjà cité Frischeisen-Köhler [Wissensch.] ; la faiblesse de sa conception se manifeste clairement à travers ce qu'il doit concéder (p. 196) : « ... il y a donc une opposition du sujet et de l'objet que l'on doit admettre sous toutes ses formes dans le donné immédiat, qui n'est ni manifeste dans l'observation effective de soi-même ni même pensable conceptuellement. La transposition de cette scission au donné suivant l'analogie de l'acte de penser, est une interprétation théorique. » Comme au § 64, on retrouve ici l'opposition singulière entre le fait concédé par Fr. K. et ce « qu'il faut admettre » selon lui. Et de la même manière réside ici la raison de penser que Fr. K. tient pour impossible – et avec lui sûrement bien d'autres partisans de la thèse d'un donné sans moi – de parvenir à constituer des vécus contenant le moi (ichenthaltend) à partir d'un point de départ sans moi. La théorie de la constitution néanmoins montrera que cela est possible.

### 66. *Le problème de l'objectivité dans un système à base autopsychique*

Si l'on place dans le psychisme propre la base du système de constitution, il semble qu'apparaisse alors le danger de subjectivisme et par suite le problème de la possibilité d'atteindre l'objectivité de la connaissance avec cette forme de système. L'exigence d'objectivité de la connaissance peut être comprise de deux manières. Tout d'abord au sens du caractère obligé du jugement par opposition à l'arbitraire : il appartient au sens de tout jugement qui énonce une connaissance qu'il ne dépende pas de mon bon plaisir. L'objectivité en ce sens est à l'évidence requise et réalisable pour la connaissance avec une base autopsychique.

Mais l'objectivité a en outre la signification d'une indépendance à l'égard du sujet qui juge, d'une validité pour les autres sujets. Cette intersubjectivité est précisément une propriété essentielle de la « réalité », qui sert ainsi à la distinguer du rêve et de l'illusion. L'intersubjectivité est donc l'une des exigences les plus importantes, en particulier pour la connaissance scientifique. Le problème s'énonce alors ainsi : comment la science peut-elle parvenir à des propositions valables pour tous les sujets si tous ses objets sont constitués à partir d'un sujet singulier, si par conséquent toutes les propositions de la science n'ont au fond pour objet que des relations entre « mes » vécus? Le flux du vécu étant différent pour chaque homme, comment même une seule proposition de la science peut-elle être objective en ce sens, c'est-à-dire valoir pour tout homme, si elle procède du flux du vécu d'un individu? Certes la matière des flux individuels du vécu diffère complètement; elle est même incomparable, comparer deux sensations ou deux sentiments de sujets différents, eu égard à leur qualité de donné immédiat, étant absurde. Mais il existe pour tous les flux du vécu des *propriétés structurelles* communes; là réside la solution au problème. La science devant être objective doit se limiter aux propositions portant sur ces propriétés structurelles. Et comme nous l'avons vu précédemment, elle peut se limiter aux propositions structurelles puisque tous les objets de la connaissance sont de l'ordre de la forme et non de la matière, et peuvent être décrits en tant que structures. (cf. § 15 *sq.*).

C'est seulement parce que l'on reconnait que *la science est par essence science des structures et qu'il y a donc une voie de constitution objective à partir du flux individuel du vécu* que la forme de système à base autopsychique peut être admise. On pourrait expliquer bien des résistances manifestées jusqu'ici à l'égard de la base autopsychique (et du « solipsisme méthodique ») par la méconnaissance de ce fait et de cette voie; et peut-être aussi bon nombre d'autres formulations pour le sujet initial (*Ausgangssubjekt*) de la connaissance comme par exemple « sujet transcendantal », « sujet de la théorie de la connaissance », « conscience supra-individuelle », « conscience en général », qui sont peut-être à interpréter comme des expédients provisoires, parce que l'on ne voyait aucune manière de dépasser la subjectivité à partir du psychisme propre, point de départ naturel au sens de l'ordre cognitif des objets (voir la citation du § 64).

La méthode précise d'acquisition de l'objectivité au sens de l'intersubjectivité, sera précisée plus tard lors de la construction même du système de constitution (§ 146-149); les remarques générales qui ont été données suffiront ici.

### 67. *Le choix des éléments fondamentaux : les « vécus élémentaires »*

Après avoir choisi pour domaine de base le psychisme propre, c'est-à-dire les processus de la conscience ou les vécus du moi, il reste à établir quels objets de ce domaine doivent servir d'éléments fondamentaux. On pourrait songer à prendre pour éléments fondamentaux les ultimes constituants qui résultent de l'analyse psychologique et phénoménologique des vécus, donc les sensations les plus élémentaires (comme chez Mach [Anal.]), ou plus généralement les différentes sortes d'éléments psychiques à partir desquels les vécus pourraient être construits. A y regarder de plus près, il nous faut reconnaître que dans ce cas sont pris pour éléments fondamentaux des abstractions issues du donné et non le donné lui-même, par conséquent quelque chose de secondaire sur le plan cognitif. Certes, des systèmes de constitution qui procèdent de ces éléments fondamentaux sont tout aussi légitimes et réalisables que des systèmes par exemple à base physique. Comme nous attendons cependant de notre système de constitution qu'il prenne également en compte l'ordre cognitif des objets, nous devons partir de ce qui est premier par rapport à toute autre chose sur le plan de la connaissance, du « donné », c'est-à-dire *des vécus eux-mêmes dans leur totalité et leur unité achevée*. Les constituants, jusqu'aux éléments ultimes, sont obtenus des vécus par mise en relation et comparaison, donc par abstraction. Cette abstraction est déjà mise en jeu, du moins dans ses formes les plus simples, dans la pensée préscientifique et l'agir intuitif, de sorte que nous sommes habitués à parler par exemple d'une perception visuelle et d'une perception auditive simultanée comme s'il s'agissait de deux constituants différents du même vécu. Mais la facilité de ces divisions, déjà réalisées dans la vie quotidienne, ne doit pas nous tromper : il s'agit également ici d'abstractions ; et d'autant plus avec les éléments que seule l'analyse scientifique met au jour. Les éléments fondamentaux retenus, ces vécus du moi en tant qu'unités (dont la délimitation sera précisée), nous les qualifions de « vécus élémentaires ».

Revue de la littérature : En opposition à une tendance « atomiste » de la psychologie et à une théorie de la connaissance qui prend pour éléments des « atomes » psychiques tels que des sensations simples, on insiste aujourd'hui de plus en plus sur le fait que « *tout état de conscience est une unité*, non analysable au sens propre » (Schlick [Erkenntnisl.] 143 *sq.* ; c'est nous qui coupons). En particulier on a montré de plus en plus clairement que dans la perception, l'impression globale est première tandis que les sensations, les sentiments particuliers, etc. ne procèdent que d'une analyse par abstraction. Cette conception a déjà été formulée clairement par Schuppe ([Erkth.] 41 ; et [Imman. Phil.] 17) : « C'est par des impressions globales que commence la pensée de l'individu, que seule la réflexion divise en ses éléments les plus simples. » De même Cornelius [Einleitg] 210 *sq.* ; Gomperz a ensuite nettement souligné cette conception avec sa théorie de

« l'impression totale » (en tant que sentiment d'unité de l'impression globale) et l'a clarifiée à l'aide d'exemples [Weltansch.]. Gomperz fait également une revue historique des conceptions anciennes apparentées; il cite W. Hamilton, Schuppe, Nietzsche [Wille], etc. Reininger s'exprime de même dans [Erk] 370, avec un renvoi à Kant.

Cette conception a été particulièrement développée dans la « théorie de la forme », voir Köhler [Gestaltprobl.] et Wertheimer [Gestaltth.]. Elle a porté ses fruits avant tout en psychologie sur le plan méthodologique, non seulement en renouvelant les termes du problème mais aussi en amenant à considérer des faits nouveaux par leur contenu en changeant l'orientation du regard. Cette théorie ouvre également d'importantes perspectives dans des domaines extra-psychologiques.

La recherche psychologique moderne a confirmé de plus en plus que dans les différents territoires sensoriels, l'impression globale était première pour la connaissance et que les sensations dites simples n'étaient obtenues que par abstraction, sensations dont on a coutume de dire après coup qu'elles « composent » la perception. L'accord est plus originel que les tons qui le composent, l'impression du champ visuel global l'est plus que ses éléments particuliers et à leur tour les formes particulières au sein du champ visuel davantage que les plages colorées qui les « composent ». Ces recherches psychologiques ont été souvent menées en relation avec la théorie de la forme; voir en outre Wittmann [Raum] par ex. 48 *sq.*, ainsi qu'une intéressante citation de F.W. Hagen donnée p. 19 qui soutenait déjà en 1844 une conception similaire.

On peut en outre citer comme apparentée l'orientation philosophique de Driesch de par l'accent mis sur les « totalités »; voir notamment [Ordnungsl.] et [Ganze].

Si les vécus élémentaires sont retenus comme éléments fondamentaux, il n'est pas admis pour autant que le flux du vécu soit constitué par des éléments discrets déterminés. On présuppose au contraire seulement la possibilité de propositions portant sur certaines portions du flux du vécu, indiquant que telles portions se trouvent dans un rapport déterminé avec telles autres; mais on n'affirme pas que le flux du vécu puisse être décomposé de manière nette en ces portions[29].

### 68. *Les vécus élémentaires sont des unités indivisibles*

Les vécus élémentaires seront les éléments fondamentaux de notre système de constitution. Tous les autres objets de la connaissance préscientifique et scientifique doivent être constitués sur cette base, donc aussi les objets que l'on a coutume de qualifier de constituants du vécu ou de composantes des processus psychiques et qui résultent de l'analyse psychologique (par exemple les sensations partielles d'une perception complexe, différentes perceptions simultanées de différents sens, les composantes qualitatives et quantitatives d'une sensation, etc.). Il naît de là une difficulté particulière.

Nous nous souvenons que classe et relation doivent être les seules formes de niveaux du système de constitution (§ 40). Quels que soient les éléments et relations fondamentales dont nous partons, les objets du système de constitution ne peuvent être que de l'une des catégories suivantes : au premier niveau de constitution, des classes d'éléments et des relations entre éléments ; au second niveau, premièrement des classes de ces classes ou de relations du premier niveau et deuxièmement, des relations entre de telles classes ou entre relations du premier niveau ou entre éléments, etc. Il est manifeste que la constitution à l'aide de ces formes de niveaux ne progresse que de manière synthétique et non analytique. Même si nous admettions que les éléments fondamentaux eux-mêmes étaient à leur tour des classes d'autres éléments, les « éléments originaires », ces éléments originaires ne seraient pas constitués avec les formes de niveaux indiquées ; la constitution ne permet pas de décomposer les éléments fondamentaux d'un système de constitution. *Par conséquent les vécus élémentaires étant pris pour éléments fondamentaux dans notre système, ne peuvent pas être décomposés dans ce système.*

Ce fait s'accorde bien en vérité avec notre conception selon laquelle les vécus élémentaires sont en leur essence des unités indivisibles, ce pourquoi nous les avons précisément choisis pour éléments fondamentaux. Mais la tâche précédemment évoquée de constituer également parmi tous les autres objets de la science les éléments connus du psychisme, les soi-disant constituants du vécu, pourrait maintenant sembler insoluble. Cette difficulté est d'une importance principielle pour la théorie de la constitution et pour en venir à bout, elle exige que soit établie une méthode particulière de constitution. Il faut maintenant s'y arrêter de plus près.

### 69. *Le traitement des unités indivisibles*

La difficulté liée à l'indivisibilité des vécus élémentaires est surmontée par une méthode de constitution qui, quoique synthétique, conduit de n'importe quels éléments fondamentaux à des objets qui peuvent servir de substituts formels des constituants des éléments fondamentaux. Nous les qualifions d'équivalents formels parce que toutes les propositions valables pour les constituants peuvent être énoncées dans la même forme à leur sujet. Nous qualifions cette méthode de « quasi-analyse ». (Elle dérive du « principe d'abstraction » de Frege-Russell, voir la remarque en conclusion du § 73.) Elle est importante à chaque fois qu'il s'agit de traiter d'unités indivisibles quel qu'en soit le type, c'est-à-dire d'objets qui ne présentent pas dans leur donation immédiate de parties constitutives, de caractéristiques ou différentes faces, mais sont donnés en quelque sorte de manière ponctuelle, qui par suite ne peuvent être traités que synthétiquement, mais auxquels pourtant différentes caractéristiques seront attribuées comme produits de la méthode. Caractéristiques et constituants sont ici posées comme équivalents; dans les processus psychiques par exemple, l'expression « constituant » ne doit pas être entendue au sens propre d'extension spatiale, mais seulement au sens de l'expression également figurée de « différents aspects » ou « caractères ».

Si des unités indivisibles quelconques sont données, il faut que soient également données des propositions portant sur elles pour pouvoir les soumettre à un traitement quelconque. Nous avons auparavant classé les descriptions d'objets au moyen de propositions en descriptions de propriété et descriptions de relation (§ 10). Les propositions portant sur des unités indivisibles ne peuvent être données comme des descriptions de propriété, sinon des caractères leur seraient attribués, ce qui est contradictoire avec leur concept. Ces propositions ne peuvent former qu'une pure description de relation. Nous considérons surtout le cas où cette description est donnée dans une forme extensionnelle, c'est-à-dire en tant que description de « relation »[4] (*Relationsbeschreibung*). Cela signifie que les relations descriptives ne sont pas données selon leur sens mais selon leur extension, donc en tant que « relations » (*Relationen*), par exemple en énumérant (ou au moyen d'une autre procédure distinctive) les paires ainsi ordonnées (voir § 32, 34). Dans le cas particulier où les unités indivisibles à traiter forment les éléments fondamentaux d'un système de constitution, la description de relation ne peut être qu'une description de « relation », puisque les relations fondamentales d'un système de constitution ne sont données que comme « relations » (§ 43, 45).

Si nous ne nous limitons pas à son application au cas particulier des vécus élémentaires, le résultat exigé de la quasi-analyse peut donc se formuler en général de la manière suivante: On doit traiter les unités indivisibles quel qu'en soit le type pour lesquelles on suppose donnée une description de relation, à l'aide des formes constitutionnelles de niveaux, classe et relation, donc par des moyens synthétiques, de sorte qu'il en résulte un substitut formel de ce que donnerait une analyse véritable qui n'est pas applicable dans ce cas, c'est-à-dire la décomposition en constituants et caractéristiques. En raison de l'analogie formelle exigée entre les résultats de la quasi-analyse et ceux d'une véritable analyse, on peut supposer qu'existe également une certaine analogie formelle entre les deux procédés eux-mêmes. C'est pourquoi nous allons tout d'abord étudier la structure formelle de l'analyse véritable à partir d'une pure description de relation des objets à analyser. Nous verrons ensuite comment on peut établir par analogie la méthode recherchée de quasi-analyse.

### 70. *La méthode de véritable analyse basée sur une description de relation*

Dans une véritable (*eigentlich*) analyse, nous avons affaire, non à des points dépourvus de propriété ou à des unités indivisibles, mais à des objets qui possèdent différents constituants (ou des caractéristiques). L'analyse consiste à déduire ces constituants qui ne sont pas connus de prime abord à partir d'autres informations, par exemple d'une description de relation. Illustrons-le à l'aide d'un exemple simple.

EXEMPLE : Il s'agit d'analyser un certain nombre de choses dont chacune possèdent une ou plusieurs couleurs. Il peut y avoir au total cinq couleurs différentes. La relation de « parenté de couleur » lie par définition deux choses portant au moins une couleur commune. Les choses sont désignées individuellement, par exemple par des numéros. Admettons alors que nous ne connaissons la couleur d'aucune chose. Le seul renseignement qui nous soit donné est une description de relation, à savoir l'extension (Extension, Umfang) de la relation de « parenté de couleur » : toutes les paires qui satisfont cette relation nous sont indiquées, sans que soit mentionnée quelle couleur est commune aux deux choses. En d'autres termes, la relation de « parenté de couleur » est intégralement donnée comme « relation » (cf. § 10 et 34). Il s'agit alors en retour de déduire de cette information la répartition des couleurs. Si nous choisissons l'une quelconque des choses et déterminons à partir de la liste des paires les choses qui lui sont apparentées, celles-ci ne sont pas toutes apparentées entre elles.

L'analyse est accomplie lorsque l'on est parvenu à établir les « classes de couleur ». On appelle « classe de couleur » la classe des choses ayant en commun une couleur déterminée, par exemple la classe des choses rouges (qu'il s'agisse de choses purement rouges ou également rouges), celle des choses bleues, etc. Il y a ici au total cinq classes de couleur qui se recouvrent en partie. Mais comment les classes de couleur sont-elles liées à la relation de parenté de couleur ? Deux propriétés caractérisent les classes de couleur ; elles possèdent toujours la première et le plus souvent la seconde, c'est-à-dire en dehors de certaines conditions défavorables. Premièrement, toute paire d'éléments d'une classe de couleur forme une paire pour la parenté de couleur (puisqu'ils ont en commun la couleur qui fonde la classe de couleur). Deuxièmement, les classes de couleur sont les classes les plus vastes pour la propriété citée, c'est-à-dire qu'il n'y a aucune chose hors d'une classe de couleur qui soit apparentée pour la couleur avec l'ensemble des choses de cette classe. (Mais cette seconde propriété peut manquer dans certaines circonstances, si par exemple l'une des cinq couleurs est un « compagnon » (Begleiter) d'une autre couleur, c'est-à-dire n'apparaît jamais sans cette autre couleur. Si le bleu est un « compagnon » du rouge, la classe de couleur bleue ne possède pas la seconde propriété ; une chose rouge et non bleue en effet n'appartient pas à cette classe, elle est malgré tout apparentée à toutes les choses de cette classe puisqu'elles sont toutes également rouges. S'il n'existe pas de liaisons systématiques dans la répartition des différentes couleurs, ce cas défavorable, à savoir l'absence de la seconde propriété pour une classe de couleur, est d'autant moins vraisemblable que le nombre moyen de couleurs d'une chose est petit et que le nombre global des choses est grand. Nous admettrons dans notre cas que ces conditions défavorables ne sont pas remplies et que par conséquent les classes de couleur possèdent les deux propriétés caractéristiques.) A partir de la liste des paires, il nous faut maintenant établir les classes de choses qui possèdent ces deux propriétés (avec le mode d'expression logistique, les « cercles de ressemblance » relativement à la parenté de couleur), ce qui est possible puisque les deux propriétés n'ont été définies qu'en se référant aux paires de la relation. Avec les classes ainsi formées, nous sommes alors en présence des classes de couleur. Nous obtiendrons ici cinq classes de couleur, sans pouvoir bien sûr déterminer quelle couleur correspond à chacune d'entre elles. Nous devons par suite leur attribuer de nouveaux signes arbitraires, par exemple $k_1 \ldots k_5$. Nous souvenant alors qu'une classe n'est pas constituée par ses éléments mais qu'elle est un quasi-objet dont le symbole sert à exprimer ce qui est commun aux éléments de la classe (§ 37), nous pouvons concevoir la classe k1 simplement comme la couleur commune aux éléments de $k_1$. $k_1 \ldots k_5$ désignent donc les cinq couleurs; en vérité, nous ne savons pas si k1 est rouge ou vert, etc. Si une chose est un élément de k1 et $k_2$ mais non des autres classes de couleur, nous disons qu'elle est bicolore et porte les couleurs $k_1$ et $k_2$. On peut déterminer chaque chose de la même manière. Et l'analyse se trouve ainsi accomplie : nous avons déterminé les constituants (ou caractères) de chaque élément; nous ne les avons certes pas nommés par leurs propres noms de qualité mais désignés en tant que propriétés communes à certains éléments, en tant que classes.

Si donc une description de relation est donnée, dont la relation traduit la concordance pour (au moins) un constituant, le procédé de véritable analyse consiste à former les « cercles de ressemblance » relativement à la relation, c'est-à-dire les classes qui possèdent les deux propriétés suivantes : toute paire d'une telle classe est une paire pour cette relation; un élément extérieur à une telle classe ne saurait être lié à chacun des éléments de la classe par cette relation. Les classes ainsi établies sont alors attribuées en tant que constituants (ou caractères) aux éléments qui leur appartiennent.

### 71. *La méthode de quasi-analyse*

La « quasi-analyse[13] », méthode appliquée aux éléments qui sont des unités indivisibles et n'ont donc pas de constituants ou de caractéristiques, présente une analogie formelle exacte avec la méthode de véritable analyse qui vient d'être exposée. La possibilité de quasi-analyse présuppose que soit donnée une description de relation dont la relation R possède les mêmes propriétés formelles générales que la relation sur laquelle est basée la méthode de véritable analyse. Cette relation (la parenté de couleur dans l'exemple) traduit la concordance pour un constituant, elle est donc symétrique et réflexive (relation de similitude, cf. § 11). Si R est à la fois symétrique et réflexive, nous pouvons procéder comme pour la véritable analyse, c'est-à-dire comme si R avait la même signification de concordance pour un constituant. Nous formons donc les cercles de ressemblance relativement à R, c'est-à-dire les classes k qui possèdent les deux propriétés suivantes : toute paire de k est une paire pour R ; il n'y a aucun élément n'appartenant pas à k, qui soit lié par la relation R à l'ensemble des éléments de k. Nous interprétons de même ici ces cercles de ressemblance (qui correspondent aux classes de couleur de l'exemple) comme les propriétés communes de leurs éléments et nous les leur attribuons donc en tant que caractéristiques. Comme on suppose cependant que les éléments sont des unités indivisibles, il ne peut s'agir de caractéristiques ou de constituants authentiques et de véritable analyse. C'est pourquoi nous qualifions la méthode de « quasi-analyse » et les produits de quasi-analyse attribués aux éléments, de « quasi-caractéristiques » ou « quasi-constituants ». Si nous avons trouvé par exemple les cercles de ressemblance $q_1$, $q_2$…, c'est-à-dire établi pour chacun la liste des éléments qui leur appartiennent, et si un élément donné appartient aux classes $q_1$, $q_3$, $q_4$, nous dirons que cet élément, en tant qu'unité indivisible, n'a certes pas de véritables constituants, mais trois quasi-constituants $q_1$, $q_3$, $q_4$. La quasi-analyse est ainsi accomplie ; elle répond aux exigences précédemment posées (§ 69).

Exemple : Essayons d'éclairer le sens de la quasi-analyse à l'aide d'un exemple. Prenons pour domaine d'unités indivisibles les sons (*Klang*) dits composés. Considéré phénoménalement, c'est-à-dire dans sa donation sensible (à la différence de l'appréhension physique acoustique), un son est une totalité unifiée, qui n'est pas composée de parties. Le son que nous entendons lorsque nous frappons les touches do, ré, mi d'un piano, nous apparaît formé de trois parties ; mais cela provient seulement de la parenté sonore de ce son, co-déterminant le caractère d'aperception, avec d'innombrables autres sons qui nous sont déjà connus : le son do-mi-sol est apparenté à tous les sons qui contiennent (en termes acoustiques) le do (parmi lesquels peut se trouver le ton (Ton) do isolé) ; de même est-il apparenté à tous les sons qui contiennent le mi et à tous ceux qui contiennent le sol. Il appartient ainsi aux trois classes de son et c'est ce qui détermine l'impression de caractère tripartite.

Admettons maintenant à propos des sons que l'on peut entendre, par exemple sur un piano, que nous soit indiquée, non leur nature qualitative, mais seulement une description de relation se référant à cette relation de parenté sonore. Comme cette relation est réflexive et symétrique, nous pouvons lui appliquer la méthode de quasi-analyse. Nous déterminons les cercles de ressemblance sur la base de la description de relation donnée, c'est-à-dire la liste des paires de parenté sonore. Ils présentent une analogie formelle exacte avec les classes de couleur de la véritable analyse de l'exemple précédent et sont identiques, ce dont on pourra se convaincre facilement à l'aide de cette analogie, avec les classes de son (*Klangklassen*) précédentes, c'est-à-dire avec les classes des sons qui (en termes acoustiques) concordent sur un ton composant (*Teilton*). Pour chacun de ces tons composants (en termes acoustiques), qu'il survienne isolément ou non au sein des sons, il résulte de la quasi-analyse un cercle de ressemblance, comme par exemple les cercles de ressemblance do, ré, mi, etc. Nous attribuons alors à chaque son ce cercle de ressemblance auquel il appartient, en tant que constituant. Comme le son do-mi-sol (dont le signe tripartite marque seulement l'origine en abaissant trois touches déterminées et ne veut pas signifier un caractère tripartite de l'unité sonore) est un élément des cercles de ressemblance do, mi et sol, nous lui attribuons ces trois classes en tant que quasi-constituants. Quand nous disions à l'instant que le son do-mi-sol ne se compose pas au sens propre de trois parties et que l'impression d'être tripartite qu'il produit sur une oreille exercée, renvoie à son appartenance aux trois classes sonores, nous voyons à présent que cette impression résulte d'une quasi-analyse menée intuitivement : si nous avons déjà une expérience suffisante de beaucoup d'autres sons, nous détectons lors de la perception du son trois composantes, non au sens de parties, mais de trois directions différentes suivant lesquelles nous pouvons passer de ce son à d'autres sons, à savoir à toutes les classes sonores mutuellement apparentées.

Quand on identifie ici ce que l'on a coutume d'appeler les tons composants d'un son avec les classes sonores, c'est-à-dire les classes des sons, il est important de se rappeler à nouveau le caractère de quasi-objet des classes (§ 37) : une classe sonore n'est ni le tout ni la collection de ses éléments, elle ne traduit donc pas le phénomène sonore qui résulterait si l'on faisait entendre les sons de cette classe dans une succession quelconque ou tous ensemble. Mais comme pour toute classe, elle signifie ce qui est commun à ses éléments. Ceci en revanche ne doit pas être compris au sens d'un constituant commun, car les sons n'en ont pas de tel. La classe sonore au contraire n'est pas un véritable objet; son symbole ne sert qu'à exprimer ce que l'on peut énoncer de chacun de ses éléments avec la même validité. Et il est clair que le caractère, plus exactement le quasi-caractère do ne peut rien signifier d'autre que la parenté mutuelle de tous les sons qui « contiennent » (en termes acoustiques) le do. Celui qui entend le son do-mi-sol, sans avoir auparavant entendu d'autres sons musicaux quelconques, ne le saisirait sans doute pas comme tripartite. Nous avons certes l'habitude de dire que nous reconnaissons le son do qui nous est connu comme un ton composant dans le son do-mi-sol, mais cela ne peut pas être compris au sens d'un véritable constituant mais d'un quasi-constituant. On en viendrait sinon à la conception (parfois soutenue) que le son do-ré-mi se compose des sons individuels do, mi, sol et en plus de quelque chose d'autre, de ce qui forme le caractère propre de l'accord; c'est bien alors quatre constituants que nous accepterions là où existe en vérité une unité indivisible sans parties constitutives.

L'importance de la méthode de quasi-analyse apparaîtra clairement si nous nous souvenons que selon notre conception, le caractère d'unité indivisible appartient aux vécus élémentaires en tant qu'éléments fondamentaux du système de constitution, mais aussi à beaucoup d'objets psychiques, en particulier les phénomènes sensibles, que l'ancienne psychologie considérait comme composés. Pour ces objets, on peut utiliser le langage de l'analyse, c'est-à-dire parler de leurs constituants ou de leurs composantes, mais non sans prendre garde alors qu'il s'agit à proprement parler de quasi-constituants, puisque ces objets n'ont pas de véritables parties constitutives du fait de leur mode de donation originaire. (Voir les renvois aux conceptions psychologiques modernes, notamment celles de la psychologie de la forme, et aux interprétations philosophiques de la totalité au § 67.) La conception des sons comme unités indivisibles, que nous venons de commenter en détail, en est un exemple. Résumons-nous : *l'analyse, plus exactement la quasi-analyse d'un objet, qui selon son essence est une unité indivisible, en plusieurs quasi-constituants, signifie que l'objet est classé en fonction d'une relation de parenté dans plusieurs classes, l'unité demeurant indivise.*

### 72. *La quasi-analyse basée sur une relation de ressemblance partielle*

La méthode de quasi-analyse traite la relation de la description de relation donnée comme traduisant la concordance pour un constituant. Par suite les produits de la quasi-analyse sont qualifiés de quasi-constituants. Mais il existe encore une autre forme importante de description de relation à laquelle la quasi-analyse pourrait être appliquée par analogie ; il s'agit ici de la relation mettant en jeu des constituants non pas identiques mais approximativement identiques. Il en résulte une seconde sorte de quasi-analyse qui n'a pas la signification générale de la première mais que nous devons également expliquer en raison de son application ultérieure dans le système de constitution[30].

EXEMPLE : Partons de nouveau d'un exemple évident. Soit un grand nombre de choses telles que chacune porte une ou un petit nombre de couleurs ; il en faut ici un nombre beaucoup plus grand que pour la première sorte de description de relation (§ 70). Mais il ne doit pas y avoir que cinq couleurs différentes mais un très grand nombre de couleurs provenant de toutes les zones du corps des couleurs[31]. Deux choses sont dites se ressembler par la couleur si elles portent chacune, entre autres, une couleur telle que ces deux couleurs se ressemblent, c'est-à-dire ont dans le corps des couleurs un écart plus petit qu'une certaine grandeur arrêtée arbitrairement. Comme dans l'exemple précédent, on ne fournit aucun renseignement sur les choses, mais seulement l'énumération des paires de cette relation, c'est-à-dire une description de relation. Nous ne pouvons pas déterminer ici les « classes de couleur », c'est-à-dire les classes de toutes les choses, et seulement des choses, qui portent une certaine couleur (parmi d'autres) de manière directe mais seulement au moyen d'une méthode plus complexe que nous n'indiquerons qu'ultérieurement. Par contre nous pouvons déterminer facilement une autre sorte de classes, les « cercles de ressemblance de couleur. » Et tout le reste va en résulter.

Les zones les plus grandes possibles du corps des couleurs qui ne comportent que des couleurs qui se ressemblent, forment des sphères qui se recouvrent mutuellement et dont le diamètre est l'écart maximum de ressemblance arrêté (lequel peut varier d'une zone à l'autre du corps des couleurs). A ces « sphères de couleurs » appartiennent donc, non des choses, mais des couleurs. La classe des choses qui ont une des couleurs d'une sphère donnée, s'appelle un « cercle de ressemblance de couleur ». Nous voyons alors facilement que les propriétés qui caractérisent ces cercles relatifs à la ressemblance des couleurs sont les mêmes que celles des classes de couleur de l'exemple précédent relatives à la parenté de couleur : deux choses appartenant à un cercle de ressemblance de couleur sont ressemblantes par la couleur ; une chose qui n'appartient pas à un cercle déterminé de ressemblance de couleur, n'est jamais ressemblante par la couleur à l'ensemble des choses de ce cercle. Les cercles de ressemblance de couleur sont donc les cercles de ressemblance relativement à la ressemblance de couleur. (Comme dans le cas précédent, il est de nouveau nécessaire pour la détermination rigoureuse des classes que certaines conditions défavorables ne soient pas réalisées. Il ne doit pas arriver par exemple qu'une chose x, bien que ne portant aucune des couleurs bleues sur la base desquelles d'autres choses forment le cercle de ressemblance k, ressemble malgré tout par la couleur, en quelque sorte par « hasard », à chacune de ces choses parce qu'elle leur est semblable par une couleur autre que la couleur bleue. Nous reviendrons là-dessus plus tard.)

Nous n'avons jusqu'ici obtenu que les cercles de ressemblance et non les classes de couleur elles-mêmes. Mais comme nous l'avons montré plus précisément dans l'exemple précédent, ce sont elles qui peuvent être interprétées en tant que représentantes des couleurs elles-mêmes et attribuées en tant que telles aux choses. Or les classes de couleur se trouvent dans le même rapport aux zones élémentaires du corps des couleurs que les cercles de ressemblance aux sphères de couleurs. Comme ces zones élémentaires correspondent aux parties les plus grandes du corps des couleurs qui, dans le recoupement mutuel des sphères de couleurs, demeurent constamment indivisées, nous pouvons déterminer les classes de couleur de manière analogue comme les sous-classes les plus grandes des cercles de ressemblance qui restent toujours indivisées dans le recoupement de ces cercles.

Comme il ressort de l'exemple, la quasi-analyse basée sur une relation de ressemblance partielle P consiste tout d'abord à établir comme précédemment les cercles de ressemblance relativement à P. Les quasi-constituants ne sont ici dérivés des cercles de ressemblance qu'indirectement, à savoir en tant que sous-classes les plus grandes qui demeurent indivisées dans le recoupement des cercles de ressemblance. Cette détermination n'est pas tout à fait exacte : nous présenterons ultérieurement une définition plus précise lors de l'application de la méthode (§ 81, 112).

La première étape de chacune des deux méthodes étant formellement la même, nous pouvons l'entreprendre à chaque fois sans avoir préalablement à décider si la relation d'une description de relation donnée à laquelle nous voulons appliquer la quasi-analyse, doit être comprise comme relation d'identité partielle (concordance pour un quasi-constituant) ou comme relation de ressemblance partielle (concordance approximative). On pourra en décider facilement une fois accomplie la première étape. Les rapports mutuels des cercles de ressemblance dans le premier cas sont en effet tout autres que dans le second. Dans le second cas, ils se recouvrent souvent et peuvent être groupés en un ou plusieurs systèmes de sorte que les cercles proches les uns des autres dans le système ont en commun la plus grande partie de leurs éléments. En revanche dans le premier cas, soit les cercles de ressemblance s'excluent réciproquement (quand leurs éléments n'ont qu'un quasi-constituant), soit ils n'ont en commun que des parties insignifiantes sans qu'il soit possible en général d'établir un ordre. Si par conséquent nous ne savons pas si la relation de base Q doit être comprise comme identité ou ressemblance partielle, il nous faut étudier les cercles de ressemblance relatifs à Q pour savoir s'ils présentent les propriétés propres au premier ou au second cas relativement au recouvrement mutuel. Dans le premier cas, nous pouvons identifier les cercles de ressemblance eux-mêmes comme quasi-constituants; dans le second cas, nous devons seulement dériver les quasi-constituants des cercles de ressemblance, en tant que sous-classes les plus grandes qui ne sont pas divisées par le recoupement des cercles de ressemblance.

### 73. *La quasi-analyse basée sur une relation transitive*

Pour la relation R sur la base de laquelle est menée la quasi-analyse, nous avions seulement présupposé jusqu'ici qu'elle était symétrique et réflexive. Cette méthode est en revanche indépendante de la propriété de transitivité (voir le § 11 sur ce concept). Dans les exemples commentés jusque là, nous avons affaire à des relations qui ne sont ni transitives ni intransitives. Le cas de la quasi-analyse basée sur une relation transitive mérite un traitement particulier; on le rencontre en effet fréquemment lors de la formation des concepts dans les domaines les plus variés et il présente de plus une simplicité formelle remarquable. Certes les classes à former comme quasi-constituants remplissent toujours les conditions précédemment indiquées mais on peut également les définir d'une manière plus simple. Puisque la relation R est ici transitive, symétrique et réflexive (par conséquent une « identité » (*Gleichheit*), § 11), il s'en suit qu'aucun élément extérieur à un cercle de ressemblance ne peut être apparenté à un élément appartenant à ce cercle de ressemblance. En effet, il serait alors également apparenté à tous les autres éléments du cercle et devrait par suite lui appartenir contrairement à l'hypothèse. Il en résulte en premier lieu que les cercles de ressemblance pour une relation transitive R n'ont pas d'éléments communs. Des deux formes de relation R commentées au § 72, l'identité partielle ou la ressemblance partielle, seule la première est donc prise en considération: les cercles de ressemblance pour R, que l'on nomme dans ce cas des « classes d'abstraction », peuvent être pris eux-mêmes comme quasi-constituants. Il ressort ensuite que la classe des éléments qui se trouvent dans la relation R avec un élément quelconque, est une classe d'abstraction. Par suite, on peut définir dans ce cas les classes d'abstraction et donc les quasi-constituants comme les classes (non vides) des éléments apparentés à un élément quelconque.

REVUE DE LA LITTÉRATURE : La méthode de quasi-analyse correspond dans le cas d'une relation transitive au « principe d'abstraction[32] », établi de manière explicite par Russell ([Principles]166, cf. aussi Frege [Grundlg]73 *sq.*) et appliqué déjà par Frege, puis par Whitehead et Russell pour la constitution des nombres cardinaux (voir § 40). Voir Couturat [Princ.]51 *sq.* ; Weyl [Handbuch]9 *sq.* avec un renvoi à Leibniz; Carnap [Logistik]§ 20. Whitehead et Russell ont également attiré l'attention sur la possibilité d'un emploi extra-mathématique du principe et l'ont appliqué dans leurs constitutions ; cf. Russell [External W.]124 *sq.*

74. *Analyse et synthèse*

La quasi-analyse sera appliquée aux vécus élémentaires en tant qu'éléments fondamentaux dans l'ébauche du système de constitution lors de l'établissement des niveaux inférieurs. Nous montrerons comment ce procédé nous permet par exemple de constituer les différents domaines sensibles et en leur sein, les différentes qualités sensibles sans retirer aux vécus élémentaires leur caractère d'indivisibilité.

De nombreux systèmes cognitifs, qui sont au demeurant proches de notre système de constitution (notamment les systèmes positivistes), ont pris pour éléments fondamentaux, non pas les vécus eux-mêmes, mais des sensations ou d'autres constituants du vécu, sans prêter attention à leur caractère d'abstraction. La raison en était peut-être qu'il semblait impossible de constituer tous les objets de la psychologie et parmi eux, les « constituants » du vécu, en choisissant pour éléments fondamentaux les vécus eux-mêmes. Ayant montré que cette impossibilité n'était qu'apparente grâce à la méthode de quasi-analyse, rien ne s'oppose plus à ce qu'une théorie de la connaissance (du moins une théorie positiviste) attribue aux vécus élémentaires le caractère d'unités indivisibles et les prenne pour éléments fondamentaux.

Pour écarter tout malentendu, soulignons encore une fois qu'avec la conception des vécus élémentaires comme unités indivisibles, nous ne tenons pas pour faux ou même dénué de sens l'énoncé psychologique « ce vécu (ou ce processus de conscience) est constitué d'une perception visuelle avec telles et telles particularités, d'une perception auditive, d'un toucher avec telles et telles composantes, etc. » Mais nous affirmons que dans cet énoncé, « constituants » doit seulement vouloir dire quasi-constituants, c'est-à-dire que chaque soi-disant constituant se rapporte au vécu lui-même comme la classe sonore do au son do-mi-sol dans l'exemple traité au § 71, à savoir comme un objet constitué au moyen des relations de parenté, c'est-à-dire un quasi-constituant.

Revue de la littérature : Cette conception est très proche de celle de Cornelius : « La valeur de cette analyse ne consiste pas dans une connaissance de cet état de conscience particulier – qui en tant que tel n'admet absolument aucune analyse – mais dans la connaissance de la connexion régulière (gesetzmässig) de ces différents états »[Einleitg.]314. Voir aussi la citation du § 67.

Compte tenu de *l'indivisibilité méthodique* des éléments fondamentaux d'un système de constitution quelconque, qui résulte de l'établissement de la classe et de la relation comme uniques niveaux de constitution (§ 68), et de *l'indivisibilité matérielle*, qui procède du choix des vécus élémentaires indivisibles par essence (§ 67), voici ce qu'il en ressort quant au *rapport général entre analyse et synthèse des objets scientifiques*, dans la mesure où nous les concevons constitués suivant notre système de constitution. Puisque chaque objet de la science est constitué à partir des éléments fondamentaux, leur analyse signifiera tout d'abord que l'on suit à l'envers le procédé de constitution de l'objet lui-même jusqu'aux éléments requis pour sa constitution. Si l'analyse doit être poussée encore plus loin, ce ne peut être au sens propre mais seulement au sens d'une quasi-analyse. Il en va de même quand l'objet à analyser n'est pas un objet constitué mais un élément fondamental. La quasi-analyse conduit alors à des objets que nous qualifions de quasi-constituants pour rester dans le cadre de l'usage linguistique habituel qui les appelle des constituants; mais elle le fait en formant des classes à partir de ces éléments et ensuite des relations entre ces classes, par conséquent en suivant une démarche synthétique et non analytique. Nous pouvons donc dire que *la quasi-analyse est une synthèse qui revêt la forme linguistique d'une analyse*.

Puisque les éléments fondamentaux ne sont accessibles à aucune analyse véritable mais seulement à la quasi-analyse ou à d'autres procédés de constitution, tous également synthétiques, si nous ne considérons pas l'expression linguistique mais l'essence du procédé, *ces éléments sont exclusivement accessibles à la synthèse et non à l'analyse*. Tout autre objet est synthétisé à partir des éléments fondamentaux et n'est analysable que jusqu'à un certain point, à savoir jusqu'à ce que soient atteints ces éléments fondamentaux. *L'analyse ne s'avère possible que si et dans la mesure où la synthèse est réalisée*; elle ne fait que suivre de manière rétrograde le chemin établi par la synthèse, des objets ultimes aux objets intermédiaires et finalement – par une analyse intégrale au sens de la théorie de la constitution – aux éléments fondamentaux. Sans doute ici, l'analyse n'est-elle pas encore complète au sens scientifique; mais sa poursuite est précisément une quasi-analyse, par conséquent une nouvelle synthèse.

## II. *Les relations fondamentales*

### 75. *Les relations fondamentales, concepts fondamentaux du système*

Nous avons vu précédemment (§ 61) que pour déterminer la base d'un système de constitution, il fallait non seulement choisir des éléments fondamentaux mais encore commencer à les ordonner, sinon aucune constitution ne serait possible à partir de ces éléments. La question de savoir si cette mise en ordre initiale devait prendre la forme de classes (« les classes fondamentales ») ou de relations (« les relations fondamentales ») restait ouverte. Mais après avoir choisi les vécus élémentaires comme éléments fondamentaux (*Grundelemente*) (§ 67) et reconnu leur caractère d'unités indivisibles, il est apparu que les renseignements fournis sur eux devaient avoir la forme d'une description de relation (§ 69). Il est donc décidé de choisir des relations fondamentales (*Grundrelationen*) (une ou plusieurs) pour la mise en ordre initiale. Ce sont ces relations qui forment les concepts fondamentaux non-définis du système, et non les éléments fondamentaux ; ceux-ci ne seront constitués qu'à partir des relations fondamentales dont ils forment le champ.

Revue de la littérature : Cassirer ([Substanzbegriff]292 *sq.*) a montré qu'une science dont le but est de déterminer le particulier au moyen de lois sans en perdre l'individualité, ne doit pas utiliser des concepts de classe (« concepts génériques » [Gattungsbegriffe]) mais des concepts de relation ; ceux-ci en effet peuvent conduire à la formation de suites (Reihe) et permettre ainsi une mise en ordre systématique. Ce sont donc les relations qu'il faut nécessairement poser en premier, puisque l'on peut en vérité passer facilement des relations aux classes alors que l'inverse n'est possible que dans une mesure très limitée.

C'est à deux courants philosophiques tout à fait différents et souvent opposés que revient ainsi le mérite d'avoir découvert la base nécessaire du système de constitution. Le positivisme a bien montré que l'unique matériau de la connaissance réside dans le donné à l'état brut, tel qu'il est vécu ; là doivent être cherchés les éléments fondamentaux du système de constitution. Mais l'idéalisme transcendantal, notamment le courant néo-kantien (Rickert, Cassirer, Bauch), a souligné à bon droit que ces éléments ne suffisent pas ; il faut encore poser un ordre, c'est-à-dire nos « relations fondamentales ».

Nous allons déterminer les relations fondamentales de sorte qu'elles aient toutes une parenté de sphère (§ 29), par conséquent le même niveau de constitution (§ 41). Les membres de chacune de ces relations seront exclusivement des vécus élémentaires. Pour établir les relations fondamentales, il faut maintenant étudier quelles relations entre les vécus élémentaires doivent être considérées comme fondamentales. Mais il ne s'agit pas de la question des relations fondamentales du point de vue psychologique, de celles par conséquent qui sont d'une importance particulière dans le déroulement des processus de conscience. Puisque les relations fondamentales doivent servir de base pour la constitution de tous les objets (de la connaissance), il faut les choisir bien plutôt de sorte qu'elles permettent d'exprimer tous les faits (connaissables) (*erkennbar*). Cette possibilité d'expression n'est ici comprise qu'au sens d'une caractérisation, nous en avons déjà discuté en détail (§ 50, 51) ; on ne tient compte que de la valeur logique et non de la valeur cognitive, et on ne se demande même pas si les faits exprimables au moyen de certaines relations fondamentales sont toujours dérivés de ces relations dans le cours effectif du processus de connaissance. Certes, du point de vue de la psychologie cognitive (*erkenntnispsychologisch*), il apparaît qu'il y a un état de choses fondamental qui ne se ramène pas à des faits plus simples, mais du point de vue logique, il dépend d'autres faits à partir desquels il peut être constitué ; aussi n'est-il pas nécessaire de le poser lui-même comme relation fondamentale. Des exemples viendront éclairer ce point ultérieurement.

Dans la recherche des relations fondamentales, nous allons tenir compte avant tout de la possibilité de constituer les objets physiques et prendre par conséquent des faits de perception comme pierre de touche. On jugera plus tard de la nécessité d'autres relations fondamentales pour la constitution des objets de niveaux plus élevés, les objets hétéropsychiques et spirituels. Nous devons déterminer ici quelles relations sont requises comme relations fondamentales et surtout si elles sont suffisantes pour le résultat attendu, ces recherches ne pouvant avoir qu'un caractère provisoire. La justesse et la convenance du choix des relations fondamentales ne seront établies que par le fait que les constitutions les plus importantes sur lesquelles tout le reste repose ne seront réalisées qu'à l'aide de ces relations lors de la construction du système de constitution. Ce résultat logique constitue le critère essentiel en faveur des relations fondamentales choisies ; quant à savoir si une relation donnée est fondamentale sur le plan de la psychologie cognitive, cette recherche a par contre une valeur avant tout heuristique.

Pour expliquer quelles relations sont considérées comme fondamentales et quels objets elles permettent de constituer, il nous faudra parler des vécus dans le langage factuel usuel[33], c'est-à-dire ici celui de l'analyse psychologique : parler ainsi de leurs constituants, des sensations, des différents sens, de qualité et d'intensité, etc. L'emploi de ces expressions ne veut pas dire que ces constituants, etc. sont présupposés pour la constitution, ce qui traduirait un cercle vicieux. Ces expressions ne doivent servir qu'à attirer l'attention sur certains états de choses connus et notamment sur les relations fondamentales entre vécus élémentaires ; cela ne peut se faire que selon le mode d'expression usité pour le traitement des vécus et de leurs relations, par conséquent dans le *langage de la psychologie*. Pour plus de clarté, nous allons encadrer (dans les parties C et D) par les symboles p les expressions qu'il faut comprendre ainsi (par exemple $_z$qualités$^Y$). Si une expression n'appartient pas au langage factuel, elle n'est donc pas comprise au sens de l'usage linguistique courant, mais elle se rapporte au système de constitution, donc à une définition constitutive (qu'elle ait été déjà fournie ou qu'elle doive être établie) ou à un concept fondamental non-défini du système; nous l'encadrerons alors par les symboles c (par exemple $_c$qualités$^d$). (Nous n'utiliserons pas ces deux modes de désignation dans les titres et les notes bibliographiques).

EXEMPLE : Quand on parlera des $_z$constituants du vécu$^Y$, cela ne contredira pas la conception des $_c$vécus élémentaires$^d$ en tant qu'unités indivisibles. Par « $_z$constituants$^Y$ » en effet, on entend les objets que l'on comprend habituellement sous cette expression; on indique grâce aux symboles p que cette appellation est adoptée sans vouloir dire par là qu'il s'agit de véritables parties constitutives. Ce que ces objets sont véritablement, c'est-à-dire comment on peut les constituer et comment on doit alors les désigner dans le langage constitutionnel, ce problème reste à discuter.

Une fois constituées les $_c$classes de qualité$^d$ ou du moins donné leur mode de constitution (§ 81), ce sont dès lors ces classes que l'on vise avec l'expression $_c$qualités sensibles$^d$ ou $_c$qualités$^d$ à la différence des expressions $_z$qualités sensibles$^Y$ ou $_z$qualités$^Y$ par lesquelles on entend ce qui est habituellement compris sous ces mots; la distinction est nécessaire pour pouvoir traiter la question de savoir si les $_c$qualités constituées$^d$ sont bien de nature à représenter les $_z$qualités connues$^Y$, par exemple les $_z$qualités sensibles$^Y$. Il faut de même distinguer $_c$ordre temporel$^d$ et $_z$ordre temporel$^Y$, etc.

Les $_z$vécus élémentaires$^Y$ sont les $_z$objets manifestes de la psychologie$^Y$ qui sont des totalités[34], les $_z$processus de conscience$^Y$. Les $_c$vécus élémentaires$^d$ sont des membres de relation, ponctuels et dépourvus de propriété. Les $_z$vécus élémentaires$^Y$ ont des $_z$constituants$^Y$ parmi lesquels les $_z$qualités sensibles$^Y$; les $_c$vécus élémentaires$^d$ ont des $_c$quasi-constituants$^d$, par exemple les $_c$qualités sensibles$^d$ ou les $_c$classes de qualité$^d$ auxquelles en tant que classes, ils appartiennent en tant qu'éléments.

### 76. *L'identité partielle*

Pour pouvoir constituer le monde physique, nous avons besoin de certains $_z$constituants des vécus élémentaires, en particulier les sensations avec leurs déterminations qualitatives et d'intensité, et ultérieurement de l'ordre spatial et de l'ordre temporel qui doivent tirer leur origine d'une certaine constitution des sensations qui elles-mêmes n'ont pas besoin d'être au sens propre de nature spatiale ou temporelle$^Y$[35].

Les ${}_{Z}$constituants des vécus élémentaires$^{Y}$ devront être donnés comme des quasi-constituants puisque pour nous, les ${}_{c}$vécus élémentaires$^{d}$ ont la valeur d'unités indivisibles. ${}_{Z}$Toute qualité sensible, que ce soit une couleur, un son, une odeur, etc.$^{Y}$ devra apparaître comme la ${}_{Z}$propriété commune des vécus élémentaires$^{Y}$ dans lesquels elle se présente en tant que ${}_{Z}$constituant$^{Y}$, c'est-à-dire quasi-constituant. Cette ${}_{Z}$propriété commune$^{Y}$ est représentée constitutionnellement au moyen des classes des ${}_{c}$vécus élémentaires$^{d}$ correspondants (${}_{c}$les classes de qualité$^{d}$). Le fait qu'une classe n'est pas la totalité ou la collection de ses éléments mais une propriété qui leur est commune, a été discuté en détail auparavant (§ 37). Pour toute ${}_{Z}$qualité sensible$^{Y}$ par exemple, cette classe pourrait être constituée grâce à la méthode de quasi-analyse basée sur la relation de ${}_{Z}$concordance de deux vécus élémentaires pour cette qualité$^{Y}$. Nous insistons donc sur cette relation qui ${}_{Z}$existe entre deux vécus élémentaires x et y si et seulement si un constituant a de x et un constituant b de y se présentent de telle façon que a et b concordent pour la qualité au sens étroit, l'intensité et le signe de localisation (correspondant à la position dans le champ sensoriel), dans la mesure où ces déterminations entrent en ligne de compte pour le domaine sensible considéré. Ainsi deux sensations de couleur sont dites concordantes quand elles concordent pour la nuance de couleur, la saturation, la luminosité, et le signe de localisation, c'est-à-dire la place dans le champ visuel; de même deux sons (simples) (*Ton*) quand ils concordent pour la hauteur et l'intensité du son$^{Y}$. Cette relation de ${}_{Z}$concordance de deux vécus élémentaires pour un constituant$^{Y}$ est une forme d'identité partielle que nous nommons simplement « ${}_{Z}$identité partielle$^{Y}$ ». Dans la formulation logistique du système de constitution, nous lui donnons le symbole relationnel « Id », de sorte que « x Id y » signifie : ${}_{c}$les vécus élémentaires x et y sont partiellement identiques$^{d}$, ce qui veut dire que ${}_{Z}$les vécus élémentaires x et y sont partiellement identiques$^{Y}$ (au sens précédemment expliqué). Puisque l'on peut considérer la relation d'${}_{Z}$identité partielle$^{Y}$ comme un état de choses originel de la connaissance, on poserait volontiers la relation Id comme relation fondamentale. Mais nous verrons plus tard que cela n'est pas approprié puisqu'elle peut être déduite d'une autre relation également requise pour la constitution, laquelle en revanche ne peut être dérivée de l'${}_{Z}$identité partielle$^{Y}$.

Comme nous l'avons indiqué, on peut déduire les ${}_{Z}$qualités sensibles$^{Y}$ de l'${}_{Z}$identité partielle$^{Y}$ à l'aide d'une quasi-analyse ou inversement l'${}_{Z}$identité partielle$^{Y}$ des ${}_{Z}$qualités sensibles$^{Y}$ si celles-ci résultent d'une autre relation fondamentale. Nous procéderons de la seconde manière dans la constitution.

Dans l’explication donnée de la relation d’$_{Z}$identité partielle$^{Y}$ et en général dans les recherches suivantes, le $_{Z}$domaine des sentiments$^{Y}$ est toujours compris parmi les $_{Z}$domaines sensibles$^{Y}$. Mais nous n’entendons pas affirmer par là (ni nier d’ailleurs) que $_{Z}$les sentiments sont de l’ordre des sensations$^{Y}$. Nous avons seulement besoin de désigner par une expression courte les $_{Z}$domaines des constituants du vécu qui comprennent les domaines sensoriels et le domaine des sentiments$^{Y}$. Ainsi, nous comprendrons toujours également les $_{Z}$qualités du sentiment$^{Y}$ parmi les $_{Z}$« qualités sensibles »$^{Y}$. (cf. § 85).

77. *La ressemblance partielle*

$_{Z}$A partir de la relation d’identité partielle, on ne peut pas encore connaître l’ordre des qualités d’un domaine sensible, qu’il s’agisse de l’échelle qualitative (comme le corps des couleurs ou la suite des tons), de la suite intensive ou du champ sensoriel (comme le champ visuel ou le champ tactile)$^{Y}$ et on ne peut le constituer à partir de $_{Z}$l’identité partielle$^{Y}$. Ces ordres reposent sur des $_{Z}$relations de voisinage$^{Y}$ qui ne se ramènent pas à $_{Z}$l’identité partielle$^{Y}$. $_{Z}$Deux sensations de couleur de nuances approximativement identiques sont, relativement à l’identité partielle, dans le même rapport que deux sensations de couleur tout à fait différentes et même qu’une sensation de couleur et une sensation sonore$^{Y}$. C’est pourquoi, même si nous avions déjà établi $_{Z}$l’identité partielle$^{Y}$ comme relation fondamentale, nous devrions poser ici comme relation fondamentale $_{Z}$la concordance approximative de deux vécus élémentaires pour une détermination quelconque de deux constituants$^{Y}$ ou une autre relation dont celle-ci pourrait être dérivée. Nous appelons cette relation « $_{Z}$ressemblance partielle$^{Y}$ » et attribuons à son extension (*Relation*) le symbole Re dans la représentation symbolique. $_{Z}$Deux vécus élémentaires x et y sont dits alors « partiellement semblables » si et seulement si un constituant a de x (par exemple une sensation) et b de y concordent approximativement ou complètement pour leurs déterminations (qualité au sens étroit, intensité et signe de localisation)$^{Y}$.

Sous le terme « $_{Z}$ressemblance$^{Y}$ », à la différence de « $_{Z}$ressemblance partielle$^{Y}$ », nous entendons la relation correspondante entre $_{Z}$les qualités sensibles$^{Y}$ (même si ce mot a en général une signification plus large). Nous donnons à cette relation le symbole logistique Rq. $_{Z}$Deux sensations de couleur a et b sont semblables$^{Y}$ (a Rq b) $_{Z}$si elles concordent entièrement ou approximativement pour le ton, la saturation, la luminosité (ou le ton, la teneur de blanc, la teneur de gris) et le signe de localisation (la place dans le champ visuel); deux vécus élémentaires x et y dans lesquels apparaissent les sensations semblables a et b, sont alors partiellement semblables$^{Y}$ (x Re y). (Pour la relation correspondante d’$_{Z}$identité partielle$^{Y}$ entre $_{Z}$qualités sensibles$^{Y}$ nous n'avons pas besoin d'un terme « identité » (*Gleichheit*) et d'un symbole particulier puisque cette relation est la relation d'identité (*Identität*)). Nous supposons les relations Re et par suite Rq réflexives de sorte que $_{c}$tout vécu élémentaire soit dit partiellement semblable avec lui-même et avec les vécus qui lui sont partiellement identiques et que toute qualité sensible soit dite semblable avec elle-même$^{d}$.

78. *Le rappel de ressemblance comme relation fondamentale*

Nous pourrions choisir pour relation fondamentale la $_{c}$ressemblance partielle$^{d}$, mais nous allons plutôt prendre une de ses composantes (*Teilrelation*) dont on peut facilement la dériver. Cette relation est également plus fondamentale pour la connaissance. $_{Z}$Reconnaître l'existence d'une ressemblance partielle entre deux vécus élémentaires x et y, suppose que l'on ait comparé une représentation mémorielle du plus ancien des deux, par exemple x, avec y$^{Y}$. Ce $_{Z}$processus de connaissance$^{Y}$ n'est donc pas symétrique, x n'y occupe pas la même place que y. $_{Z}$Ce qui est ainsi reconnu$^{Y}$ sera donc plus précisément rendu par une relation asymétrique que par la relation symétrique de $_{c}$ressemblance partielle$^{d}$. Nous allons poser cette relation asymétrique comme relation fondamentale; nous l'appelons « $_{c}$rappel de ressemblance$^{d}$ » (*Ähnlichkeitserinnerung*) et lui attribuons le symbole Rap. « x Rap y » ou « $_{c}$il existe entre x et y un rappel de ressemblance$^{d}$ » signifie donc : « $_{Z}$x et y sont des vécus élémentaires reconnus comme partiellement semblables en comparant la représentation mémorielle de x avec y$^{Y}$ », ce que nous pouvons exprimer brièvement ainsi : « $_{Z}$les vécus élémentaires x et y sont liés par le rappel de ressemblance$^{Y}$ ». (On n'entend pas seulement par « $_{Z}$rappel$^{Y}$ » (*Erinnerung*) la $_{Z}$reproduction d'un vécu disparu$^{Y}$, par exemple une perception, mais aussi $_{Z}$la rétention d'un vécu qui vient d'avoir lieu, n'a pas disparu mais « résonne » encore$^{Y}$.)

La $_{c}$dérivation de la ressemblance partielle à partir du rappel de ressemblance$^{d}$ résulte des significations de la $_{Z}$ressemblance partielle et du rappel de ressemblance$^{Y}$ : $_{c}$deux vécus élémentaires x et y sont dits partiellement semblables (Re) si x et y ou y et x sont liés par le rappel de ressemblance (Rap)$^{d}$. (« Dérivation » signifie constitution mais non dans la forme rigoureuse. La constitution de la $_{c}$ressemblance partielle$^{d}$ au sein du système de constitution, conformément à cette dérivation, est effectuée au § 110.)

Alors que l'on peut dériver Re de Rap, l'inverse n'est pas possible. Une fois la différence de direction effacée au moyen de la relation symétrique, on ne peut pas la rétablir par la constitution. La différence de direction est importante pour la constitution de l'ordre temporel. Nous le dériverons ultérieurement de Rap sans avoir à utiliser une nouvelle relation fondamentale. C'est la raison principale pour poser Rap, et non Re, comme relation fondamentale.

79. *La possibilité des dérivations ultérieures*

(A l'avenir, les symboles p et c des langages psychologique et constitutionnel ne seront utilisés que dans des cas particuliers.)

Pour décider s'il faut établir des relations fondamentales supplémentaires en dehors du rappel de ressemblance, nous allons étudier la possibilité des dérivations ultérieures à partir de Rap et de Re. Comme nous l'avons précédemment noté, il n'est pas possible de dériver la ressemblance partielle (Re) de l'identité partielle (Id). Mais la dérivation inverse, Id de Re, est possible de sorte qu'il n'est pas nécessaire de poser Id comme relation fondamentale.

Il semble exister une manière simple de dériver Id de Re, mais elle n'atteint pas son but. Deux qualités sensibles a et b sont identiques si et seulement si a est semblable (Rq) aux mêmes qualités sensibles que b. Aux relations de ressemblance Rq et d'identité qui valent pour les qualités sensibles correspondent Re ou Id comme relations entre les vécus élémentaires. On pourrait donc penser que l'identité partielle Id doive être définie comme la relation existant entre deux vécus élémentaires x et y si et seulement si x est dans la relation Re avec les mêmes vécus élémentaires que y. Mais une telle définition serait erronée. En effet, on doit avoir par exemple : x Id y si, dans les vécus élémentaires x et y, le même ton se trouve à la même place du champ visuel. Mais alors la définition citée ne conviendra habituellement pas. Si par exemple x possède un ton a à une autre place du champ visuel, à laquelle il n'y a dans y aucun ton semblable à a, x est alors partiellement semblable à tous les vécus élémentaires dans lesquels un ton semblable à a se trouve à la place de a, mais non y. Par conséquent la définition posée à titre d'essai ne serait pas satisfaite ici.

On voit dans cet essai de dérivation que, dans la question de l'existence d'une relation entre vécus élémentaires qui (comme Id et Re) dépend de certains constituants des vécus, il faut tenir compte du constituant sur lequel repose dans le cas particulier la validité de la relation. Si l'on n'y prend pas garde, on peut aisément commettre des erreurs dans la constitution des niveaux inférieurs. Cela tient également au fait que Id n'est pas transitive comme le sont habituellement les relations d'identité ou de concordance de type quelconque (§ 11) ; certes la concordance de deux vécus élémentaires pour un constituant déterminé est transitive, mais non Id en tant que concordance pour n'importe quel constituant (cf. la non-transitivité de la parenté de couleur dans l'exemple du § 70).

On ne peut réaliser directement cette dérivation de Id à partir de Re. On doit au contraire dériver d'abord de Re les « cercles de ressemblance » à l'aide de la méthode de quasi-analyse et ensuite les « classes de qualité » ; Id en résultera alors facilement.

### 80. *Les cercles de ressemblance*

Nous allons appliquer à Re la seconde sorte de quasi-analyse présentée au § 72, celle qui est basée sur une relation de ressemblance partielle. Les cercles de ressemblance ainsi déterminés relativement à Re seront qualifiés dèsormais tout simplement de « cercles de ressemblance » puisqu'ils se réfèrent rarement ici à une autre relation. On entendra donc par « cercles de ressemblance » les classes de vécus élémentaires qui possèdent les deux propriétés suivantes : deux vécus élémentaires donnés d'une telle classe sont partiellement semblables (Re); si un vécu élémentaire est partiellement semblable à chacun des vécus élémentaires d'une telle classe, il appartient lui-même à cette classe. (La constitution des cercles de ressemblance au sein du système de constitution conformément à cette définition a lieu au § 111.) Nous qualifierons de « classes de qualité » les quasi-constituants que détermine la seconde étape de la quasi-analyse relativement à Re (§ 81).

Pour reconnaître le sens des [c]cercles de ressemblance et des classes de qualité[d] dérivés en se référant aux [z]constituants du vécu[Y], nous allons établir une symbolisation spatiale des vécus élémentaires et de leurs constituants, et nous prendrons pour tels en premier lieu les sensations. Figurons-nous les qualités sensibles représentées par des points ; la proximité de deux points traduira la relation de ressemblance (Rq) entre les qualités représentées. Nous obtenons alors une portion connexe de l'espace comme représentation spatiale symbolique de chaque domaine sensible. Dès lors les sensations auditives (*Tonempfindungen*) forment un domaine à deux dimensions puisqu'elles se distinguent suivant la hauteur et l'intensité du son. Les sensations visuelles ne forment pas ici un domaine à trois dimensions correspondant au corps des couleurs dans lequel se présentent les trois dimensions du ton, de la saturation et de la luminosité, ou du ton, de la teneur de blanc et de gris, mais un domaine à cinq dimensions puisque les signes de localisation qui forment une multiplicité à deux dimensions, sont également considérés comme des déterminations. Comme un ordre à cinq dimensions est inaccessible à l'intuition, nous devons nous représenter un ordre à deux dimensions qui repose sur les rapports des signes de localisation, donc l'ordre du champ visuel, et en outre, un ensemble de corps des couleurs à trois dimensions, chaque position de cet ordre à deux dimensions étant mise en correspondance avec l'un de ceux-ci. Chaque point de cet ordre spatial symbolique représente une qualité sensible (au sens le plus large, cf. les § 76, 85) et à chacun, nous faisons correspondre les vécus élémentaires dans lesquels apparaissent les qualités en question. Comme dans un vécu élémentaire se trouvent en même temps diverses qualités, chaque vécu élémentaire correspond à différents « points de qualité », que ce soit dans différents domaines sensibles ou au sein d'un même domaine.

Considérons à présent au sein d'un domaine sensible dont la représentation spatiale pourrait avoir n dimensions, les sphères à n dimensions, dont le diamètre correspond au plus grand écart entre deux qualités sensibles qui, à la place en question du domaine, sont encore semblables (Rq). Par comparaison avcc l'exemple du § 72, dont les « sphères de couleurs » correspondent à ces sphères de qualités à n dimensions, nous voyons facilement qu'un cercle de ressemblance désigne la classe des vécus élémentaires correspondant aux points de cette sphère à n dimensions. Ces cercles de ressemblance ne s'excluent pas les uns les autres mais se recouvrent souvent en partie. Il faut ici distinguer deux sortes de recouvrement que nous pouvons qualifier d'« essentiel » et d'« accidentel ». Si deux cercles de ressemblance correspondent à deux sphères de qualités qui se recouvrent en partie et appartiennent alors nécessairement au même domaine sensible, ils présentent eux-mêmes un recouvrement correspondant que nous qualifions d'essentiel. Si en revanche deux cercles de ressemblance correspondent à deux sphères de qualités qui s'excluent, ils peuvent malgré tout avoir en commun des vécus élémentaires puisque chaque vécu élémentaire correspond à plusieurs points de qualité. Ce recouvrement « accidentel » peut même s'observer entre deux cercles de ressemblance de domaines sensibles différents.

81. *Les classes de qualité*

Nous pouvons également interpréter ces recouvrements des cercles de ressemblance comme des découpages mutuels. Comme les points de qualité constituent les parties les plus grandes des sphères de qualités qui demeurent indivisées par le recouvrement mutuel, les classes des vécus élémentaires correspondant à ces points forment les sous-classes les plus grandes des cercles de ressemblance qui ne sont jamais divisées du fait des recouvrements essentiels. D'un autre côté, chacune de ces classes de vécus élémentaires correspondant à un point peut également être isolée au moyen de ces divisions par recouvrement (*Überdeckungszerschneidungen*). Pour deux points de qualité en effet, on peut toujours en trouver un troisième qui soit semblable (Rq) à l'un mais non à l'autre, donc également un cercle de ressemblance qui contient les vécus élémentaires de l'un mais non de l'autre.

Il faut y ajouter à présent la division au moyen du recouvrement « accidentel » des cercles de ressemblance dont nous allons étudier l'effet sur un exemple concret.

EXEMPLE : Soient les classes a et b, deux cercles de ressemblance du sens de la vue. Pour ne pas avoir affaire à un domaine à cinq, mais seulement à trois dimensions, nous n'aurons en vue que deux positions du champ visuel. Pour simplifier l'exemple, figurons-nous ici le corps des couleurs à trois dimensions correspondant à chacune des positions du champ visuel, non comme continu mais discret, composé par un nombre fini de points séparés. Nous nommons premier et second les corps des couleurs correspondant aux deux positions du champ visuel. Le cercle de ressemblance a contient les vécus élémentaires correspondant à cinq points déterminés du premier corps des couleurs; ces cinq points sont alors voisins les uns des autres au sein du corps des couleurs, ils peuvent par exemple être situés dans le domaine des tons bleus. Soit pareillement b un cercle de ressemblance à cinq tons rouges du second corps des couleurs. Quand dans un vécu élémentaire apparaît à la première place du champ visuel l'un de ces tons bleus, habituellement l'un des tons rouges ne se trouve pas justement aussi à la seconde place du champ visuel. Cela peut toutefois se produire dans des cas particuliers qui en vérité ne constitueront en général qu'une petite fraction des cas où les couleurs bleues ou rouges apparaissent à leur place du champ visuel. Cela signifie qu'il peut y avoir quelques vécus élémentaires qui appartiennent à la fois au cercle a et au cercle b; admettons que ce soient les vécus élémentaires x, y et z. Il existe donc un recouvrement accidentel entre a et b; dans cet exemple, il ne peut y avoir un recouvrement essentiel puisque a et b appartiennent à des corps des couleurs différents et en outre, à des domaines de couleur distincts au sein du corps des couleurs. x correspond à un point déterminé des cinq points de qualité de a; soit q la classe des vécus élémentaires correspondant à ce point. y pourrait correspondre au même point et z à un autre point de a. x et y sont donc des éléments de q, mais non z. La classe q représente une qualité sensible du sens de la vue, à savoir un ton bleu déterminé à une place donnée du champ visuel, car cette qualité sensible est la propriété commune des éléments de q. Nous qualifions les classes de ce type de « classes de qualité ». A présent, la classe de qualité q du cercle de ressemblance a est découpée par le cercle de ressemblance b puisque les éléments x et y de q appartiennent à b, mais non les autres. La partie de q séparée par le recouvrement de a et b est ici très petite comparativement à q elle-même.

Nous avons vu auparavant que les « classes de qualité », classes des vécus élémentaires correspondant à un point de qualité, ne sont pas découpées par un recouvrement essentiel des cercles de ressemblance. On vient de voir qu'elles peuvent être découpées par un recouvrement accidentel. Mais dans ce cas, la partie détachée est habituellement (c'est-à-dire en l'absence de conditions particulières, voir plus bas) très petite par rapport à la classe de qualité entière et à plus forte raison par rapport au cercle de ressemblance. Cela se voit dans l'exemple qui vient d'être traité et peut se généraliser sans difficulté à partir de là. C'est ainsi que l'on différencie les recouvrements accidentel et essentiel; avec celui-ci en effet, une partie détachée d'un cercle de ressemblance contient au moins une classe de qualité entière, soit une fraction non négligeable du cercle de ressemblance ou d'une de ses parties.

Puisque l'on peut déterminer les classes de qualité à l'aide des recouvrements essentiels des cercles de ressemblance et différencier ceux-ci des recouvrements accidentels au moyen de la caractéristique précédente, on peut maintenant établir la définition des classes de qualité. Elle comporte deux conditions ; la première correspond au fait que les classes de qualité ne sont pas découpées par les recouvrements essentiels des cercles de ressemblance, c'est-à-dire ceux qui ne produisent pas seulement des détachements négligeables ; selon la seconde condition, les classes de qualité sont les classes les plus grandes qui possèdent la propriété correspondante. (Si la définition ne comprenait pas la seconde condition, elle serait satisfaite par toute sous-classe d'une classe de qualité.) La définition s'énonce ainsi : on appelle « $_{c}$classe de qualité$^{d}$ » une classe k de vécus élémentaires, telle que k soit contenue en entier dans tout cercle de ressemblance qui contienne une partie importante de k, et qu'il y ait pour tout vécu élémentaire x n'appartenant pas à k, au moins un cercle de ressemblance qui contienne k mais auquel x n'appartienne pas. (Constitution des classes de qualité dans le système de constitution : § 112.)

Comme nous l'avions précédemment noté, les $_{c}$classes de qualité$^{d}$ représentent constitutionnellement les $_{z}$qualités sensibles$^{Y}$ (au sens large, incluant les sentiments, etc.). C'est pourquoi nous les qualifions parfois simplement de « qualités ».

Pour la constitution des cercles de ressemblance et des classes de qualité, on doit bien observer que la constitution n'a pas à reproduire la forme du processus effectif de la connaissance mais doit seulement mener au même résultat en tant que reconstruction rationnelle.

Ici comme au § 72, nous avons précisé que l'emploi de la méthode de quasi-analyse ne mène au résultat souhaité qu'en l'absence de « conditions défavorables » particulières. Ainsi par exemple lorsque des $_{z}$qualités$^{Y}$ données apparaissent constamment ou le plus souvent en même temps que d'autres qualités déterminées. Cela induirait des erreurs dans la dérivation des $_{c}$classes de qualité$^{d}$ et ultérieurement dans la répartition en $_{c}$classes sensibles$^{d}$ et dans l'$_{c}$ordre de ressemblance$^{d}$ (ordre Rq) au sein des classes sensibles. Une étude plus précise, pour laquelle la place fait ici défaut, montre cependant que ces anomalies dans la formation conceptuelle au moyen de la quasi-analyse ne s'observent que dans des circonstances où dans la réalité également, le processus de connaissance, c'est-à-dire la quasi-analyse menée intuitivement dans la vie concrète, ne conduit pas à un résultat normal.

82. *Une seule relation fondamentale est-elle suffisante ?*

Nous avons déjà noté que l'attribution de deux vécus élémentaires au même point de qualité ou, ce qui est la même chose, leur appartenance à la même classe de qualité signifie qu'ils ont un constituant de la même nature et donc qu'ils sont partiellement identiques (§ 76). Ainsi peut-on facilement dériver l'identité partielle (Id) des classes de qualité : deux vécus élémentaires sont dits « partiellement identiques » (Id) s'il y a une classe de qualité à laquelle ils appartiennent tous les deux. (Constitution de Id : § 113). Si nous avions pris Id comme relation fondamentale, nous devrions dériver les classes de qualité de Id par quasi-analyse. Nous avons procédé ici inversement. Puisque nous venons de dériver les classes de qualité des cercles de ressemblance qui eux-mêmes ont été déduits à partir de la relation Re de ressemblance partielle, la dérivation recherchée de Id à partir de Re se trouve dès lors accomplie. Il n'est donc pas nécessaire de poser comme relation fondamentale la relation Id, laquelle est importante pour les autres dérivations.

Nous avons jusqu'ici déduit de la relation fondamentale Rap deux relations entre vécus élémentaires, Id et Re, ainsi que deux sortes de classes de vécus élémentaires, les cercles de ressemblance et les classes de qualité. Ces dernières sont particulièrement importantes puisqu'elles représentent les premiers constituants des vécus élémentaires, à savoir les qualités des impressions sensibles et des sentiments (et éventuellement d'autres types de qualités ; cf. § 85). Il faut alors déduire une répartition de ces qualités dans les différents domaines, par exemple des qualités sensibles dans les domaines sensoriels ; puis dans chaque domaine sensible, on doit déduire une séparation entre l'ordre qualitatif (au sens étroit) et l'ordre du champ sensoriel sur lequel repose l'ordre spatial, et ensuite cet ordre spatial lui-même et un ordre temporel. A l'aide de ces ordres qualitatifs, spatial et temporel, nous pourrons alors constituer le monde des choses physiques et finalement les autres domaines d'objets, notamment le psychisme d'autrui et le spirituel.

Nous allons commenter ces dérivations dans la troisième partie de cette section, puis elles seront exposées dans la quatrième section, dans l'ébauche du système de constitution. En ce qui concerne le problème des relations fondamentales, nous devons anticiper ici le résultat des exposés ultérieurs, à savoir que *les autres dérivations ne semblent pas requérir une nouvelle relation fondamentale*. Puisque nous nous sommes attachés en premier lieu à traiter les problèmes formels du système de constitution et non les problèmes matériels, la représentation ultérieure du système de constitution ne représente qu'une esquisse dont le but principal est de montrer l'application des différents principes formels et de toutes les méthodes de constitution à travers un exemple. On ne peut donc pas affirmer avec certitude mais seulement présumer qu'*un système de constitution à base autopsychique peut se suffire de la seule relation fondamentale du rappel de ressemblance (Rap).* Toujours est-il que nos recherches montrent qu'un très petit nombre de relations fondamentales s'avère de toute façon suffisant et qu'à ce titre ne sont nécessaires que des relations entre vécus élémentaires et non des relations de niveau plus élevé (cf. les thèses du § 156).

83. *Les relations fondamentales en tant que catégories*[1]

On entend par catégories les formes de synthèse du divers de l'intuition en l'unité de l'objet. Mais ni cette explication (*Erlaüterung*) (qui n'est pas une définition (*Definition*)), ni les différentes tables historiques de catégories ne montrent clairement ce que l'on comprend par « catégories ». Puisque nous disposons avec le système de constitution de concepts plus nettement définis que dans les systèmes historiques, nous nous demanderons à quoi correspondent les catégories dans le système de constitution en tant que système de synthèse des objets. Le divers de l'intuition, nous l'appelons dans la théorie de la constitution « le donné », « les éléments fondamentaux ». Constitution de l'objet à partir du donné désigne ici la synthèse de ce divers en l'unité d'un objet. Les formes de cette synthèse seraient donc les formes de constitution, mais nous en avons distingué plusieurs (§ 26). Peut-être peut-on comprendre le terme de catégorie au sens des formes de niveaux; nous devrions alors dire que dans notre système de constitution n'existent que deux catégories, les catégories de classe et de relation. Mais peut-être est-il plus conforme à l'usage linguistique en vigueur jusqu'ici (mais non dépourvu d'ambiguïté) de désigner par catégories les relations fondamentales. En faveur de cette solution plaide le fait suivant : en un certain sens, *toute proposition portant sur un objet quelconque est matériellement une proposition sur les éléments fondamentaux et formellement une proposition sur les relations fondamentales.* En outre la concordance se voit facilement quand on considère la forme d'un système de constitution dans lequel l'analyse n'a pas été menée aussi loin que dans l'esquisse présente et où en conséquence se trouve posé un nombre plus grand encore de relations fondamentales.

On a démontré dans une ancienne ébauche de système de constitution que les cinq relations suivantes suffisaient comme relations fondamentales (autant que l'on puisse parler de démonstration dans la présentation des grandes lignes du système) : l'identité partielle (centrale) et la ressemblance partielle (centrale)

1. § pouvant être sauté (R. Carnap).

(comprises de manière un peu plus étroite que Id au § 76 et que Re au § 77), la relation d'ordre linéaire des suites intensives (constituée ici après les objets visuels, § 131), la relation mémorielle (plus générale que notre relation fondamentale Rap, § 78), le voisinage dans le champ sensoriel (plus général que la relation de voisinage des positions du champ visuel, § 89). Il faut alors noter que la relation mémorielle conduit directement à la constitution d'un ordre temporel provisoire (comme ici Rap à $\text{Rap}_{\text{po}}$ § 87) et le voisinage dans le champ sensoriel à la constitution de l'ordre spatial, c'est-à-dire en premier lieu de l'ordre au sein du champ sensoriel que l'on peut déjà appeler spatial, puis à l'ordre spatial proprement dit du monde physique (comme ici la relation de voisinage Vp au § 89).

On remarque une certaine parenté entre les cinq relations fondamentales de cette ancienne ébauche et les catégories rencontrées dans de nombreux systèmes de catégories, identité, similitude, intensité, temps et espace. Cela aussi nous conduit à concevoir le problème des relations fondamentales comme le problème catégorial de la théorie de la constitution.

Nous avons supposé (§ 82) que le rappel de ressemblance (Rap) suffit comme relation fondamentale. En fait les cinq relations fondamentales de cette ancienne ébauche peuvent être en partie dérivées l'une de l'autre, apparemment même d'une seule d'entre elles. On peut donc dire que ces cinq formes catégoriales ne sont pas les véritables catégories originaires, elles sont en partie réductibles les unes aux autres; *le nombre des catégories (authentiques) est donc très petit et peut-être n'y a-t-il qu'une unique catégorie.*

## D. LES FORMES D'OBJETS

### 84. *Les dérivations préparatoires à la constitution*[36]

Des quatre problèmes principaux de la théorie de la constitution (§ 26), il ne nous reste plus à traiter que le dernier, celui des formes d'objets. Ce problème est très étroitement lié à la teneur matérielle du système de constitution. Aussi ne trouvera-t-on pas de réponse définitive ici, où nous nous sommes surtout attachés à clarifier la dimension logique et méthodologique du système de constitution. Nous étudierons tout d'abord comment les objets les plus importants des premiers niveaux de constitution sont déterminés au moyen de la relation fondamentale précédemment établie et des objets déjà dérivés et comment dès lors on peut les constituer à partir de ceux-ci. C'est dans la prochaine section, dans l'ébauche du système de constitution, que sera alors représentée la constitution elle-même de ces objets et des suivants. Les dérivations que nous allons présenter servent donc à préparer la constitution. Ces dérivations ont davantage trait à la dimension matérielle du problème tandis que la constitution ultérieure devra montrer comment ces rapports matériels s'adaptent aux formes logiques qu'il faut employer dans la construction du système de constitution. Puisqu'il ne s'agit que d'une ébauche, cette adaptation ne traduit que l'application pour l'exemple de ces formes méthodiques[37] aux rapports matériels des objets. Ce sont avant tout les formes méthodiques qui nous importent. On en affirme la validité et l'utilité tandis que la validité du contenu employé en exemple n'est pas garantie. Si les sciences du réel (avant tout la phénoménologie de la perception et la psychologie en ce qui concerne les niveaux inférieurs de constitution) mettent au jour des conditions matérielles différentes, ces conditions seront à exprimer dans les formes de constitution correspondantes et selon les mêmes principes méthodiques. Par conséquent *la (ou les) relation(s) fondamentale(s) et les formes d'objets sont posées ici avec réserve ; en revanche, l'établissement des éléments fondamentaux et surtout de la forme du système et des formes de niveaux font partie de la thèse propre à notre système de constitution* (voir les thèses au § 156).

Les recherches suivantes servent donc d'une part à préparer la prochaine section, l'ébauche du système de constitution, et contribuent d'autre part à justifier l'hypothèse qui vient d'être formulée, à savoir qu'une seule relation fondamentale suffit pour constituer tous les objets.

85. *Les classes sensibles*

Après avoir dérivé les classes de qualité (§ 81), on peut définir d'une manière plus simple la relation de ressemblance (Rq) entre ces classes. Deux qualités sont semblables si et seulement si tout vécu élémentaire dans lequel apparaît la première, est partiellement semblable à chaque vécu élémentaire dans lequel apparaît la seconde. D'où la définition suivante : deux classes de qualité a et b sont dites « semblables » (a Rq b) quand tout élément de a est partiellement semblable (Re) à tout élément de b. (Constitution de Rq dans le système de constitution : § 114.)

A l'aide de la relation Rq, nous pouvons maintenant procéder à la répartition dans les domaines sensibles. Cette répartition doit se rapporter aux qualités et non aux vécus élémentaires, chacun d'eux pouvant appartenir à plusieurs domaines sensibles à la fois. Deux qualités appartiennent au même domaine sensible si et seulement si il y a entre elles une suite de qualités qui ne progresse que d'une qualité à une qualité semblable. (On peut par exemple former une telle chaîne de paires pour Rq entre deux sons mais non entre un son et une odeur.)

Si nous appelons « classe sensible » (*Sinnesklasse*), une classe formée des qualités d'un même et unique domaine sensible, les classes sensibles résultent d'une quasi-analyse basée sur la relation d'associabilité

(*Verbindbarkeit*) dans ces chaînes de ressemblance de Rq. (Constitution des classes sensibles : § 115.)

On ne compte pas seulement parmi les $_{c}$classes sensibles$^{d}$ les classes de qualité visuelles, auditives, thermiques, etc. mais aussi les sentiments conformément au sens de la relation fondamentale Rap et de ce qui en a été dit au § 76. Si on devait encore rencontrer en psychologie des objets qui ne se ramènent pas aux sensations et aux sentiments, tels que des pensées, des volitions ou quoi que ce soit d'autres, la relation fondamentale porterait également sur la ressemblance entre ces objets ; on constituerait alors leurs $_{z}$qualités$^{Y}$ comme $_{c}$classes de qualité$^{d}$ et leur(s) domaine(s) comme classes sensibles. Il n'y a donc aucune sorte de processus psychiques qui ne puisse être soumis à la constitution.

86. *La caractérisation du sens de la vue*

Une fois déduite la répartition des qualités en classes sensibles, on peut étudier l'ordre des qualités au sein de chaque classe sensible. Nous pouvons en effet interpréter Rq comme relation de voisinage déterminant cet ordre. Le nombre de dimensions (ND) d'un domaine est déterminé lorsqu'existe en son sein une relation de voisinage; (on ne développera pas ici la définition). Ainsi chaque classe sensible a un ND déterminé relativement à Rq. Comme nous l'avons déjà noté, la classe sensible des sensations sonores a le ND 2; celle de la vue, des sensations de couleurs, le ND 5 (§ 80). Pour la sensibilité cutanée, les signes de localisation peuvent être ordonnés suivant deux dimensions. Comme les qualités de ce sens se distinguent en outre par l'intensité et peut-être aussi par une suite qualitative, le nombre de dimensions de chacune d'elles (sensibilité au chaud, au froid, à la douleur) est 3 ou 4. Le nombre de dimensions des autres sens, y compris du domaine des sentiments, est tantôt 2 tantôt 3.

Le plus remarquable est ici que l'ordre des qualités du sens de la vue possède un nombre de dimensions distinct de celui de tous les autres sens. Il est par là possible d'individualiser ce sens, de le caractériser et de le constituer comme le plus important pour la constitution des objets physiques. Sa définition constitutive s'énonce simplement ainsi : on appelle « sens de la vue » la classe sensible pour laquelle l'ordre des qualités relativement à Rq a cinq dimensions. (Constitution § 115.)

A première vue, il peut sembler paradoxal que soit donnée du sens de la vue une « définition » (*Definition*) basée sur une propriété aussi peu essentielle que le nombre de dimensions, qui ne prend absolument pas en compte en particulier la spécificité phénoménale des sensations visuelles par rapport aux autres sensations. Mais que cette objection soit explicite ou seulement un sentiment plus ou moins conscient, elle repose sur une confusion des tâches de la définition constitutive et de la détermination conceptuelle au sens usuel. Comme nous l'avons précédemment exposé (§ 50-51), une définition constitutive ne doit prendre en compte que la valeur logique et non la valeur cognitive. En effet pour la traduction des propositions qui doit être menée à l'aide de la définition constitutive en tant que règle de traduction, seule la constance de la valeur de vérité doit être garantie, et non celle du sens. Dans le cas particulier présent, il paraît évident sans plus que toute proposition portant sur le sens de la vue demeure vraie ou fausse quand on introduit à la place de l'expression « sens de la vue », « le sens dont l'ordre selon la ressemblance a cinq dimensions » (la proposition psychologique employée pour la définition, à savoir que 5 est le ND du sens de la vue et de lui seul, étant supposée exacte).

87. *L'ordre temporel*

Dans notre perception des objets physiques, nous ne reconnaissons pas seulement des propriétés avec leurs distinctions qualitatives et quantitatives, mais aussi des rapports spatio-temporels. Nous allons tout d'abord examiner de plus près les rapports temporels. Il est facile de reconnaître que les déterminations temporelles du monde physique renvoient au rapport temporel des vécus élémentaires. On doit alors se demander s'il faut poser comme relation fondamentale une relation temporelle entre vécus élémentaires[38]. On voit cependant que celle-ci peut être dérivée du rappel de ressemblance (Rap). Rap inclut bien un rapport temporel : de x Rap y, on peut inférer que x est temporellement antérieur à y. Mais ce n'est que pour les vécus élémentaires qui se ressemblent partiellement, et non pour toute paire de vécus élémentaires qu'est ainsi décidé lequel est antérieur. Toutefois, en raison de la transitivité de la relation temporelle, on peut à partir de ces paires, déterminer le rapport temporel de beaucoup d'autres paires. Pour la constitution de la suite temporelle, il est surtout important de reconnaître le rapport temporel des vécus élémentaires temporellement proches. Et justement dans de nombreux cas, sinon dans la plupart, ces vécus élémentaires temporellement proches sont partiellement semblables. Si en effet une qualité sensible quelconque demeure constante ou varie de manière continue dans un laps de temps donné, tous les vécus élémentaires temporellement proches au sein de ce laps de temps seront partiellement semblables entre eux.

Quand bien même on ne pourrait déjà constituer une suite temporelle complète à partir de la seule relation fondamentale Rap, il s'agit néanmoins d'un premier ordre temporel (cf. le § 120 pour sa constitution), qu'il faudra compléter ultérieurement, après la constitution des objets physiques et en s'aidant de la légalité des processus physiques. Dans le processus effectif de la connaissance, l'ordre temporel des vécus qui repose sur la « perception du temps » est également incomplet; ce n'est que par des déductions basées sur les régularités reconnues du psychisme et surtout du physique, qu'une suite complètement ordonnée est formée.

88. *Dérivation des positions dans le champ visuel*

Nous avons trouvé que le sens de la vue peut être distingué des autres sens sans recourir à un nouveau concept fondamental, au moyen du nombre de dimensions (5) de l'ordre de ressemblance de ses qualités. On a établi constitutionnellement cet ordre à cinq dimensions, mais non par là l'ordre à trois dimensions du corps des couleurs, ni celui à deux dimensions du champ visuel. Nous ne pouvons pas distinguer les différentes dimensions au moyen des dérivations faites jusqu'ici. Si par exemple deux qualités a et b du sens de la vue sont semblables (Rq) parce qu'elles concordent pour le ton, la saturation et la luminosité, bref quant à la « catégorie de couleur », et qu'elles ont deux positions voisines dans le champ visuel ou « positions » et si deux autres qualités c et d sont semblables parce qu'elles ont la même position et appartiennent approximativement à la même catégorie de couleur, ces deux paires sont considérées pareillement comme des paires pour la relation Rq et on ne peut les distinguer en fonction de leur comportement vis-à-vis de cette relation. Nous qualifions deux qualités d'« identiques pour la position » (*gleichstellig*) quand leurs signes de localisation concordent, c'est-à-dire quand elles ont la même position (sans tenir compte de la catégorie de couleur) et d'« identiques pour la couleur » (*gleichfarbig*) quand elles appartiennent à la même catégorie de couleur (sans tenir compte de la position). Il s'agit maintenant de dériver l'une de ces deux relations, l'identité de position ou l'identité de couleur, des relations déjà déduites. Il sera alors facile d'en dériver l'autre dans chaque cas.

La dérivation de l'identité de position (Idp) est effectivement possible. Elle repose principalement sur le fait que (différentes) qualités identiques pour la position ne peuvent pas apparaître ensemble dans un vécu élémentaire. On peut exprimer cet état de choses au moyen des dérivations déjà réalisées; lui correspond en effet constitutionnellement le fait que certaines paires de classes de qualité n'ont en commun aucun vécu élémentaire, de telles classes sont donc « exclusives » (*elementefremd*) (relation Excl). Mais Excl n'est qu'une condition nécessaire et non suffisante pour Idp. Il peut y avoir des paires de qualités visuelles qui n'ont pas la même position dans le champ visuel et cependant n'apparaissent jamais ensemble dans un vécu. Nous ne pouvons donc pas définir Idp par Excl. Mais d'un autre côté toutes les paires de la relation Idp se trouvent sûrement parmi les paires de la relation Excl. Il s'agit de trier les premières que nous ne connaissons pas parmi les secondes qui sont connues, ce qui n'est toutefois pas possible directement. Mais nous y parviendrons de la manière suivante. Si nous avions déjà dérivé Idp, nous pourrions définir les positions du champ visuel en tant que classes d'abstraction (§ 73) pour la relation Idp (c'est-à-dire comme les plus grandes classes des qualités de même position). Si au lieu de cela, nous formons (cf. § 71) les classes de ressemblance (*Ähnlichkeitsklassen*)[39] de Excl, les classes de position cherchées leur sont identiques ou en sont des sous-classes.

Il semble de prime abord que nous ne soyons pas plus avancés par là, comme si nous avions seulement remplacé une difficulté par une autre, identifier les classes de position parmi les classes d'abstraction de Excl, au lieu de relever les paires de la relation Idp au sein des paires de la relation Excl. Mais en réalité, la situation est ici tout autre. Auparavant il n'y avait pas de raison pour admettre que pour la plupart, les paires satisfaisant Excl soient des paires satisfaisant Idp. En revanche, la probabilité que ces classes d'abstraction soient considérablement plus étendues que les classes de position à chaque fois incluses en elles, est beaucoup plus faible. En effet, pour que la quasi-analyse rattache par erreur à une classe de position un seul élément qui n'appartienne pas à cette position, il ne suffit pas que cet élément soit dans la relation Excl avec un ou plusieurs éléments de la position, mais il devrait être dans la relation avec tous les éléments de la position ; cela résulte de la définition des classes d'abstraction. Ou bien considéré d'un autre point de vue : la condition nécessaire d'un rattachement erroné à une classe de position donnée est d'abord que la position en cause du champ visuel soit inoccupée dans au moins un vécu élémentaire, ensuite que l'élément à rattacher mais qui appartient à une autre place, n'apparaisse que dans le ou les vécus dans lesquels cette place est inoccupée. Dans tous les autres cas en effet, la relation Excl ne serait pas satisfaite.

On peut montrer par une étude plus précise que, si l'apparition de positions inoccupées n'est pas trop fréquente et bien que le nombre de paires satisfaisant Excl puisse dépasser encore de manière considérable celui des paires satisfaisant Idp, la probabilité pour que les classes d'abstraction selon Excl dépasse de manière considérable les classes de position correctes est malgré tout comparativement très faible. On peut reconnaître au demeurant qu'une classe de position est correcte au fait qu'aucun de ses éléments n'apparait dans les autres classes d'abstraction. Les éléments d'appartenance douteuse se trahissent par leur apparition multiple ; une fois les classes de position provisoires constituées et ordonnées en fonction du voisinage, ils nécessiteraient une étude particulière suivant une méthode plus complexe sur laquelle on ne peut s'arrêter ici (mise en évidence des relations de ressemblance entre certaines classes de qualité de positions voisines) ; c'est ainsi que seraient constituées les classes de position définitives. Qu'il suffise ici de montrer par un procédé simple la possibilité de répartir en gros les qualités visuelles en classes de position ; en gros, c'est-à-dire à l'exception éventuelle d'éléments isolés dont la position ne peut encore être déterminée par ce procédé.

(Constitution des classes de position : § 117.)

89. *L'ordre spatial du champ visuel*

On peut à présent déduire des classes de position la relation d'identité de position (Idp), comme appartenance de deux qualités à une même classe de position. (Constitution : § 117.)

Nous ne sommes pas encore parvenus à concevoir l'ordre spatial du champ visuel en établissant les classes de position qui représentent les positions dans le champ visuel. Il ne résulte que des rapports entre ces positions, que l'on peut toutefois facilement déduire maintenant.

Nous disons de deux positions qu'elles sont voisines (Vp) quand existe une relation de ressemblance entre une qualité de l'une et une qualité de l'autre. (Constitution : § 117.) (Nous ne disons pas « toutes les qualités » puisqu'il n'est pas exclu qu'à une position déterminée n'apparaissent pas des qualités de certains types de couleur.) La relation de voisinage Vp est la relation fondamentale de l'ordre spatial du champ visuel. Ainsi par exemple, l'énoncé sur la bidimensionalité du champ visuel est un énoncé portant sur une propriété formelle de Vp (la bidimensionalité ne doit donc pas être entendue au sens phénoménal de caractère de surface du champ visuel).

Revue de la littérature : Il ne semble pas exister dans la littérature d'essais de constituer l'ordre bidimensionnel du champ visuel comme premier ordre spatial. Les deux systèmes qui traitent d'ailleurs des constitutions individuelles de la manière la plus détaillée, ceux de Ziehen [Erkth.] et de Driesch [Ordnungsl.], sautent non seulement cette constitution qui requiert déjà en elle-même que soit franchie toute une série d'étapes (même si on ne prenait pas seulement une seule relation fondamentale mais aussi une relation spécifique pour l'ordre spatial), mais également la constitution de l'espace tridimensionnel que d'autres ont déjà traitée maintes fois, à partir de l'ordre à deux dimensions du champ visuel (voir les indications du § 124).

90. *L'ordre des couleurs*

L'ordre des couleurs, tel que nous avons l'habitude de nous le représenter intuitivement dans le corps des couleurs, ne nécessite pas de nouvelle relation fondamentale. L'ordre des couleurs peut être dérivé de la manière suivante des classes de position et de la relation de voisinage Vp. Pour deux couleurs quelconques différentes f et g, il y a toujours au moins une couleur qui est semblable à f mais non à g. Il en résulte ceci : soient trois positions voisines s, t, u ; a la qualité appartenant à s, b la qualité appartenant à t, a et b n'étant pas du même type de couleur (nous entendons par là les déterminations de ton, de saturation et de luminosité). Ces deux qualités ne sont donc pas semblables aux mêmes qualités de u. Si a était semblable aux mêmes qualités de u que b, a et b seraient du même type de couleur ; et inversement, si elles étaient du même type de couleur, il en serait de même des qualités semblables de u. Ce comportement de a et b, nous pouvons par conséquent le prendre pour définition de l'« identité de couleur entre positions voisines ». A partir de là, on peut dériver la relation d'identité de couleur pour des rapports de position quelconques (Idc) : elle existe entre les qualités a et b s'il y a entre elles une chaîne de qualités telle que chacune soit liée à la suivante par la relation d'identité de couleur entre positions voisines. (Constitution : § 118.)

Les couleurs (au sens des types de couleur) se définissent maintenant facilement comme les classes d'abstraction déterminées par la relation Idc. (Constitution : § 118.)

Par analogie avec la relation de voisinage de position (Vp), nous qualifions deux couleurs f et g de voisines (relation Vc) si une qualité de la couleur f est semblable à une qualité de la couleur g. (Pour toute qualité de couleur f, il y aura en général au moins une qualité semblable de couleur g et inversement, à savoir une qualité qui se trouve à la même place ou à une place voisine; cependant nous n'allons pas étayer la définition là-dessus pour les mêmes raisons que celles données pour la relation de voisinage Vp.) Nous qualifions l'ordre des couleurs qui repose sur la relation Vc de corps des couleurs. De manière analogue à la bidimensionalité du champ visuel, on peut exprimer la tridimensionalité du corps des couleurs comme une propriété formelle de la relation Vc. (Constitution : § 118.)

### 91. *Réserve à l'égard de la dérivation proposée de l'ordre du champ visuel et de l'ordre des couleurs*

Avec ces dérivations, nous avons divisé l'ordre de ressemblance à cinq dimensions des qualités visuelles (c'est-à-dire l'ordre relatif à la relation de ressemblance Rq) en un ordre des positions dans le champ visuel à deux dimensions et un ordre des couleurs à trois dimensions. Cette division a été possible parce que les deux relations d'identité de position et d'identité de couleur présentent une différence formelle dans la mesure où diverses qualités de même couleur peuvent apparaître dans le même vécu élémentaire, mais non différentes qualités de même position. On pourrait par contre objecter que la différence entre le rapport de deux couleurs différentes de même position et le rapport de deux couleurs identiques de positions différentes n'est pas une différence formelle, mais de qualité ou d'essence; qu'avec l'établissement d'une seule relation fondamentale, on ne saurait rendre cette différence d'essence; et que par suite on devrait prendre plusieurs relations fondamentales dont une relation qualitative et une relation de localisation. La question du nombre de relations fondamentales nécessaires n'est à vrai dire nullement résolue de manière définitive. Mais même si d'autres relations fondamentales devaient être choisies, la différence entre identité de position et identité de couleur n'appartiendrait pas au donné mais devrait être dérivée. Elle n'est pas en effet une différence entre paires de vécus élémentaires mais entre paires de qualités et les qualités devraient être dérivées même dans ce cas (à savoir par quasi-analyse); a fortiori cette différence. Il est vrai que la différence renverrait ici à deux relations entre vécus élémentaires qui de leur côté seraient donnés directement comme étant de type différent. Si on voulait également ramener la différence des deux ordres que nous avons séparés par la différence de comportement formel des relations de base, à la différence saisissable intuitivement, non formelle mais qualitative, entre couleur et signe de localisation (en effet les « positions » doivent reposer en un sens quelconque sur ces signes de localisation), on doit faire à nouveau observer que ces deux déterminations qualitatives, puisqu'il s'agit ici de leur différence saisissable intuitivement, coexistent avec une égale légitimité. Mais leur apport pour la construction de la connaissance est bien différent. L'une des deux déterminations, le signe de localisation, sert en effet de fondement au « principium individuationis » : elle détermine un premier ordre de positions sur lequel repose finalement l'ordre spatial. Que cette fonction ne puisse être remplie que par l'une des deux déterminations, a justement son fondement dans cette propriété formelle de l'identité de position par laquelle nous l'avons distinguée de l'identité de couleur, à savoir que des qualités de même position qui ne sont pas identiques, ne peuvent apparaître dans le même vécu élémentaire. Par conséquent la séparation des deux ordres que nous avons entreprise repose sur une différence certes formelle mais nullement inessentielle, entre ces propriétés qui conditionnent les apports différents de ces deux déterminations dans la connaissance de la réalité : ce qui ordonne (les signes de localisation) et ce qui est ordonné (les couleurs). Nous ferons ultérieurement d'autres réflexions qui se rattachent à cette différence et à sa mise en œuvre en tant que principe d'individuation (§ 158).

92. *Autres possibilités de dérivation du champ visuel*

Le mode de dérivation indiqué de l'ordre des positions du champ visuel n'est pas le seul et il existe encore d'autres possibilités. On pourrait penser qu'un seul mode de constitution soit correct puisqu'il n'y en a qu'un qui puisse traduire correctement ou plus précisément reproduire rationnellement le cours effectif du processus de la connaissance tel qu'il se déroule chez un individu normal dans des conditions normales. La raison de cette multiplicité tient au fait que le cours effectif de la connaissance que l'on peut qualifier d'intuitif, à la différence de la reconstruction rationnelle, est sur-déterminé; d'où la possibilité et la nécessité de choisir parmi ces déterminations qui se suffisent en elles-mêmes.

Dans le type de dérivation du champ visuel que l'on a présenté (§ 89), seule la ressemblance du signe de localisation des positions voisines du champ visuel a été utilisée. Il est possible que ce facteur qui entre toujours en jeu, ne soit pas originaire pour la psychologie de la connaissance ; il se pourrait que les signes de localisation ne soient pas comparables à l'origine et ne présentent aucune relation de ressemblance entre eux. Peut-être certaines paires de signes de localisation ne sont-elles qualifiées de paires de ressemblance que par association consécutive au changement des qualités de couleur lors de petits mouvements des yeux. Peut-être également doit-on penser que pour la psychologie de la connaissance, les relations entre les positions du champ visuel sont constituées encore autrement, à savoir en liaison avec les sensations kinesthésiques des muscles oculaires. Une dérivation constitutionnelle de l'ordre du champ visuel, différente de la dérivation indiquée, pourrait s'appuyer là-dessus.

Il nous reste à discuter d'une troisième possibilité de dérivation de l'ordre du champ visuel qui soulève une question de principe importante. Ici, comparativement aux deux précédentes dérivations, ce qui est admis comme donné est nettement moins important. Nous pouvons en effet renoncer à tout ce qui est vu indirectement et prendre pour donné uniquement ce qui apparaît en un point du regard. A dire vrai, nous devons alors considérer comme possible que deux ou plusieurs sortes de couleurs contiguës (le long d'une limite ou en un point) coexistent en ce point du regard, alors qu'auparavant nous admettions que seule une sorte de couleur puisse être attribuée à une place du champ visuel. Les couleurs qui apparaissent forment d'abord un ordre unidimensionnel par leurs rapports temporels. En mettant en jeu la kinesthésie des mouvements oculaires, nous pourrions facilement parvenir ici à des ordres plus élevés, à une sorte de champ visuel. Il est cependant possible de renoncer ici aussi aux sensations kinesthésiques, même si la constitution en est rendue beaucoup plus difficile. Bien qu'alors il n'existe pas de champ visuel, la constitution conduirait tout comme avec les types de dérivation précédemment discutés, à un ordre à deux dimensions. (Nous nous en convaincrons facilement si nous songeons à la suite de sensations liées à un point du regard, obtenues pour un environnement inchangé mais un œil mobile.)

Il est remarquable que *dans tous les cas apparaît tout d'abord un ordre à deux dimensions* (même si c'est d'une manière très différente), *à partir duquel est ultérieurement constitué l'ordre à trois dimensions* que nous avons l'habitude de prendre pour *l'ordre spatial de la réalité physique*. Une fois la réalité physique entièrement constituée, nous pouvons alors en retour interpréter les différents ordres à deux dimensions et « expliquer » leur bidimensionalité par une propriété déterminée de cette réalité à laquelle les objets et processus physiologiques appartiennent par essence. Que le champ visuel apparaisse à deux dimensions dans le premier type de dérivation basé sur les signes de localisation, est expliqué par l'ordre bidimensionnel des organes de la rétine; pour la constitution à l'aide des mouvements oculaires, l'explication renvoie au fait que le mouvement de l'œil relativement à la tête présente deux degrés de liberté. Nous avons enfin montré la possibilité de constituer un ordre visuel à deux dimensions uniquement sur la base des sensations d'un point du regard, sans faire appel aux sensations liées au mouvement de l'œil; et ce principalement pour la raison suivante. Cette troisième possibilité dans laquelle sont écartées les relations entre signes de localisation, montre en effet que la bidimensionalité de ce premier ordre topographique de la vue ne tient ni à la constitution de la rétine ni à celle des mouvements oculaires. En se plaçant au point de vue du monde physique tridimensionnel déjà constitué, la véritable raison réside bien plus dans le fait que les rayons de lumière qui atteignent un point forment un faisceau de second degré et sont par suite ordonnés suivant deux dimensions. Compte tenu de ce fait en revanche, la constitution de l'organe visuel peut être qualifiée d'adaptée, aussi bien par la disposition des terminaisons nerveuses que par le type de mobilité, puisqu'elle facilite la reconnaissance de l'ordre à deux dimensions; mais elle n'est pas absolument nécessaire à la constitution de cet ordre.

### 93. *Les « sensations », constituants individuels du vécu*

Nous avons constitué les classes de qualité comme des classes de vécus élémentaires qui représentent les constituants des vécus élémentaires en tant que quasi-constituants. Si deux vécus élémentaires appartiennent à la même classe de qualité, nous disons qu'ils ont en commun un constituant déterminé. Si nous voulons différencier les deux constituants similaires des deux vécus élémentaires, nous ne devons pas seulement les qualifier suivant leur qualité, mais préciser le vécu élémentaire auquel ils appartiennent. Seul un constituant ainsi qualifié est au sens propre un constituant individuel, rigoureusement unique; nous le désignons par « sensation » à la différence du constituant déterminé seulement suivant la qualité, tel qu'il est représenté par une classe de qualité. Mais ce mot n'est choisi qu'en raison de sa brièveté; (il se rapporte aussi aux sentiments élémentaires d'après ce qui a été dit au § 76 et 85). Nous avons en conséquence à définir formellement la sensation comme la paire ordonnée formée d'un vécu élémentaire et de la classe de qualité à laquelle il appartient; (la qualité est un constituant du vécu; le vécu est un élément de la classe de qualité).

L'identité temporelle (*Gleichgzeitigkeit*) des constituants du vécu se réfère aux sensations: on dit qu'elles occupent la même position temporelle quand les vécus élémentaires, donc les antécédents des paires, sont identiques. (Constitution des sensations et de l'identité temporelle : § 116.)

Revue de la littérature : Tandis que les sensations font partie du domaine de la psychologie, les qualités appartiennent au domaine de la phénoménologie et de la théorie des objets; elles y sont qualifiées d'objets des sensations : Meinong [Gegenstandsth.] 512, [Stellung] 8 *sq.*

Il est à noter que dans notre système de constitution, les qualités ne sont pas constituées en tant que classes de sensations (ce qui correspondrait à une certaine conception positiviste) ; au contraire nous constituons les sensations à partir des qualités qui, il est vrai, sont elles-mêmes constituées à partir des vécus élémentaires (suivant la signification générale du positivisme). Que les sensations soient constituées à partir des classes de qualité et non l'inverse, est une conséquence de notre conception fondamentale selon laquelle les différents constituants d'un vécu ne se distinguent pas au sein du vécu particulier mais sont obtenus par abstraction, à savoir en le classant avec les autres vécus. *Un vécu particulier est en lui-même indivisible ; les vécus dans leur ensemble peuvent être comparés et ordonnés, et les quasi-constituants des vécus individuels ne résultent que de cette mise en ordre.*

94. *Aperçu sur d'autres dérivations*

Nous avons présenté la dérivation des objets les plus importants des niveaux inférieurs, c'est-à-dire établi leur mode de constitution et déterminé ainsi leur « forme d'objet[40] ». Nous avons jusqu'ici utilisé comme unique relation fondamentale la relation de rappel de ressemblance. Nous allons à présent jeter un rapide coup d'œil sur la dérivation d'autres objets et nous ferons particulièrement attention à l'éventuelle nécessité de nouvelles relations fondamentales.

La constitution de l'ordre spatial à trois dimensions à partir de l'ordre à deux dimensions, de l'espace visuel à partir du champ visuel, forme une étape particulièrement importante dans le système de constitution. Avec elle pour la première fois sont constitués des objets de la « réalité » au sens de « monde extérieur ». Les sensations tactiles et musculaires jouent ici un rôle important dans le processus effectif de la connaissance. Mais nous rencontrons à nouveau une sur-détermination : la constitution peut également être accomplie avec la seule aide des sensations visuelles et ne requiert ainsi aucune nouvelle relation fondamentale. On n'en donnera que l'ébauche nécessaire pour montrer qu'elle est réalisable.

Les sensations visuelles (en tant que constituants individuels du vécu) sont disposées suivant une suite uni-dimensionnelle, la suite temporelle, de structures (*Gefügen*) spatiales à trois dimensions, comme on peut le déduire à partir de la suite temporelle des champs visuels (des vécus individuels) ordonnés spatialement, si l'on admet que ce qui est vu conserve sa constitution relativement à la couleur, la forme et la situation, tant que des modifications ne sont pas constatées ou déduites par analogie. Nous déterminerons plus précisément la constitution du monde spatio-temporel ultérieurement (§ 125-127). Les « choses visuelles » sont alors le résultat d'une certaine connexion déterminée des « lignes de monde » de cette structure à quatre dimensions (§ 128).

Il est remarquable que pour la constitution des choses visuelles et de l'espace à trois dimensions, nous n'avons besoin ni d'autres sens que le sens de la vue, ni des composantes des qualités visuelles (ton, saturation et luminosité) que les dérivations réalisées jusqu'ici n'ont pas encore distinguées. Cette situation n'amène sans doute pas à réduire le nombre de relations fondamentales mais rend possible une simplification méthodique de la constitution.

Dans le processus effectif de la connaissance, la spatialité tri-dimensionnelle des choses semble être habituellement donnée de manière immédiate, du moins chez l'homme dont le développement atteint la pleine conscience. Il y a cependant des cas où l'ordre spatial résulte d'une activité de mise en ordre, ce qui montre bien que la constitution n'est pas une pure fiction, mais une reconstruction rationalisante de ce qui se passe effectivement. Pour l'ordre spatial, cela s'observe uniquement lorsque la synthèse correspondant à la constitution dans le processus effectif de la connaissance, ne se déroule pas aussi vite et inconsciemment que d'habitude par suite de difficultés particulières. Tel est le cas par exemple de l'orientation chez un aveugle (voir les intéressantes notes d'Ahlmann [Opt. Vorst.]).

Les autres processus de constitution se rattacheront à ceux qui ont été mentionnés. Parmi les choses visuelles, « mon corps » sera distingué à l'aide de déterminations spécifiques (§ 129). Tandis que seul le sens de la vue a été jusqu'ici individualisé, nous pourrons caractériser individuellement les autres sens les plus importants en utilisant « mon corps » (§ 129-131). Nous pourrons également dériver les différentes composantes des qualités représentées par les classes de qualité (par exemple la qualité au sens strict, l'intensité, les signes de localisation). Finalement tous les objets autopsychiques – il ne s'agit pas encore dans les processus de constitution discutés ou ébauchés jusqu'ici du domaine hétéropsychique – seront constitués et répartis en domaines principaux (« les classes sensibles ») ainsi que leurs composantes (§ 131 *sq.*). La constitution du psychisme propre n'exige pas d'autres relations fondamentales.

Nous pourrons constituer les « choses de la perception » en attribuant aux choses visuelles des qualités des autres sens (§ 133) et le « monde physique » à l'aide du « monde de la perception » (§ 136). Nous pourrons constituer ainsi la totalité du domaine des objets physiques.

La possibilité de constituer les objets hétéropsychiques et les objets spirituels résulte des réflexions antérieures sur leur réductibilité respective aux objets physiques (§ 57, 58) et aux objets psychiques (§ 55, 56). Nous reviendrons plus tard sur la constitution des objets hétéropsychiques (§ 140) et des objets spirituels (§ 150), mais sans indiquer précisément leurs formes d'objet. On reconnaîtra toutefois que même pour la constitution de ces catégories d'objets, aucune nouvelle relation fondamentale n'est requise.

## E. Les formes de représentation d'un système de constitution

### 95. *Les quatre langages*

Il convient d'exposer un système de constitution suivant plusieurs modes d'expression ou « langages » parallèles, pour en faciliter la compréhension et la vérification. Dans la prochaine section, nous emploierons pour présenter l'ébauche de notre système de constitution quatre langages qui se distinguent par la forme mais aussi par le sens. On entend par différence de sens la différence des représentations que l'on peut associer, selon le point de vue, à la formule de constitution d'un objet, expression formelle et neutre quant au sens. Il s'agit donc de différence de sens ou de valeur cognitive pour une même valeur logique (§ 50).

Le langage fondamental du système de constitution est le langage symbolique de la logistique. Lui seul fournit l'expression propre et exacte des processus de constitution ; les autres langages ne sont que des langages auxiliaires qui servent à en faciliter l'expression. Mais dans l'ébauche qui va suivre, nous ne donnerons dans ce langage fondamental que la constitution des niveaux inférieurs. Ce n'est pas que les objets des catégories plus élevées s'avèrent particulièrement difficiles à exprimer dans ce langage, mais le problème de la constitution des objets de niveaux plus élevés n'est pas encore précisément résolu et cette constitution ne peut donc être donnée qu'à grands traits. Dès que le contenu de la constitution d'un objet quelconque est précisément connu, la formulation logistique n'offre plus de difficulté. Nous étudierons en détail le langage fondamental de la logistique au § 96 et expliquerons les caractères les plus importants au § 97.

Les trois autres langages ne fournissent que des traductions du langage fondamental logistique. Après chaque définition constitutive, on donnera tout d'abord une traduction simple dans la langue naturelle (cf. § 98). Vient ensuite la traduction dans le langage réaliste en usage dans les sciences du réel. Il sert surtout à reconnaître plus facilement la justesse de la constitu tion quant à son contenu et à vérifier si la définition constitutive atteint effectivement l'objet connu qui est visé. Enfin on emploie le langage d'une construction fictive qui interprète les formules de constitution comme des procédures opératoires pour une construction[41]. Il permet une reconnaissance simple et claire de leur justesse formelle et de vérifier le caractère constructif de chaque définition constitutive (c'est-à-dire non équivoque, non vide et purement extensionnel) (§ 99, 101, 102).

Revue de la littérature : Gätschenberger traite en détail dans [Symbola] du rapport entre différents langages portant sur un même état de choses. Son exposé peut servir à faciliter la compréhension de la pluralité des langages que nous employons. Le langage fondamental de notre système de constitution représente une ébauche de la langue unitaire réclamée par Gätschenberger; il est également doté du caractère requis par lui d'un symbolisme propre au calcul. Mais on n'a pas résolu pour autant le problème de la langue unitaire; on l'a seulement clarifié à travers un exemple, et indiqué la méthode pour le résoudre.

### 96. *Le langage symbolique de la logistique*

Le langage propre au système de constitution est le langage symbolique de la logistique. Nous donnerons donc la constitution des objets individuels des niveaux inférieurs dans une formulation logistique, ainsi que certains énoncés (les « théorèmes ») à titre d'exemples (§ 46). Deux raisons plaident en faveur de l'emploi de ce langage symbolique. Un objet constitué doit tout d'abord être absolument distingué de l'objet connu correspondant de la vie quotidienne ou de la science. Nous avons déjà indiqué dans la section précédente que cette distinction était nécessaire et l'avons clairement marquée par endroits en apposant des symboles distinctifs (symboles p et c, § 75). L'emploi du langage symbolique est encore plus important pour satisfaire cette seconde exigence : montrer que tous les objets sont réductibles aux objets fondamentaux, c'est-à-dire que les propositions portant sur les autres objets sont convertibles en propositions ne comportant que l'expression des objets fondamentaux et des symboles logiques. Il est clair que la valeur d'un système de constitution dépend de la pureté de cette réduction, tout comme la valeur de la présentation axiomatique d'une théorie repose sur la pureté de la déduction des théorèmes à partir des axiomes. La pureté de la réduction peut être assurée au mieux par l'emploi d'une symbolique appropriée. Avec l'emploi d'une langue naturelle sans symbolique particulière, cette pureté ne serait garantie que s'il existait un langage verbal pour exprimer les concepts de la logistique, notamment ceux de la théorie des relations, branche de la logistique la plus importante pour la constitution. Ce système verbal n'existe pas; il est même douteux qu'un tel système soit jamais établi puisque la supériorité du traitement symbolique s'impose trop fortement à toute personne qui utilise la théorie des relations. On retrouve ces mêmes avantages en mathématique avec l'emploi du symbolisme comparé au procédé par lequel on voudrait exprimer en langage verbal toutes les équations et opérations mathématiques.

Mais le système de constitution ne doit pas seulement être « pur » (c'est-à-dire dépourvu de concepts étrangers introduits subrepticement), il doit aussi être formellement irrécusable. Pour qu'une définition constitutionnelle remplisse sa fonction constitutive d'objet, elle ne doit être ni ambiguë ni vide, c'est-à-dire qu'elle ne doit désigner qu'un seul objet mais au moins un objet (au sens le plus général qui inclue les quasi-objets, donc un individu, une classe ou une relation). Cette exigence est difficile à satisfaire avec la formulation verbale de la définition (il en est de même de l'exigence qui lui est liée, de « constructivité » des formules de constitution que l'on aura à établir lors de la discussion du langage constructif, § 102); c'est en revanche facile et pour ainsi dire automatique avec l'emploi d'une symbolique appropriée, par exemple l'emploi des formes logistiques pour introduire les classes ou les relations et pour caractériser les individus de manière univoque. Il est connu que la logistique garantit par ces formes l'univocité et l'existence logique; car ces formes sont créées eu égard à ces propriétés.

97. *Explication de quelques symboles logistiques*

La connaissance de la logistique n'est pas un prérequis pour comprendre la théorie de la constitution, ni même notre ébauche de système de constitution, puisque toutes les formules logistiques qui s'y trouvent, sont transcrites verbalement. Nous allons cependant indiquer brièvement ici la signification des symboles logistiques utilisés, si tant est qu'ils n'aient pas été déjà expliqués.

REVUE DE LA LITTÉRATURE : Pour une présentation détaillée de la logistique : Carnap [Logistik]. Voir les autres références au § 3.

Explication des symboles logistiques :

Constantes : les classes commencent par une minuscule et les relations par une majuscule.

Variables : α, β, ... pour les classes; P, Q, R, ...pour les relations; et généralement x, y, z.

Propositions : » la négation, ¾ l'implication; un ou plusieurs points : la conjonction (ou pour remplacer les parenthèses). H (ou I), l'identité. H $_{Df}$, le symbole de définition.

Fonctions propositionnelles (§ 28) : fx étant une fonction propositionnelle, (x).fx signifie que « fx vaut pour tout x »; (∃x).fx, « il existe un x qui satisfait fx ».

Classes (§ 33) : α\β l'intersection ; α[β la réunion ; α½β l'inclusion ; α – β, la classe restante ; α Ex β, « α et β sont des classes exclusives ». ∃! α, « α n'est pas une classe vide » ; [x] ou ι'x, la classe dont x est l'unique élément. Si χ est une classe de classes, s'χ est la réunion des classes χ. Chaque classe α a un nombre cardinal Nc'α (§ 40). Pour les nombres, les symboles usuels comme>, / (la barre de fraction), sont valables.

Relations (§ 34, 11) : soient les relations Q, R. \, [, ¾,ont la même signification que pour les classes (sans point pour plus de commodité ici) $\overleftarrow{R}$'x : les antécédents de x pour R. R V a, R W b désignent les relations dérivées de R en limitant respectivement à a et b le domaine et le champ de la relation. a"b : la relation qui lie chaque élément de a à chaque élément de b. x↓y : la relation dont x, y constitue l'unique paire.

As, sym, réfl : les classes des relations respectivement asymétriques, symétriques et réflexives.

Quasi-analyse (§ 71-73) : Sim'R, la classe des cercles de ressemblance relativement à R. Eq'R, la classe des classes d'abstraction relativement à R.

Topologie : NDp(n, α, x, Vois) : α a dans l'élément x le nombre de dimensions n relativement au voisinage Vois. Voisr'Q : le voisinage déterminé par la relation (de voisinage) Q. n NDhomvoisQ : le champ de Q a le nombre de dimensions homogène n relativement au voisinage selon Q.

98. *La transcription en langue naturelle et le langage réaliste*

Pour chaque formule symbolique de constitution, nous donnerons une transcription verbale. Mais cette transcription ne doit pas être considérée comme une version rigoureuse de la constitution. Elle vise à rendre plus facilement compréhensible le sens de la formule, même si elle perd en précision. En revanche les deux autres langages expriment chacun un sens nouveau pour chaque constitution.

Tandis que la transcription verbale devrait être encadrée par les symboles c en utilisant le mode de désignation précédent (§ 75), le langage réaliste correspond aux expressions désignées auparavant par les symboles p. Nous indiquerons en langage réaliste l'état de choses qui sert de base à chaque constitution.

L'introduction d'un nouveau symbole par une définition constitutive n'a pas seulement une valeur économique en permettant de désigner l'objet constitué dans des propositions et d'autres constitutions par ce symbole simple au lieu de l'expression constituante complexe ; mais l'objet constitué doit de plus être représenté comme la reconstruction rationnelle d'un objet déjà constitué de manière mi-rationnelle mi-intuitive dans la vie quotidienne ou la science. Son nom guide par conséquent le choix du symbole et la définition cherche aussi à montrer que tel objet connu peut être déduit d'après son concept rationnel de tels ou tels concepts fondamentaux suivant telle ou telle forme. En vérité il n'est pas toujours facile de reconnaître qu'un objet constitué correspond effectivement à un objet connu déterminé, car les formes schématiques de constitution[42] apparaissent de prime abord étranges. Il est tout aussi difficile de reconnaître au début sur une carte routière la reproduction schématique du paysage. La traduction de la constitution d'un objet dans le langage réaliste facilite la reconnaissance de cette concordance. Cette traduction en effet traduit le fait que certaines propriétés, en tant que caractères distinctifs, appartiennent à l'objet visé et seulement à lui.

99. *La langage de la construction fictive*

Les constitutions individuelles sont encore traduites dans un quatrième langage, le langage d'une construction fictive. Les définitions constitutives n'y sont pas interprétées comme donation de nom (comme dans les deux premiers langages) ni comme caractérisation d'objets connus (comme dans le troisième), mais comme *règles opératoires d'une procédure constructive*. En introduisant certaines fictions appropriées, qui doivent être données d'emblée avec précision, on peut exprimer les constitutions comme des processus concrets et la traduction de la constitution dans ce langage satisfait ainsi au mieux le besoin de représentation intuitive; celle-ci ne facilite pas seulement la compréhension mais a également une valeur heuristique. Tandis que la traduction réaliste guide la construction sur le plan du contenu par un contact constant avec les faits scientifiques, le langage constructif a davantage un effet régulateur au point de vue formel. Il élimine, pour ainsi dire automatiquement, dès les considérations préparatoires, un essai de constitution qui ne rattache pas d'une manière purement formelle le nouvel objet aux anciens, dans la mesure où cette constitution ne peut pas être exprimée de manière constructive, c'est-à-dire comme une règle pour établir une liste constitutive[43].

Les fictions appropriées résultent de l'objectif de la constitution comme reconstruction rationnelle de la connaissance des objets, cette reconstruction devant reproduire la structure formelle de la formation des objets. A cet effet, nous introduirons deux fictions : la première consiste à séparer dans le temps le vécu de contenus « bruts » et le traitement du matériau de connaissance; la seconde correspond à la rétention du donné (§ 101). Nous admettrons comme cadre fictif, qu'il nous faut prescrire à un sujet donné que nous allons désigner par A, les opérations graduelles par lesquelles A parvient à construire certains schèmes (les listes constitutives) qui correspondent aux objets individuels à constituer (§ 102). Si une définition constitutive peut être traduite en une telle règle opératoire, nous sommes alors certains que la constitution est purement extensionnelle comme l'exige la théorie de la constitution, de toute constitution.

Les présupposés et la méthode du langage constructif vont être exposés plus précisément dans les paragraphes suivants (§ 100-102). Il faut souligner que le système de constitution lui-même n'a rien à faire avec ces fictions; elles se rapportent seulement au quatrième langage, lequel n'a que la fonction didactique d'illustration.

100. *La constitution comme reconstruction rationnelle*

Le « donné » n'existe jamais dans la conscience à l'état de matériau pur, non traité, mais toujours déjà au sein de combinaisons et de configurations plus ou moins complexes. La synthèse cognitive, le traitement du donné pour former et représenter les choses, la « réalité », se produit le plus souvent sans intention, ni selon une procédure consciente.

EXEMPLE: Quand on regarde une maison, elle est perçue dans une intuition immédiate comme objet physique, sa face cachée non perçue est co-pensée (mitgedacht); il est pensé qu'elle continue d'exister quand on détourne les yeux et c'est la maison déterminée que l'on connaît qui est reconnue en elle, etc. sans avoir d'ordinaire à accomplir un enchaînement d'inférences dans une pensée explicite.

Dans la science également, le traitement, la formation et la reconnaissance de l'objet ont lieu le plus souvent de manière intuitive et non suivant la forme rationnelle d'inférences logiques.

EXEMPLE: Le botaniste effectue dans la perception d'une plante particulière son objectivation en tant qu'objet physique sans une activité consciente de la pensée, de même la reconnaissance de cet objet comme une plante de telle ou telle espèce est le plus souvent intuitive.

Que cette synthèse cognitive, à savoir la formation de l'objet, son identification ou sa classification en espèces, s'opère de manière intuitive, a l'avantage de la simplicité, de la rapidité et de l'évidence. Mais la reconnaissance intuitive (de la plante par exemple) ne peut être utilisée pour un autre traitement d'ordre scientifique que parce qu'il est possible d'indiquer expressément la caractéristique (de l'espèce de plante en question), de comparer avec la perception et ainsi de justifier rationnellement l'intuition.

L'ensemble de la réalité que la connaissance construit d'une manière avant tout intuitive, est reconstruite rationnellement dans le système de constitution. Le botaniste doit se demander lors de la reconstruction de l'identification de la plante: qu'est-ce qui a été véritablement vu dans le vécu de reconnaissance et qu'est-ce qui appartient à son traitement aperceptif? Mais il ne peut séparer ces deux composantes réunies dans le résultat que par abstraction. C'est ainsi par abstraction que la théorie de la constitution doit séparer dans la reconstruction rationnelle, le donné pur et ce qui est traité, non pas pour tel cas particulier mais pour l'ensemble du courant de conscience.

101. *Les fictions de la séparation et de la rétention du donné*

Pour ce quatrième langage de *construction fictive* qui aide à la représentation intuitive de la constitution, supposons qu'il nous faut fournir à un sujet A les règles opératoires selon lesquelles il doit traiter le donné pour en faire des objets. Comme on vient de le voir, il est nécessaire pour la théorie de la constitution de séparer par abstraction le donné pur de ces composantes de synthèse que sont les formes de constitution et elle le fait dans le cadre de cette supposition en *séparant fictivement dans le temps le donné de son traitement :* durant la première partie de sa vie, A ne reçoit que le donné, sans le traiter, et c'est dans la seconde partie de sa vie qu'il traite le matériau conservé, conformément aux règles que nous allons indiquer et sans recevoir d'autre donné pendant cette période. La seule supposition fictive faite à propos du vécu, c'est-à-dire du contenu de la première partie de la vie de A, est cette élimination de tous les moments synthétiques. Les autres fictions ne concernent que la seconde partie de la vie ; A se verra alors doté de certaines aptitudes pour pouvoir en général procéder au traitement du donné tandis que certaines connaissances lui seront déniées afin que ce traitement ne se déroule qu'au sein du cadre défini par la méthode constitutionnelle. Cette séparation que nous imaginons entre le moment synthétique, donc tous les processus de pensée, et le vécu ne répond qu'à l'objectif d'allègement dévolu au langage de la construction fictive. Lors de la constitution proprement dite, tous les contenus qui appartiennent effectivement aux vécus, devront évidemment apparaître sur le mode constitutionnel : les actes de pensée doivent aussi être constitués, voir le § 85.

Cette fiction de la séparation temporelle n'est utilisable que si nous supposons encore que le vécu n'est pas oublié mais gardé en mémoire par A ou enregistré, puisque sinon il n'y aurait dans la seconde période aucun matériau disponible pour le traitement. Cette *possibilité fictive de rétention du donné* diverge de la réalité sur plusieurs points. Tout d'abord, il y a dans la vie réelle beaucoup de choses qui sont oubliées. Ensuite, ce n'est pas habituellement le vécu brut qui est gardé en mémoire, mais un matériau traité de niveau plus élevé comme les objets physiques ou hétéropsychiques.

Il ne s'agit pas dans la constitution de reproduire dans toutes ses dimensions le processus de la connaissance. Mais comme on l'a déjà expliqué lors de l'étude du problème des relations fondamentales, on ne pose comme donné que le nombre nécessaire de relations existantes au sein du vécu pour pouvoir constituer par principe la réalité à partir de là ; par principe, c'est-à-dire en faisant abstraction de savoir s'il faut plus ou moins de matériau pour constituer les objets particuliers. Toute constitution doit en quelque sorte être comprise ainsi : « cet objet peut être constitué de telle ou telle manière, étant supposé que l'on dispose d'un donné suffisant ». C'est ce sens de la constitution qui s'exprime dans le langage constructif à l'aide de cette fiction que A n'oublie rien du donné.

A la fiction d'un donné que l'on peut fixer appartient encore cette supposition que tout élément du donné, donc tout vécu élémentaire, est conservé en tant qu'élément identique de sorte qu'il puisse être repris plus d'une fois lors du traitement et à chaque fois comme le même élément. Dans la fiction, cela peut se traduire en attribuant aux vécus élémentaires individuels des marques arbitraires mais constantes, par exemple en les numérotant dans un ordre quelconque.

102. *La fiction des listes des relations fondamentales*

Nous avions noté (§ 75) que la théorie de la constitution ne pouvait prendre pour point de départ du système de constitution qu'une description de relation des vécus élémentaires fondée sur les relations fondamentales du système et non une description de propriété. Suivant cette conception, nous dirons dans le langage constructif que, des vécus élémentaires de la première partie de sa vie, A peut, en vue de leur traitement, ne pas retenir ou enregistrer leur constitution individuelle mais uniquement la description de relation touchant les relations fondamentales, donc la « *liste constitutive* » de chaque relation fondamentale ou liste des paires de numéros correspondant aux vécus élémentaires liés par ces relations[44] ; autrement dit dans notre système, la liste des paires correspondant à l'unique relation fondamentale Rap. Si la forme de la constitution n'est pas recevable (parce qu'elle n'est pas purement « constructive » ou « extensionnelle »), on ne pourra pas la traduire en règles opératoires ; là réside la valeur régulatrice de notre fiction.

Le système de constitution est une reconstruction rationnelle d'un processus de connaissance dont les résultats sont déjà connus. Aussi rajoutons-nous à la fiction du langage constructif l'hypothèse selon laquelle ce n'est pas A, mais nous qui connaissons toute la réalité, qui allons lui prescrire la méthode à suivre. C'est à partir de cette connaissance seulement que nous savons quelles sont les étapes de constitution appropriées à chaque niveau et à quels objets elles conduisent, sans savoir précisément quelle est la nature des vécus de A. Nous arrangeons donc la fiction de sorte que le sens de la (des) relation(s) fondamentale(s) (*Beziehungssinn der Grundrelation(en)*) nous soit connu afin que nous puissions mener A à partir de la (des) relation(s) fondamentale(s) jusqu'aux objets que nous visons. En revanche nous ne connaissons pas la (les) liste(s) de A des paires de la (des) relation(s) fondamentale(s); une telle fiction nous contraint à formuler la constitution en tant que règles opératoires indépendamment du sujet individuel. Par contre A ne connaît que la liste constitutive de la relation fondamentale et non son sens[45].

L'intérêt de cette fiction apparaît maintenant clairement. Elle permet de respecter et de contrôler plus facilement la pureté conceptuelle des règles opératoires et par là des définitions constitutives. Il est absolument nécessaire que cette pureté soit maintenue de manière rigoureuse à l'aide de telles fictions ou par tout autre moyen. On rencontre trop souvent dans les discussions philosophiques relatives à la constitution cette erreur qui consiste à sortir des limites de ce qui relève de la constitution d'un objet.

La traduction de chaque constitution dans le langage constructif prend donc la forme d'une instruction selon laquelle A, à l'aide de la liste constitutive de la relation fondamentale, établit pas à pas la liste constitutive de chaque objet constitué. La liste indique les éléments de la classe si un objet est constitué en tant que tel, ou les paires s'il s'agit d'une relation. Tous les objets constitués sont munis par A de marques individuelles, mais quelconques, par exemple de numéros, afin de pouvoir être désignés dans d'autres listes. Dès qu'une nouvelle liste constitutive est établie, A doit entreprendre la « retranscription » (*Rückübertragung*) : outre la liste constitutive qui est établie d'emblée définitivement, A fait encore une description d'objet qui est continuellement enrichie de l'apport en retour des constitutions ultérieures. La « retranscription » de la liste constitutive d'une classe consiste à mentionner dans la description d'objet de chacun de ses éléments l'appartenance à cette classe. Nous en avons déjà fourni des exemples avec la quasi-analyse dans laquelle certaines classes étaient attribuées comme quasi-constituants à leurs éléments. La « retranscription » de la liste constitutive d'une relation consiste à mentionner dans la description d'objet de chacun de ses membres, à quels autres membres il se rapporte et quels autres membres sont en rapport avec lui dans cette relation. Liste constitutive et description d'objet correspondent dans le langage constructif à la différence faite dans le langage réaliste entre caractérisation (*Kennzeichnung*) et description (*Beschreibung*) d'un objet : la caractérisation ne fournit que les caractéristiques nécessaires et suffisantes pour établir l'existence de cet objet et la description cite toutes les autres propriétés et relations reconnues à cet objet. On verra clairement avec les applications ultérieures comment se déroule l'établissement des listes constitutives et des descriptions d'objet (section IVA, § 108 *sq.*, à chaque fois sous la rubrique « construction fictive »).

A présent est-il toujours possible de traduire la définition constitutive en une telle règle opératoire pour établir la liste constitutive d'un nouvel objet à partir des listes constitutives de la (des) relation(s) fondamentale(s) et des objets déjà constitués ? En utilisant le langage logistique, il est facile de répondre à cette *exigence de « constructivité »* des formules de constitution : il faut que les définitions constitutives aient une forme extensionnelle. Il ressort de la théorie logique de l'extensionalité que la liste constitutive d'un concept nouvellement défini peut être établie si ce concept est défini en extension en tant que classe ou relation et si l'on connaît les listes constitutives des autres concepts mentionnés dans la définition. (Voir le § 32 sur le concept d'extension et les § 43, 45 sur la méthode extensionnelle de constitution.)

103. *Des règles générales de constitution*[1]

La forme générale et les formes d'objets du système de constitution sont déterminées empiriquement ; c'est-à-dire qu'elles se conforment à la réalité et aux objets individuels que l'on suppose connus par expérience. Mais que pour un certain état empirique d'un niveau donné, on procède précisément de telle ou telle manière et non autrement, doit bien dépendre de quelque chose, à savoir de propriétés formelles, et cela aussi bien dans le processus effectif de la connaissance que dans le système de constitution qui lui correspond en tant que reconstruction rationnelle. On peut en conséquence interpréter *chaque étape de la constitution comme l'application d'une règle formelle générale à la situation empirique du niveau en cause.* Par situation, on doit entendre les propriétés formelles mais qui cependant ne se présentent qu'au sein de l'empirie (*Empirie*) des objets déjà constitués ; si par exemple une relation constituée se révèle transitive ou non suivant sa manifestation empirique, ou si deux classes se recouvrent partiellement ou non, etc. Mais la règle formelle elle-même n'est pas empirique dans la mesure où elle représente une implication qui ne vaut pas seulement pour un niveau particulier mais en tout point du système de constitution.

Ces règles générales peuvent être qualifiées de règles a priori dans la mesure où la constitution et la connaissance des objets reposent logiquement sur elles. Mais ce n'est que sur la base d'une expérience présente déjà formée, constituée, que nous pouvons par abstraction prendre conscience de ces règles. Comme la constitution des objets individuels n'est le plus souvent connue que de manière imprécise (elle n'est donnée dans le système de constitution qui sera présenté que pour les niveaux inférieurs, et seulement à titre d'essai, tandis qu'elle n'est qu'esquissée pour les niveaux ultérieurs), nous ne sommes pas encore capables de mener à bien cette abstraction. Mais les règles ne doivent pas être qualifiées de « connaissances a priori » car elles ne représentent pas des connaissances mais des

1. Les § 103 à 105 peuvent être sautés (R. Carnap).

stipulations[46] (*Festzetzungen*). Dans le cours effectif de la connaissance, ces conventions se produisent inconsciemment. Même dans la démarche scientifique, elles sont rarement conscientes et explicites.

104. *Essai d'établissement de quelques règles de constitution*

On ne peut pas encore établir sur ces bases un système des règles générales de constitution (valables donc pour n'importe quel niveau). Essayons cependant d'établir au moins à titre d'essai quelques-unes de ces règles pour montrer ce que l'on doit entendre par « règles générales » et comment elles se présenteraient. Il ne doit s'agir que d'un exemple à titre d'essai. (A propos des dénominations de la théorie des relations, voir les § 11, 34.)

1. Etant donnée une relation quelconque (que ce soit une relation fondamentale ou une relation constituée d'un niveau quelconque), on constitue son domaine, son co-domaine et (si possible, c'est-à-dire pour une relation homogène) son champ. (Cette règle sera appliquée lors de la constitution des vécus élémentaires (ve) au § 109.)

Le but des règles 2 à 7 est de rendre possible la quasi-analyse conformément aux règles 8 et 9 ; les règles forment une disjonction intégrale de tous les cas de relations homogènes. (Suivant le § 71, symétrie et réflexivité de la relation sont requises pour appliquer la quasi-analyse ; et la transitivité pour la forme la plus simple d'après le § 73.)

2. Etant donnée une relation homogène P qui ne soit ni symétrique, ni réflexive, nous constituons la relation Q, composition de P, de sa converse et de $P^0$ ; Q est alors symétrique et réflexive, de sorte que les règles 7, 8 ou 9 sont applicables. (Cette règle est appliquée à la constitution de la relation de ressemblance partielle Rc au § 110.)

3. Etant donnée une relation P réflexive mais non symétrique, nous constituons la relation Q, composition de P et de sa converse. Q est alors symétrique et réflexive, de sorte que les règles 7, 8 ou 9 sont applicables.

4. Etant donnée une relation P symétrique mais ni réflexive ni transitive, dont la chaîne (la relation de puissance) est triviale, c'est-à-dire valable pour toute paire de son champ, nous constituons Q, composition de P et $P^0$. Q est alors symétrique, réflexive et non transitive, de sorte que les règles 7 ou 8 sont applicables.

5. Etant donnée une relation P symétrique, non réflexive, non transitive, dont la chaîne n'est pas triviale (cf. la règle 4), nous constituons Q comme chaîne de P (identité incluse). Q est alors symétrique, réflexive et transitive de sorte que la règle 9 est applicable. (Application au § 118 pour Idc.)

6. Etant donnée une relation P symétrique, non réflexive et transitive, nous constituons Q, composition de P et $P^0$. Q est alors symétrique, réflexive et transitive, de sorte que la règle 9 est applicable.

7. Etant donnée une relation P symétrique, réflexive et non transitive, dont la chaîne n'est pas triviale (cf. règle 4), nous constituons Q comme chaîne de P. Q est

alors symétrique, réflexive et transitive de sorte que la règle 9 est applicable. (Application aux classes sensibles, § 115.)

8. Etant donnée une relation Q symétrique, réflexive et non transitive, dont la chaîne est triviale (cf. règle 4), nous appliquons à Q la quasi-analyse (conformément au § 71), c'est-à-dire que nous constituons la classe des cercles de ressemblance de Q. (Application pour les cercles de ressemblance (cr) au § 111, pour les positions du champ visuel (pos) au § 117.)

9. Etant donnée une relation Q symétrique, réflexive et transitive, nous appliquons la quasi-analyse (dans sa forme la plus simple conformément au § 73) à Q, c'est-à-dire que nous constituons la classe des classes d'abstraction de Q. (Application aux classes sensibles (sens), aux classes de division du premier type ($div_1$), aux classes de couleur (cou), § 115, 116, 118.)

10. Si les cercles de ressemblance de Q résultant de la quasi-analyse selon les règles 8 ou 9, ne se recouvrent pas ou peu, nous les interprétons comme les quasi-constituants de leurs éléments.

11. Si en revanche les cercles de ressemblance de Q se recouvrent de manière significative et selon un ordre systématique, nous définissons les quasi-constituants en constituant les sous-classes les plus grandes possibles des cercles de ressemblance de Q qui demeurent indivisées dans ces recoupements (abstraction faite des petites dissociations) (cf. § 72). (Application pour les classes de qualité (qual).)

12. Si parmi les quasi-constituants formés sur la base de Q suivant les règles 10 ou 11, il y a des paires telles que tous les éléments de l'antécédent de la paire sont liés à tous les éléments du conséquent de la paire par la relation Q, nous constituons la relation S définie par ces paires comme la relation de voisinage entre quasi-constituants. (Application pour la ressemblance Rq au § 114.)

13. Sur la base de la relation S constituée suivant la règle 12, nous divisons les quasi-constituants en domaines connexes en constituant les classes d'abstraction de la chaîne de S. (Application pour les classes sensibles (sens) au § 115.)

14. Sur la base de S (suivant règle 12), nous définissons les propriétés de l'ordre des quasi-constituants au sein de chacun des domaines connexes (suivant règle 13), en particulier le nombre de dimensions.

15. Si l'ordre de l'un des domaines (suivant la règle 14) a des propriétés générales déterminées (par exemple le nombre de dimensions) qui divergent de celles de tous les autres domaines, on distingue ce domaine par une définition constitutive particulière. (Application au sens de la vue (vue) § 115.)

## 105. *Le problème de la déduction des règles de constitution*

Il faut se demander s'il est possible de déduire les règles générales de constitution dont nous avons donné quelques exemples à titre d'essai, d'un principe supérieur et comment s'énonce ce principe. Ces règles générales n'étant pas même établies, on ne peut ici que poser la question sans y répondre. On ne peut même pas affirmer avec certitude l'existence d'un tel principe supérieur.

Dans un certain sens, la voie suivie pour déterminer le principe de la constitution est analogue à celle suivie pour la détermination d'une unique formule du monde (*Weltformel*) pour les événements physiques. Dans les deux cas, on doit procéder par induction à partir de l'expérience. C'est donc ici à partir des étapes particulières de la constitution qui se trouvent dans le système de constitution, que l'on doit abstraire les règles générales de ces étapes, comme celles des exemples cités. On doit en outre essayer de grouper ces règles sous des règles plus générales (ainsi les règles 2 à 7 des exemples en une règle plus générale de la forme approximative suivante : une relation homogène doit être transformée de la manière la plus simple possible de sorte que la quasi-analyse lui soit applicable), jusqu'à finalement une seule règle, la plus générale. Et de même que l'on pourrait en physique déduire de la formule universelle, si elle était connue, toutes les lois particulières de la nature sans faire référence à l'expérience, la déduction de toutes les règles générales de constitution à partir du principe supérieur serait également possible, sans référence à l'expérience, c'est-à-dire aux processus concrets de constitution du système de constitution. Ce principe supérieur n'est pas plus connu ici que là mais il forme avant tout un objectif qui oriente la recherche et dont il n'est pas même établi qu'il soit accessible. Comme dans un système déductif de la physique où les lois et les formes d'invariance (*Stabilitätsformen*) particulières déduites formellement seraient identifiées aux lois et aux types d'objets naturels reconnus empiriquement, par exemple aux éléments chimiques, dans un système de constitution déductif, les objets particuliers déduits formellement seraient identifiés aux objets particuliers reconnus empiriquement (choses, propriétés, relations, processus).

Si le principe supérieur de constitution était connu, il resterait à approfondir comment, en fonction du sens de la connaissance, et plus exactement de ce que procure le connaître pour la plus grande unité de sens de la vie[47], il nous faut comprendre comme nécessaire que la mise en forme des objets à partir des vécus s'opère précisément comme le représente le système de constitution, qu'elle s'exprime à travers les règles générales de constitution et finalement se résume dans la signification du principe supérieur de constitution. En l'état actuel de la connaissance, ce *problème téléologique de la formation de la connaissance* ne peut être abordé dans sa totalité, mais tout au plus à travers des questions partielles déterminées. Ces questions concernent par exemple les tendances à attribuer substance et causalité, qui prennent de l'importance aux niveaux de constitution les plus élevés. On ne s'arrêtera pas d'avantage ici sur ce problème.

## IV. L'ÉBAUCHE D'UN SYSTÈME DE CONSTITUTION

### A. LES NIVEAUX INFÉRIEURS : LES OBJETS DU PSYCHISME PROPRE

106. *De la forme, du contenu et du but de cette ébauche*

Nous allons donner à titre d'essai les niveaux inférieurs du système de constitution (partie A) tandis que les niveaux ultérieurs ne seront esquissés qu'à grands traits (parties B et C). En gros, la partie A comprend les objets autopsychiques, la partie B les objets physiques et la partie C, les objets hétéropsychiques et spirituels.

Les formes de constitution utilisées correspondent à ce qui a été acquis lors des précédentes recherches (section III) : conformément à la partie III A, on emploie pour formes de niveaux les classes et les relations ; le système repose sur une base autopsychique selon la partie III B ; on prend pour éléments fondamentaux les vécus élémentaires selon la partie III C1 et pour relation fondamentale le rappel de ressemblance selon la partie III C2 ; les formes des objets des niveaux inférieurs correspondent aux dérivations des parties III C2 et III D.

La forme de la représentation ressort des développements de la dernière partie (III E). Ainsi chaque constitution est tout d'abord donnée en tant que définition dans le langage fondamental de la logistique (sous le titre « constitution ») ; suivent ensuite les traductions dans les trois langages auxiliaires, verbal, réaliste et constructif (sous les titres « transcription », « état de choses réaliste », « construction fictive ») ; viennent enfin les propositions portant sur les objets constitués et leurs explications.

Les propositions ou théorèmes d'un système de constitution se divisent en deux catégories différentes. (Des exemples de théorèmes sont donnés T. 1-6 aux § 108, 110, 114, 117, 118.) Les théorèmes de la première catégorie peuvent être déduits uniquement des définitions (les axiomes logiques, sans l'emploi desquels aucune déduction n'est possible, étant présupposés). Nous les appelons théorèmes « analytiques ». Les théorèmes de la seconde catégorie par contre indiquent une relation entre objets constitués, établie seulement au moyen de l'expérience. Nous les appelons théorèmes « empiriques ». Converti en propositions portant sur la (les) relation(s) fondamentale(s), un théorème analytique donne une tautologie; un théorème empirique indique des propriétés formelles empiriques de la (des) relation(s) fondamentale(s). En langage réaliste : les théorèmes analytiques sont des tautologies portant sur des concepts (même si, comme pour les théorèmes mathématiques, la tautologie n'apparaît qu'au moyen d'une transformation; il n'est donc pas nécessaire qu'ils soient triviaux); les théorèmes empiriques expriment un état de choses connu conforme à l'expérience.

Revue de la littérature : Selon la formulation kantienne, les théorèmes analytiques sont des jugements analytiques a priori et les théorèmes empiriques des jugements synthétiques a posteriori. Les « jugements synthétiques a priori » qui sont à la base de la problématique kantienne de la théorie de la connaissance, n'existent pas du tout du point de vue de la théorie de la constitution.

En ce qui concerne le contenu du système de constitution représenté, soulignons à nouveau de manière expresse qu'il ne peut s'agir que d'un essai à titre d'exemple. Ce contenu dépend du contenu des acquis des sciences du réel, et en particulier pour les niveaux inférieurs, de la phénoménologie des perceptions et de la psychologie. Comme les résultats de ces sciences eux-mêmes sont encore controversés, on ne peut garantir l'entière exactitude matérielle de leur traduction dans le langage d'un système de constitution. Notre présentation de la théorie de la constitution poursuit son but propre, poser la tâche d'un système de constitution, poursuivre la recherche logique de sa méthode d'élaboration, mais non établir ce système lui-même. C'est davantage dans l'intention d'illustrer par l'exemple cette tâche que d'en chercher un début de résolution que déjà quelques degrés sont ici réalisés et d'autres esquissés.

### 107. *Les objets logiques et mathématiques*

Avant d'introduire la (les) relation(s) fondamentale(s), il faut constituer les objets logiques[48] ou objets de la logistique pure; on tire ensuite de celle-ci la logistique appliquée et surtout la théorie des relations, en introduisant les concepts fondamentaux d'un domaine quelconque comme la (les) relation(s) fondamentale(s) du système de constitution. Il n'est pas nécessaire de présenter ici en détail le système de la logistique pure.

Revue de la littérature : Ce système a été construit de manière complète par Russell et Whitehead [Princ. Math.], en incluant les objets mathématiques. Voir les références bibliographiques sur la logistique au § 3 et les explications sur les symboles logistiques au § 97.

Comme concepts fondamentaux sont requis les concepts d'incompatibilité de deux propositions et de validité d'une fonction propositionnelle pour tous les arguments. Les connecteurs ultérieurs entre deux propositions et la négation sont constitués à partir des concepts fondamentaux en tant que premiers objets logiques, ainsi que l'identité et l'existence. Ensuite sont introduites les classes et les relations avec leurs connecteurs respectifs, et en outre tous les objets de la théorie générale des relations. (A propos de l'indépendance des objets logiques par rapport aux objets psychiques et physiques, cf. § 25.)

La mathématique forme une branche de la logistique, c'est-à-dire qu'elle ne requiert pas de nouveaux concepts fondamentaux. Il n'est pas nécessaire de présenter ici la construction du système des objets mathématiques ; on rappellera seulement ses principaux niveaux.

Sur la base des objets logiques, on constitue tout d'abord les objets arithmétiques : les nombres cardinaux (§ 40) ; puis les nombres relationnels généraux (*die allgemeinen Relationszahlen*) (ou « structures », cf. § 11) (moins utilisés en mathématiques) dont les nombres ordinaux sont une catégorie particulière ; et pour chaque catégorie de nombres, leurs rapports ; en outre, les suites (théorie générale des suites) ; les nombres rationnels, les réels, les vecteurs, etc.

Les objets géométriques sont également des objets purement logiques, c'est-à-dire que l'on peut constituer au sein du système logistique à partir des concepts fondamentaux précédents. On entend ici par « géométrie », la géométrie mathématique pure, abstraite, qui ne traite pas de l'espace au sens propre de ce mot, mais de certaines structures d'ordre pluridimensionnelles que l'on nomme aussi « espace », plus exactement « espace abstrait ». Les objets intuitifs, phénoménologiquement spatiaux forment un domaine particulier ; ils font partie des objets réels (*Realgegenständen*) et par suite ne peuvent être constitués qu'après l'introduction de la (des) relation(s) fondamentale(s) du système de constitution.

Revue de la littérature : Les recherches de Pieri, Peano, Huntington, Russell, Veblen et d'autres ont montré que l'on pouvait dériver les concepts géométriques de la logistique. Couturat [Princ.]ch. VI, a fourni un exposé d'ensemble avec des indications bibliographiques ; voir aussi les exemples de systèmes géométriques chez Carnap [Logistik]. Le volume IV des [Princ. Math.] de Whithead et Russell, qui doit présenter en détail la dérivation de la géométrie de la logistique, n'est pas encore paru.

Sur la différence entre ce qui a seulement le nom d'espace dans la théorie pure des relations et l'espace proprement dit de l'intuition, voir Carnap [Raum] (ainsi que les données de la littérature sur ce sujet p. 78 *sq.*). Keyser expose de manière détaillée la signification de la géométrie abstraite comme une pure forme de théorie (fonction de théorie, « doctrinal function »)[19] dans [Math. Phil.] ; voir aussi Weyl [Handbuch].

Il est important de considérer que les objets logiques et mathématiques ne sont pas de véritables objets au sens d'objets réels (les objets des sciences du réel). La logique (incluant la mathématique) n'est composée que de stipulations conventionnelles relatives à l'usage des symboles et de tautologies basées sur ces conventions. Par suite, les symboles logiques et mathématiques ne désignent pas des objets mais servent seulement à symboliser ces conventions. Par contre les objets au sens des objets réels (parmi lesquels on compte aussi les quasi-objets) comprennent seulement la (les) relation(s) fondamentale(s) et les objets constitués à partir d'elle(s). A la différence des « variables », tous les symboles qui dénotent quelque chose, s'appellent des « constantes » : constantes logiques pour les symboles des objets logiques et constantes non-logiques pour les symboles des objets réels (concepts d'un domaine).

108. *La relation fondamentale (Rap)*

Relation fondamentale : Rap

Transcription : rappel de ressemblance (§ 78).

État de choses réaliste : x et y sont des vécus élémentaires reconnus comme partiellement semblables, c'est-à-dire comme concordant approximativement pour un constituant du vécu, en comparant une remémoration de x à y (§ 78).

Construction fictive : A possède comme seul matériau de travail la liste constitutive de la relation fondamentale Rap. Il s'agit de la liste des paires de termes de la relation, chaque terme étant désigné par un symbole arbitraire mais univoque (un numéro) (§ 102). Cette liste n'est connue que de A, pas de nous ; en revanche, il ne connaît pas le sens de la relation fondamentale qui n'est connu que de nous (tel qu'indiqué au § 78). Sans connaître ce sens, A peut établir le théorème T1 suivant à partir de sa liste de la relation fondamentale, donc empiriquement ; il exprime que l'on ne trouve pas dans la liste des paires les deux ordres de termes, a, b et b, a. Pour chaque terme de la relation fondamentale, A établit une description d'objet, dont le contenu s'enrichira ultérieurement. Pour le moment, il note seulement à l'aide de sa liste, dans chaque description d'objet d'un terme, à quels termes il se trouve lié par la relation fondamentale et quels termes sont liés avec lui dans cette relation. Cette utilisation de la liste constitutive de la relation fondamentale pour les descriptions d'objet de ses termes correspond à ce que seront ultérieurement avec les objets constitués, les « retranscriptions ».

Théorème T1 : Rap 2 as (empiriquement).

Transcription : Rap est une relation asymétrique.

109. *Les éléments fondamentaux (ve)*

Constitution : ve H $_{Df}$ C'Rap

Transcription : les termes de Rap s'appellent « vécus élémentaires ».

État de choses réaliste : c'est entre les vécus élémentaires qu'existe le rappel de ressemblance; ils sont donc, en tant que termes de la relation fondamentale, les éléments fondamentaux.

Construction fictive : A établit la liste constitutive de la classe ve en tant que liste des numéros de tous les membres qui se trouvent dans la liste de la relation fondamentale. La retranscription est ici quelque peu triviale, puisque A, pour chaque élément sans distinction, note dans sa description d'objet établie auparavant qu'ils appartiennent à la classe ve.

110. *La ressemblance partielle (Re)*

Constitution : Re H $_{Df}$ Rap [RMp [Rap°

Transcription : on dit que des vécus élémentaires x et y sont « partiellement semblables » si la relation Rap existe soit entre x et y soit entre y et x, ou si x et y sont des termes identiques de la relation Rap.

État de choses réaliste : si existe entre les vécus élémentaires x et y un rappel de ressemblance, un constituant de x est alors semblable à un constituant de y, et un constituant de y est semblable à un constituant de x (voir § 78, 77).

Construction fictive : A établit la liste constitutive de la relation Re en y inscrivant toutes les paires de la liste de Rap ainsi que les paires inverses (outre a, b, également b, a) et enfin toutes les paires de termes identiques de la liste (a, a; b, b; etc.). La retranscription consiste ici en ce que A, dans chacune des descriptions d'objet d'un terme de Rap précédemment établie (§ 108) (donc d'un vécu élémentaire), note à l'aide de la liste de Re à quels autres éléments il est lié par la relation Re.

Tandis que A établit les théorèmes empiriques à l'aide des listes constitutives, les théorèmes analytiques procèdent des définitions et ne demandent donc pas à être confirmés au moyen de ces listes. Par exemple T2 et T3 résultent directement de la constitution de Re.

Théorèmes : T2. Re 2 sym (analytique).

T3. Re 2 réfl (analytique).

Transcription : Re est symétrique; Re est réflexive.

111. *Les cercles de ressemblance (cr)*

Constitution : cr H $_{Df}$ Sim'Re

Transcription : Les cercles de ressemblance (formés par quasi-analyse) relativement à Re s'appellent simplement « cercles de ressemblance ».

Commentaire : Cette constitution consiste à appliquer la quasi-analyse à Re conformément à la dérivation du § 80. D'après T2 et T3, Re possède les propriétés de symétrie et de réflexivité requises pour ce faire.

État de choses réaliste : Si nous définissons au sein d'un domaine de qualités quelconque une classe de qualités, la plus grande possible, qualités qui toutes sont voisines les unes des autres, et ensuite la classe des vécus élémentaires qui possèdent ces qualités, deux quelconques de ces vécus élémentaires sont alors partiellement semblables et il n'existe aucun vécu extérieur qui soit partiellement semblable à tous ces vécus (voir § 80).

Construction fictive : A doit établir la liste constitutive de toutes les classes de vécus élémentaires qui sont des cercles de ressemblance relatifs à Re. A cette fin, A détermine d'abord toutes les classes de vécus élémentaires partiellement semblables entre eux ; il commence pour cela par les classes unitaires qui font déjà partie de ces classes en raison de la réflexivité de Re, ensuite il forme les classes de deux éléments en prenant les paires de la liste de relation de Re, puis les classes de trois éléments, etc. Enfin il efface de la liste de ces classes toutes celles qui sont incluses dans une autre classe en tant que sous-classe. Les classes restantes sont les cercles de ressemblance recherchés. A affecte des numéros aux classes trouvées afin de pouvoir les nommer individuellement à l'avenir (cette numérotation n'a rien à voir avec celle des vécus élémentaires). Il mentionne dans la liste de la classe des cercles de ressemblance (cr) tous les numéros de ces classes et dans la liste de chaque classe trouvée, les numéros des vécus élémentaires qui lui appartiennent.

Retranscription des cercles de ressemblance : dans la description d'objet de chaque vécu élémentaire, A note à quels cercles de ressemblance (désignés par les numéros récemment introduits) il appartient.

112. *Les classes de qualité (qual)*

Constitution :

qual H$_{\mathrm{Df}}$â {(γ) : γ2cr,Nc'(α\γ)/Nc'α>$^1/_2$. ¾.α½γ:.(x) : x»∈ α.¾. (∃δ). δ2cr.α½δ. x»2δ}

Transcription : Une classe k de vécus élémentaires est appelée « classe de qualité » si k est entièrement incluse dans tout cercle de ressemblance dans lequel au moins la moitié de k est contenue et s'il existe pour chaque vécu élémentaire x qui n'appartient pas à k, un cercle de ressemblance dans lequel k est incluse mais auquel x n'appartient pas. (Conformément à la dérivation du § 81).

État de choses réaliste : Les classes des vécus élémentaires qui ont en commun un constituant donné, sont les classes les plus grandes qui demeurent indivisées lors de la division des cercles de ressemblance liée à leur recouvrement mutuel partiel, abstraction faite du détachement de parties minimes (cf. § 81).

(Lors de la traduction du langage constitutif dans le langage réaliste, il faut garder présent à l'esprit le fait maintes fois discuté qu'une classe n'est pas constituée de ses éléments (§ 37). Une classe de qualité n'est ni le tout ni la collection des vécus individuels qui lui appartiennent; elle est un quasi-objet qui représente ce qui est commun à ses éléments, donc aux vécus élémentaires.)

Construction fictive : A établit pour chaque paire de cercles de ressemblance qui ont en commun une partie significative (au moins la moitié de l'un des deux) la sous-classe commune et les deux classes complémentaires. Les classes qui en résultent sont à nouveau partagées si elles ont en commun une partie significative avec un cercle de ressemblance quelconque, etc., jusqu'à atteindre les classes qui ne sont plus divisées de la manière indiquée par aucun cercle de ressemblance. Ce sont les classes de qualité recherchées.

Après avoir dressé la liste constitutive de chaque classe de qualité (donc la liste des numéros des vécus élémentaires qui appartiennent à la classe en question), A attribue d'une manière quelconque des numéros aux classes de qualité établies. Nous qui connaissons la signification de la relation fondamentale et celle des objets constitués, nous savons certes que parmi les classes de qualité se trouvent les qualités particulières visuelles, sonores, olfactives, etc. ; mais pour le moment, nous ne pouvons pas encore indiquer à A si une classe de qualité donnée qu'il a déterminée est par exemple un son, et encore moins quel son particulier elle représente. Pourtant nous devons finalement arriver à fournir à A de telles indications, même sans connaître ses listes. C'est justement la thèse principale de la théorie de la constitution que tout objet, pour autant qu'il puisse en général faire l'objet d'énoncés scientifiques sensés, peut être constitué. Cette thèse se trouve confirmé dans le langage constructif par le fait que nous pourrons fournir à A les caractéristiques mentionnées.

La liste constitutive de la classe « qual » indique tous les numéros donnés aux classes de qualité individuelles. A opère la retranscription à partir des listes des classes de qualité individuelles en notant dans la description d'objet de chaque vécu élémentaire à quelle classe de qualité il appartient.

113. *L'identité partielle (Id)*

Constitution : Id H$_{\mathrm{Df}}$ ε V qualJM

Transcription : Deux vécus élémentaires sont dits « partiellement identiques » s'il existe une classe de qualité à laquelle tous deux appartiennent.

État de choses réaliste : Trivialement, deux vécus élémentaires ont un constituant commun s'il existe une qualité que chacun d'eux possède (cf. § 76, 82).

Construction fictive : La traduction en langage constructif n'est plus nécessaire en général, tant ici qu'à l'avenir ; les exemples donnés auparavant devraient suffire. La méthode reste la même : A reçoit de nous des directives sur la base desquelles il établit la liste constitutive du nouvel objet ; il entreprend ensuite la retranscription aux anciens objets en rapport avec le nouvel objet grâce à laquelle les descriptions d'objet sont progressivement enrichies.

114. *La ressemblance entre qualités (Rq)*

Constitution : Rq H $_{\mathrm{Df}}$ $\hat{\alpha}\hat{\beta}$ {α, β 2 qual. α"β ½ Re}

Transcription : Deux classes de qualité sont dites « semblables » si tout élément de l'une est partiellement semblable à tout élément de l'autre.

État de choses réaliste : Il résulte du sens de la ressemblance partielle que, si et seulement si deux qualités sont semblables, c'est-à-dire voisines qualitativement, tout vécu dans lequel apparaît l'une est partiellement semblable à tout vécu dans lequel apparaît l'autre (§ 77, 85).

Construction fictive : Les descriptions d'objet des différentes classes de qualité commencent avec la retranscription de Re.

Théorème : T4. Rq 2 sym \ réfl (analytique).

Transcription : Rq est symétrique et réflexive.

115. *Les classes sensibles et le sens de la vue (sens et vue)*

Constitution : sens H $_{\mathrm{Df}}$ Eq'$\mathrm{Rq}_{\mathrm{po}}$

Transcription : On appelle « classes sensibles » les classes d'abstraction de la chaîne de Rq.

Explication : La constitution s'opère dans la forme la plus simple de quasi-analyse (§ 73) : la chaîne de Rq est transitive, et de plus symétrique et réflexive suivant T4.

Une retraduction de la définition de « sens » exprimée en fonction de Rap est fournie au § 119 et la relation de dérivation de sens au § 121.

État de choses réaliste : Deux qualités ne peuvent être liées selon une suite de qualités qui progresse toujours d'une qualité à une qualité semblable, que si et seulement si elles appartiennent au même domaine sensible (§ 85).

Construction fictive : Si A a établi la liste constitutive de la classe sens, dont les éléments sont les classes sensibles, nous savons que l'une d'elles est la classe des qualités visuelles, une autre celle des qualités de l'odorat, etc. et une celle des sentiments (cf. § 76, 85) ; mais dans un premier temps, nous ne pouvons pas lui indiquer lesquelles elles sont ; en revanche, A ne peut pas nous fournir les listes des classes individuelles. Ainsi, dans notre cadre fictif apparaissent clairement les étroites limites au sein desquelles il faut résoudre la question de l'individualisation des domaines sensibles spécifiques ou au moins du sens de la vue, essentiel pour la suite de la constitution.

Constitution : $\text{vue}\ \mathrm{H}_{\mathrm{Df}}\hat{\alpha}\{(\exists\lambda).\lambda\ 2\ \text{sens}.\ \text{NDp}(5,\lambda,\alpha\ \text{Voisr'Rq})\}$

Transcription : La classe « vue » (du sens de la vue) comprend toutes les classes de qualité dans lesquelles une classe sensible a le ND 5 relativement à Rq (plus exactement relativement à la relation de voisinage déterminée par Rq ; cf. Carnap [Logistik] § 34b).

État de choses réaliste : Le champ visuel est un ordre bidimensionnel de positions, à chaque position pouvant être attribuée l'une des couleurs du corps des couleurs à trois dimensions. L'ordre selon la ressemblance qualitative des autres sens a un nombre de dimensions plus faible (cf. § 86).

116. *Sensations (sensa) et divisions d'un vécu élémentaire*

Constitution : $\text{sensa}\ \mathrm{H}_{\mathrm{Df}}\hat{Q}\{(\exists x,\alpha).\ \alpha\ 2\ \text{qual}.\ x\ 2\ \alpha.\ Q\ \mathrm{H}\ x\#\alpha\}$

Transcription : On appelle « sensation » une paire ordonnée formée d'un vécu élémentaire et d'une classe de qualité à laquelle appartient le vécu. (Sur cet énoncé, voir le § 93.)

État de choses réaliste : Cf. § 93.

Constitution : $\text{Idt}\ \mathrm{H}_{\mathrm{Df}}(\check{D}j\mathit{D})\ \mathrm{W}\ \text{sensa}$

Transcription : On appelle identité temporelle entre sensations, la relation entre deux paires correspondant à des sensations dont l'antécédent est le même.

État de choses réaliste : Deux constituants individuels d'un vécu (sensations) occupent la même postion temporelle (*gleichzeitig*) s'ils sont des constituants du même vécu (cf. § 87).

Les divisions : Conformément à une remarque antérieure (§ 93), il nous faut distinguer constituants individuels et généraux du vécu (respectivement sensations et qualités). Si nous qualifions une classe contenant les constituants d'un vécu élémentaire de « classe de division », nous devons alors distinguer deux types de classes de division que nous désignons par $\text{div}_1$ et $\text{div}_2$.

Constitution : $\text{div}_1\ \mathrm{H}_{\mathrm{Df}}\text{Eq'Idt}$.

Transcription : Les classes d'abstraction relativement à Idt sont appelées « classes de division du premier type ». Une telle classe est donc la classe des sensations d'un vécu élémentaire.

État de choses réaliste : Les sensations (au sens général de constituants individuels du vécu) occupant la même position temporelle qu'une sensation sont les sensations du même vécu.

Constitution : $\mathrm{Div}_2$ H $_{\mathrm{Df}}$ $\hat{\lambda}\hat{x}$ {x 2 ve. λ H $\hat{\alpha}$(α 2 qual. x 2 α}

$\mathrm{div}_2$ H $_{\mathrm{Df}}$ D'$\mathrm{Div}_2$.

Transcription : La classe λ des classes de qualité auxquelles appartient le vécu élémentaire x est appelée « classe de division du second type » de x (λ H $\mathrm{Div}_2$'x) ; une telle classe s'appelle une « classe de division du second type ».

117. *Les positions du champ visuel et le champ visuel (pos, Idp, Vp)*

Constitutions : Excl H $_{\mathrm{Df}}$(Ex [I) W vue

pos H $_{\mathrm{Df}}$ $\hat{\chi}$ {∃ !χ : (∃λ).λ 2 Sim'Excl. χ H λ–s'(Sim'Excl–[λ])}

Transcription : Excl désigne (ici en abrégé) la relation « exclusives ou identiques » entre classes de qualité du sens de la vue[49]. On appelle « position du champ visuel » ou simplement « position », une classe des classes de qualité du sens de la vue si elle n'est pas vide et contient les éléments d'un cercle de ressemblance λ de Excl, qui n'appartiennent qu'à λ et à aucun autre cercle de ressemblance de Excl.

État de choses réaliste : voir le § 88. (La constitution de ces positions n'implique absolument pas une distribution complète des qualités du sens de la vue. D'après les réflexions antérieures, il se peut que l'appartenance à une position demeure indéterminée pour certaines qualités exceptionnelles.)

Constitution : Idp H $_{\mathrm{Df}}$ ε V posjM

Transcription : On dit des classes de qualité du sens de la vue qu'elles sont de position identique quand elles appartiennent à la même classe de position.

Constitution : Vp H $_{\mathrm{Df}}$(MjRqjε) W pos

Transcription : Des classes de position sont dites voisines l'une de l'autre quand une classe de qualité de l'une est semblable à une classe de qualité de l'autre.

État de choses réaliste : Deux qualités visuelles sont semblables si et seulement si elles appartiennent à des positions du champ visuel identiques ou voisines (cf. § 89).

Remarque : Le champ visuel est l'ordre selon Vp.

Théorème : T5. 2NdhomvoisVp (empirique).

Transcription : L'ordre des positions en fonction de Vp (plus exactement en fonction du voisinage déterminé par Vp) a deux pour nombre de dimensions homogène ; c'est-à-dire que le champ visuel est bidimensionnel.

Construction fictive pour T5 : A peut déterminer le nombre de dimensions de l'ordre selon Vp sur la base de la liste constitutive de Vp qu'il a établie ; (cette possibilité montre très clairement que le nombre dimensionnel n'est pas une propriété spatiale mais uniquement de logique relationnelle, définie de manière purement extensionnelle). A détermine empiriquement que ce nombre dimensionnel est égal à deux.

118. *Couleurs et corps des couleurs (Idcv, Idc, cou, Vc)*

Constitutions : Idcv H $_{Df}$ $\hat{\alpha}\hat{\beta}$ {(∃χ,λ,μ). χ Vp λ. χ Vp μ. λ Vp μ. α 2 χ. β 2 λ. μ \ Ṙq'α H μ \ Ṙq'β}

Idc H $_{Df}$ Idcv$_{po}$

Transcription :

1. Deux classes de qualité du champ visuel α et β sont en relation d'« identité de couleur pour des positions voisines » (α Idcv β), si les positions de α et β sont des positions voisines et si existe une position μ voisine des positions de α et β et dont les classes de qualité semblables à α sont les mêmes que ses classes de qualité semblables à β.

2. La chaîne de Idcv s'appelle « identité de couleur » (Idc).

État de choses réaliste : voir le § 90.

Constitutions : cou H $_{Df}$ Eq'Idc

Vc H $_{Df}$ (MjRqjε) W cou

Transcription :

1. Les classes d'abstraction de Idc s'appellent « classes de couleur » ou simplement « couleurs ».

2. Deux couleurs sont dites « couleurs voisines » si une classe de qualité de l'une est semblable à une classe de qualité de l'autre.

Remarques : La constitution des couleurs voisines est exactement analogue à celle des positions voisines (§ 117). Il existe en général une certaine analogie entre la distribution des classes de qualité visuelle en positions et leur distribution en couleurs, et ainsi une corrélation entre position et couleur, Idp et Idc, Vp et Vc. Mais les formules de constitution ne montre une analogie que pour la troisième de ces paires de corrélats et non pour les deux premières. Cela tient à ce que la relation Idp a été déduite de la classe pos (§ 117) alors que la classe cou a été déduite de la relation Idc. La différence de comportement des deux ordres eu égard au formalisme de la constitution tient à ce que l'ordre spatial est un « principium individuationis » et non l'ordre des couleurs. Cela apparaît formellement dans le fait que dans un vécu, deux qualités différentes peuvent bien appartenir à la même couleur mais non à la même position. C'est aussi cette différence formelle qui nous a permis de séparer constitutionnellement les deux ordres (Cf. § 88, 91).

L'ordre des couleurs voisines (ordre Vc) est le corps des couleurs (cf. § 90).

État de choses réaliste : voir § 90.

Théorème : T6. 3Ndhom voisVc (empirique).

Transcription : L'ordre des couleurs basé sur la relation Vc a le nombre de dimensions homogène 3 ; c'est-à-dire que le corps des couleurs est tridimensionnel.

119. *Exemple d'une retraduction d'une définition et d'un énoncé*

La théorie de la constitution stipule que tout concept scientifique est une classe ou une relation que l'on peut exprimer au moyen de la (des) seule(s) relation(s) fondamentale(s). Pour rendre intuitif le sens de cette thèse, nous allons à titre d'exemple former pour le concept de classe sensible (sens) une expression qui ne contienne que le symbole « Rap » de la relation fondamentale et des constantes logiques. Conformément à la définition constitutive de sens (§ 115), nous avons tout d'abord l'identité :

sens H Eq'Rq$_{po}$(1)

Puisque toute définition est une règle d'introduction qui permet de placer à chaque fois le *definiens* à la place du *definiendum*, nous pouvons dans (1) remplacer Rq par son *definiens* (§ 114). Nous obtenons alors :

sens H Eq'(α̂β̂ {α, β 2 qual .α"β ½Re})$_{po}$(2)

Nous introduisons alors le *definiens* pour qual, puis pour les cercles de ressemblance (cr) et finalement pour Re. Nous obtenons alors finalement :

sens H Eq'(α̂β̂ {α, β2ς̂ ((γ) : γ2Sim'(Rap[RMp[Rap°). Nc'(ζ\γ) / Nc'ζ>1/2.¾.ζ½γ:.(x) : x»2ζ. ¾.(∃δ). δ2Sim'(Rap[ RMp[Rap°). α½δ.x » 2 δ). α"β ½ Rap [ RMp [ Rap° } )$_{po}$(3)

Par conséquent « sens » est identique à ou a la même valeur logique que l'expression située à droite du symbole d'identité ; et dans celle-ci, Rap est la seule constante non-logique (les lettres grecques et x sont des variables, les autres symboles des constantes logiques).

Une seconde thèse de la théorie de la constitution avance que toute proposition scientifique est au fond une proposition portant sur la (les) relation(s) fondamentale(s); plus précisément, on peut transformer toute proposition, en conservant sa valeur logique (mais non la valeur cognitive), en une proposition qui ne contient que la relation fondamentale et des constantes logiques. Avec l'exemple du théorème T6 sur la tridimensionalité du corps des couleurs, il est possible de montrer clairement cette thèse. T6 peut être transformé, en introduisant la définition constitutive de Vc, en la phrase :

3 Ndhomvois (MjRqjε) W cou (4)

En introduisant progressivement les définitions de cou, Idc, Idcv, Vp, pos, Excl, vue, sens, Rq, qual, cr, Re et après simplification formelle, nous obtenons finalement à partir de (4) la forme suivante de T6, dans laquelle

« Rap » apparaît comme l'unique constante non-logique (Q, x et les lettres grecques sont des variables et les autres symboles des constantes logiques) :

> (∃Q,ν). 3Ndhomvois (MjQjε) W Eq'{α̂β̂((∃χ,λ,μ). χMjQjελ. χM jQjεμ. λMjQjεμ. χ, λ, μ2ξ̂ {∃!ξ: (∃ρ). ρ2ν. ξHρ–s'(ν–[ρ])}. α2χ. β2λ. μ\Q'αHμ\Q'β)}po. νHSim'((Ex[I) W α̂{(∃μ). μ2 Eq'Qpo. Ndp(5, μ, α, Voisr'Q)}). QH α̂β̂ (α β 2 ς̂ {(γ): γ2Sim'(Rap[RMp[ Rap°). Nc'(ζ\γ)/Nc'ζ>½.¾.ζ½γ :.(x): x»2ζ.¾.(∃δ). δ2Sim'(Rap[RMp[Rap°). α½δ. x»2δ}. α"β½Rap[RMp[ Rap°) (5)
>
> (pour faciliter la compréhension, ν H Sim'Excl, Q H Rq).

Comme nous le voyons, l'expression qui n'utilise que la relation fondamentale, est déjà très complexe alors qu'il ne s'agit que d'une proposition d'un niveau encore très bas. Ceci s'accentue de manière considérable pour les niveaux plus élevés, de sorte qu'en définitive la retraduction n'est pratiquement plus réalisable. On comprendra alors pourquoi la thèse de la réductibilité de tous les objets et propositions à une ou à un petit nombre de relations fondamentales apparaît de prime abord bien peu évidente. Certes, objecter que les objets de la connaissance forment une multiplicité extrêmement riche est parfaitement justifié. Il ne s'en suit pas toutefois que la construction de cette multiplicité sur une base étroite soit impossible, mais seulement que la structure de la construction doit être suffisamment complexe pour pouvoir reproduire cette multiplicité à l'aide de la variété des formes de constitution, malgré la simplicité des matériaux de construction.

Les transformations présentées ne sont que des exemples à titre d'illustration. Il n'est pas question de donner ici en détail la forme exacte. Par suite les réflexions qui s'y rattachent sont également indépendantes du nombre (1) et du type (Rap) retenus de relations fondamentales. L'exemple donné montre comment, avec notre choix de base, on peut représenter la proposition empirique sur la tridimensionalité du corps des couleurs comme une proposition portant sur une propriété déterminée, purement formelle mais très complexe, de la relation fondamentale Rap. Cela vaut en général quelles que soient les relations fondamentales et le système de constitution choisis.

120. *L'ordre temporel provisoire*

Remarque constitutionnelle : Nous pouvons prendre $Rap_{po}$ pour relation constitutive d'un ordre temporel provisoire qui est encore lacunaire et qui n'a pas encore la forme rigoureuse d'une suite. Nous n'introduirons donc pas un nouveau symbole.

Transcription : On dit d'un vécu élémentaire qu'il est « antérieur temporellement » à un autre vécu, au sens de l'ordre temporel provisoire, quand existe entre eux une chaîne de Rap.

État de choses réaliste : voir § 87.

Remarque : La relation constitutive de l'ordre temporel complet doit être une suite, c'est-à-dire qu'elle doit être non seulement transitive et irréflexive, donc asymétrique, comme $Rap_{po}$ mais aussi connexe (§ 11). $Rap_{po}$ n'est pas connexe : il y a de nombreuses paires de vécus élémentaires entre lesquels il n'y a pas de chaîne de Rap dans aucune direction. Ce n'est que plus tard que l'on pourra constituer la suite temporelle complète en s'aidant de la légalité des processus du monde extérieur.

121. *La relation de dérivation d'un objet*

Suivant la thèse principale de la théorie de la constitution, il est par principe possible d'insérer dans le système de constitution tout objet (ou concept) scientifique. On peut désormais représenter chaque objet du système de constitution à l'aide d'une expression qui contient comme unique constante non-logique, la relation fondamentale (§ 119). Nous obtenons la forme logique de cette expression en y remplaçant le symbole Rap de la relation fondamentale par une variable, par exemple R. Nous appelons « relation de dérivation » de l'objet en question la relation de cette expression à R, qui exprime en même temps comment l'objet est dérivé de la relation fondamentale.

S'il s'agit d'un objet constitué en tant que classe dans le système de constitution, par exemple k, il existe une expression de k qui ne contient que Rap. On abrège cette expression en $\phi(Rap)$, de sorte que $k \, H \, \phi(Rap)$; sa forme logique est alors $\phi(R)$. La relation de dérivation de k est alors la relation entre $\phi(R)$ et R, donc puisque $\phi(R)$ est une variable de classe : $\hat{\alpha}\hat{R}\{\alpha \, H \, \phi(R)\}$.

Si l'objet est constitué en tant que relation, par exemple G, il existe une expression $\psi(Rap)$ telle que $G \, H \, \psi(Rap)$. La relation de dérivation de G est alors $\hat{R}\hat{Q}\{Q \, H \, \psi(R)\}$.

Dans les deux expressions des relations de dérivation citées, il n'apparaît plus aucune constante non-logique. Nous voyons donc que la relation de dérivation d'un objet est un concept purement logique.

Exemple : Nous prenons par simplicité un objet de niveau inférieur tel que la classe des domaines sensibles (sens, § 115). L'expression de sens ne contenant que Rap, a été donnée précédemment (§ 119, (3)). Il en résulte la définition suivante de la relation de dérivation de sens que nous allons désigner par Drv(sens) :

Drv (sens) H $_{Df}$λ̂R̂ {λ H Eq'(α̂β̂{αβ2ς̂((γ): γ2Sim'(R[ᴹR[R°).
Nc' (ζ\γ)/Nc'ζ>½.¾.ζ½γ :.(x): x»2ζ.¾.(∃δ).δ2Sim'(R[ᴹR[R°).
α½δ. x»2δ). α"β½R[ᴹR[R°})$_{po}$}

La théorie de l'axiomatique nous apprend qu'une construction axiomatique (comme un système géométrique) peut d'abord être menée comme une construction purement logique; ce n'est qu'ultérieurement qu'elle devient une théorie réelle (une géométrie physique par exemple) en introduisant à la place des concepts fondamentaux axiomatiques des concepts réels. De manière tout à fait analogue, on peut construire le système de constitution comme un système purement logique en représentant chaque définition constitutive par la relation de dérivation correspondante. En introduisant le concept réel Rap (en tant qu'unique concept fondamental du système) à la place des variables R, on peut alors transformer ce système purement logique en véritable système de constitution de tous les concepts réels.

122. *Les constitutions représentées ne sont que des exemples*

Il faut interrompre à ce stade l'élaboration des constitutions dans la forme détaillée, définitions constitutionnelles en langage logistique et traductions (partielles) dans les autres langages.

En conclusion de la première partie du système de constitution, nous voulons encore une fois souligner de manière expresse que la détermination quant à leur contenu des définitions constitutionnelles fournies, ne fait pas partie de la thèse du présent travail, qui affirme seulement la possibilité d'un système de constitution en général et d'un système de la forme utilisée ici en particulier, ainsi que la possibilité d'appliquer la méthode décrite et sa fécondité. Le contenu de ces affirmations sera précisé en conclusion de la présentation du système de constitution (§ 156). Les constitutions concrètes elles-mêmes ne servent ici qu'à montrer plus clairement ce qui s'impose comme tâche à la théorie de la constitution et à en illustrer la méthode. La réalisation dépend des résultats particuliers des sciences du réel; si l'on ne peut soutenir scientifiquement les états de choses qui sont posés à la base des constitutions établies, il nous faut alors formuler en langage constitutionnel et insérer dans le système de constitution les états de choses qui se présentent à leur place dans la science. Mais *la possibilité de traduire tous les énoncés scientifiques en propositions au sein d'un système de constitution* demeure par principe maintenue.

## B. Les niveaux intermédiaires : les objets physiques

### 123. *De la représentation des autres niveaux de constitution*

Nous ne donnerons pas les autres niveaux de constitution dans leur forme logistique précise mais seulement dans une transcription approximative. Nous passerons également parfois sur les constitutions dont l'insertion résulte aisément de l'ensemble du système et ne mentionnerons donc que les étapes les plus importantes.

Les prochaines constitutions poursuivent la voie déjà tracée au § 94. La méthode de constitution de l'espace physique tridimensionnel est tout d'abord discutée (§ 124); cette constitution ainsi que celle des choses visuelles qui repose sur elle, est réalisée aux § 125-128. La chose visuelle la plus importante pour le système de constitution, c'est-à-dire « mon corps » (§ 129), aide à caractériser les différents sens et ainsi à compléter le domaine du psychisme propre (§ 130-132). La constitution du monde de la perception est alors décrite (§ 133-135), de même que celle du monde de la physique qui en diffère (§ 136). Enfin sont discutés certains objets physiques (les êtres humains, la relation d'expression) (§ 137 *sq.*) qui sont requis pour la constitution ultérieure des objets hétéropsychiques.

### 124. *Les différentes possibilités de constitution de l'espace physique*

La prochaine étape de la constitution, le passage de l'ordre bidimensionnel du champ visuel à l'ordre tridimensionnel de l'espace des choses visuelles, est une des plus importantes du système de constitution. Le problème de sa réalisation a déjà connu diverses tentatives de résolution ; nous allons mentionner les plus importantes et indiquer les raisons de notre désaccord.

Revue de la littérature : Seul Kauffmann a autrefois discuté ce problème de manière détaillée mais il n'est pas nécessaire de s'y arrêter [Imman.]9-31. C'est Gerhards [Aussenwelthyp.] qui a pour la première fois mené une recherche plus précise, usant d'instruments mathématiques, sur la dérivation de l'ordre tridimensionnel de l'espace (« ontogramme ») à partir de l'ordre bidimensionnel (« phénogramme »). Notre dérivation en diffère par le fait que nous ne supposons pas un milieu (Umwelt) invariable et ne construisons pas les objets à partir des aspects particuliers, mais nous édifions d'emblée l'ensemble du monde spatio-temporel à quatre dimensions, comprenant tous les processus.

Russell [External W.], [Const. Matter], [Sense-data] constitue les choses visuelles en tant que classes de leurs aspects, non seulement les aspects réels vécus, mais aussi les aspects possibles. C'est une voie possible si, comme Russell, on prend ces aspects pour éléments fondamentaux. Comme nous commençons notre construction de plusieurs degrés plus bas, nous devrions pour pouvoir emprunter la même voie, constituer tout d'abord les aspects à partir de nos éléments fondamentaux, les vécus élémentaires. Mais pour les aspects « qui ne sont pas vus », cette constitution pourrait être impossible ou présenter des difficultés considérables. Aussi préférons-nous suivre un autre chemin en constituant, non pas les choses visuelles individuelles, mais d'emblée la totalité du monde visuel. La méthode de Russell a l'avantage d'une plus grande simplicité logique. L'avantage de notre méthode réside d'une part dans la mise en jeu d'une base autopsychique que Russell aussi considère comme un but digne d'être poursuivi (cf. § 64), d'autre part dans le fait que les points et les états non perçus d'une chose ne sont pas dans notre système inférés mais constitués; ce procédé est également tenu pour souhaitable par Russell (voir l'épigraphe précédant le § 1 et le § 3; [Sense-data]157 *sq.*, 159). Il faut toutefois reconnaître que notre mode de constitution des points physiques et de l'espace physique ne représente encore nullement une solution pleinement satisfaisante.

Des raisons semblables nous amènent également à ne pas suivre la voie empruntée par Whitehead ([Space], [Nat. Knowledge.], [Nature]) qui constitue l'espace et le temps seulement après les choses, en tant que structure des relations que les choses manifestent dans leur comportement mutuel. Il souligne en particulier que ce ne sont pas les points de l'espace ou du temps, mais les étendues dont on fait l'expérience, et que c'est à partir d'elles que les points doivent être constitués suivant la méthode d'« abstraction extensive » (*Ausdehnungsabstraktion*) (« extensive abstraction »). Cette voie a certainement de grands avantages quant au fond et sur le plan de la méthode. Nous ne pouvons cependant pas la suivre parce que le problème (dont Whitehead ne fournit pas la solution) de la constitution des objets tridimensionnels ou des processus à quatre dimensions à partir des rapports de position dans le champ sensoriel et notamment le champ visuel, offre encore des difficultés insurmontées.

Il faut encore mentionner les discussions de Poincaré ([Science], [Valeur], [Dernières idées] sur la tridimensionalité de l'espace[50], de même que celles de Becker ([Géom.]446 *sq.*) sur « les niveaux constitutifs de la spatialité » à la suite des idées de Husserl; enfin celles de Carnap [Tridimens.] et de Jacoby [Ontol.]100 *sq.* (qui soutiennent tous les deux que le passage du nombre de dimensions de 2 à 3 à cette étape de la constitution a pour objectif de permettre la constitution de la légalité causale).

Ces recherches sont importantes parce que, à la différence de certains autres systèmes, elles reconnaissent en général la signification du problème du passage de l'ordre bidimensionnel à l'ordre tridimensionnel et le traitent. Comme mes propres recherches [Tridimens.], elles font cependant toutes erreur en considérant que la bidimensionalité de l'ordre du champ visuel devrait être entendue comme originelle. Nous avons reconnu dans la théorie de la constitution que cet ordre bidimensionnel, tout comme l'ordre tridimensionnel, devait être considéré comme dérivé et pose donc le problème de sa constitution. Une tentative pour résoudre ce problème a été discutée au § 89 et a été représentée au § 117 comme partie du système de constitution; (cf. aussi les autres possibilités de solution traitées au § 92).

On se demandera s'il est approprié ou même nécessaire de constituer l'espace visuel avant le monde des choses visuelles et leur espace physique.

Sur le plan psychologique, l'espace visuel métrique à trois dimensions, non euclidien (à savoir sphérique), forme un niveau intermédiaire entre l'ordre bidimensionnel du champ visuel et l'ordre tridimensionnel euclidien du monde extérieur. Mais il pourrait être judicieux pour le système de constitution de sauter ce niveau. En effet son introduction n'entraîne pas de simplification formelle de la constitution et les objets considérés comme « réels » ne se situent pas à ce niveau. Suivant nos réflexions antérieures, on peut admettre que le système de constitution s'écarte pour simplifier du cours psychologique du processus de la connaissance (cf. § 100). (Gerhards et Russell [voir ci-dessus] sautent aussi dans leur constitution de l'espace tridimensionnel des choses visuelles, le niveau intermédiaire de l'espace visuel.)

125. *Le monde spatio-temporel*

Nous qualifions de « points de monde » (*Weltpunkte*) les points de l'espace des nombres réels à n-dimensions, donc les groupes de nombres à n membres, pour autant qu'ils servent de base à l'attribution suivante :

A certains points sont attribuées des couleurs (et ultérieurement des classes de qualité ou des classes de classes de qualité des autres domaines sensibles), c'est-à-dire qu'ils sont mis en correspondance de manière co-univoque de sorte que les conditions 1 à 12 suivantes (§ 126) soient remplies le plus largement possible.

Le nombre de dimensions n n'est pas arrêté constitutionnellement ; il est seulement déterminé par le fait qu'il soit le plus petit nombre pour lequel l'attribution requise soit réalisable. Des conditions 3 et 5 et du théorème empirique T5 (§ 117) sur la bidimensionalité du champ visuel, il ressort : n ¸ 3 ; par conséquent le nombre de dimensions de l'espace (n-1) est au moins égal à 2. De la disparition et de la réapparition (en langage réaliste) des choses dans le champ visuel, il ressort : n ¸ 4, donc le nombre de dimensions de l'espace est au moins égal à 3. Finalement, on voit empiriquement que la constitution est réalisable pour n H 4 ; le nombre de dimensions de l'ordre des points de monde est donc fixé à 4 et celui de l'espace à 3.

Les n nombres de chaque point de monde forment un ensemble ordonné que l'on appelle ses coordonnées, coordonnée temporelle pour le premier nombre et coordonnées spatiales pour les n-1 autres nombres. Les points ayant la même coordonnée temporelle sont dits « simultanés » (dans un système temporel absolu) ; une classe de tous les points simultanés (soit une coupe transversale pour t constant) s'appelle une « classe spatiale ».

Soit une métrique euclidienne valable dans l'espace des nombres à n dimensions sur la base d'une détermination pythagoricienne des distances et les définitions des expressions « droite », « plan », « coïncident », « angle », etc. par des rapports numériques selon la manière habituelle.

Nous y employons le langage de la géométrie en raison de sa brièveté et de son caractère intuitif, mais il faut noter que l'on vise toujours et uniquement les relations arithmétiques entre les nombres, c'est-à-dire entre les coordonnées des points de monde. Car nous n'avons ni posé comme lois fondamentales (*Grundgesetzungen*) ni défini jusqu'ici ce que sont l'« espace » (non pas au sens mathématique abstrait mais au sens propre phénoménal), la « situation spatiale », la « configuration spatiale », etc., et c'est seulement ainsi que ces objets seront constitués. Dans le système de constitution, la qualité particulière du « spatial », quoiqu'elle forme dans le registre du vécu un trait essentiel du monde extérieur, se présente aussi peu à titre de qualité que les autres qualités : couleurs, sons, sentiments, etc. Le système de constitution ne s'attache en effet qu'à ce qui relève de la structure, donc pour l'espace aux propriétés formelles de cet objet. Mais le système de constitution ne perd pas pour autant un objet reconnaissable, c'est-à-dire saisissable conceptuellement. Suivant la thèse de la théorie de la constitution, en effet, ce qui n'est pas d'ordre structurel ne peut être objet d'un énoncé scientifique. L'espace constitué ici, quoique traité seulement structurellement, doit toutefois être bien distingué de l'espace de la géométrie pure abstraite, qui a été constitué avant introduction de la relation fondamentale (§ 107). On suppose déjà constitué cet espace abstrait et il est employé pour constituer à présent l'espace au sens propre, l'espace physique ; c'est seulement en raison de cette possible application à l'espace physique que cette structure d'ordre (*Ordnungsgefüge*) non spatiale à proprement parler est appelé « espace » (ou « espace abstrait ») (voir aussi § 25).

126. *L'attribution des couleurs aux points de monde*

L'attribution des couleurs aux points de monde et les autres constitutions qui s'y rattachent, s'opèrent de sorte que les conditions suivantes soient remplies le plus complètement possible. Des hallucinations, des désordres oculaires ou du milieu intermédiaire, des déformations ou des lésions corporelles (en langage réaliste) empêchent leur réalisation précise. Les états de choses empiriques, sur lesquels reposent ces conditions particulières ou déterminations constitutionnelles, seront indiqués en langage réaliste au § 127.

1. Il existe une suite remarquable de points de monde que nous appelons les « points de vue » (*Ausblickpunkte*). Ils forment une courbe continue telle que chacune des n-1 coordonnées spatiales soit une fonction continue monovalente de la coordonnée temporelle.

2. Par « lignes de vue » (*Blicklinien*) d'un point de vue, nous entendons les demi-droites qui en partent et forment l'angle $\gamma$ avec la direction du temps de sens négatif.

3. $\gamma$ est constant et égal très approximativement à un angle droit. On peut donc prendre pour lignes de vue du point de vue de coordonnée temporelle $t_1$ les demi-droites de sa classe d'espace (section $t\,H\,t_1$) issues de ce point.

4. Certains points de vue sont attribués de manière biunivoque à des vécus élémentaires de sorte qu'à un vécu postérieur ($Rap_{po}$, cf. § 120) correspond un point de vue de coordonnée temporelle plus grande.

5. Il est possible de faire correspondre à chaque sensation visuelle (§ 116) d'un vécu élémentaire une ligne de vue du point de vue correspondant de sorte que a) à des sensations liées à des positions voisines du champ visuel (Vp, § 117) appartiennent des lignes de vue qui ne forment entre elles qu'un petit angle et inversement, et b) que les paires de lignes de vue qui correspondent aux sensations visuelles de deux positions déterminées dans les différents vécus élémentaires forment toutes le même angle.

6. La couleur de la sensation visuelle est affectée à un point de monde de la ligne de vue correspondante. Les points ainsi pourvus sont dits « points de monde vus depuis le point de vue en question » ou simplement « points de couleur vus ». Quant au choix de la position de ces points sur leurs lignes de vue, cf. 11.

7. En outre, compte tenu des conditions 8-10, une couleur est affectée à d'autres points, dits « points de couleur non vus », qui forment parmi les points de chaque faisceau de lignes de vue (donc d'après 3, très approximativement : parmi les points de chaque classe d'espace) des régions ayant au maximum deux dimensions, le plus souvent des surfaces connexes.

8. Un point de couleur non vu ne peut pas se trouver sur le segment d'une ligne de vue entre le point de vue et un point de couleur vu.

9. L'attribution à des points de couleur non vus conformément à 7 est menée de sorte que chaque point de couleur vu puisse appartenir à une « ligne de monde » (*Weltlinie*). Une ligne de monde est une courbe continue ou un arc de courbe tel qu'à chaque valeur de la coordonnée temporelle au sein d'un intervalle déterminé correspond exactement un point de monde, point de couleur vu ou non vu. Au sein de l'intervalle, chaque coordonnée spatiale est une fonction monovalente et continue de la coordonnée temporelle.

10. Les couleurs qui doivent être attribuées selon 7 aux points de couleur non vus sont provisoirement choisies en tenant compte des couleurs des points de couleur vus de sorte que la couleur des points d'une ligne de monde, comme fonction du temps, présente les plus petites vitesses de changement possibles, donc demeure le plus possible constante.

11. La position des lignes de monde est provisoirement déterminée (en dehors de 8) par les conditions suivantes, conformément auxquelles doit

être fait le choix de la position aussi bien des points de couleur non vus que des points de couleur vus (suivant 6) sur leurs lignes de vue :

a) Les lignes de monde doivent être le moins incurvées possible.

b) Elles doivent former avec la direction du temps l'angle le plus petit possible.

c) Si deux lignes de monde passent par une ou plusieurs paires de points de couleur vus voisins, elles doivent être également le plus proche possible ailleurs, en particulier dans les intervalles de temps.

d) Si un ensemble de lignes de monde forment à un ou plusieurs moments un faisceau parallèle spatialement connexe, il doit le plus possible en être de même le reste du temps, en particulier dans les intervalles entre ces moments.

12. L'attribution sera encore complétée ou corrigée ; cf. § 135 (à partir de choses observées partiellement ou de processus par analogie) et § 144 (utilisation des observations d'autrui). Mais les conditions requises jusqu'ici doivent rester remplies dans la plus large mesure.

127. *Les états de choses dans le langage réaliste*

Nous allons indiquer ici en langage réaliste les états de choses qui sont à la base de ces conditions déterminant l'attribution des couleurs aux points de monde pour en faciliter la compréhension.

1. Le point, centre de ma tête, à partir duquel le monde paraît vu, a pour ligne de monde dans le monde spatio temporel une courbe continue. (La constitution n'a pas à tenir compte de la vision binoculaire puisque la détermination de la profondeur a ailleurs des fondements suffisants et plus précis.)

2. On peut habituellement admettre que le milieu intermédiaire entre les yeux et les choses vues est homogène. Ceci étant supposé, les rayons de lumière agissant sur l'œil forment des droites qui délimitent l'angle arc tg c (c désigne la vitesse de la lumière) avec la direction du temps de sens négatif.

3. La vitesse de la lumière c est constante et très grande. Les lignes lumineuses sont donc approximativement les droites d'un espace instantané.

4. Chaque perception visuelle repose sur un acte de vue depuis l'un des points de vue.

5. a) Les points du monde extérieur dont les lignes de vue ne forment à partir des yeux qu'un petit angle, se projettent toujours et uniquement en des positions voisines du champ visuel.

b) A une paire donnée de positions du champ visuel appartient constamment le même angle de vue.

6. On peut inférer d'une sensation visuelle qu'un point du monde extérieur situé sur la ligne de vue correspondante possède la couleur de la sensation visuelle.

7. De nombreux points du monde extérieur ont à un moment quelconque une couleur, sans être vus à ce moment. Ces points visibles mais non vus (par moi), sont le plus souvent des points des surfaces des corps.

8. Un point coloré visible du monde extérieur que je ne vois pas à un certain moment, ne peut pas se trouver à ce moment devant un point que je vois.

9. On peut présumer d'un point du monde extérieur vu une fois, pour autant que rien ne s'y oppose, qu'il est aussi là avant et après. Ses lieux forment une ligne de monde continue.

10. De même, si rien ne s'y oppose, on suppose que ce point du monde extérieur avait aussi aux autres moments la couleur vue sur lui par moments ou une couleur très proche.

11. Les hypothèses relatives au mouvement des points, notamment durant le temps pendant lequel ils ne sont pas vus, doivent être posées suivant les règles suivantes :

a) On ne peut admettre des changements de vitesse ou de direction du mouvement plus importants qu'il n'est nécessaire en vertu des observations ; là où rien ne s'y oppose, le mouvement inertial est donc admis (constance de la vitesse et de la direction).

b) On ne suppose pas la vitesse plus grande qu'il n'est nécessaire en fonction des observations ; là où rien ne s'y oppose, on admet donc le repos.

c) Si l'on observe deux points juxtaposés à une ou plusieurs reprises, on suppose qu'ils le demeurent entre-temps.

d) Si l'on observe que plusieurs points se déplacent comme un fragment de surface connexe, le même comportement est supposé durant le temps de non-observation.

12. Les conclusions tirées de ce qui est observé quant à ce qui ne l'est pas sont tout d'abord en nombre limité, puis enrichies ultérieurement, par exemple par reconnaissance d'une chose vue par moments (§ 135), par inférence à partir d'une loi de la nature (§ 135), ou à l'aide d'une observation étrangère (§ 144).

128. *Les choses visuelles*

Si dans un faisceau de lignes de monde constituées selon les conditions indiquées (§ 126, 127), les rapports de voisinage demeurent au moins approximativement les mêmes pendant un laps de temps prolongé, on appelle « chose visuelle » (*Sehding*) la classe des points de monde qui leur appartiennent. Si, en dehors des rapports de voisinage, les rapports métriques restent également constants, l'objet est dit « rigide ». L'intersection d'une chose visuelle et d'une classe d'espace s'appelle « état » de la chose.

(Il se peut qu'il soit plus approprié de constituer d'abord les états des choses et ensuite les choses en tant que classes des états homogènes, « génidentiques » (*genidentisch*); on ne s'arrêtera pas ici sur cette question.)

Deux points de monde de la même ligne de monde sont dits « génidentiques » ; de même que deux états de la même chose.

La classe des points de monde d'une chose, vus depuis un point de vue, est la « partie vue » de la chose dans le vécu élémentaire auquel correspond le point de vue. Etant donné que les points vus depuis un point de vue ont approximativement la même position temporelle que celui-ci, la partie vue d'une chose peut être considérée en première approximation comme une sous-classe d'un état de la chose.

La classe des sensations visuelles d'un vécu élémentaire qui correspondent aux points que l'on voit d'une chose déterminée, s'appelle « aspect » de la chose dans le vécu. Par suite correspondent aux aspects d'une chose les parties vues de la chose, donc approximativement les parties des états de la chose.

Revue de la littérature : Pour le concept de génidentité (appellation que l'on doit à Lewin), voir Lewin [Zeitl.], Russell [External W.] 108 *sq.* Voir aussi le § 159, notamment pour la nécessaire distinction entre génidentité et identité.

129. *« Mon corps »*

Il y a une chose visuelle déterminée C qui remplit les conditions suivantes. Elle est caractérisée constitutionnellement sans ambiguïté par ces déterminations et même déjà par une partie appropriée d'entre elles. Cette chose visuelle s'appelle « mon corps » (*Leib*).

1. Chaque état de C est très proche du point de vue correspondant.

2. La partie de C que l'on voit d'un point de vue forme une surface ouverte (ce qui est aussi le cas des autres choses visuelles) ; mais il en est de même de tout état de C dans sa totalité.

3. Les lignes de monde de C ou des zones connexes de ces lignes sont corrélées aux qualités (ou aux classes de qualité) d'une classe sensible particulière, caractérisée comme « sens de la pression », de sorte que, lors du contact par la ligne d'une autre chose visuelle ou d'une autre partie de C, la qualité tactile en question survient simultanément dans le vécu.

4. D'une manière similaire, les mouvements particuliers de C sont corrélés aux qualités d'une autre classe sensible caractérisée comme « sens kinesthésique ».

5. Il sera possible de constituer les autres classes sensibles sur la base de C (§ 131).

Ces déterminations constitutives reposent sur les états de choses suivants (en langage réaliste) :

1. Mon corps est constamment à proximité de mon œil.

2. Aucun corps (*Körper*) ne peut être vu en même temps sur toute sa superficie; la partie de la superficie d'un corps qui est vu d'un coup n'est donc jamais une surface close. Mais pour beaucoup de corps, la totalité de la superficie est visible, la surface visible forme donc bien une surface close. Pour mon corps (*Leib*) en revanche, même la surface généralement visible est une surface ouverte puisque certaines parties de sa superficie comme les yeux et le dos ne sont pas visibles.

3. Aux parties de la superficie de mon corps correspondent les qualités (ou signes de localisation) du sens de la pression de sorte qu'une sensation de pression d'une certaine qualité est vécue quand la zone cutanée correspondante est touchée par un autre corps ou par une autre partie de mon corps.

4. Les qualités des sensations kinesthésiques correspondent à des types déterminés de mouvements de mon corps.

5. Les autres sens sont liés d'une manière spécifique à certaines parties de mon corps, les organes sensoriels.

REVUE DE LA LITTÉRATURE : La constitution de « mon corps » a été étudiée bien des fois en raison de son importance particulière pour la théorie de la connaissance; cf. par exemple Kauffmann [Imman.]39-54, Ziehen [Erkth.]58, 277, 445 *sq.*, Driesch [Ordnungsl.]354 *sq.*

### 130. *Les choses visuelles et tactiles*

Nous avons attribué à certains points de monde des couleurs, c'est-à-dire des classes de classes de qualité visuelle; nous allons maintenant faire la même chose d'une manière un peu différente avec les classes de qualité du sens de la pression, plus précisément avec celles qui présentent le même signe de localisation. Comme pour les points de couleur vus et non vus, on distinguera ici les points tactiles selon qu'ils sont ou non touchés. La situation des points tactiles touchés peut être déterminée avec plus de précision que celle des points de couleur vus; ces points en effet sont au contact de la zone correspondante de mon corps, il n'y a donc pas à définir ici une distance ou une dimension de profondeur si l'on admet que la situation spatiale de mon corps est déjà déterminée. Le plus souvent, les points tactiles sont aussi des points de couleur, les uns vus, les autres non. Il devient ainsi possible dans de nombreux cas de déterminer plus précisément la position des lignes de monde des points de couleur. Mais parfois les points tactiles ne sont pas des points de couleur. Ils permettent alors de déterminer de nouvelles lignes de monde. Dans bien des cas, ce n'est qu'avec ces lignes de monde de points purement tactiles que les lignes des points de couleur forment la surface close d'une chose visuelle et tactile (*Tast-Sehding*). C'est précisément le cas pour la chose visuelle et tactile la plus importante qu'est mon corps. Une grande partie de sa surface se compose de lignes de monde auxquelles n'appartiennent aucun point de couleur mais uniquement des points tactiles; ce n'est donc qu'avec l'attribution des qualités du sens de la pression que mon corps forme une chose parfaitement limitée.

Revue de la littérature : On peut formuler le problème de l'attribution des qualités de pression aux points de monde auxquels sont tout d'abord affectées les qualités visuelles (les couleurs) et de l'attribution des autres qualités sensibles (§ 133) comme problème de la correspondance mutuelle des différents « espaces sensibles ». Poincaré [Valeur], Schlick [Raum u. Zeit]95 *sq.*, [Methode der Koinzidenzen] et Jacoby [Ontol.] présentent des études sur ce problème.

131. *Caractérisation des autres sens*

Après avoir constitué mon corps comme chose complète, à savoir comme chose tactile et visuelle, on peut en caractériser différentes parties suivant les besoins par leur configuration ou leur position respective; il est possible d'exprimer à l'aide des coordonnées spatiales constituées tous les rapports spatiaux de configuration et de position. On peut alors donner la caractérisation constitutive des organes sensoriels, parties du corps les plus importantes pour les autres constitutions. Comme les processus dans ces organes se trouvent étroitement corrélés à des sens déterminés, ceux-ci peuvent alors être caractérisés individuellement. Après avoir distingué par exemple l'oreille, le nez, la langue, etc., des autres parties du corps au moyen de déterminations spatiales, on peut caractériser l'ouïe, l'odorat, le goût par le fait que les classes de qualité de ces classes sensibles ne surviennent pas en général dès lors que l'organe correspondant est coupé d'une certaine façon du milieu environnant.

La peau, organe des sens de la douleur, de la chaleur et du froid, est aussi l'organe du sens de la pression déjà caractérisé (§ 129). La caractérisation constitutive de ces sens est possible de différentes manières, par exemple par corrélation avec les processus d'excitation. Les qualités nociceptives se rencontrent souvent avec certaines qualités du sens de la pression (celles de grande intensité). Les sens du chaud et du froid sont entre autres caractérisés par le fait que dans certains processus, on passe fréquemment par une suite de qualités de l'un et ensuite par une suite de qualités de l'autre, ou par le fait que la plupart des qualités de l'un excluent la plupart des qualités de l'autre dans la même zone cutanée.

Finalement on peut individualiser et constituer d'une manière ou d'une autre toutes les classes sensibles particulières. Comme nous l'avons déjà dit (§ 76, 85), le domaine des sentiments est également compris parmi les classes sensibles. Et en vertu de l'explication de la constitution des classes sensibles (§ 85), s'il y a encore des objets psychiques d'un type particulier (comme les volitions), non réductibles aux sensations et aux sentiments, ces différents types d'objets forment aussi des classes sensibles. On pourrait caractériser ces classes à l'aide de certaines corrélations avec d'autres classes sensibles (pour les volitions par exemple, si ces classes existent en tant que catégorie d'objets distincte, serait prise en compte la corrélation avec les sensations kinesthésiques), ou par des corrélations avec des processus corporels (entre sentiments et mouvements d'expression par exemple).

Après avoir caractérisé individuellement les sens, il est à présent possible de constituer les différentes composantes des qualités représentées dans les classes de qualité. Par composantes, nous entendons par exemple la hauteur du son, l'intensité et le timbre; le ton, la saturation et la luminosité; en général, la qualité (au sens strict), l'intensité pour différents sens, et le signe de localisation pour les sens liés à la peau; enfin l'orientation des sentiments (selon peut-être trois composantes), etc. La constitution de ces composantes en tant que classes des classes de qualité du domaine sensible en cause est le plus souvent rendue possible grâce à une relation avec des processus externes qui vont fréquemment de pair avec certaines valeurs ou certains changements des composantes individuelles. Ces processus externes peuvent en grande partie être formulés constitutionnellement à l'aide des constitutions déjà réalisées; d'autres possibilités apparaîtront à la suite de la constitution des choses de la perception (§ 134).

### 132. *Le domaine du psychisme propre*

Nous avons précédemment divisé les vécus élémentaires en constituants individuels, les sensations, et en constituants généraux, les qualités (§ 93, 116). Ces constituants ont été répartis en domaines principaux (les classes sensibles) et divisés en composantes (principalement qualité au sens strict, intensité et signe de localisation) par les constitutions menées jusqu'ici. De plus, ils sont ordonnés à l'intérieur des principaux domaines qualitativement et en partie aussi spatialement. Les vécus élémentaires eux-mêmes sont tout d'abord placés dans un ordre temporel provisoire ($Rap_{po}$ § 120), puis rangés au sein d'une suite temporelle complète à l'aide de la coordonnée temporelle du point de vue dans le monde visuel (§ 126).

Les vécus élémentaires ainsi ordonnés, leurs constituants et leurs composantes, et les objets plus complexes qui sont à constituer à partir de là, représentent « le domaine des objets de la conscience propre » ou « ma conscience ». Ce domaine forme la base du domaine autopsychique obtenu en ajoutant les objets « inconscients ». La constitution des objets inconscients sur la base des objets conscients est analogue à celle des points de couleur non vus à partir des points qui sont vus (§ 126). Alors qu'on effectuait une attribution aux points de monde, c'est-à-dire aux quadruples coordonnées, c'est seulement aux points de temps que se fait ici l'attribution, donc aux valeurs individuelles de la coordonnée temporelle. Un vécu élémentaire est corrélé à certains points de temps à l'aide de la constitution précédente de ce qui est vu, c'est-à-dire par l'intermédiaire du point de vue. On attribue également aux points de temps intermédiaires, auxquels ne correspond ni point de vue ni vécu élémentaire, des constituants généraux du vécu, donc des classes de qualité, ainsi que des composantes des qualités et des objets plus complexes qui en dérivent. Les principes méthodiques de la théorie de la constitution exigent que tous ces objets « inconscients » soient constitués à partir des objets déjà constitués, c'est-à-dire des objets « conscients » ; mais les objets inconscients peuvent également être construits à partir des constituants du vécu et de leurs composantes autrement que les objets conscients.

La constitution des objets inconscients a pour but la constitution du domaine autopsychique en tant que domaine soumis à une légalité des processus plus complète que dans le domaine partiel de la conscience. La forme de constitution a une certaine similitude avec celle du monde physique, en particulier avec le procédé qui sera commenté plus tard, de complément par analogie (§ 135) : ici aussi sont en vigueur les tendances à maintenir constant l'état et le déroulement des choses (c'est-à-dire d'une certaine manière une catégorie psychologique de substance et une catégorie psychologique de causalité). Mais une particularité remarquable réside dans le fait que, contrairement au monde physique ou surtout au monde de la physique, une légalité générale ne peut être atteinte de manière rigoureuse ni même y tendre de manière approximative ; certains processus (à savoir les perceptions) naissent toujours spontanément, sans être conditionnés par les précédents.

Nous ne pouvons pas indiquer ici en détail les formes constitutionnelles d'objets. A la différence de la constitution (ou de la synthèse cognitive) du monde physique, qui est déjà poussée assez loin dans la pensée préscientifique, la constitution du domaine autopsychique, abstraction faite d'ébauches rudimentaires, ne s'opère que dans la science, à savoir la psychologie, science dont le niveau de développement est encore peu avancé. Il est donc compréhensible que la constitution soit encore loin d'être complètement réalisée. Il n'existe encore dans cette science aucune unité quant aux principes selon lesquels elle doit s'orienter ; en ce qui concerne la partie la plus importante de la constitution, à savoir compléter la systématisation en introduisant l'inconscient, il n'existe même pas d'accord pour savoir si cette introduction doit être entreprise, si elle est opportune et admissible. La question de l'opportunité devra être tranchée par la recherche psychologique et sera probablement résolue dans un assez proche avenir. Sur la base de la théorie de la constitution, il faut en revanche répondre sans hésiter par l'affirmative à *la question très controversée de l'admissibilité méthodique (logique ou sur le plan cognitif) de la constitution de l'inconscient*. La constitution de l'inconscient en effet est tout à fait analogue à celle des points de couleur non vus à partir des points qui sont vus ; personne ne conteste cette constitution ou la met seulement en question. Il est également facile sur la base de cette analogie, de reconnaître que la constitution de domaines ainsi complétés, qui contiennent des objets qui n'apparaissent pas directement dans le vécu, ne consiste en rien d'autre qu'en un réarrangement (*Umordnung*) approprié des objets qui apparaissent directement. Peut-être le rejet du concept de psychisme inconscient vise-t-il moins la mise en jeu de ces objets que l'affirmation de leur réalité. Mais on ne pourra maintenir cette réserve étant donné l'analogie avec les points de couleur non vus et tous les points non perçus du monde de la perception. (Il faudra ultérieurement s'arrêter au problème de la réalité, § 170 *sq.*).

De manière analogue aux « états » des « choses physiques », on comprend habituellement comme « l'état » d'un porteur subsistant (*beharrend*), en quelque sorte d'une chose psychique, ce qui est attribué en tant que psychique propre à un point de temps individuel, qu'il s'agisse d'un vécu élémentaire seul avec ses (quasi)-constituants, d'un vécu étendu à l'inconscient ou d'inconscient seulement. De l'analogie de cette synthèse cognitive avec celle des choses physiques, il ressort que ce porteur, que nous ne nommons pas habituellement « chose psychique » mais « le Moi » ou « mon âme », doit être constitué en tant que classe des états autopsychiques. Le fait souvent mentionné qu'une classe n'est pas la collection de ses éléments (§ 37) mais un quasi-objet qui rend possible l'énoncé de ce qui est commun aux éléments, doit justement ici être tout particulièrement pris en compte. La réserve initialement concevable à l'égard de cette définition constitutive se révèle alors sans fondement. La définition constitutive ne doit reproduire que ce qui est d'ordre structurel, ce qui est soumis à un ordre dans le Moi, autrement dit ce qui seul peut être conçu de manière rationnelle. Par contre, la question de savoir si une unité ultime et indivisible en tant que « Moi » est sous-jacente à tous les états autopsychiques, n'est pas une question d'ordre mais d'essence ; la position de ce problème et sa réponse n'appartiennent donc pas au système de constitution mais à la métaphysique (cf. § 163).

133. *Attribution d'autres qualités sensibles*

Jusqu'ici seules les qualités du sens de la vue et du sens de la pression ont été affectées à certains points de monde (§ 126, 130). Puisque les autres sens sont à présent caractérisés individuellement (§ 131), on peut procéder avec leurs qualités ou leurs classes de qualité à la même attribution à des points de monde. Suivant l'exemple de la synthèse cognitive de la vie concrète, la constitution de cette attribution toutefois n'est pas menée pour toutes les qualités. Elle concerne seulement les qualités pour lesquelles elle peut se faire d'une manière appropriée, quand par exemple l'affectation aux points individuels d'une ligne de monde visuelle n'entraîne pas dans le temps de nombreuses modifications des qualités affectées. Cette attribution est donc possible pour les qualités du goût par exemple : si à un certain état d'un morceau de sucre donné est affectée la qualité « doux », l'attribution à des « points goûtés » peut être étendue aux « points non goûtés » des lignes de monde (par analogie avec les points vus et non vus, § 126), sans qu'apparaissent habituellement des contradictions du fait de l'attribution d'autres qualités gustatives à des points de la même ligne de monde. L'attribution des qualités de l'odorat peut se faire de manière analogue. Pour l'ouïe, ce n'est pas aussi facile : le son qu'une chose produit à un moment ne peut ensuite lui être affecté constamment sans qu'apparaissent en règle des contradictions. On ne peut guère, voire pas du tout, affecter à des lignes ou des faisceaux de lignes de monde donnés, c'est-à-dire à des choses visuelles, les qualités de certains sens comme le sens de l'équilibre, le sens kinesthésique ou les sensations végétatives.

Il n'existe cependant pas de limite nette entre les qualités sensibles attribuables et non attribuables. Considérons par exemple les sentiments ou bien les volitions (si nous entendons en faire un domaine de qualités indépendant, c'est-à-dire un « sens », sans nous prononcer ici sur la nécessité ou seulement la possibilité de cette position, cf. § 85). Il n'est pas dans les habitudes de notre pensée formée scientifiquement, même en dehors de la science, dans la vie quotidienne, d'attribuer des qualités de sentiment ou de volition aux choses du monde extérieur en tant que propriétés. On peut cependant présumer que le refus de cette attribution ne résulte que d'un processus d'abstraction et n'est pas en vigueur dès le début. Dans la représentation non-crititique de l'enfant, la pomme n'a pas seulement un goût un peu acide, elle a un goût « délicieux », elle a un goût de « revenez-y » ; nous voyons bien que pour lui, ce n'est pas seulement une qualité gustative, mais une qualité de sentiment ou même de volition qui est attribuée. De même, une forêt est-elle « mélancolique », une lettre « douloureuse », un manteau « imposant ». (Ce faisant, ces objets ne sont pas entendus comme des sujets, peut-être par intropathie, mais comme des objets avec les propriétés en cause.) Il faut admettre ces attributions comme entièrement justifiées ; car exactement comme le sucre peut être dit doux parce qu'il provoque une sensation gustative de cette qualité, une mélodie peut être dite « gaie », une lettre « douloureuse », une acte « révoltant », parce que ces objets induisent le sentiment correspondant ; en outre, une pomme paraît « alléchante », un visage une « tête à claque », un vacarme « à n'y pas tenir », parce que ces objets font naître des volitions de ce type. Qu'au cours du développement de la pensée conceptuelle, on laisse habituellement tomber l'attribution des qualités de sentiment et de volition, tient peut-être moins aux modifications temporelles trop importantes de ces qualités pour la même chose – car ces modifications sont souvent moindres que pour les sens du chaud, du froid et de l'odorat par exemple – qu'aux contradictions qui apparaissent entre les attributions des sujets différents lors de la constitution du monde intersubjectif. Par conséquent, il peut être justifié d'admettre que les sentiments (et les volitions dans la mesure où elles forment un domaine indépendant) se situent au fond tout à fait au même niveau que les sensations (au sens étroit usuel) ; c'est seulement *par suite de leur variation progressivement de plus en plus marquée d'un sujet à l'autre* pour le même objet, qu'on ne les compte habituellement pas parmi les qualités à affecter au monde extérieur et qu'on les considère donc comme appartenant d'une certaine manière à notre « intériorité » (*unserem* « *Innern* »). Mais le rejet de ces qualités pour la constitution des choses sensibles n'est nullement valable sans exception ; on vient de mentionner la pensée de l'enfant, on trouve fréquemment quelque chose de semblable dans le monde de la poésie lyrique.

Qu'il ne s'agisse que d'une différence de degré, on le voit aussi dans le fait qu'au cours du développement de la science, l'attribution des qualités du goût et de l'odorat est également laissée de côté, et même finalement celle des qualités tactiles et visuelles. Ce rejet apparaît nécessaire une fois reconnu que les attributions des qualités de ces sens varient aussi d'un sujet à l'autre et qu'elles ne sont donc pas réalisables d'une manière univoque et dépourvue de contradiction. Autrement dit, la formation conceptuelle (ainsi que la constitution qui la reprend) du monde de la perception n'a qu'une validité provisoire ; dans la marche de la connaissance, elle doit laisser la place au monde de la physique rigoureusement univoque mais totalement dépourvu de qualités (§ 136).

134. *Les choses de la perception*

C'est presque exclusivement aux points des choses tactiles et visuelles que sont affectées de la manière indiquée des qualités des autres sens. Si l'attribution a pu se faire, nous qualifions ces choses de « choses de la perception ». Et nous qualifions de « monde de la perception », l'ensemble du monde spatio-temporel avec les attributions des qualités sensibles aux points de monde individuels.

De même que nous avons pu auparavant caractériser en tant que choses visuelles, des parties de mon corps au moyen de leurs rapports spatiaux de configuration et de situation (§ 131), nous pouvons maintenant et très largement caractériser individuellement comme choses de la perception des objets ou types d'objets individuels. La caractérisation constitutive des couleurs individuelles, des odeurs individuelles, etc., peut alors s'appuyer là-dessus (ainsi le vert comme couleur du feuillage, etc.). Cette constitution se déroule parallèlement à la formation effective des concepts et des mots pour les qualités de sensation individuelles comme il ressort de l'histoire de la langue. On voit ici que la constitution du psychisme propre se trouve complétée après coup à l'aide de la constitution des niveaux supérieurs; il en est de même en bien d'autres endroits mais nous ne pouvons plus nous y arrêter.

135. *La complémentation du monde de la perception par analogie*

Si l'attribution des qualités sensibles s'avère entièrement ou approximativement concordante entre deux domaines spatio-temporels sur d'importantes parties et si la partie restante de l'un des domaines présente des attributions à des points alors que les points correspondants dans l'autre domaine ne se voient affecter aucune des qualités attribuées du sens en question, on entreprend ces attributions par analogie.

L'emploi de ce procédé constitutif d'attribution par analogie présente dans la manière de voir habituelle un aspect tout à fait différent selon que le territoire restant se rattache à la grande partie du domaine dans un sens temporel ou spatial. Dans le premier cas, le sens du procédé peut se formuler intuitivement à peu près ainsi (en langage réaliste) : si une partie temporellement assez grande d'un processus connu se répète d'une manière identique ou similaire, alors que le processus n'est pas observé pendant le reste du temps, nous admettons (si cela n'est pas contredit par d'autres conclusions) que le second processus, pendant ce temps d'inobservation, s'est déroulé d'une manière analogue au premier; ou simplement que les processus sont soumis à une analogie mutuelle. Dans le second cas de complémentation (*Vervollständigung*) suivant la dimension spatiale, le sens du procédé peut se formuler à peu près ainsi (en langage réaliste) : si une partie d'une chose déjà perçue est de nouveau perçue de manière identique ou similaire alors que le reste du domaine spatial n'est pas observé, nous admettons (si cela n'est pas contredit par d'autres conclusions) que dans cette partie de l'espace existe une partie de chose analogue à la partie correspondante de la première chose; ou simplement que les choses sont soumises à une analogie mutuelle.

Les deux types d'emploi du procédé sont déjà apparus auparavant lorsqu'il s'agissait de compléter les points de couleur vus des lignes de monde par des points de couleur non vus (le premier type au § 126, règles 10, 11c et d; le second type avec la règle 11c et d) ou pour compléter les points tactiles touchés par les points non touchés (§ 130).

Dans un certain sens, le premier type d'emploi de l'attribution par analogie peut s'interpréter comme l'application d'un postulat de causalité, et le second comme l'application d'un postulat de la substance[51]. Ou exprimé inversement, *les deux catégories de la causalité et de la substance traduisent l'application de la même constitution par analogie à des axes de coordonnées différents*.

Rien que pour les points de couleur, l'application du procédé vient déjà compléter l'attribution de manière significative. D'autres compléments résultent ensuite de la coopération des différents sens. Ce développement de l'attribution permet en retour de connaître de manière nouvelle ou plus précise des choses et des lois d'évolution[52] à l'aide desquelles d'autres compléments s'avèrent possibles; ainsi se renforcent mutuellement d'un côté la connaissance des lois générales valables pour les choses et les événements, et de l'autre l'accroissement de l'attribution des qualités aux points du monde de la perception.

136. *Le monde de la physique*

Il faut distinguer du monde de la perception constitué par attribution des qualités sensibles, le monde de la physique dans lequel sont attribués de simples nombres, les « grandeurs d'état physiques », aux points de l'espace numérique à quatre dimensions. L'objet de cette constitution est d'établir un domaine déterminé par des lois concevables mathématiquement. Seules des lois conçues mathématiquement permettent de calculer certaines déterminations à partir de celles qui les déterminent. La nécessité de cette constitution du monde de la physique repose en outre sur le fait que lui seul et non le monde de la perception (cf. § 132, conclusion) rend possible l'intersubjectivité sans ambiguïté et sans contradiction (§ 146-149).

Il n'est pas évident de prime abord que la physique, si elle entend construire un domaine soumis à une entière légalité, doive écarter les qualités et les remplacer par des nombres. La conception contraire (que Goethe par exemple défend avec rigueur contre Newton dans la partie polémique de sa « Théorie des couleurs ») soutient que l'on doit rester dans le domaine des qualités sensibles elles-mêmes et établir les régularités qui règnent entre elles, ce qui reviendrait à découvrir les régularités de ce domaine que nous avons appelé monde de la perception. Certes, des lois du type des lois physiques de la nature n'y sont pas valables. Mais si la constitution du monde légal de la physique doit être possible, on conçoit que des régularités doivent tout de même exister, dont la forme sera en vérité beaucoup plus complexe que celle des régularités physiques. On ne peut toutefois s'y arrêter davantage ici. Le chemin de loin le plus simple pour aboutir à un domaine soumis entièrement à la légalité et au calcul, consiste à constituer le monde de la physique en tant que monde purement numérique.

L'objectif ainsi défini de constitution du monde de la physique ne détermine pas encore sans ambiguïté quelles grandeurs d'état physiques doivent être choisies pour cette constitution, du moins en l'état actuel de la connaissance physique. Il y a diverses manières de faire ce choix. Les différents systèmes physiques qui en résultent, jaugés suivant les données empiriques, présentent la même légitimité. Mais il est vraisemblable qu'un jour le choix sera tranché sans équivoque (en tenant compte des données empiriques mais également guidé par des principes méthodologiques comme le principe de plus grande simplicité).

Si la formulation des lois de la nature dépend du choix des grandeurs d'état et du système physique, le type et le degré de détermination fournis par les lois naturelles sont néanmoins fixés empiriquement, indépendamment du système : l'attribution de toutes les grandeurs d'état à tous les points de monde est en effet déterminée par l'attribution des grandeurs d'état aux points d'une section tridimensionnelle, transversale par rapport à la direction de la première coordonnée (qui correspond au temps).

Abstraction faite de la légalité à laquelle elle doit mener, la constitution du monde de la physique est déterminée pour l'essentiel par une relation particulière avec le monde de la perception que nous allons qualifier de « corrélation physico-qualitative » (*physikalisch-qualitative Zuordnung*). Les points de monde de la physique sont tout d'abord corrélés avec ceux du monde de la perception de manière biunivoque (*eineindeutig*) (la métrique du monde de la physique peut néanmoins être différente, par exemple la métrique non euclidienne requise par la théorie générale de la relativité). Il y a ensuite une corrélation co-univoque (*einmehrdeutig*) entre qualités et grandeurs d'état telle que, si des grandeurs d'état physiques d'une structure quelconque (purement numérique) sont attribuées à un point physique et à son milieu environnant, la qualité corrélée à cette structure est alors constamment attribuée au point de monde correspondant du monde de la perception, ou du moins peut l'être sans contradiction. Mais inversement, la corrélation n'est pas univoque (*eindeutig*) : l'attribution d'une qualité à un point de monde du monde de la perception n'implique pas quelle structure individuelle de grandeurs d'état physiques est attribuée au milieu environnant du point correspondant du monde de la physique, mais seulement une classe à laquelle cette structure doit appartenir[53]. A vrai dire, l'imprécision généralement inhérente au monde de la perception ne peut pas ne pas marquer la corrélation physico-qualitative.

REVUE DE LA LITTÉRATURE : Sur le problème de la décision entre les différents systèmes physiques : Carnap [Aufg. d. Phys.] qui contient aussi de plus amples détails sur la corrélation physico-qualitative. Sur le type et le degré de détermination du monde de la physique : Carnap [Dreidimens.]. Schlick dans [Raum u. Zeit] 93 *sq.* et Carnap dans [Phys. Begr.] montrent que le monde de la physique est entièrement libre de qualités sensibles. Carnap expose également ici (p. 51 *sq.*) les raisons du passage du monde qualitatif de la perception au monde quantitatif de la physique.

137. *Les objets biologiques et les êtres humains*

Après avoir constitué le monde de la physique, on peut caractériser individuellement chaque processus et chaque chose de ce monde, que ce soit par l'indication du lieu et du moment, par la relation aux autres processus et aux autres choses ou par des propriétés relatives à ce qui est attribué. Nous avons précédemment considéré comme caractérisés les organes sensoriels individuels de mon corps (§ 131); une caractérisation constitutive est pareillement possible à présent pour toutes les autres parties et processus de mon corps ainsi que pour toutes les autres choses physiques individuelles, pour leurs parties et leurs processus. Ces choses physiques peuvent ensuite être rangées en classes ou dans un système complet de classes de différents niveaux selon leurs propriétés communes. D'où par exemple les substances organiques et inorganiques, les objets individuels organiques et inorganiques, le système entier des organismes, des plantes et des animaux, ainsi que les choses fabriquées par l'homme. Ainsi peut être constitué tout le domaine des objets physiques.

Les organismes sont caractérisés par des propriétés spécifiques des processus dont ils sont le siège ou par certaines « facultés » qui sont à constituer sur la base de ces processus, comme le renouvellement des tissus, la reproduction, la régulation, etc. Nous n'avons pas besoin de discuter ici en détail les propriétés qui les caractérisent. Il est seulement important de noter que ce sont des propriétés physiques, c'est-à-dire que nous pouvons présupposer constituées après la constitution du monde de la physique[54]. On appelle « objets biologiques » les organismes avec leurs propriétés et leurs relations essentielles et les processus qui leur sont propres.

On voit empiriquement que « mon corps » qui est d'abord constitué comme chose visuelle (§ 129), puis intégré au monde de la perception par d'autres attributions, appartient aux organismes. Une des classes de la classification biologique des organismes dont mon corps fait partie, est constituée en tant que classe des êtres humains ; il faut caractériser constitutionnellement cette classe en indiquant dans quelle mesure ses éléments doivent concorder avec mon corps quant à la taille, la forme, les mouvements et autres processus. Les « autres êtres humains » qui, en dehors de « mon corps », appartiennent à cette classe (en tant que choses physiques) forment un type d'objet d'une importance toute particulière pour le système de constitution. Leur sont rattachées la constitution du psychisme d'autrui (§ 140) et avec elle, celle de tous les objets de niveau plus élevé.

138. *La relation d'expression*

Nous avons déjà discuté de la constitution de mon corps, de ses parties, de ses mouvements et des autres processus qui lui sont liés (§ 129, 131, 137). Il est relativement peu important de savoir si par « mon corps », nous entendons seulement la chose tactile et visuelle qui a reçu initialement cette appellation ou la chose physique correspondante, puisque les processus que nous utilisons pour les autres constitutions peuvent être caractérisés d'une manière suffisante à l'aide de propriétés tactiles et visuelles.

Pour la constitution ultérieure du psychisme d'autrui (§ 140), la « relation d'expression » est d'une importance fondamentale. Comme on l'a précédemment expliqué (§ 19), nous entendons par là, la relation entre les mouvements expressifs comme les mines, gestes, mouvements corporels, processus organiques aussi, et les processus psychiques simultanés qui « s'expriment » à travers eux. Cette explication ne saurait constituer la définition constitutive de la relation d'expression ; ce serait une définition circulaire. Elle entend simplement renvoyer à ce qui est connu pour clarifier le terme. La constitution de la relation d'expression en revanche consiste à établir une correspondance entre une classe de processus autopsychiques qui apparaissent couramment en même temps que certains processus physiques perceptibles de mon corps et la classe de ces processus physiques en tant qu'expression.

La constitution du psychisme d'autrui pourrait aussi s'appuyer, à la place de la relation d'expression, sur la relation psycho-physique si celle-ci était déjà connue avec précision. Dans ce cas, cette relation devrait être constituée par la correspondance « psycho-physique » entre une classe de processus autopsychiques qui surviennent couramment en même temps que certains processus physiques de mon système nerveux central et la classe de ces processus physiques.

## C. Les niveaux supérieurs : le psychisme d'autrui et les objets spirituels

139. *De la représentation des autres niveaux de constitution*

Pour les autres niveaux du système de constitution, nous devons nous contenter de ne fournir que les indications générales nécessaires pour montrer la possibilité de constituer l'objet en cause sur la base des constitutions déjà réalisées.

Tout d'abord seront constitués les objets hétéropsychiques (§ 140) à l'aide de la relation d'expression (§ 138), sur la base de certains processus propres aux « autres êtres humains » constitués en tant que choses physiques (§ 137). C'est à partir de certains processus propres aux autres êtres humains et interprétés comme « donation de signes » que le « monde de l'autre » sera constitué (§ 141-145). Entre le monde constitué jusqu'ici, « mon monde » et le « monde de l'autre » existe une correspondance spécifique sur laquelle se fonde la constitution du « monde intersubjectif » (§ 146-149). Enfin, la constitution des objets des niveaux les plus élevés sera possible à partir des objets auto ou hétéropsychiques : les objets spirituels (§ 150 *sq.*) et les valeurs (§ 152). Après la discussion de ces constitutions, il restera à traiter du problème de l'élimination de la (des) relation(s) fondamentale(s) en tant que dernier moment, non purement formel, du système de constitution (§ 153-155). En dernier lieu, nous résumerons sous forme de thèses (§ 156) ce qu'il est possible d'affirmer à la suite de la représentation précédente du système de constitution, à la différence du contenu concret du système représenté qui ne doit avoir qu'une valeur d'exemple.

140. *Le domaine du psychisme d'autrui*

Nous avons auparavant constitué les « autres êtres humains » (*die anderen Menschen*) (§ 137) en tant qu'organismes semblables d'une certaine manière à mon corps ; ils sont ainsi constitués en tant que choses physiques, mais la constitution du psychisme des autres êtres humains, « le psychisme d'autrui » (*das Fremdpsychische*), n'est entreprise que maintenant. Cette constitution consiste à attribuer à un autre être humain des processus psychiques, sur la base des processus physiques auxquels il est soumis et avec l'aide de la relation d'expression déjà constituée (§ 138). En dehors de la relation d'expression, la « donation de signes » est également mise en jeu, c'est-à-dire les énonciations que l'autre homme fait pour moi (§ 141-144).

Deux points sont particulièrement importants à considérer : dans la constitution du psychisme d'autrui, il ne peut s'agir que d'une attribution au corps de l'autre, non à son âme qui ne peut être constituée autrement que sur la base de cette attribution et qui par conséquent n'existe pas encore constitutionnellement pour l'attribution; ensuite, les processus psychiques attribués sont des processus autopsychiques exactement pour la même raison : il n'est pas encore constitué d'autre psychisme que le psychisme propre et un autre psychisme ne peut être constitué avant l'attribution puisqu'il n'existe aucune autre possibilité de constitution qu'en s'aidant de cette attribution.

En vertu des lois découvertes à partir des vécus élémentaires, relatives à leur état (*Zustandsgesetze*) (des constituants du vécu de type a surviennent habituellement en même temps que des constituants de type b) et à leur évolution (*Ablaufgesetze*) (des vécus, des constituants du vécu et des suites de vécus ou de constituants de type a sont habituellement suivis par d'autres de type b), cette attribution sera enrichie afin d'obtenir une suite plus ou moins complète du vécu de l'autre. *Cette séquence complète du vécu de l'autre être humain ne consiste en rien d'autre qu'en un réarrangement de mes vécus et de leurs constituants.* A vrai dire, pour les autres peuvent être constitués des vécus qui ne concordent avec aucun de mes vécus. Mais les constituants de ce type nouveau de vécu qu'est le vécu de l'autre doivent se présenter comme des constituants de mes vécus. En effet (en langage constitutionnel), il n'y a rien d'autre qui puisse être ici attribué que les vécus élémentaires et ce qui a été constitué à partir d'eux, c'est-à-dire leurs quasi-constituants (au sens le plus large, incluant les composantes); (en langage réaliste), je ne peux pas inférer chez un autre être humain, à partir des processus d'expression que j'observe, des objets psychiques dont le type ne me serait pas connu à partir de moi.

Comme nous l'avons indiqué (§ 132), l'introduction des processus inconscients vient compléter mes vécus ou mes processus conscients pour former le domaine entier du psychisme propre, qui n'est sans doute pas intégralement mais très largement soumis à la légalité. De manière tout à fait analogue, la suite du vécu ou « la conscience de l'autre » est complétée par les « processus inconscients de l'autre » pour former le domaine complet du « psychisme de l'autre » (*das Psychische des Anderen*). On admet ce faisant les mêmes lois de détermination que pour compléter le psychisme propre. Le psychisme de l'autre ainsi constitué, en tant que classe des états psychiques de l'autre, est appelé par analogie avec mon âme, « l'âme de l'autre ». Le domaine général du psychisme d'autrui comprend le psychisme de tous les autres êtres humains qui (c'est-à-dire dont les corps) apparaissent en tant que choses physiques dans le monde constitué de la physique.

Il ressort du mode de constitution du psychisme d'autrui qu'il n'y a pas d'hétéropsychisme sans corps. En effet (en langage constitutionnel), le psychisme d'autrui ne peut être constitué que par l'intermédiaire d'un corps, dans lequel apparaissent certains processus semblables à ceux de mon corps, les processus d'expression; (en langage réaliste), le psychisme d'autrui qui ne serait pas lié à un corps au moyen duquel il se manifeste, serait fondamentalement inconnaissable et par suite ne pourrait être un objet d'énoncé scientifique. (On ne peut s'arrêter ici sur le problème de la télépathie; une recherche plus approfondie montrerait que la connaissance d'autrui par télépathie requiert aussi la médiation d'un corps.)

Si les connaissances de neurophysiologie (*Gehirnphysiologie)* permettaient de résoudre le problème de correspondance de la relation psycho-physique (mais elles n'existent pas encore) (§ 21), le psychisme d'un autre être humain pourrait être constitué plus précisément et plus complètement à l'aide de la relation psycho-physique plutôt qu'avec la relation d'expression (y compris la donation de signes). Si les processus cérébraux de l'autre étaient constitués dans tous leurs détails en tant que parties du monde de la physique, il serait possible de constituer à partir d'eux la conscience et l'inconscient de l'autre, c'est-à-dire en une fois l'ensemble du psychisme de l'autre[55]. On retrouve avec ce type de constitution les conclusions qui viennent d'être faites.

REVUE DE LA LITTÉRATURE : Relativement à son importance pour la construction du monde de la connaissance, le problème de la constitution du psychisme d'autrui est rarement posé comme tâche; et plus rares encore sont les essais pour le résoudre. On ne fera que citer avant tout : Kauffmann [Imman.]106-121 ; Dingler [Natphil.]140 *sq.* ; Driesch [Ordnungsl.]371 *sq.* (avec des références bibliographiques); Ziehen [Erkth]277 *sq.* ; Becher [Geisteswiss.]119 *sq.*, 285 *sq.* ; Jacoby [Ontol.]307 *sq.* Dans la plupart des études citées et dans d'autres recherches de ce type cependant, le psychisme d'autrui est inféré au lieu d'être constitué, à l'exception de Kauffmann et de Dingler. Cette inférence traduit une atteinte au principe de « construction » de Russell (voir l'épigraphe au § 1 et le § 3), qu'à vrai dire Russell lui-même n'applique pas à ce problème. La réduction du psychisme d'autrui au physique en théorie de la connaissance est discutée de façon approfondie chez Carnap [Realismus].

Sur la réduction non seulement du psychisme d'autrui mais de l'ensemble du psychisme au physique dans le béhaviorisme, voir § 59.

141. *La donation de signes*

En dehors des processus d'expression, on rencontre encore chez les autres êtres humains en tant que choses physiques des processus physiques d'une importance toute particulière pour l'extension de la connaissance et donc également pour la poursuite du système de constitution. Ce sont les manifestations (*Äusserungen*) donatrices de signes, avant tout l'expression orale ou écrite des mots, que nous appelons les « donations de signes ». Elles permettent une extension du système de constitution et une augmentation du nombre d'objets de presque toutes les catégories que l'on peut constituer.

Nous avons déjà commenté la relation de désignation et souligné sa différence avec la relation d'expression (§ 19). La relation entre « donation de signes » et ce qui est désigné (*das Bezeichnete*) est une forme partielle de cette relation. Sa constitution est beaucoup plus difficile que n'importe quelle constitution réalisée jusqu'ici. On peut certes établir des règles à ce sujet; on peut par exemple inférer la signification des sons d'une langue étrangère en comparant leur occurence aux processus observés chez le locuteur et dans son milieu environnant. Mais il n'est pas possible de formuler ces règles de sorte qu'elles permettraient de toujours inférer la signification d'un son dès sa première occurence. On ne peut qu'indiquer comment des hypothèses peuvent être posées dans un premier temps et comment, après des occurrences répétées des sons, elles seront rejetées ou plus ou moins confirmées jusqu'à atteindre la certitude.

Pour obtenir la définition constitutive de la relation de donation de signes, on devrait traduire ces règles (de reconnaissance de la signification des donations de signes) en langage constitutionnel. Cette définition prendrait ainsi une forme très compliquée. Il faudrait d'abord établir qu'un processus physique observé chez un autre être humain a la valeur d'une donation de signes quand la constitution suivante se révèle entièrement réalisable dans son cas. Cette constitution reviendrait à stipuler qu'il faut considérer comme désigné d'une donation de signes d'autrui, l'objet auquel, suivant un procédé déterminé, est attribué le plus grand poids dans cette donation de signes. La signification en est d'autant plus fermement assurée que le poids de l'objet en cause dépasse le poids respectif des autres objets relativement à cette même donation de signes. Les règles d'attribution du poids des différents objets relativement à une donation de signes déterminée ne peuvent qu'être esquissées ici.

Ces règles stipuleraient entre autres que le poids d'une chose physique relativement à une donation de signes déterminée s'accroît quand la chose est proche du corps du donateur au moment de la donation, de plus quand elle se trouve dans certains rapports avec les organes sensoriels du donateur (les rapports d'excitation), de plus en second lieu quand elle était proche du donateur ou en rapport d'excitation avec son organe sensoriel, non pas au moment de la donation, mais néanmoins peu de temps avant; en outre, le poids de la chose se renforce quand elle est en mouvement ou modifie son état dynamique, quand elle est le siège d'un processus discontinu ou quand elle se distingue nettement de son milieu environnant par ses propriétés physiques, etc. Nous nous contenterons de ces indications simples qui ne font que montrer la possibilité de règles de ce type.

La donation de signes est d'abord appliquée suivant ce procédé au domaine physique. Plus précisément, on n'attribue pas un poids respectif seulement aux choses physiques comme dans les règles indiquées mais à tous les types d'objets physiques (processus, états, propriétés, relations, etc.). On entreprend ensuite – toujours relativement à une donation de signes déterminée – une distribution de poids suivant des règles semblables entre les objets psychiques du donateur, et là aussi entre les différents types d'objets (vécus, constituants, composantes, etc.), mais aussi entre les objets psychiques des autres êtres humains y compris le Moi. Après avoir ultérieurement réalisé les constitutions de niveaux encore plus élevés, des poids seront aussi attribués aux objets ainsi introduits, en fonction du rapport plus ou moins étroit entre l'objet en cause et le donateur de signe.

La distribution de poids la plus importante entre les objets, la plus difficile aussi, ne s'opère cependant qu'à travers la compréhension du mot à partir du contexte (dans le langage réaliste). Relativement à un mot déterminé qui apparaît dans une phrase, il faut attacher un poids accru aux objets qui se trouvent le plus étroitement liés aux objets désignés par les autres termes de la phrase (liés par l'identité de catégorie d'objets, la proximité spatiale ou temporelle, la concordance de certaines propriétés ou liés par certains processus, etc.). Si la signification des autres termes n'est pas encore suffisamment assurée, plusieurs objets doivent alors être pris en considération pour chaque mot selon leur poids respectif.

### 142. *Les énonciations des autres êtres humains*

Cette prise en compte des autres termes pour l'interprétation d'un mot n'est que la forme la plus élémentaire de considération du contexte. Il est plus fécond de considérer le fait que les mots forment des phrases et que les phrases désignent des états de choses. Une donation de signes qui forme une phrase entière et désigne par conséquent un état de choses, nous l'appelons une « énonciation » (*Angabe*). Il faut constituer conjointement la relation d'énonciation (entre une phrase entière[56] et son état de choses) et la relation de donation de signes (entre un mot et l'objet désigné), puisque ces deux constitutions se réfèrent l'une à l'autre et s'appuient mutuellement. Mais la constitution de la relation d'énonciation est encore plus difficile que celle de la relation de donation de signes pour des termes, en particulier parce qu'elle doit prendre en compte les différentes formes de phrases possibles.

Exemple : Pour faire comprendre quelle forme peut avoir la constitution, nous allons l'appliquer à une forme de phrase la plus simple possible, à savoir à des phrases qui se composent de trois termes désignant l'antécédent, la relation et le conséquent (par exemple « Carl frappe Fritz »). On devrait exprimer la définition constitutive de la relation d'énonciation au moyen des déterminations suivantes. Pour la signification d'une énonciation, c'est l'état de choses ayant le plus grand poids global relativement à cette énonciation, qui est valable. Le poids global est une fonction (le produit par exemple) des facteurs de poids individuels de l'état de choses relatif à l'énonciation donnée. Pour déterminer ces facteurs, il faudrait établir des règles spécifiques, comme celles-ci par exemple (ou d'autres d'un type semblable) : un état de choses met en jeu deux objets (Carl et Fritz) et une relation qui les lie (frapper). Le premier facteur du poids global d'un état de choses donné relatif à une énonciation donnée est le poids (à déterminer selon les règles du § 141) du premier objet de l'état de choses, relatif au premier mot de l'énonciation (Carl) ; le second facteur est le poids de la relation de l'état de choses, relatif au second mot de l'énonciation (frapper) ; le troisième facteur est le poids du second objet de l'état de choses, relatif au troisième mot de l'énonciation (Fritz). Un quatrième facteur, d'une importance beaucoup plus grande que celle des trois précédents, peut être ainsi déterminé : il a le poids le plus grand si l'état de choses se produit (c'est-à-dire si la relation en cause est vérifiée entre les deux objets ; si Carl frappe effectivement Fritz dans l'exemple) ; il est plus faible si on ne sait pas si l'état de choses se produit ou non ; plus faible encore si l'état de choses ne se produit pas mais si du moins le premier et le second objets appartiennent respectivement au domaine et au co-domaine de la relation ; encore plus faible si une seule de ces deux conditions est remplie ; plus faible enfin si aucune de ces conditions n'est remplie mais si les objets appartiennent au moins à la catégorie d'objet ou à la sphère du domaine et du co-domaine ; etc.

La signification d'une énonciation peut être considérée comme d'autant plus assurée que le poids global de l'état de choses relatif à cette énonciation, évalué suivant les règles indiquées, dépasse celui des autres états de choses. Proportionnellement à la certitude ainsi acquise, les corrélations obtenues pour la relation d'énonciation sont en retour mises en jeu pour la relation de donation de signes et donc appliquées aux termes, aux trois mots de l'énoncé : un objet acquiert un poids relativement à un terme d'autant plus important qu'est mieux assuré le couple énoncé-état de choses dans lequel terme et objet occupent les places correspondantes. Le facteur de poids ainsi attribué à l'objet est d'une influence particulièrement grande pour la détermination de son poids. C'est là que se manifeste la valeur particulière du « contexte » pour déterminer la signification d'un terme.

143. *Compréhension intuitive et dépendance fonctionnelle*

Nous avons auparavant expliqué (§ 100) que la constitution ne vise pas à représenter l'état concret du processus de la connaissance mais à en reconstruire rationnellement la structure formelle. L'écart autorisé et requis de ce point de vue entre la construction et le processus effectif de la connaissance apparaît particulièrement important dans les derniers cas discutés, avec l'exploitation constitutionnelle des mouvements d'expression, des donations de signes et des énonciations. Lorsque l'enfant apprend à comprendre la signification des termes et des phrases exprimés, cela se produit de manière intuitive, par association, et non selon une pensée déductive (ou seulement pour une part très minime). Et dans une mesure plus importante encore, la compréhension des mouvements expressifs des autres êtres humains se limite à cette procédure intuitive. Une phrase étant comprise, il est certes le plus souvent possible de se rappeler les différentes parties de la phrase, d'inférer de leurs significations partielles la signification de l'ensemble et de vérifier ainsi rationnellement sa compréhension intuitive. Par contre, après avoir compris le jeu de mimiques d'autrui, dans la plupart des cas, il n'est plus possible de se remémorer encore précisément les mimiques particulières; les impressions faites par les processus purement physiques sont très fugitives et ne demeure pour l'essentiel que le souvenir de la signification comprise.

Maintenant, il existe entre la donation de signes ou le mouvement expressif et la signification désignée ou exprimée, une dépendance déterminée, et c'est elle que doit représenter la constitution. Cette dépendance est valable dans chaque cas, peu importe que la compréhension de la manifestation (*Äusserung*) s'opère de manière intuitive ou rationnelle. La dépendance tient d'abord au fait que toute compréhension du psychisme d'autrui passe par la médiation d'une donation de signes ou d'un mouvement expressif. Mais plus encore, la nature du contenu compréhensible et compris est entièrement conditionnée par celle de la manifestation médiatrice. En d'autres termes, le psychisme d'autrui ne peut être connu, même intuitivement, que comme signification d'une manifestation (mouvement expressif ou donation de signes), et la signification d'une manifestation est une fonction univoque de la nature physique de la manifestation (fonction entendue au sens mathématique et non psychologique). Etant donné que la constitution fournit cette fonction, le déroulement du processus de la connaissance n'est pas faussement représenté par la constitution (en tant que processus rationnel discursif et non pas intuitif), ni même reconstruit ainsi de manière fictive; (ceci ne se produisant qu'avec le langage de la construction fictive, ajouté pour faciliter la compréhension intuitive). La constitution elle-même ne donne d'indication sur aucun processus mais seulement sur cette fonction logique.

Au delà du problème présent, ces remarques valent pour le sens des constitutions en général. Notamment dans cette section (IVC) où le langage réaliste est employé par souci de brièveté et pour faciliter la représentation intuitive, il ne faut pas perdre de vue que les constitutions elles-mêmes (que nous ne formulons pas ici) ont seulement, même avec les objets traités maintenant, le caractère neutre de fonctions logiques.

Revue de la littérature : Sur la nécessité de la « justification » ou légitimation logico-épistémologique de la reconnaissance du psychisme d'autrui qui se déroule dans la réalité par empathie ou « complémentation aperceptive » (*apperzeptive Ergänzung*) (B. Erdmann), voir Becher [Geisteswiss.]285 *sq.* Pour une analyse plus précise du sens de la réduction cognitive en général, et de la réduction de l'hétéropsychisme au physique en particulier, cf. Carnap [Realismus].

144. *L'exploitation des énonciations des autres êtres humains*

Les énonciations des autres êtres humains sont exploitées dans le processus de la connaissance et donc aussi dans le système de constitution dans deux sens différents : tout d'abord par une énonciation (dans la mesure où elle est fiable), j'apprends un état de choses ; mais j'apprends en plus que cet état de choses est connu d'un autre.

Considérons d'abord l'utilisation du contenu des énonciations. Avant d'exploiter une énonciation, il faut en vérifier la fiabilité, d'une part par comparaison à des états de choses déjà plus ou moins assurés et à des lois de la relation existant entre eux, d'autre part en tenant compte de la crédibilité de celui qui s'exprime, dont les critères sont peu à peu acquis empiriquement. Nous n'allons pas approfondir ici l'examen de la crédibilité et nous supposerons que le choix des énonciations fiables est déjà fait.

L'exploitation du contenu des énonciations amène, comme c'est manifeste, un enrichissement extraordinaire des possibilités de constitution, et plus précisément un accroissement considérable du nombre d'objets que l'on peut constituer dans les différents domaines. Ce n'est que pour le domaine autopsychique que cet élargissement est proportionnellement moindre ; il est en revanche important pour le domaine physique ; et la constitution des domaines hétéropsychique et enfin spirituel repose presque entièrement sur l'exploitation des énonciations, mais il n'est pas nécessaire de l'approfondir ici.

Nous allons à nouveau porter notre attention sur le fait qu'à aucun niveau du système de constitution n'est introduit quelque chose de nouveau à titre élémentaire, ni par conséquent avec l'exploitation des énonciations des autres êtres humains ; il ne s'agit que *d'un réarrangement* (au demeurant très complexe) *des éléments du donné*. Le nouvel ordre auquel conduit le réarrangement n'est pas déterminé par quelque chose d'extérieur au donné mais par le donné lui-même, plus précisément par l'état (*Bestand*)[57] de la (des) relation(s) fondamentale(s). Avec cette utilisation des énonciations, la base autopsychique sur laquelle repose tout le système de constitution n'est donc pas abandonnée. Néanmoins, les autres êtres humains ne sont pas constitués comme de simples machines mais avec tous leurs contenus de vécu, dans la mesure où (en langage réaliste) ils peuvent être reconnus. Telle était bien la thèse de la théorie de la constitution que le système de constitution, malgré sa base autopsychique, soit en mesure d'exprimer toutes les propositions légitimes portant sur n'importe quel objet, plus précisément toutes les propositions qui peuvent être considérées comme valides dans une science du réel ou être du moins posées en tant que question (mais non les propositions métaphysiques).

145. *Le monde de l'autre*

On peut constituer les vécus d'un autre être humain déterminé M (*Mensch*)[58] (constitué en tant que chose physique conformément au § 137) suivant les procédés qui viennent d'être décrits, c'est-à-dire à l'aide des relations d'expression et d'énonciation. S'ils ne peuvent être constitués en aussi grand nombre et d'une manière aussi riche que me sont donnés mes propres vécus, les vécus élémentaires, nous pouvons cependant leur appliquer, malgré ces lacunes, les mêmes formes de constitution que nous avons employées pour les vécus élémentaires dès le début du système de constitution. Plus précisément, les étapes de constitution menées précédemment avec la relation fondamentale Rap, le sont à présent avec une relation analogue $Rap_M$ existant entre les vécus de M. On établit par conséquent de nouvelles définitions constitutives en transformant toutes les définitions constitutives établies jusqu'ici par substitution de $Rap_M$ à Rap et en ajoutant un indice désignant M au symbole défini (par exemple $qual_M$, $cou_M$, etc.). Les « objets de M » qui forment « le monde de M » sont ainsi constitués.

*La base autopsychique n'en est pas pour autant abandonnée* : tous les « objets de M » sont des objets d'un unique système de constitution et se ramènent donc en définitive à l'objet fondamental de ce système, c'est-à-dire à une relation fondamentale existant entre les vécus élémentaires (qui sont mes vécus !). On peut à vrai dire parler dans un certain sens du « *système de constitution de M* », mais par là, on n'entend rien d'autres qu'une *branche « du » (ou de « mon ») système de constitution*, dont l'embranchement est situé à un niveau supérieur. C'est seulement parce qu'elle reproduit par une certaine analogie une image de l'ensemble du système de constitution que cette branche peut être également comprise comme un système de constitution ; et c'est seulement parce qu'elle est constituée dans un certain rapport avec le corps de M au sein « du » (ou de « mon ») système de constitution qu'elle peut être appelée système de constitution « de M ».

146. *La correspondance intersubjective*

Il ressort du mode de constitution du « monde de M » qu'entre celui-ci et « mon monde » existe une certaine analogie ; plus exactement entre le système global de constitution (S) et le « système de constitution de M » ($S_M$). Mais $S_M$ n'est qu'un système partiel au sein de S ; le monde de M est constitué à l'intérieur de mon monde, on ne doit pas le concevoir comme construit par M mais par moi pour M.

L'analogie entre S et $S_M$ signifie une concordance sans doute très étendue mais incomplète. Tout d'abord, il apparaît pour presque chaque constitution de S une constitution correspondante dans $S_M$ qui possède une forme de définition analogue et dont le symbole est distingué par l'indice M. De plus presque toutes les propositions correspondantes sont également valables des objets constitués de manière correspondante. Cela vaut en particulier pour les niveaux antérieurs à la constitution du monde spatio-temporel. Ultérieurement toutefois, avec la constitution du physique et du psychisme d'autrui, cette correspondance (*Entsprechung*) simple qui repose sur une analogie de constitution, n'est plus valable et fait place à un autre type de correspondance.

« Mon corps » étant constitué de la manière déjà décrite (§ 129), d'abord comme chose visuelle, puis comme chose physique que l'on peut désigner par mc, on constitue alors de manière analogue dans $S_M$, un objet $mc_M$ qui est le corps de M (mais il n'est pas constitué à partir de moi, comme l'est la chose physique M qui est bien aussi le corps de M, mais à partir des vécus de M). Il suit de l'analogie de la forme de constitution que mc et $mc_M$ ont en commun certaines propriétés, par exemple ils sont tous deux des choses physiques. En revanche ils diffèrent par bien des propriétés ; si par exemple M a une autre couleur de cheveux, il en résulte deux propositions non concordantes portant sur mc et $mc_M$.

De même les autres choses physiques au sein de S ne s'accordent pas avec les choses correspondantes de $S_M$ (car les choses se trouvant dans certains rapports spatiaux avec mon corps ne sont pas en général dans les mêmes rapports avec M). Mais il existe une concordance d'un nouveau type : il y a entre le monde de la physique dans S et ce monde dans $S_M$ une correspondance bi-univoque (*eineindeutige Zuordnung*) telle qu'entre les points de monde physiques de $S_M$ valent les mêmes relations spatio-temporelles et qualitatives (basées sur les attributions) qu'entre les points de monde de S qui leur correspondent. Nous appellerons cette correspondance (pour des raisons à exposer ultérieurement) « *correspondance intersubjective* ». Alors que nous avons désigné par $O_M$ dans $S_M$ l'objet correspondant par une analogie de constitution à un objet O de S, nous désignerons par $O^M$ l'objet de $S_M$ correspondant de manière intersubjective à l'objet O. *Deux objets de S et $S_M$ se correspondant de manière intersubjective représentent (en langage réaliste) le même objet, la première fois tel qu'il est reconnu par moi, la seconde fois tel qu'il est (à ma connaissance) reconnu par M.*

EXEMPLE : On ne peut certes pas caractériser par analogie de constitution le corps d'un troisième être humain N dans $S_M$ comme dans S (il ne peut donc pas être désigné par $N_M$) ; mais il y a (dans des conditions favorables) dans $S_M$ une chose physique qui correspond de manière intersubjective à N et que l'on peut donc désigner par $N^M$. $N^M$ représente l'être humain N tel qu'il est reconnu par M. Il se peut que $N^M$ soit caractérisé constitutionnellement dans le monde de la physique de $S_M$ suivant une tout autre voie que N dans S ; mais les deux objets présentent les mêmes propriétés physiques. Dans ce cas, il apparaît aussi une certaine concordance quant à la forme de constitution qui tient à ce qu'aussi bien N dans S que $N^M$ dans $S_M$ sont constitués comme « un autre être humain ».

Les formes de constitution des objets se correspondant de manière intersubjective dans S et $S_M$ divergent considérablement en deux endroits. Mon corps mc et mon corps tel qu'il apparaît à M, $mc^M$, sont bien deux choses physiques. Mais $mc^M$ n'a pas, comme $mc_M$ (corps de M vu par lui-même) une forme de constitution analogue à mc ; mc en effet est constitué dans S suivant la forme « mon corps », tandis que $mc^M$ est constitué dans $S_M$ suivant la forme « corps d'un autre ». Dans le second cas, l'affaire est exactement inverse : M (le corps de M vu par moi) et $M^M$ (le corps de M vu par lui-même) sont bien deux choses physiques, mais au reste, ils sont constitués de manière différente. Il n'y a pas dans $S_M$ un objet constitué de façon analogue à M (que l'on pourrait donc désigner par $M_M$) (la forme de constitution de $mc^M$ est sans doute semblable mais pas exactement analogue à celle de M). Tandis que M est constitué dans S suivant la forme « le corps d'un autre », $M^M$ est constitué dans $S_M$ suivant la forme « mon corps » ($M^M$ H $mc_M$).

### 147. *La correspondance intersubjective vaut pour toutes les catégories d'objets*

La correspondance intersubjective n'existe pas seulement entre des objets physiques mais aussi entre les objets psychiques. Il y a en effet le plus souvent correspondance entre psychismes d'autrui : l'hétéropsychisme attribué dans S à N, corps d'un autre être humain, correspond de manière intersubjective à l'hétéropsychisme qui est attribué dans $S_M$ à l'objet correspondant intersubjectivement, c'est-à-dire à $N^M$, ici aussi corps d'un autre être humain. Et le psychisme de N dans S et de $N^M$ dans $S_M$ présentent la même nature qualitative (dans la mesure où en général, ils peuvent être tous deux constitués et le sont).

Dans la constitution du psychisme, la différence la plus importante entre les formes de constitution des objets se correspondant de manière intersubjective apparaît ici aussi aux deux niveaux qui viennent d'être mentionnés, à savoir lors de la constitution du psychisme attribué à mc et à M (c'est-à-dire mon psychisme et le psychisme de M).

Nous avons dit auparavant que cette correspondance intersubjective n'était pas valable pour les niveaux inférieurs de constitution mais seulement à partir de la constitution du monde spatio-temporel ; pour les niveaux inférieurs, nous avons présenté uniquement la correspondance par analogie de constitution. Mais après que la correspondance intersubjective, originellement établie pour le monde physique, à présent a été aussi réalisée pour le monde psychique, nous disposons en lui d'une correspondance de tous les objets sans exception de S et de $S_M$. Aux niveaux inférieurs de S, par exemple aux objets Rap, ve, qual, sens, vue, correspondent maintenant de manière intersubjective, non les objets correspondants par analogie de constitution comme $Rap_M$, $ve_M$, etc. qui se réfèrent à M et à ses vécus, mais certains objets $Rap^M$, $ve^M$, etc.

EXEMPLE : ve sont les vécus élémentaires (donc « les miens »), $ve_M$ seraient les vécus d'un autre être humain M, $ve^M$ par contre sont mes vécus tels qu'ils sont constitués dans $S_M$ ou en langage réaliste, tels qu'ils sont reconnus (erkannt) par M. Il est vrai que ces objets, comme tous les objets, sont aussi constitués dans S (donc par moi), car il n'y en a pas d'autres. $S_M$ est bien une partie du système S. En langage réaliste, $ve^M$ sont mes vécus, non comme je les connais, mais comme l'autre être humain en a connaissance (bekannt) sur la base de ses observations et des indications qu'il reçoit de moi ; plus précisément tels que je sache à partir de ses indications et de diverses inférences qu'ils sont connus de lui ; $ve^M$ représentent donc ce qu'à ma connaissance, il sait de mes vécus. On peut exactement transposer ce qui vaut pour la corrrespondance ve-$ve^M$ aux autres objets des niveaux inférieurs de constitution

La correspondance intersubjective entre S et $S_M$ ne concerne pas de prime abord tous les objets des deux systèmes, elle suppose que certains compléments aient été entrepris. Le monde de la physique de chacun des deux systèmes par exemple est toujours incomplet et les lacunes ne se trouvent pas toujours aux mêmes endroits. Ainsi, des attributions aux points de monde de la physique dans l'un des systèmes sont présentes là où dans l'autre système ces attributions font défaut ou font place à des attributions incompatibles. (Le cas des attributions contradictoires est proportionnellement rare ; quand il survient, une décision doit être prise en fonction de critères particuliers, sur lesquels on ne va pas s'arrêter ici, en vertu de laquelle une seule des deux attributions est admise comme légitime tandis que l'autre est écartée.) Dans la plupart des cas en revanche, quand les attributions ne sont pas concordantes, celles d'un système correspondent à des positions vides dans l'autre. Dans ces cas, une attribution complémentaire correspondante est entreprise dans l'autre système en prenant en compte les règles de complémentation précédemment indiquées (§ 135). (En langage réaliste), les objets se correspondant des deux systèmes présentent d'abord des propriétés concordantes ; là où la concordance n'est pas encore démontrée, elle est posée à titre d'hypothèse. Ceci étant partout réalisé, la correspondance intersubjective entre les deux systèmes est alors valable sans exception.

Ces deux propositions, que $S_M$ est inclus dans S, c'est-à-dire forme une véritable partie de S, mais que par ailleurs les objets des deux systèmes se correspondent de manière univoque par la relation intersubjective, ne se contredisent pas puisque tous deux sont des systèmes qui ne peuvent être complétés. Le sens de la seconde proposition est le suivant: pour tout objet constitué dans l'un des systèmes, on peut constituer dans l'autre système un objet qui lui correspond intersubjectivement, si ce système est suffisamment développé.

148. *Le monde intersubjectif*

Comme nous l'avons déjà vu, les objets de S et $S_M$ qui se correspondent de manière intersubjective se distinguent en général par leur mode de constitution, mais ils s'accordent quant aux propriétés qui ne tiennent pas à la forme spécifique de leur constitution mais que l'on pourrait qualifier de matérielles (*inhaltlich*). Nous qualifierons les propriétés concordantes et les propositions portant sur ces propriétés de « transmissibles (*übertragbar*) intersubjectivement » (c'est-à-dire transmissibles entre S et $S_M$); par contre les propriétés qui n'appartiennent qu'à l'objet dans S ou qu'à l'objet dans $S_M$, et les propositions relatives à ces propriétés, sont dites « subjectives dans S ou subjectives dans $S_M$ ». On voit facilement qu'aux propositions transmissibles intersubjectivement appartiennent par exemple celles sur la ressemblance de deux qualités, ou sur la couleur, la taille, l'odeur, etc. d'une chose physique déterminée, sur le sentiment d'un homme donné à un moment déterminé, etc. Il y a également quelques propositions portant sur la forme constitutionnelle qui sont transmissibles intersubjectivement, par exemple des propositions portant sur la question de savoir si un objet est à constituer comme classe ou comme relation, et d'autres semblables. Mais la plupart des propositions portant sur la forme de constitution d'un objet dans S ou $S_M$ sont qualifiées de subjectives dans S ou $S_M$, comme souvent les propositions sur l'ordre nécessaire de constitution de certains objets, sur l'emploi requis des compléments (d'après le § 126, règles 7 et 10) ou des inférences par analogie (selon le § 135) dans la constitution d'un objet physique donné, etc.

Nous avons considéré jusqu'ici la correspondance intersubjective uniquement entre les systèmes S et $S_M$, donc en tant que correspondance bi-univoque des objets de mon monde et des objets du monde d'un autre être humain M. Mais tout ce qui a été dit de l'être humain M vaut de même de tous les autres êtres humains N, P, etc. Par suite, il y a aussi une correspondance bi-univoque intersubjective entre les systèmes S et $S_N$, S et $S_P$, etc. Ce qui a été dit de la correspondance entre S et $S_M$ vaut de même de toutes ces correspondances. Si enfin existe une correspondance biunivoque entre $S_M$ et S, et entre S et $S_N$, cela implique une correspondance bi-univoque entre $S_M$ et $S_N$ de même nature. Il existe ainsi une correspondance bi-univoque générale entre tous ces systèmes, donc entre les mondes de tous les êtres humains (normaux, qui me sont connus), y compris le moi. Par «*correspondance intersubjective*», nous n'entendrons plus désormais la correspondance entre deux systèmes déterminés, mais cette correspondance générale. D'une manière analogue, nous comprendrons à présent par «*propriétés transmissibles intersubjectivement*» et par «*propositions transmissibles intersubjectivement*» celles qui demeurent valables quand on remplace leur objet par l'objet de n'importe quel autre système, qui lui correspond intersubjectivement. Nous qualifions d'«*objet intersubjectif*» la classe de tous les objets des différents systèmes qui correspondent intersubjectivement à un objet déterminé d'un système quelconque ; et par «*propriété intersubjective*», la propriété possédée par cette classe en fonction d'une propriété transmissible intersubjectivement de ses éléments ; enfin par «*proposition intersubjective*» une proposition portant sur une propriété intersubjective d'un objet intersubjectif.

EXEMPLE : Si la proposition f(O) sur l'objet O du système S est transmissible intersubjectivement, cela signifie que sont également valables les propositions $f(O^M)$, $f(O^N)$, etc. dont les objets sont les objets $O^M$, $O^N$, etc. correspondant intersubjectivement à l'objet O dans les systèmes $S_M$, $S_N$, etc. On peut représenter cet état de choses très simplement par une proposition correspondante portant sur la classe qui comprend les objets O, $O^M$, $O^N$, etc. Si la correspondance intersubjective est désignée par Int, cette classe doit être désignée par $\overset{|}{\text{Int}}$'O ; mais tout aussi bien par $\overset{|}{\text{Int}}$'$O^M$, par $\overset{|}{\text{Int}}$'$O^N$. Cette nouvelle proposition du type F($\overset{|}{\text{Int}}$'O) est d'après la définition donnée une proposition intersubjective dérivée des propositions transmissibles intersubjectivement f(O), $f(O^M)$, etc. Nous devons qualifier d'objets intersubjectifs les classes du type mentionné, comme la classe $\overset{|}{\text{Int}}$'O ($\overset{|}{\text{Int}}$'$O^M$, $\overset{|}{\text{Int}}$'$O^N$, etc. lui étant identiques), comme aussi la classe $\overset{|}{\text{Int}}$'P des objets P, $P^M$, $P^N$, etc. relativement à un autre objet P.

Les objets intersubjectifs (comme on peut facilement le voir dans cet exemple) sont les classes d'abstraction (§ 73) de la relation de correspondance intersubjective. Nous appelons «*monde intersubjectif*» le monde de ces objets. Nous qualifions d'«*intersubjectivation*» le procédé indiqué (quasi-analytique) de constitution d'un objet intersubjectif à partir des objets des systèmes individuels qui se correspondent de manière intersubjective.

Contrairement à d'autres conceptions (par ex. Christiansen [Kantkritik]), l'intersubjectivation ne repose pas ici sur une fiction. Le système de constitution se limite à utiliser les énonciations des autres êtres humains pour compléter la constitution du monde physique et ensuite pour constituer le psychisme d'autrui ;

mais ces constitutions ne consistent pas à inférer de manière hypothétique ou à poser fictivement un non-donné, mais à réorganiser le donné (§ 140); cela vaut de même pour la constitution du monde intersubjectif. Les thèses métaphysiques portant sur ces objets constitués par réarrangement, n'appartiennent pas au système de constitution.

149. *Le monde intersubjectif comme monde de la science*

Le monde intersubjectif, tel qu'il vient d'être constitué, forme le véritable domaine d'objets de la science[59]. La science toutefois ne comprend pas uniquement des propositions intersubjectives, mais également les propositions non intersubjectives auxquelles correspondent les propositions intersubjectives ou qui peuvent être transformées en propositions intersubjectives. Cette transformation fait partie du travail de la science; la science doit s'efforcer de parvenir à n'être constituée que de propositions intersubjectives. Cette tâche n'est pas habituellement explicitée parce que la transformation se déroule presque toujours de manière invisible. Il est en effet habituel d'utiliser presque toujours le même symbole (mot ou symbole spécifique) pour les différents objets qui se correspondent intersubjectivement et de plus pour l'objet intersubjectif qui leur correspond (que nous avons constitué comme leur classe).

Une proposition, non pas transmissible intersubjectivement mais subjective, n'est pas pour autant exclue définitivement du domaine de la science du fait de cette propriété. Elle peut également être formulée scientifiquement par une transformation qui intègre le sujet à l'énoncé.

Les objets à constituer ultérieurement, notamment les objets spirituels, ont aussi des objets qui leur correspondent intersubjectivement dans les systèmes $S_M$, etc. On peut par suite en dériver des objets intersubjectifs. Le procédé d'intersubjectivation est ici toujours le même ; il n'est donc pas nécessaire de le détailler dans les constitutions suivantes des degrés les plus élevés.

150. *Les objets spirituels primaires*

Nous avons auparavant caractérisé brièvement la catégorie des objets spirituels (au sens d'objets culturels) et souligné son indépendance par rapport aux catégories du physique et du psychique (§ 23). C'est avant tout la relation de manifestation qui revêt pour la constitution des objets spirituels une importance fondamentale. Les objets spirituels primaires, c'est-à-dire ceux dont la constitution ne suppose pas déjà constitués d'autres objets spirituels, sont en effet tous constitués sur la base de leurs manifestations (cf. § 55 *sq.*), par conséquent sur la base des processus psychiques à travers lesquels ils s'actualisent ou apparaissent. La constitution des objets spirituels sur la base de leurs manifestations présente une certaine analogie avec celle des choses physiques basée sur les vécus dans lesquels elles sont perçues. Que ces constitutions ne puissent pas être données ici en détail tient à ce que la psychologie (ou la phénoménologie) de la connaissance culturelle n'a pas encore atteint le même niveau de développement et de représentation systématique que celle des perceptions. Nous ne donnerons donc que quelques exemples et des indications en vue de suggérer une généralisation. Comme il s'agit essentiellement ici de la question de la possibilité de la constitution des objets spirituels à partir des objets psychiques, et moins de celle de la forme précise de leur constitution, ces indications suffiront.

EXEMPLE : La coutume de saluer en retirant son chapeau pourrait être constituée selon la forme suivante : « La coutume de "saluer en retirant son chapeau" existe dans un peuple (ou un autre groupe sociologique) à une époque donnée si apparaît chez les membres de ce peuple à cette époque une disposition psychique telle que dans telle ou telle sorte de situations se produit un processus de la volonté de tel ou tel type. »

Tous les objets spirituels primaires doivent être constitués sur la base de leurs manifestations selon le mode indiqué. C'est à une logique propre aux sciences de l'esprit qu'il reviendrait de rechercher quels objets des divers domaines culturels seront constitués en tant qu'objets primaires ; et une phénoménologie des sciences de l'esprit devrait ensuite établir, pour chaque objet spirituel primaire, sur la base de quels objets psychiques pris en tant que manifestations et selon quel mode on doit le constituer.

151. *Les objets spirituels de niveaux plus élevés*

Les autres objets spirituels sont constitués sur la base des objets spirituels primaires. Des objets psychiques et parfois physiques sont également nécessaires pour ce faire. Ici plus encore que pour les objets spirituels primaires, la théorie de la constitution est obligée d'attendre les études scientifiques spécialisées pour pouvoir fournir des exemples concrets incontestables de constitution. Nous nous contenterons donc d'indiquer un exemple sans pouvoir affirmer si cette forme de constitution est exacte et appropriée.

EXEMPLE : On peut constituer l'objet « État » selon la forme suivante : « État » désigne un système de relations entre des hommes, caractérisé de telle ou telle manière en fonction de ses manifestations, à savoir le comportement psychique de ces hommes et les dispositions à ce comportement, en particulier les dispositions qu'ont les uns à agir en fonction de la volonté des autres.

Parmi les objets spirituels les plus importants des niveaux les plus élevés, on trouve entre autres les groupes ou organisations sociologiques. Un tel objet (par exemple une lignée, une famille, une association, un État, etc.) doit être constitué en tant que relation et non en tant que classe, parce que l'ordre des membres au sein d'un groupe sociologique fait partie des caractères du groupe. L'irrecevabilité de la constitution en tant que classe résulte déjà de la possibilité de coïncidence des listes de personnes de deux groupes différents.

Les autres groupes sociologiques doivent être constitués comme dans l'exemple de l'État; les objets spirituels de niveaux plus élevés peuvent en général être constitués de cette manière ou d'une autre, sur la base des objets spirituels primaires et parfois d'objets de catégories constituées auparavant. On peut ainsi constituer les objets spirituels, primaires ou dérivés, de tous les domaines de la culture, c'est-à-dire les objets, propriétés, relations, processus, états, etc. de la technique, de l'économie, du droit, de la politique, de la langue, de l'art, de la science, de la religion, etc. On peut également procéder à la répartition des objets dans ces domaines et à leur caractérisation à l'aide d'autres constitutions.

Revue de la littérature : Il semble difficile de trouver des essais d'une véritable constitution d'un objet spirituel (c'est-à-dire poussant la réduction jusqu'au donné) dans la littérature relative à la théorie de la connaissance, à la philosophie de l'histoire, à l'histoire et à la sociologie; même les indications relatives aux dernières étapes de ces constitutions, à partir du psychisme, sont relativement rares. Seules sont à mentionner les études de Driesch [Ordnungsl.] 421 *sq.*, section E: les formes d'ordre du spirituel; [Wirklichk.]194: « un État national est donc le comportement psychique d'un ensemble d'individus, réglementé par le contenu de certains livres. »

Ce mode de constitution du spirituel sur la base du psychique, tel qu'il apparaît dans l'exemple de « l'État », pourrait faire croire que les objets spirituels sont ici « psychologisés » d'un manière irrecevable. Pour dissiper ces doutes, il faut rappeler expressément que la constitution d'un objet à partir d'autres objets déterminés ne veut pas dire qu'ils sont de la même catégorie. Bien au contraire, si la constitution conduit à former de nouveaux niveaux logiques (comme c'est le cas d'une façon très nette avec les objets spirituels, notamment ceux des plus hauts niveaux), les objets constitués présentent un autre mode d'être, *ils appartiennent plus exactement à une nouvelle sphère d'objets* (§ 29, 41 *sq.*). *Il n'y a donc aucun psychologisme dans notre mode de constitution des objets spirituels* (voir à ce propos le § 56).

On doit d'autre part souligner à nouveau que la thèse de l'appartenance des objets spirituels à de nouvelles sphères d'objets ne saurait en aucune manière être comprise en un sens métaphysique. Comme il ressort de la définition donnée du concept des sphères d'objets, elle traduit une délimitation réciproque purement formelle logique des objets. Suivant la conception de la théorie de la constitution, il n'est pas d'autre rapport entre deux catégories d'objets que le rapport formel logique conditionné par la forme de constitution des catégories, qui puisse être objet d'une proposition scientifique.

152. *Le domaine des valeurs*

Nous avons jusqu'ici présenté ou esquissé la constitution des catégories d'objets les plus importantes qui sont connues avec précision de manière préscientifique ou scientifique, à savoir le physique, le psychique et le spirituel. Pour terminer, il faut aborder brièvement, au moins dans sa forme méthodique générale, la constitution des valeurs. Moins encore qu'avec les autres catégories d'objets, il ne peut être ici question de formulations achevées puisque le domaine des valeurs est tout particulièrement problématique et sujet à controverses en ce qui concerne la nature de ses objets et leur mode de connaissance.

La constitution des valeurs ne s'opère pas à partir des niveaux du spirituel et du psychisme d'autrui, elle se rattache à une position antérieure du système de constitution. Il faut distinguer différents types de valeurs, comme les valeurs éthiques, esthétiques, religieuses, biologiques (au sens le plus large, y compris les valeurs techniques, économiques, d'hygiène individuelle et ethnique) entre autres. La constitution des valeurs à partir de certains vécus, les « *vécus de valeur* », présente à maints égards une analogie avec celle des choses physiques à partir des « vécus perceptifs » (plus exactement à partir des qualités sensibles). Quelques exemples de ces vécus devraient suffire à le faire comprendre. Ainsi pour la constitution des valeurs éthiques entrent en ligne de compte (parmi bien d'autres) les cas de conscience, les vécus de devoir ou de responsabilité, etc. ; pour les valeurs esthétiques, les vécus de plaisir esthétique ou d'autres états liés à la contemplation artistique, les vécus de création artistique, etc. La phénoménologie des valeurs étudie en détail la nature de ces vécus propres aux divers types de valeurs, mais on ne peut s'y arrêter. Une fois menée à bien l'analyse phénoménologique de ces différents vécus, il est possible d'exprimer constitutionnellement leurs propriétés caractéristiques à l'aide des qualités autopsychiques précédemment constituées et de leurs composantes, en particulier celles des sentiments et des volitions (§ 131 *sq.*). On peut dès lors constituer les différents types de valeurs sur la base de ces constitutions. Ceci ne traduit aucune psychologisation des valeurs, pas plus que la constitution des objets physiques à partir des qualités sensibles ne traduisait une psychologisation du physique. Ou en langage réaliste, la valeur n'est pas un élément du vécu ou d'ordre psychique, elle existe indépendamment du fait d'être vécue ; elle est seulement reconnue à travers le vécu (plus précisément dans le sentiment de valeur dont elle forme l'objet intentionnel). De même la chose physique n'est pas d'ordre psychique ; elle existe indépendamment de la perception et n'est que reconnue dans la perception dont elle est l'objet intentionnel. A vrai dire, la théorie de la constitution ne s'exprime pas dans ce langage réaliste et reste neutre vis-à-vis des dimensions métaphysiques des énoncés réalistes. Mais elle traduit l'énoncé relatif au rapport entre valeur et sentiment de valeur en langage constitutionnel de la même manière qu'elle traduit l'énoncé relatif au rapport entre chose physique et perception, c'est-à-dire en faisant apparaître la relation purement logique entre la détermination de l'un et la nature de l'autre.

Nous achevons ainsi l'ébauche du système de constitution.

153. *Le problème de l'élimination des relations fondamentales*[1]

Tout système de constitution repose sur des relations fondamentales qui sont introduites en tant que concepts fondamentaux non définis. Tous les objets constitués sont ainsi des complexes logiques des relations fondamentales (§ 36) et toutes les propositions du système de constitution sont des propositions portant uniquement sur les relations fondamentales. Certes initialement, elle comprennent encore les symboles d'autres objets; mais en introduisant les définitions constitutives de ces objets, elles peuvent être progressivement transformées de sorte que finalement, la forme extérieure ne laisse paraître que les symboles des relations fondamentales et des symboles logiques. Dans notre système de constitution dont l'ébauche ne met en jeu qu'une relation fondamentale (Rap), nous l'avons montré au § 119 avec l'exemple du théorème T6 sur la tridimensionnalité du corps des couleurs.

Mais cette caractéristique des propositions d'un système de constitution ne s'accorde pas avec la thèse précédemment établie selon laquelle les propositions scientifiques sont purement structurelles ou qu'elles pourraient être converties par principe en de telles propositions et devraient l'être au fur et à mesure que la science progresse (§ 15 *sq.*). Une pure proposition structurelle ne peut contenir que des symboles logiques et aucun concept fondamental non défini d'un domaine quelconque du réel ne doit y apparaître. Après avoir poussé la formalisation des propositions scientifiques dans le système de constitution au point qu'elles ne sont plus que des propositions portant sur un petit nombre de relations fondamentales (ou peut-être une seule), se pose alors le problème de la possibilité d'achever cette formalisation en éliminant également des propositions scientifiques ces relations fondamentales en tant que derniers objets non logiques.

Les remarques suivantes rendront manifeste la possibilité de cette élimination. Si un système de constitution est édifié sur la base de certaines relations fondamentales, il est également possible de le construire en choi-

1. On peut sauter les § 153-155 (R Carnap).

sissant d'autres relations fondamentales. Mais la constitution de chaque objet devrait prendre alors une autre forme. Si on voulait essayer de transformer les anciennes définitions constitutives simplement en introduisant de nouvelles relations fondamentales à la place des anciennes, il pourrait peut-être arriver qu'aux niveaux inférieurs, les définitions ainsi transformées ne soient pas vides ou dépourvues de sens ; mais pour un niveau un tant soit peu élevé, la probabilité d'un tel hasard devient extrêmement faible. Plus faible encore la probabilité que les propositions empiriques du système de constitution portant sur les objets constitués demeurent fortuitement valables après cette transformation. Il en résulte que les anciennes relations fondamentales peuvent être caractérisées par le fait que les objets constitués à partir d'elles de telle et telle manière, se comportent empiriquement de telle et telle manière ; les relations fondamentales seraient donc caractérisées de manière univoque, si l'on se réfère au comportement d'objets d'un niveau suffisamment élevé. D'où la possibilité de définir les relations fondamentales, tout d'abord introduites en tant que concepts fondamentaux non définis, à l'aide de concepts purement logiques.

154. *Les relations « fondées »*

La tâche d'éliminer les relations fondamentales en tant qu'uniques objets non logiques du système de constitution, comporte toutefois encore une difficulté sur laquelle il nous faut nous arrêter. Nous avions noté qu'avec le remplacement des relations fondamentales, les formules de constitution du système ne seraient plus utilisables et surtout que les propositions empiriques ne seraient plus valables. Cette remarque cependant n'est justifiée que si les nouvelles relations ne sont pas des listes de paires quelconques et sans cohérence, mais s'il est exigé qu'elles correspondent (pour le dire d'abord de manière vague) à quelques relations « naturelles », susceptibles d'appartenir au vécu (*erlebbar*).

Si cette exigence n'est pas posée, il existe sûrement d'autres relations pour lesquelles on peut mettre en application l'ensemble des formules de constitution ; sans doute, la constitution conduit-elle alors à des objets différents de ceux obtenus avec les relations initiales, mais exactement les mêmes propositions empiriques demeurent ici valables (les mêmes propositions quant aux symboles mais signifiant désormais autre chose). Il nous suffit en effet de réaliser une application bi-univoque de l'ensemble des éléments fondamentaux sur lui-même et de définir comme nouvelles relations fondamentales les relations dont la liste constitutive (*Bestand*) est la liste transformée des anciennes relations. Les nouvelles relations ont alors la même structure que les anciennes (elles sont isomorphes, cf. le § 11). Il en résulte qu'à chaque objet antérieurement constitué correspond exactement un nouvel objet avec les mêmes propriétés formelles ; par suite, toutes les propositions du système de constitution demeurent valables puisqu'elles ne concernent que des propriétés formelles. En vérité, aucun sens de relation (*Beziehungssinn*) n'est alors à trouver pour les nouvelles relations fondamentales; ce sont des listes de paires d'éléments fondamentaux sans aucune parenté (manifestant une conformité au vécu); encore moins y a-t-il à montrer que les objets constitués correspondent à des constructions d'une quelconque cohérence.

A l'opposé de ce type de relation, nous qualifierons de «relations fondées» des relations qui correspondent à une relation «naturelle», susceptible d'appartenir au vécu, dont les termes ordonnés ont donc en commun quelque chose d'empirique[60].

Nous avons vu (§ 153) que l'élimination des relations fondamentales doit consister à les caractériser par le comportement des objets constitués de niveau suffisamment élevé. Cette caractérisation, pour être univoque, doit se limiter aux relations fondées, d'où l'importance pour le système de constitution du concept de relations fondées. En effet les relations fondamentales sont les seules relations ainsi caractérisées parmi les relations fondées, mais non parmi toutes les relations (au sens formel logique de formation quelconque de paires). Nous allons prendre l'exemple de notre système de constitution pour procéder à cette caractérisation (§ 155).

L'explication donnée de la propriété d'être fondé (*Fundiertheit*) ne prétend pas être une définition mais seulement faire comprendre ce que l'on entend par là. Ce concept est indéfinissable. En tant que concept le plus élémentaire du système de constitution, il ne peut être dérivé des concepts constitués. Il ne se laisse pas davantage dériver des concepts de base usuels de la logique formelle. Mais il n'appartient pas non plus à un domaine matériel (*Sachgebiet*) extralogique déterminé comme d'ordinaire tous les objets non logiques; nos remarques sur la caractérisation des relations fondamentales d'un système de constitution en tant que relations fondées d'un certain type sont valables pour chaque système de constitution d'un domaine quelconque. En raison de cette généralité, nous pouvons peut-être considérer la propriété d'être fondé comme un concept logique et *le poser comme un concept logique fondamental puisqu'il est indéfinissable*. Que ce concept concerne justement l'application à un domaine matériel quelconque, ne constitue pas une objection valable à le concevoir comme un concept logique fondamental. Car il en est de même avec le concept logique de généralité : «(x).f(x)» signifie que la fonction propositionnelle f(x) est vraie pour tout argument d'un domaine matériel dans lequel elle a un sens. La logique n'est pas un domaine propre, mais contient les propositions qui (en tant que tautologies) sont valables pour les objets de n'importe quel domaine. Il en ressort qu'elle doit précisément traiter des concepts que l'on peut appliquer à un domaine quelconque et la propriété d'être fondé en fait partie. Compte tenu des raisons avancées, nous pouvons admettre ici comme concept logique fondamental, la classe des relations fondées (symbole logistique : fond), sans pour autant considérer le problème comme étant résolu.

155. *L'élimination de la relation fondamentale Rap*

Nous allons montrer avec l'exemple de notre système de constitution comment opérer l'élimination des relations fondamentales et par là, l'ultime formalisation du système de constitution, étant entendu que « fond » peut être considéré comme un concept logique fondamental. Nous définissons ainsi la relation fondamentale Rap qui n'était pas définie : Rap est l'unique relation fondée suivant laquelle on peut constituer de telle ou telle manière un objet donné (qui reste à choisir) de niveau suffisamment élevé, qui se comporte empiriquement de telle ou telle manière.

Nous avons à choisir un théorème empirique de niveau suffisamment élevé portant sur Rap, que nous allons désigner pour abréger par T(Rap). Nous le concevons comme résultant de la fonction propositionnelle T(R) par introduction de l'argument Rap. Rap peut alors être caractérisée de manière univoque comme la relation fondée qui satisfait T(R). D'où la définition :

Rap H $_{\text{Def}}$M'{fond\$\hat{R}$ (T(R))} (1)

Nous choisirons comme proposition empirique le théorème T6 relatif à la tridimensionnalité du corps des couleurs (§ 118) pour montrer comment on procède en pratique. Nous avons montré auparavant comment ce théorème peut être exprimé comme une proposition portant exclusivement sur Rap (§ 119(5)). Au vue de la complexité de cette proposition sur Rap, nous pouvons sans doute admettre qu'il est d'un niveau suffisamment élevé. La fonction propositionnelle T(R) dont la valeur pour Rap correspond à cette proposition, a ainsi la forme abrégée suivante :

(∃Q,ν).3Ndhomvois(MjQjε) W Eq'{$\hat{\alpha}\hat{\beta}$((∃χ,λ,μ) ...(∃δ). δ 2 Sim' (R[M[R°). α½δ. x»2δ}. α"β½R[M[R°) (2)

Nous définissons alors la relation fondamentale Rap comme l'unique relation fondée qui satisfait cette fonction ; en abrégé :

Rap H $_{\text{Def}}$M'{fond\$\hat{R}$((∃Q,ν).3Ndhomvois(MjQjε) W Eq'{$\hat{\alpha}\hat{\beta}$((∃ χ, λ,μ) ... (∃δ). δ2Sim'(R[M[R°). α½δ. x»2δ}. α"β½R[M[R°))} (3)

L'expression par laquelle Rap est ici définie ne contient plus que des symboles logiques et des variables. Puisque l'on peut exprimer au moyen de Rap tous les objets et toutes les propositions du système de constitution, on peut les exprimer à présent d'une manière purement logique. Ainsi l'objectif fixé de logiciser (*Logisierung*) entièrement le système de constitution est-il atteint. On aura montré que (et à travers les traits fondamentaux de l'ébauche du système de constitution, également montré comment) *tous les objets de la science peuvent être compris comme des objets structuraux, que tous les énoncés scientifiques peuvent être compris comme des énoncés structuraux (Strukturaussagen) et transformés en propositions structurales (Struktursätze)*; ceci présuppose il est vrai que « fond » soit un concept logique, ce qui demeure un problème non résolu.

156. *Thèses relatives au système de constitution*

Pour terminer cette représentation du système de constitution, il faut encore une fois souligner ce qui était en vue avec cette ébauche de système (et ce qui ne l'était pas). Nous avons essayé de construire un système de constitution d'abord dans le but d'illustrer par l'exemple la véritable teneur de la théorie de la constitution qui consiste à formuler le travail requis pour édifier un tel système. Pour remplir cet objectif, l'ébauche devait être représentée avec un certain détail malgré son insuffisance quant au contenu; celle-ci tient moins aux difficultés qu'offrent certains problèmes logiques non résolus qu'aux problèmes posés par les connaissances empiriques des diverses sciences du réel et à leurs obscurités.

Ensuite notre ébauche a également pour but de montrer la possibilité de principe d'un système de constitution de tous les objets de la science, indépendamment de la question de savoir comment il doit être construit en détail. Toutefois, on ne doit pas seulement affirmer ici qu'il est en général possible de construire un système de constitution quelconque, mais on doit établir la thèse selon laquelle il est possible (même si cela n'est pas nécessaire sur tous les points) de lui attribuer les propriétés suivantes du système établi à titre d'essai dans notre ébauche :

a) Thèses formelles :

1. Tous les éléments fondamentaux sont du même type.
2. Les modes fondamentaux d'organisation sont les relations (§ 75).
3. Les relations fondamentales sont toutes du même niveau.
4. Toutes les relations fondamentales sont du premier degré (c'est-à-dire des relations entre éléments fondamentaux).
5. Il suffit d'un petit nombre de relations fondamentales.
6. (A titre de conjecture), il suffit d'une seule relation fondamentale (§ 82).

b) Thèses matérielles :

7. Les éléments fondamentaux sont les vécus en tant qu'unités indivisibles (§ 67 *sq.*).

8. « Mes » vécus élémentaires sont les éléments fondamentaux (base autopsychique) (§ 64).

9. (A titre de conjecture), le rappel de ressemblance (Rap) peut être pris comme unique relation fondamentale (§ 78).

10. On rencontre les objets suivants dans cet ordre : les classes de qualité, les classes sensibles, le sens de la vue, les positions du champ visuel, les couleurs (peut-être avant les positions du champ visuel), l'ordre spatial et temporel, les choses visuelles, mon corps (*Leib*), les autres objets autopsychiques (peut-être avant l'ordre spatial), les objets physiques, les autres êtres humains, le psychisme d'autrui, les objets spirituels ; les objets de toutes les catégories en tant qu'objets intersubjectifs (§ 112-151).

11. La constitution du monde de la physique consiste à attribuer des nombres (les grandeurs d'état) aux éléments (les points de monde) d'une structure numérique à quatre dimensions (système spatio-temporel) ; l'attribution se réfère à la distribution des classes de qualité (§ 125-136).

12. La constitution du psychisme d'autrui repose sur la relation d'expression (y compris la relation d'énonciation) ou sur la relation psycho-physique (§ 140, 57 *sq.*).

13. La constitution du spirituel repose sur la relation de manifestation (§ 55 *sq.*, 150).

La thèse 6, à savoir qu'une seule relation fondamentale est nécessaire, et à plus forte raison la thèse 9 relative au type particulier de la relation fondamentale, doivent être expressément qualifiées de conjectures. Nous pensons cependant pouvoir prêter une plus grande assurance à la thèse 5 du petit nombre de relations fondamentales. Les essais réalisés jusqu'ici de tables des catégories et des principes depuis Aristote jusqu'à Driesch nous semblent être tous à chaque fois trop riches (cf. § 83). L'origine de cet excès réside dans l'insuffisance des moyens méthodiques utilisés : seul l'emploi de la méthode logico-constructive fait apparaître comment, dans bien des cas tenus pour irréductible, une réduction, et ainsi une constitution, est possible.

## V. ÉLUCIDATION DE QUELQUES PROBLÈMES PHILOSOPHIQUES SUR LA BASE DE LA THÉORIE DE LA CONSTITUTION

157. *Le système de constitution, base des recherches philosophiques*

Après avoir présenté dans la section précédente une ébauche du système de constitution, nous allons maintenant montrer sur quelques exemples l'intérêt d'un tel système pour l'éclaircissement des problèmes philosophiques. L'apport du système de constitution ne consiste pas à représenter des connaissances nouvelles par leur contenu qui pourraient être appliquées à résoudre ces problèmes; en réalité, il réside uniquement dans une mise en ordre uniforme des concepts, permettant une compréhension plus fine de la question que pose chaque problème individuel et l'approche d'une solution.

Puisque le système représenté ne constitue qu'une ébauche provisoire, ce ne sont pas les détails de ce système qui doivent par la suite servir de fondement, mais seulement sa structure globale, donc la possibilité d'un système unifié des concepts et celle de construire ce système à partir des relations du vécu en tant que concepts fondamentaux suivant l'ordre: psychisme propre, physique, psychisme d'autrui, spirituel; on présuppose donc ce qui est énoncé dans les thèses du § 156. Les problèmes discutés ne doivent servir que d'exemples. Dans le cadre de ce livre dont l'essentiel réside dans la théorie de la constitution elle-même et non dans son application, les problèmes individuels ne peuvent être abordés de manière approfondie; ils devront faire l'objet d'un traitement séparé. Encore moins peut-on fournir une vue d'ensemble exhaustive des problèmes qui peuvent être traités en connexion avec la théorie de la constitution. On ne peut qu'indiquer de quelle manière la théorie de la constitution apporte un nouvel éclairage sur l'état des différents problèmes et dans quelle direction devra ensuite progresser un traitement approfondi.

Quelques problèmes d'essence (*Wesensprobleme*) seront tout d'abord brièvement discutés, parmi lesquels les problèmes de l'identité, du Moi, du dualisme du physique et du psychisme et de la causalité (§ 158-165). On traitera ensuite du problème psycho-physique (§ 166-169) et du problème de la réalité (§ 170-178) ; pour les deux, on distinguera clairement les dimensions constitutionnelle et métaphysique du problème. Enfin sera abordée la question du caractère limité de la connaissance rationnelle et la distinction entre science et métaphysique sera clairement marquée (§ 179-183).

## A. Quelques problèmes d'essence

### 158. *De la distinction entre les concepts d'individus et les concepts généraux*

On divise habituellement les concepts en concepts individuels et concepts généraux : le concept Napoléon est un concept individuel, le concept mammifère est un concept général. Du point de vue de la théorie de la constitution, cette répartition n'est pas justifiée ou plutôt elle n'est pas univoque, chaque concept pouvant être interprété suivant le point de vue comme un concept individuel mais aussi comme un concept général. Nous l'avons indiqué dès le § 5 et il est donc apparu légitime de parler à propos de chaque concept de l'objet qui lui correspond. Nous savons à présent, en vertu de la connaissance des formes de constitution, plus exactement des formes des niveaux de constitution (IIIA, en particulier le § 40) que (presque) tous les soi-disant concepts individuels sont, comme les concepts généraux, des classes ou des relations.

Exemple : Voici une série décroissante de niveaux d'objets (ou de concepts) qui servira d'explication : le chien en tant qu'espèce est une classe à laquelle appartient mon chien Luchs ; le « Luchs » est une classe dont les éléments sont les états de Luchs ; un état particulier de Luchs (en tant qu'objet de la perception) est une classe dont les éléments sont des points du monde de la perception ; un tel point est une relation polyadique dont les membres sont quatre termes de suites, à savoir les coordonnées spatio-temporelles et une ou plusieurs qualités sensibles ; une qualité sensible est une classe de « mes vécus » ; ceux-ci sont ici pris comme éléments fondamentaux.

Dans la conception usuelle, les concepts de l'exemple devraient être considérés pour une part comme des concepts individuels, pour l'autre comme des concepts généraux. Cependant chacun d'eux (hormis le dernier) est constitué en tant que classe ou relation, le concept suivant étant à chaque fois un élément de cette classe ou un membre de cette relation ;

chaque concept représente donc quelque chose de général relativement à d'autres objets.

Comment se fait-il que dans la manière habituelle de voir, l'espèce chien par exemple et la qualité sensible brun sont considérées comme quelque chose de général, le chien Luchs, un point de monde déterminé, ou un vécu donné par contre comme quelque chose d'individuel, que parfois ceux-ci seulement sont qualifiés d'objets et ceux-là de purs concepts ?

L'étude de cet exemple et d'autres semblables montre d'abord que les objets dits individuels ont en commun d'être affectés d'une détermination temporelle, soit un point déterminé du temps, soit une durée continue. Il leur revient en outre, dans la mesure où ils peuvent faire l'objet d'une détermination spatiale, soit un point déterminé de l'espace, soit un domaine continu de l'espace. En revanche à la qualité sensible brun par exemple correspondent de nombreux domaines spatio-temporels sans connexion les uns avec les autres (les domaines des points spatio-temporels qui possèdent ce brun en vertu de l'expérience, c'est-à-dire auxquels il est attribué lors de la constitution du monde de la perception).

Mais il existe également des ordres (en vérité non spatio-temporels) dans lesquels aux concepts dits généraux est affecté soit un point soit un domaine connexe. Par exemple au brun correspond, s'il s'agit d'un ton tout à fait déterminé, un point du corps des couleurs, ou, s'il s'agit du brun en général, un sous-domaine connexe du corps. De même à l'espèce chien correspond pour ainsi dire un point du corps zoologique (le système des types d'animaux) et à la classe des mammifères, un sous-domaine connexe de ce système.

La différence entre objets (ou concepts) individuels et généraux repose donc sur la distinction entre l'ordre spatio-temporel et les autres ordres. Pourquoi habituellement les objets individualisés relativement au premier ordre sont-ils conçus comme des objets individuels ? Ce problème revient donc à la question de savoir comment les ordres du temps et de l'espace sont distingués avant[61] les autres ordres. Comme nous le verrons ultérieurement, ces deux ordres sont également à la base de la caractérisation des objets de la catégorie du réel (§ 172 *sq.*). La différence recherchée renvoie à la distinction entre deux types de relations existant entre classes de qualité. Puisqu'importe avant tout ici le sens de la vue, c'est à lui à présent que nous ferons référence. Il s'agit alors de la différence entre l'identité de position et l'identité de couleur de deux classes de qualité du sens de la vue. Sur la première de ces relations repose la constitution de l'ordre du champ visuel et donc indirectement celle de l'ordre spatial, sur la seconde l'ordre qualitatif des couleurs, du « corps des couleurs ». Nous avons déjà vu (§ 91) que ces deux relations présentent une différence formelle, qui renvoie au fait que des classes de qualité différentes mais identiques pour la position ne peuvent jamais appartenir au même vécu élémentaire, contrairement à des classes différentes mais identiques pour la couleur. Seule cette différence a alors permis de distinguer les deux relations et par suite les deux ordres (champ visuel et corps des couleurs) et de les constituer indépendamment (§ 88 *sq.*, 117 *sq.*). Nous avions également noté que la différence n'a pas qu'une signification formelle logique. C'est précisément cette propriété formelle logique de l'identité de position qui rend compte de l'apport particulier de l'ordre spatial qui en est dérivé, à la synthèse cognitive et par suite à la constitution. Cet apport de l'ordre spatial et devons-nous ajouter, de l'ordre temporel qui lui est lié dans la construction du monde physique, consiste à servir de « principium individuationis » et aussi de « principium realisationis » (en vertu des exposés qui vont suivre, § 172 *sq.*), à savoir comme principe pour poser d'abord ce qui est du type du réel et ensuite ce qui est effectivement réel. Que l'ordre temporel contribue également aux deux, au principe d'individuation comme au principe de position de la réalité, et même en premier, c'est-à-dire logiquement avant l'ordre spatial, tient à ce que l'ordre temporel permet avant tout une distinction des déterminations (notamment des classes de qualité) des vécus élémentaires, dans la mesure où des déterminations appartenant à des vécus non identiques valent comme temporellement différentes et inversement.

On peut dès lors formuler ainsi la position de la théorie de la constitution relativement à la distinction des objets individuels et généraux. Il existe deux types d'ordre – tout d'abord pour les classes de qualité, puis par dérivation pour n'importe quels objets – qui se distinguent par le fait que les relations qui les fondent présentent une différence formelle logique quant à l'appartenance de deux classes de qualité au même vécu élémentaire. Le premier type comprend les ordres que nous qualifions de temporel et de spatial, et le second les autres ordres. Les propriétés formelles logiques des relations qui fondent les ordres du premier type rendent possible d'employer ces ordres comme principe d'individuation et par suite de position de la réalité (dont le sens suppose l'individuation). Il en résulte une différence que l'on peut constater formellement entre les objets qui (soit eux-mêmes soit par l'intermédiaire de leurs éléments) sont en correspondance dans les ordres du premier type avec un point ou une portion connexe de domaine, « objets de premier type », et les objets qui ne possèdent pas cette propriété, « objets de second type ». On voit que pour un objet du second type, il existe toujours un ordre du second type (c'est-à-dire qu'on peut le constituer) dans lequel l'objet se comporte de manière analogue, c'est-à-dire qu'il correspond à un point ou à un sous-domaine connexe de cet ordre. On peut maintenant prêter aux objets ainsi distingués de premier et de second type les qualificatifs usuels d'individuels et de généraux dans la mesure où l'on vise par là uniquement les propriétés distinctives précédentes et où l'on considère surtout que les objets dits individuels ne sont pas en un sens quelconque logiquement plus simples et pourvus de plus d'unité que les objets généraux.

159. *L'identité*

Le problème de l'identité (*Identität*) est lié au problème de la distinction entre objets individuels et généraux qui vient d'être traité. Son élucidation suppose résolu ce problème, c'est-à-dire la connaissance de la signification logique de cette différence.

Le problème de l'identité tire son origine du fait que chaque objet n'a pas qu'un seul nom (au sens le plus large). Ce problème en effet consiste au fond à se demander quand deux appellations (*Bezeichnung*) différentes désignent le même objet. Qu'il y ait plusieurs appellations différentes pour un même objet n'est pas seulement une imperfection empirique du système de désignation. La pluralité de nomination est plutôt logiquement conditionnée par le fait que l'on peut donner à chaque objet non seulement un nom propre (plus d'un étant inutile), mais en outre également des caractérisations, toujours plusieurs (et peut-être même en général n'importe quel nombre). Comme nous l'avions expliqué (§ 13), caractériser un objet consiste à indiquer les classes qui se recoupent auxquelles il appartient, ses relations à d'autres objets ou encore à donner une description purement structurelle de sa position dans un complexe de relations, description qui ne vaut que pour lui et pour aucun autre objet. Nous avons vu quelle importance fondamentale revêtent justement les caractérisations dans la théorie de la constitution ; le système de constitution n'est même constitué que de ces caractérisations sous la forme des définitions constitutives. Mais les caractérisations jouent également un grand rôle dans toutes les autres questions de détermination cognitive, et notamment scientifique. « Le père de monsieur A », « le jour de naissance de monsieur A », « l'espèce de ce scarabée », « la résistance spécifique du cuivre », etc. sont des caractérisations qui peuvent faire l'objet de questions. La réponse exige alors d'autres désignations du même objet, à savoir des noms de personnes, des dates, des nombres, etc. Les questions n'ont un sens que parce qu'il existe différentes désignations du même objet, celle de la question (« le jour de naissance de monsieur A ») et celle de la réponse (« le 22 mars 1832 »). Nous disons des désignations du même objet qu'elles ont la même signification (*gleichbedeutend*). Il faut bien prendre en compte la différence entre signification (*Bedeutung*) et sens (*Sinn*) d'un symbole d'objet ; elle correspond à la différence entre valeur logique et valeur cognitive des propositions (§ 50). Les expressions « le jour anniversaire de monsieur A » et « le 22 mars 1832 » ont la même signification car elles désignent toutes deux le même jour. Mais elles ont manifestement un sens différent. On voit ainsi qu'il n'est pas trivial de les poser comme identiques.

Le critère de l'identité de signification réside dans la substituabilité : deux désignations ont la même signification si, pour toute fonction propositionnelle dans laquelle l'introduction de l'une des désignations forme une phrase vraie, il en est de même si l'on y introduit l'autre désignation. Telle est la définition de l'identité logique.

Exemple : Les phrases « Goethe mourut le 22 mars 1832 » et « Goethe mourut le jour de naissance de monsieur A » sont également vraies. Il en est de même pour toutes les autres phrases portant sur cette date. Que l'une des deux phrases ait un intérêt et l'autre non, est ici indifférent; le critère de même signification, de l'identité, ne tient qu'à la valeur de vérité des phrases.

Dans l'usage linguistique commun et dans celui de la science, on ne prend pas toujours l'identité dans son sens le plus étroit. Le langage a coutume de traiter comme identiques des objets qui ne le sont pas au sens strictement logique; l'emploi du terme « le même » ou simplement « celui-ci » montre habituellement quels objets sont tenus pour identiques. Souvent l'identité ne vaut pas pour l'objet lui-même auquel elle se rapporte linguistiquement, mais pour sa catégorie dont il est donc pris pour représentant.

Exemple : Dans la question « As-tu déjà ce livre, ce papillon ? », on ne vise pas l'objet présenté lui-même, mais la catégorie d'objets qu'il représente. Cette identification impropre peut se faire dans des directions différentes les unes des autres, comme on peut le voir dans les quatre phrases suivantes :

« Le tramway en A a les mêmes voitures que celui en B »; « je suis sorti aujourd'hui avec la même voiture qu'hier, à savoir celle de 6 h. 12 » ; « c'est la même voiture qui faisait jusqu'ici la ligne 10 » ; « j'étais assis dans la voiture que tu as vu passer ».

Certes dans de nombreux cas, comme les exemples cités le montrent, on voit clairement à quoi doit se rapporter l'identité, c'est-à-dire de quelle catégorie l'objet visé est le représentant. Par exemple pour un animal ou une plante, c'est l'espèce qui en règle sera visée. Dans d'autres cas en revanche, suivant le contexte, un objet vaut comme représentant de classes très variées; l'identité rapportée par la langue à l'objet lui-même ne vaut alors à chaque fois que pour l'une de ces classes. Ainsi en est-il dans l'exemple des quatre phrases sur la voiture. Pour caractériser la différence d'orientation de l'identification qui apparaît dans ces cas, nous pouvons considérer ou exprimer les choses de deux manières différentes. Dans la première, il ne s'agit pas d'identité (par exemple dans ces quatre phrases) mais de diverses autres relations qui sont prises pour une relation d'identité (que ce soit seulement sur le plan linguistique ou qu'elles soient conçues comme telles). Dans la seconde manière par contre, il ne s'agit pas d'identité de type (dans tel ou tel sens) mais d'identité au sens strict; non pas à dire vrai d'identité entre les objets individuels présents à chaque fois, mais entre des objets de niveaux plus élevés (classe ou relation) auxquels les objets renvoient en tant que représentants.

EXEMPLE : Appliquons à l'exemple cité des quatre phrases portant sur la voiture la première manière de voir: en toute rigueur, l'identité posée par l'usage linguistique n'existe pas entre les objets; il s'agit d'autres relations, à savoir (a) d'identité de type de construction et d'aspect extérieur; (b) de la même heure du jour ou de la même place dans l'horaire; (c) de génidentité (cf. § 128), c'est-à-dire d'appartenance des différents états d'une chose à la même chose; (d) de correspondance intersubjective entre états d'une chose (cf. § 146). Dans la seconde manière de voir par contre, nous prenons les voitures en tant que représentants d'objets de niveau plus élevé; ces objets de niveau plus élevé pour lesquels l'identité stricte est valable, sont dans les quatre cas : (a) le type de contruction (en tant que classe de voitures); (b) l'institution qui consiste à faire sortir chaque jour à 6 h. 12 une voiture en tant que classe de départs de voiture; (c) la chose physique « voiture » en tant que classe de ses états; (d) l'objet intersubjectif « voiture » en tant que classe des objets qui se correspondent intersubjectivement (§ 148), donc une voiture individuelle au sens intersubjectif. Il est aisé de voir que l'identité stricte n'est valable que pour le type de construction aux deux endroits (a), pour l'institution que j'utilise les deux jours (b), pour la chose physique correspondant aux différents moments (c), mais non pour les objets eux-mêmes qui ne sont que des représentants de ces objets de plus haut niveau; mais il n'est pas si facile de voir dans le cas (d) que l'identité ne vaut que pour l'objet intersubjectif en tant que classe et non pour les objets qui se correspondent de manière intersubjective; nous devons toutefois nous contenter ici d'un renvoi à l'exposé antérieur de l'intersubjectivation (§ 146-149).

Il ressort de ces remarques que dans tout énoncé portant sur l'identité, il faut considérer précisément si l'on entend l'identité au sens strict ou non. On peut dire que dans la plupart des cas d'identité linguistique (c'est-à-dire lors de l'emploi du mot « le même », « celui-ci aussi » ou lors de la répétition du même mot), il ne s'agit pas d'identité proprement dite. Les objets sont alors conçus (suivant la seconde manière de voir) comme des représentants d'objets strictement identiques de plus haut niveau; dans la première manière de voir, il ne s'agit pas d'identité mais d'autres relations d'équivalence (*Gleichheit*) (§ 11). On considère notamment comme relations de ce type, l'équivalence de n'importe quelle sorte au sens de la concordance pour une propriété quelconque, la génidentité (§ 128) et la correspondance intersubjective (§ 146 *sq.*). Ces deux dernières en particulier sont fréquemment confondues avec la véritable identité; peut-être le fait d'avoir été jusqu'ici dépourvu de nom en porte-t-il partiellement la responsabilité. Dans tous ces cas, l'objet de plus haut niveau pour lequel l'identité est valable, n'est constitué qu'à partir des objets non identiques au moyen de l'une de ces relations; et cette constitution seule autorise alors à parler ici d'identité.

Revue de la littérature : De nombreuses remarques anciennes, matériellement exactes, portant sur la génidentité, qualifiée cependant d'« identité » (*Identität*), ne doivent leur légitimité qu'à la distinction claire des deux relations. C'est ainsi par exemple que se trouve fondée (face à l'opposition de Gomperz [Weltansch.]163) l'exigence de Cornelius de devoir constituer l'« identité », qu'il entend comme génidentité, à partir de certaines concordances entre les vécus. La remarque critique de Volkelt à l'égard d'Avenarius [Gewissheit]130 s'avère en outre pertinente : L'« identité », (entendue aussi ici comme génidentité), n'est pas donnée originellement et ne peut donc être mise sur le compte de « l'expérience pure ».

Il est remarquable que le développement conceptuel se déroule parfois dans le temps de manière telle que, linguistiquement, on prend d'abord pour identité l'une des relations précédentes et ensuite seulement, on constitue l'objet de niveau supérieur par lequel cet usage linguistique se trouve justifié; il est pour ainsi dire constitué précisément par cet usage linguistique impropre. On trouve également ici la méthode de constitution d'un objet sur la base d'autres objets en indiquant à quel moment deux de ces objets doivent être considérés comme identiques.

Exemple : La constitution de choses de la perception, basée sur la génidentité, peut prendre par exemple cette forme : « une chose perçue a et une chose perçue b sont la même chose si a et b remplissent telles et telles conditions, (à savoir les critères de la génidentité) ». De plus les types d'animaux par exemple (et de manière analogue les types de plantes) sont constitués par le fait que la zoologie parle du « même » animal quand tels et tels critères sont remplis. On peut également invoquer ici les quatre manières précédentes de parler de « la même » voiture. La caractérisation des diverses disciplines géométriques constitue un exemple important. A la suite de Klein, elles peuvent être interprétées comme théories des propriétés qui demeurent invariantes relativement aux différentes sortes de transformation. En conséquence, la formation conceptuelle et par suite la constitution de la topologie peuvent être caractérisées par le fait que des structures géométriques sont considérées comme identiques (par exemple deux figures tracées comme représentation du « même » état de choses) quand elles sont homéomorphes; ainsi en géométrie projective, quand elles présentent une affinité projective; en géométrie métrique, quand elles sont semblables (äquiform); enfin dans une discipline non existante, correspondant peut-être à la topographie mais purement géométrique, quand elles sont congruentes. (Les qualifications d'homéomorphie, de parenté projective, de similitude et de congruence, ne sont normalement appliquées qu'à des structures du même système et non à deux figures, c'est-à-dire à des structures disparates; c'est pourquoi nous devrions dire plus exactement : « quand les figures sont constituées de sorte qu'elles auraient dans un système donné la relation d'homéomorphie, … »).

### 160. *L'essence des catégories d'objets du psychique, du physique et du spirituel*

Tout d'abord, résumons à nouveau brièvement comment se présentent sur la base du système de constitution l'essence des différentes catégories d'objets (seulement les plus importantes ici) et leurs différences. Ceci est d'une importance fondamentale pour les problèmes à discuter par la suite. Afin de ne pas avoir à entrer dans les détails, nous ne tiendrons pas compte pour le moment des différences au sein des principales catégories d'objets. Nous prendrons donc pour chaque catégorie d'objets les représentants essentiels, à savoir les vécus, leurs constituants individuels[62] et les qualités (qualités sensibles, sentiments, volitions, etc.) pour le psychisme propre ; les choses physiques pour le physique ; pour le psychisme d'autrui, de même les vécus, leurs constituants individuels et les qualités ; pour le spirituel, les objets spirituels primaires et les objets généraux de plus haut niveau.

Le système de constitution montre que l'on peut constituer tous les objets à partir de « mes vécus élémentaires » en tant qu'éléments fondamentaux ; en d'autres termes, compte tenu de la signification de « constituer », on peut transformer toutes les propositions (scientifiques), en conservant leur valeur logique, en propositions portant sur mes vécus (plus exactement, sur des relations entre mes vécus). Tout objet qui n'est pas lui-même l'un de mes vécus, est alors un quasi-objet ; son nom sert à parler de mes vécus de manière abrégée. Au sein du système de constitution et par suite de la science rationnelle, le nom a donc seulement la valeur d'une abréviation; la question de savoir s'il désigne en outre quelque chose « d'existant en soi » appartient à la métaphysique et n'a aucune place dans la science (cf. § 161 et 176).

Les objets autopsychiques (du moins les plus importants mentionnés ci-dessus) sont soit eux-mêmes mes vécus, soit des classes de ces vécus qui ont été formées à l'aide de la (des) relation(s) fondamentale(s), soit encore des relations entre mes vécus eux-mêmes et ces classes; ce sont par conséquent mes vécus eux-mêmes et des expressions auxiliaires (des quasi-objets) des niveaux les plus proches.

Les objets physiques sont des ordres à quatre dimensions de qualités (ou de nombres qui représentent les qualités)[63], donc des classes de mes vécus. Les vécus sont d'abord groupés en classes et celles-ci sont organisées en quadruples systèmes de suites dont les objets physiques sont des sous-systèmes.

Les objets hétéropsychiques correspondent à un réarrangement des objets autopsychiques en fonction de certains objets physiques, à savoir mon corps (*Leib*) et le corps (*Leib*) des autres êtres humains. Comme les objets physiques, ce sont donc des ordres des objets autopsychiques. Mais tandis que l'ordre des objets autopsychiques qui conduit aux objets physiques est d'une nature (à savoir ce quadruple système de suites) tout à fait étrangère à l'ordre du psychisme propre, l'ordre des objets autopsychiques dont procèdent les objets hétéropsychiques, présente une grande similitude avec l'ordre spécifique des objets autopsychiques ; en vérité non pas quant au voisinage dans le détail (à savoir la disposition dans le temps) mais quant aux lois générales du voisinage dans un ordre (c'est-à-dire les lois psychologiques du déroulement temporel).

Les objets spirituels sont des ordres d'objets hétéropsychiques (et aussi dans une moindre mesure autopsychiques) supérieurs de plusieurs niveaux.

161. *L'essence constitutionnelle et l'essence métaphysique*

Assurément les réponses données à la question de l'essence des différentes catégories d'objets paraissent souvent insatisfaisantes dès lors que la question ne vise pas l'essence constitutionnelle mais l'essence métaphysique. Avec la question de l'essence constitutionnelle d'un objet, on entend savoir comment il se situe dans l'organisation constitutive du système et en particulier comment il dérive des objets fondamentaux. La question de l'essence métaphysique en revanche vise ce que l'objet est en soi. Que l'objet ne soit pas supposé donné uniquement en tant que forme constitutionnelle déterminée mais comme « objet en soi » caractérise précisément cette question comme appartenant à la métaphysique. Ceci est fréquemment méconnu et par suite cette question se trouve également posée dans la science qui n'est pas métaphysique, où elle n'a aucune légitimité et aucun sens.

Il faut indiquer plus précisément encore ce que l'on doit entendre par essence constitutionnelle d'un objet. A proprement parler, il ne peut être question dans la science de l'essence, même constitutionnelle, d'un objet et par conséquent, même la question n'y a pas sa place. Ce n'est qu'en un sens impropre qu'un objet a une essence, un nom d'objet une signification et que la question de la signification d'un nom d'objet a donc un sens. En toute rigueur, la question ne doit pas être : « Quelle est la signification de ce symbole d'objet ? », mais « Quelles sont les phrases vraies dans lesquelles ce symbole d'objet peut apparaître ? ». *Seule la valeur de vérité d'une phrase peut donner lieu à un jugement sans ambiguïté, mais non la signification d'un symbole, même d'un symbole d'objet. Indiquer l'essence d'un objet* ou, ce qui revient au même, la signification du symbole d'un objet *consiste donc à fournir les critères de vérité des phrases dans lesquelles le symbole de cet objet peut apparaître*[64]. Ces critères peuvent être formulés de la manière la plus variée ; c'est ce qui caractérise à chaque fois le mode de donation de l'essence. Pour l'essence constitutionnelle d'un objet, le critère réside dans la formule de constitution de l'objet en tant que règle de transformation à l'aide de laquelle toute phrase dans laquelle apparaît le symbole de l'objet, peut être progressivement traduite en phrases portant sur des objets d'un niveau de constitution inférieur et finalement en une phrase portant uniquement sur la (les) relation(s) fondamentale(s). Si nous considérons que les paires de vécus formant la liste constitutive de la (des) relation(s) fondamentale(s) traduisent les états de choses originels, le type de critère précédent consiste donc à réduire toutes les phrases portant sur l'objet dont on recherche l'essence constitutionnelle, aux phrases dont on peut établir la valeur de vérité en fonction des états de choses originels.

Le concept de « relation d'essence » mentionné au § 20 qui joue un grand rôle dans les discussions sur les problèmes d'essence (en particulier pour les problèmes de la causalité et du parallélisme psycho-physique) est apparenté au concept d'essence métaphysique. Une relation d'essence ne peut pas être insérée dans le système de constitution. Des propositions portant sur une telle relation ne peuvent donc pas être présentées dans une forme qui puisse faire l'objet d'une vérification. Par conséquent la science aussi ne peut poser de question portant sur la relation d'essence. Il apparaît ainsi que ce concept appartient à la métaphysique.

Revue de la littérature : Voir Hertz [Einleitg.]129 *sq.* à propos de la question de l'« essence » de la force et de l'électricité.

162. *Le dualisme de l'âme et du corps*

Le corps et l'âme, le physique et le psychique, sont-ils deux substances différentes (deux principes, deux catégories d'objets, ou deux faces) du monde ou n'y a-t-il qu'une seule substance (ou catégorie d'objets, etc.) ? (Il faut bien distinguer ce problème du dualisme du véritable « problème psycho-physique », problème des relations de dépendance mutuelles entre les processus physiques et psychiques que nous traiterons à part (§ 166-169).) Si nous abordons cette question du point de vue de la théorie de la constitution, voici ce que l'on peut en dire. Quoique la théorie de la constitution attache de la valeur au fait de prendre pour point de départ du système de constitution une base homogène, elle doit cependant constituer différentes catégories d'objets, notamment celles du physique et du psychique, pour inclure dans son système tous les objets de la science. Pour le dualisme, il en résulte qu'il y a bien, malgré l'unité de la base, des différences entre catégories d'objets et la différence principale réside entre le physique et le psychique. Mais au contraire faut-il préciser, c'est seulement pour conserver la manière réaliste de s'exprimer propre aux sciences du réel que la théorie de la constitution parle de « catégories d'objets » et plus généralement d'« objets » constitués. Si elle restait dans son cadre, elle parlerait de façon plus appropriée de « formes d'ordre » et de leurs types. Pour tout problème de dualisme/monisme d'un domaine quelconque, il faut bien préciser si la question de l'unicité ou de la pluralité se rapporte à ce qui doit être ordonné ou aux formes d'ordre. Il existe dans chaque cas plusieurs types différents de formes d'ordre (et même un grand nombre quelconque). La question n'est donc importante que pour ce qui doit être ordonné, c'est-à-dire les éléments fondamentaux. Aussi, en raison de l'unicité des éléments fondamentaux du système, c'est donc en faveur du monisme qu'il faut trancher la question du monisme/dualisme du physique et du psychique pour le système de constitution.

On pourrait illustrer cet état de choses par une comparaison. Considérons un ciel étoilé de nuit; ni les nuages ni la lune n'y sont visibles mais seulement des étoiles. Nous pouvons entreprendre de distinguer et de classer les étoiles et nous remarquons différentes « catégories d'objets » que l'on distingue suivant le type de lumière, l'intensité lumineuse et la couleur. Ce qui doit être ordonné est donc ici hétérogène.

Admettons au contraire maintenant une situation fictive où l'on ne verrait que des étoiles fixes de même luminosité et de même couleur. Nous aurions alors à répondre à la question du nombre de catégories d'objets et nous ne remarquons que des objets d'une seule catégorie. Pour justifier notre réponse, ne nous laissons pas induire en erreur par quelqu'un qui nous objecterait : « non, il y a toute une série de catégories différentes : premièrement les étoiles elles-mêmes, deuxièmement les distances entre étoiles prises deux à deux, troisièmement les proportions entre distances prises deux à deux, quatrièmement les triangles de trois étoiles, cinquièmement le rapport de recouvrement de deux triangles, etc. ; ces catégories d'objets sont effectivement tout à fait différentes les unes des autres : une distance n'est pas une étoile, un rapport de deux distances n'est pas une distance, etc. ». A cette objection, nous devrions répliquer que les différentes catégories d'objets énumérées ne sont pas des catégories indépendantes (hormis les types des étoiles elles-mêmes); elles ne comprennent pas du tout des objets au sens propre qui pourraient être en rapport avec les étoiles, mais des relations et des structures relationnelles d'étoiles; si nous remarquons des étoiles, nous les observons à des positions déterminées et par là sont nécessairement donnés avec elles des distances, des figures, et des rapports. La question du nombre de catégories d'objets ne saurait viser le nombre de types des formes d'ordre que l'on peut établir parmi les éléments, car elles sont en nombre illimité comme les cinq exemples mentionnés le montrent, mais les types des éléments eux-mêmes.

Cette comparaison (et notamment le second cas des étoiles dépourvues de qualités et seulement mises en relation) donne une bonne image de ce que veut dire la théorie de la constitution : tous les objets des sciences du réel (en dehors des vécus élémentaires eux-mêmes qui correspondent aux étoiles) sont comme des constellations avec des rapports et des combinaisons de constellations, qui sont formées à partir d'étoiles sans qualités mais susceptibles d'être ordonnées. La différence des soi-disant catégories d'objets, notamment entre le physique et le psychique, traduit seulement une différence de type de constellations (ou de combinaisons de constellations) par suite de divers modes de groupement.

Si nous appliquons maintenant au problème du dualisme ce que révèle cette comparaison, nous voyons que nous ne pouvons pas concevoir le physique et le psychique comme deux principes ou deux faces du monde. Ce sont des formes d'ordre d'un seul domaine homogène d'éléments dépourvus de propriétés et seulement mis en relation. Le nombre de ces formes d'ordre est illimité. Si nous voulions interpréter la différence entre le physique et le psychique comme différence de deux substances ou de deux faces du monde, nous ne pourrions donc pas nous en tenir à ces deux-là. La science actuelle compte déjà un plus grand nombre de catégories d'objets qui ont la même indépendance et pourraient donc prétendre tout autant être considérées comme composantes de l'essence du monde. Que l'ancien problème métaphysique du dualisme ne concerne que le physique et le psychique tient uniquement à ce que la science fut d'abord attentive à l'indépendance de ces deux catégories d'objets, plus exactement de ces deux formes de constitution. Mais entre temps a été reconnue l'indépendance d'autres catégories d'objets (en particulier celle des objets spirituels, biologiques et des valeurs), même s'il faut aujourd'hui encore travailler pour que leur soit accordée la même légitimité qu'aux objets physiques et psychiques (cf. les exemples d'autres catégories d'objet au § 25). Mais même cette énumération des catégories d'objets est encore insuffisante parce que chacune d'elles comporte des objets de différents niveaux de constitution comme l'ébauche du système de constitution l'a montré. Ce groupement est sans doute approprié à une classification grossière ; mais on ne doit pas oublier que les objets de différents niveaux appartiennent à des sphères d'objets distinctes (§ 41, 29), c'est-à-dire à des domaines totalement séparés et logiquement indépendants. Le dualisme apparaît donc comme une restriction en fin de compte arbitraire à deux domaines d'objets certes importants mais sans prééminence de principe. En tout cas, on ne saurait le soutenir comme thèse sur la nature fondamentale du monde ; il devrait au contraire céder la place à un pluralisme attribuant au monde un nombre illimité de dimensions ou de substances. Mais ce ne serait alors que le nombre illimité des formes possibles de mise en ordre des éléments en fonction de leurs relations fondamentales. Nous aboutissons au même résultat : *dans le monde des objets de la connaissance* (comme en chaque domaine dans la mesure où il peut être en général ordonné), *il y a un nombre illimité de formes d'ordre ; mais ce qui doit être mis en ordre, les éléments fondamentaux, forme une seule catégorie homogène.*

Revue de la littérature : Selon la conception de Natorp dont la nôtre est proche, ce dépassement du dualisme remonte à Kant. Pour Kant, dit Natorp [Psychol.]148, « le matériau, c'est-à-dire les sensations, doit être un et identique pour le sens externe et interne ; seule la forme, autrement dit la manière de mettre en ordre, doit varier. » Natorp fournit également d'autres remarques d'ordre historique et une argumentation systématique du problème traité. Notre interprétation s'accorde en outre avec celle de Russell [Esprit] qui donne à ce sujet d'autres références bibliographiques (voir 22 *sq.*); il fait découler cette conception de W. James et mentionne avant tout les « béhavioristes ». Suivant une formulation différente mais voisine, Ziehen ([Erkth.]19 *sq.* ; 43 *sq.*, [Gegenw. Stand]66 *sq.* « le binomisme ») et Russell ([Mind]287 *sq.*), parlent du physique et du psychique comme de deux types de légalité appliqués aux mêmes éléments. La formulation de Mach (il s'agirait d'orientations différentes de la recherche vis à vis du même matériau) ([Anal]14, [Erk.]18) est également proche de notre conception.

### 163. *Le problème du moi*

*Le « moi » est la classe des vécus élémentaires.* On souligne souvent à juste titre que le moi n'est pas un faisceau de représentations ou de vécus mais une unité, ce qui n'est pas en contradiction avec notre thèse. Comme nous l'avons montré au § 37 et rappelé à plusieurs reprises, une classe en effet n'est pas la collection, la somme ou le faisceau de ses éléments, mais l'expression d'une unité, de ce qui est commun aux éléments.

*L'existence du moi n'est pas un donné originel.* Le « sum » ne résulte pas du « cogito » ; le « je vis[65] » n'implique pas que je sois mais qu'il y ait un vécu. Le moi n'appartient absolument pas à l'expression du vécu fondamental, il n'est constitué que secondairement, essentiellement en vue de le délimiter par rapport aux « autres », donc à un niveau élevé de constitution, après la constitution du psychisme d'autrui. Une expression plus appropriée pour « je vis » serait donc « vis » ou mieux « ce vécu ». Au lieu de la maxime cartésienne, on devrait dire « ce vécu; donc ce vécu est », ce qui serait bien sûr une pure tautologie. Comme la discussion sur la base autopsychique l'a déjà montré, le moi n'appartient pas à l'état de choses originel (§ 65). Le retour philosophique sur soi-même (*Selbstbesinnung*) a conduit les philosophes de diverses tendances à un résultat concordant, à savoir que les processus originels de la conscience ne devaient pas être interprétés comme activités d'un sujet agissant, le moi.

REVUE DE LA LITTÉRATURE : Russell [Mind]18 dit non pas « je pense » mais « cela pense en moi » et nous effacerions même comme Lichtenberg le « en moi » (selon Schlick [Erkenntnisl..]147 *sq.*). On trouve un rejet similaire de l'activité[66] dans l'état de choses fondamental chez Nietzsche [Wille] § 304, 309 ; Avenarius [Kritik] ; Natorp [Psychol]41 *sq.* ; Driesch [Ordnungsl.] ; Schlick [Erkenntnisl.]147 *sq.* ; voir aussi les références au § 65. On voit chez N. Hartmann [Metaphysik]38, 40, jusqu'où peut conduire la division erronée de l'état de choses originel en moi et objet ; il distingue en effet non seulement deux mais quatre strates : sujet, image d'objet, objet et le transobjectif.

164. *L'essence de la relation intentionnelle*

La relation intentionnelle lie un processus psychique pourvu d'un contenu et son contenu, par exemple ma représentation momentanée de la cathédrale de Cologne et cet édifice en tant que contenu ou visée de cette représentation. Au domaine de la relation appartiennent donc les processus psychiques « ayant une intention », orientés vers quelque chose, comme les perceptions, les représentations, les sentiments (dans la mesure où ils se rapportent à quelque chose), etc. On peut ici laisser ouverte la question controversée de savoir si tous les processus psychiques en font partie, sont « intentionnels ». Soit par exemple la relation intentionnelle entre un vécu perceptif donné d'un arbre et l'arbre visé en lui ; par « arbre visé », on doit entendre l'arbre qui « se présente dans la perception », lequel peut être également l'objet d'un rêve ou d'une hallucination. Que l'arbre visé corresponde à un arbre irréel de ce type ou à un arbre réel est secondaire et n'entre pas encore en ligne de compte pour ce qui concerne l'immédiateté du vécu.

Selon la conception usuelle de la relation intentionnelle, ces processus psychiques intentionnels se projettent d'une manière propre vers l'objet « intentionnel » ou visé qui ne leur est pas identique[67] ; cette relation est donc spécifique et non réductible à autre chose. Ce qui est exact dans cette interprétation, c'est que le vécu et son objet intentionnel ne sont pas identiques. La relation intentionnelle n'est pas pour autant une relation d'un type tout à fait particulier qui ne se trouverait nulle part ailleurs qu'entre une structure psychique et ce qui se présente en elle. Du point de vue de la théorie de la constitution en effet, l'arbre visé est un certain ordre déjà très complexe des vécus dont nous disons que l'arbre est leur objet intentionnel ; ce faisant ces vécus sont des unités qui ne peuvent être divisées mais seulement organisées selon divers ordres et ici, dans l'ordre qui représente l'arbre visé. Nous reconnaissons ainsi que la relation intentionnelle lie en général un vécu et un ordre du vécu si les deux conditions suivantes sont remplies : premièrement, le vécu doit appartenir à cet ordre et deuxièmement, cet ordre doit être l'une des formes de constitution dans lesquelles sont constitués les objets du type de la réalité. (On dit que des objets sont du type de la réalité quand la distinction entre réel et irréel a un sens pour eux, même avant d'avoir établi cette différence (§ 172). Ceci s'accorde avec le fait qu'en ce qui concerne l'objet intentionnel, il n'y a pas encore à trancher la question de sa réalité.)

La relation d'un élément au complexe relationnel d'une structure déterminée dans lequel il est inséré, est une des relations les plus importantes de la théorie appliquée des relations. La relation intentionnelle n'est rien d'autre que cette relation pour un domaine déterminé, à savoir entre un vécu (ou un constituant du vécu) et un ordre de structure du type de la réalité. A vrai dire, il n'y a rien à objecter si on exprime cette relation comme « un renvoi à quelque chose d'extérieur à soi-même », dans la mesure où il est clair que le « extérieur à » doit être compris comme non identique ou plus précisément comme rapport englobant[68].

EXEMPLE : On peut citer des exemples de cette relation générale dans d'autres domaines où l'expression de « renvoi » peut également être appliquée. Une plante donnée renvoie au système botanique des plantes ; une certaine tonalité au corps des couleurs, une personne à sa famille, sa nation ou sa hiérarchie professionnelle, etc.

La relation intentionnelle est du même type que ces relations. Il est vrai que pour un vécu dans lequel apparaît un arbre, on a habituellement conscience de l'acte de viser cet arbre, tandis qu'on a habituellement conscience d'une couleur sans avoir conscience du corps des couleurs. Mais ce n'est qu'une différence de degré ; la conscience de l'arbre peut également manquer dans certaines circonstances, quoique relativement rarement chez un homme adulte. Mais si l'on dit qu'il appartient à l'essence d'un vécu de renvoyer intentionnellement à quelque chose, même si l'on n'a pas conscience en tout vécu de son objet intentionnel, cela est également valable en général du point de vue de la théorie de la constitution : il est essentiel pour tout objet qu'il appartienne à certaines structures d'ordre, sinon il ne pourrait absolument pas être constitué et être par conséquent un objet de connaissance.

REVUE DE LA LITTÉRATURE : La théorie traditionnelle de l'intentionnalité remonte à Brentano et a été poursuivie par Husserl [Phänoménol]64 *sq.*

Notre conception s'accorde pour l'essentiel avec celle de Russell [Mind]. Elle est également proche de celle de Jacoby ([Ontol]258 *sq.*), selon laquelle il s'agit du recoupement de deux systématiques, la systématique de la conscience et une autre systématique comme celle de la réalité extérieure ; Jacoby fait ressortir à juste titre que cette manière de voir rend superflu « le redoublement de la réalité phénoménale en phénomène et chose en soi » (voir 257).

165. *L'essence de la causalité*

Dans le monde de la perception existent certaines régularités qui complètent dans une mesure importante la constitution de ce domaine et surtout la rendent possible pour une grande part. Ces régularités ont la forme d'implications entre les attributions de deux positions ou de deux domaines de positions ayant entre eux un certain rapport dans l'ordre des positions. Les processus du monde de la perception sont représentés au moyen de domaines de points de monde à quatre dimensions auxquels (pour une part) sont attribués des qualités (cf. la constitution du monde de la perception, § 125 *sq.*, 133 *sq.*). Une telle loi a donc cette forme : « si des qualités sont attribuées de telle ou telle manière aux points de monde d'un domaine à quatre dimensions, aux points de monde d'un autre domaine qui a avec lui un certain rapport de position, sont ou doivent alors être attribuées des qualités de tel ou tel type. » Si les deux domaines liés par l'implication sont simultanés, il s'agit d'une loi d'état (*Zustandgesetz*) et s'ils sont successifs, d'une loi d'évolution (*Ablaufgesetz*). Si les deux domaines à quatre dimensions sont voisins, il s'agit d'une loi de voisinage (*Nachbarschaftsgesetz*), voisinage spatial dans le cas d'une loi d'état et voisinage temporel dans celui d'une loi d'évolution. Dans ce dernier cas (loi d'évolution avec voisinage temporel), la loi s'appelle une loi causale. Etant donnés les deux domaines à quatre dimensions temporellement voisins, donc les processus successifs entre lesquels existe la relation de dépendance, le domaine antérieur est dit « cause » du domaine postérieur qui en est « l'effet ».

A l'intérieur de la science, *causalité signifie donc uniquement dépendance fonctionnelle*[69] d'un type déterminé. Il faut de nouveau le souligner de manière expresse parce qu'on trouve encore soutenue la conception selon laquelle, en dehors de la dépendance fonctionnelle entre les deux processus, il existerait une relation « réelle » (*real*) ou d'essence telle que le premier processus « provoque », « génère », « produit » le second. Curieusement même des physiciens et des théoriciens de la connaissance soutiennent encore aujourd'hui fréquemment que la science et donc la physique ne devrait pas se contenter d'étudier cette dépendance fonctionnelle, mais devrait justement déterminer les « causes réelles »[70].

L'erreur de cette manière de voir apparaît plus clairement encore si nous ne considérons pas le monde de la perception mais le monde purement quantitatif de la physique auquel se rapporte la science physique. Dans le monde de la physique, il ne peut absolument pas être question de processus qui se trouveraient dans un rapport de cause à effet. Les concepts de « cause » et d'« effet » n'ont de signification qu'à l'intérieur du monde de la perception. Ils sont donc marqués de l'imprécision qui caractérise la formation conceptuelle de ce monde. Les lois d'évolution du monde de la physique, donc les lois causales de la physique, ne traduisent pas en effet une dépendance entre des processus mais une dépendance entre un état et une certaine valeur limite relative à l'attribution des grandeurs d'état (à savoir le quotient différentiel (*Differentialquotient*) temporel d'une grandeur d'état). Seules ces lois causales et non celles du monde de la perception sont valables en toute rigueur et sans exception ; ces dernières en revanche ne valent que de manière approximative avec la clause indéterminée « dans la mesure où une autre circonstance ne vient pas s'interposer ni s'opposer ». Si donc nous parlons des lois causales strictes, seules les lois physiques peuvent être visées; mais il n'y a alors rien qui puisse être nommé « cause » ou « effet » (car on ne voudra pas nommer « cause » un état momentané et encore moins « effet » un quotient différentiel). A plus forte raison ne peut-il être ici question d'une relation d'essence du « produire ». On a déjà parlé à maintes reprises du caractère métaphysique et non scientifique de la relation d'essence. Voir également les remarques générales sur les problèmes d'essence en conclusion du § 169, qui valent aussi pour le problème de la causalité.

REVUE DE LA LITTÉRATURE : Le rejet de la « causalité réelle » au sein de la science a été présenté si souvent et clairement depuis Hume (nous renvoyons ici à Mach, Verworn [Kondit.] et Vaihinger [Als Ob]) qu'une explication détaillée du point de vue de la théorie de la constitution paraît superflue ; la réfutation peut-être la plus claire a été fournie par Russell dans sa conférence [Cause].

## B. LE PROBLÈME PSYCHO-PHYSIQUE

### 166. *Formulation du problème*

Nous n'entendons pas ici par problème psycho-physique la question de savoir si à chaque processus psychique correspond un processus physiologique simultané dans le système nerveux central (de sorte qu'à des processus psychiques semblables sont attribués des processus physiologiques semblables), ce qui est présupposé ici à titre d'hypothèse empirique. En outre, ce problème n'a pas non plus trait à la nature des processus cérébraux individuels qui correspondent aux types particuliers de processus psychiques. Résoudre ce « problème de correspondance » de la relation psychophysique (cf. § 21) est une tâche propre à la physiologie que la problématique philosophique suppose déjà résolue ou du moins soluble. Il s'agit ici du problème précédemment qualifié de « problème d'essence » de la relation psychophysique (§ 22) où l'on se demande comment il faut penser et expliquer le parallélisme de deux séries de processus de nature si différente. Depuis que cet ancien problème a été repris par la philosophie moderne de la nature, il compte parmi les problèmes philosophiques les plus souvent traités et discutés.

REVUE DE LA LITTÉRATURE : Du Bois-Reymond [Grenzen] 33 *sq.* formule ainsi le problème : « Si en revanche nous supposons de même une connaissance extrêmement poussée du cerveau humain...notre connaissance de tous les processus matériels qui s'y déroulent sera achevée... Il en serait de même des processus matériels qui coïncident constamment dans le temps et donc nécessairement avec les processus spirituels (ou « psychiques » dans notre langage)... Mais quant aux processus spirituels eux-mêmes, on voit que malgré une connaissance extraordinaire de l'âme, ils nous seraient tout autant incompréhensibles que maintenant... Quelle liaison peut-on concevoir entre d'une part des mouvements déterminés de certains atomes dans mon cerveau et d'autre part les faits indéniables, pour moi originels et indéfinissables tels que « je ressens de la douleur, je ressens du plaisir »...Il est absolument et définitivement incompréhensible que la position et le mouvement d'un certain nombre d'atomes de carbone, d'hydrogène, d'azote, d'oxygène, etc. aient une telle importance... *On ne peut en aucune manière comprendre comment de leur action combinée pourrait naître la conscience.* » (Souligné par nous.) La citation est rapportée en détail parce que l'on voit ici sous une forme particulièrement typique comment un problème peut être rendu complètement obscur par une manière erronée de poser la question.

De la littérature extrêmement riche sur ce problème, citons seulement les discussions très claires de Busse [Geist] ; Dürr donne dans le même livre une revue détaillée de la littérature ; égalcment Erdmann [Leib].

### 167. *Le psychisme d'autrui ne constitue pas le point de départ du problème psycho-physique*

Nous allons maintenant étudier plus précisément quel est véritablement l'état de choses que l'on cherche à expliquer et dans quelle situation on peut le reconnaître.

Comme Du Bois-Reymond, nous allons présupposer la connaissance des processus cérébraux ; traduisons ceci au moyen d'une fiction : nous serions en possession d'un appareil permettant d'observer un cerveau en train de vivre, une sorte de « miroir cérébral ».

Puisque nous voyons à l'aide de ce miroir les processus cérébraux d'un sujet d'expérience et entendons simultanément ses énoncés relatifs à ce qui se déroule dans sa conscience, que de plus nous observons ses mouvements expressifs, nous pourrions tout d'abord penser que nous avons bien affaire dans cette observation à l'état de choses dont il est question dans le problème psycho-physique. Il ne peut cependant pas s'agir de l'observation caractéristique de l'état de choses en cause, car nous ne sommes pas ici en présence de deux séries parallèles de processus appartenant à des domaines différents mais de deux séries parallèles de processus physiques :

la série des observations visuelles du miroir cérébral et la série des observations auditives des paroles prononcées par le sujet d'expérience (éventuellement associées aux observations visuelles de ses mouvements expressifs). Sans doute de la seconde série de processus physiques, nous inférons une série de processus psychiques. Mais ce que nous observons, ce sont deux séries de processus physiques qui manifestent un certain parallélisme, certes complexe mais qui n'est pas de principe plus problématique que n'importe quel parallélisme entre processus physiques. En tout cas, ce n'est pas ainsi que se présente l'état de choses en cause en tant que tel.

Nous avons présenté ici la situation en langage réaliste pour faciliter la compréhension. L'emploi du langage constitutionnel rend plus manifeste encore *l'impossibilité principielle d'observer l'état de choses fondamental du problème psycho-physique chez un autre être humain*. Les deux séries parallèles sont constituées l'une comme suite de processus physiques du corps (*Leib*) de l'autre être humain et l'autre comme suite de processus hétéropsychiques qui sont attribués constitutionnellement à ce corps. Mais l'attribution de l'hétéropsychisme au corps de l'autre consiste à lui affecter un psychisme propre exclusivement en fonction des processus physiques de ce corps. Qu'il existe alors un parallélisme entre les processus physiques de ce corps et ce qui lui est attribué apparaît trivial et ne requiert aucune explication. Poser le problème psycho-physique à partir du psychisme d'autrui reviendrait alors à la situation de quelqu'un qui, ayant pris l'habitude de se représenter Zeus en colère à chaque roulement de tonnerre, se demanderait finalement comment il se fait que la colère de Zeus et le tonnerre apparaissent à chaque fois en même temps.

168. *La situation fondamentale du problème psycho-physique*

Puisque la situation fondamentale du problème psycho-physique ne s'observe pas en partant du psychisme d'autrui, il faut se rapporter au psychisme propre. Pour faire apparaître cette situation, je dois donc observer mon propre cerveau à travers le miroir cérébral. Pour simplifier le plus possible la situation, nous allons imaginer des perceptions auditives telles que l'attention soit essentiellement dirigée sur elles (tandis que l'on poursuit seulement à côté les observations visuelles à travers le miroir cérébral). Je pourrais les provoquer en créant certaines conditions physiques, par exemple en faisant jouer une mélodie par une boîte à musique. Mais alors on retrouverait exactement la même chose que dans l'expérience du psychisme d'autrui que nous avons rejetée, à savoir un pur parallélisme physique : je vois des processus cérébraux et j'entends les sons d'une boite à musique. Aussi allons-nous plutôt admettre que je me représente seulement la mélodie comme si on l'entendait. Nous avons alors vraiment affaire à la situation exigée : je m'imagine entendre une mélodie, et toujours la même, (c'est la série psychique) et en même temps j'observe dans le miroir cérébral mes processus cérébraux (c'est la série physique); le parallélisme se traduit par l'apparition constante du même processus cérébral pour la même phase de la mélodie.

Si nous considérons la situation telle que nous l'avons décrite du point de vue constitutionnel, nous y découvrons l'état de choses suivant. Nous avons affaire à une suite temporelle de vécus élémentaires. Si nous décomposons constitutionnellement ces vécus en leurs constituants (plus exactement leurs quasi-constituants), on observe deux suites de constituants qui se déroulent parallèlement : dans chaque vécu de la suite, on trouve un constituant de chacune des deux suites de constituants; si deux constituants apparaissent une fois associés, ils apparaîtront désormais ensemble dès lors que l'un d'eux se manifeste. Nous qualifierons en général de «*parcours parallèle des constituants*» l'apparition de deux suites de constituants du vécu liées de cette manière. Comme nous le verrons, un tel parcours parallèle se produit entre les types les plus variés de suites de constituants. Dans le cas de la situation fondamentale considérée ici, le parcours parallèle des constituants présente encore une particularité : les constituants d'une suite (les perceptions visuelles) peuvent être appliqués à la constitution d'objets physiques réels, mais non ceux de l'autre suite (les représentations auditives); ceux-ci peuvent bien plutôt être de n'importe quel type.

Il existe également des parcours parallèles d'autre nature. On rencontre souvent des parcours parallèles de deux suites de constituants qui sont toutes deux utilisables pour la constitution des objets physiques.

EXEMPLES : Parallélisme entre différents domaines sensibles; (en langage réaliste du domaine physique :) si un corps oscille à vue d'œil d'une manière donnée, il émet en même temps des sons d'une manière donnée; si un corps a une certaine configuration visuelle, il a en même temps une configuration tactile analogue. Le parallélisme au sein du même domaine sensible est également fréquent : si un corps a la forme d'un cheval, il a aussi l'une des couleurs des chevaux; si une partie d'un corps a la forme d'une tête de cheval, le corps entier a en même temps la forme d'un cheval.

Il existe en outre des parcours parallèles de deux suites de constituants qui ne sont ni l'une ni l'autre applicables à la constitution des objets physiques réels mais sont utilisables soit pour la constitution d'objets physiques irréels, soit seulement pour celle des objets psychiques (comme toutes les suites de constituants).

EXEMPLE : (En langage réaliste du domaine psychique), quand j'ai la représentation (non la perception) de la forme d'une rose, j'ai en même temps celle de la couleur et du parfum d'une rose; quand je me représente le goût d'une pomme, j'ai en même temps un sentiment de plaisir.

169. *Problème constitutionnel et métaphysique*

Le parcours parallèle décrit, qui a lieu dans la situation fondamentale du problème psycho-physique, se distingue des autres exemples de parcours parallèles par le fait que l'une des suites de constituants est utilisable pour la constitution d'objets physiques tandis que la seconde suite peut sans doute être appliquée à cette constitution mais ne doit pas l'être[71]. Du point de vue constitutionnel, cela ne traduit aucune différence essentielle. Conformément à l'essence propre du donné, il n'y a pas de différence d'essence entre les vécus ni entre les constituants du vécu, et notamment pas du fait que les uns peuvent être ordonnés suivant telle ou telle forme et les autres seulement selon d'autres formes. Du point de vue constitutionnel, la présentation de cette situation fondamentale n'apporte donc rien de nouveau; elle n'est qu'un cas supplémentaire du parallélisme souvent rencontré des suites de constituants et n'est pas plus problématique que ce parallélisme en général dont on peut fournir bien d'autres exemples. Il est vrai qu'elle n'est pas non plus moins problématique. Les cas mentionnés, y compris la situation psycho-physique, posent ensemble le problème suivant: comment doit-on interpréter le parallélisme des suites de constituants? Constitutionnellement et donc du point de vue de la science (rationnelle), on doit seulement établir ici que le donné n'est pas seulement ordonnable en général, mais l'est à un degré et d'une manière tels que l'on peut constituer des suites parallèles. La question de l'interprétation de ce résultat n'appartient pas au domaine de la science comme on le voit déjà au fait que les concepts à l'aide desquels on l'exprime ne peuvent faire l'objet d'une constitution; car les concepts d'interprétation, d'élucidation, de fondement en ce sens n'ont aucune place dans un système de constitution des objets de la connaissance (et pas seulement dans notre type de système). La question de l'interprétation de ce parallélisme appartient bien plus à la métaphysique.

La métaphysique comme on le sait rend compte du premier type de parcours parallèles[72] en posant de manière réaliste ou phénoménale les choses physiques comme existant en soi : la pomme qui m'apparaît comme objet visuel d'une part et comme objet gustatif d'autre part est une seule et même chose. Le second type de parcours parallèles peut être interprété d'une manière analogue en posant des réalités psychiques : une seule et même structure psychique non seulement est la représentation d'une pomme mais a aussi en soi une tonalité affective particulière. Dans les deux cas, l'interprétation métaphysique opère donc par réalisation (position de la *réal-ité*) ou substantialisation (au sens de la catégorie de la substance). D'une manière semblable, le parcours parallèle du troisième type, tel qu'on le voit dans la situation psycho-physique, est parfois interprété en posant la réalité de choses en soi pourvues de deux types différents de propriétés.

Notre explication du problème psychophysique à partir de la théorie de la constitution va aussi loin qu'il est possible et requis dans le cadre de la science et nous nous limiterons ici à ces indications. Bien sûr cette explication s'en tient à l'état de choses indiqué, ce qui ne traduit aucune lacune de la science : une question qui irait au delà ne pourrait être énoncée dans la science[73] (c'est-à-dire à l'aide de concepts scientifiques que l'on peut constituer) (cf. § 180).

En dehors de la relation psycho-physique, nous avons déjà relevé d'autres relations entre différentes catégories d'objets qui donnent lieu à un problème de correspondance et à un problème d'essence (§ 20, 21, 24). D'une manière semblable à ce qui se passe pour le problème psycho-physique, on verrait que ces autres problèmes ne peuvent être posés en langage constitutionnel que comme problèmes de correspondance dont la réponse réside alors dans certaines dépendances fonctionnelles. En tant que problème d'essence par contre, ils appartiennent au domaine de la métaphysique. Cela vaut en particulier par exemple pour la relation intentionnelle (cf. § 164), la relation causale (cf. § 165), les relations de manifestation et de témoignage du spirituel.

Revue de la littérature : La conception selon laquelle l'objet du questionnement scientifique ne peut être que des dépendances fonctionnelles et non des relations d'essence, a été particulièrement soulignée par Mach [Anal.] ; elle est actuellement souvent soutenue par les penseurs qu'il a influencés.

Dingler ([Natur phil.]158 *sq.*) tente également de résoudre le problème psycho-physique à l'aide de l'expérience mentale du « miroir cérébral » en se référant au cerveau « propre » ; cependant son raisonnement tourne court juste avant la solution pourtant bien préparée : il croit démontrer comme impossible la simultanéité entre l'image du miroir cérébral et le processus de conscience correspondant en signalant le délai du à la transmission par l'appareil ; cette différence temporelle toutefois n'est pas essentielle pour le problème, elle est en outre supprimée avec un processus stable ou périodique.

## C. Le problème constitutionnel ou empirique de la réalité

### 170. *Objets physiques réels et irréels*

Nous qualifions de « concept empirique de la réalité » l'unique concept de la réalité qui est mis en jeu dans les sciences du réel. C'est le concept par lequel on distingue une montagne déterminée géographiquement d'une montagne de légende ou de rêve et un sentiment vécu d'un sentiment simulé. Ce n'est que dans ce sens empirique que la question de la réalité peut être formulée à l'aide de concepts constituables, posée et traitée au sein du système de constitution. Aussi parlerons-nous ici du problème « constitutionnel » ou « empirique » de la réalité à la différence du problème « métaphysique » qui doit être discuté ultérieurement (§ 175 *sq.*) et dans lequel il s'agit d'un autre concept de la réalité, le concept « métaphysique » de réalité, qui n'apparaît que dans la philosophie traditionnelle et non dans les sciences du réel.

Nous allons d'abord considérer le concept de réalité (empirique) en nous référant aux objets physiques, à savoir aux plus importants d'entre eux, les choses physiques. Celles-ci sont dites « réelles » quand elles sont constituées en tant que classes de points physiques (*physikalischer P.*) qui se trouvent sur des faisceaux connexes de lignes de monde et sont intégrés au système global à quatre dimensions du monde spatio-temporel de la physique (§ 136). Par contre des choses qui, prises en elles-mêmes, ont une nature identique ou semblable aux choses physiques réelles, qui sont donc notamment des ordres quadridimensionnels de points de monde avec leur attribution de grandeurs physiques (*physikalischer Z.*), mais qui ne forment pas des parties de l'unique système englobant à quatre dimensions du monde de la physique, sont certes appelées aussi « physiques » du fait de leur nature semblable, mais « irréelles » du fait de leur non-appartenance au système global.

La constitution des choses physiques irréelles peut s'opérer de différentes manières. Habituellement les choses physiques, réelles ou non, sont d'abord constituées en tant que choses physiques et l'on ne se prononce sur le caractère réel ou irréel de la chose qu'ensuite suivant la possibilité d'intégration dans le système global. Cela vaut déjà pour le monde de la perception qui précède le monde de la physique.

Exemple : A partir d'une suite de perceptions visuelles, on ne commence pas par réaliser une attribution aux points de monde du système à quatre dimensions selon les règles du § 126, mais on produit d'abord un ordre caractéristique des couleurs correspondantes, à quatre dimensions, qui représente une chose visuelle pendant une certaine période. Il faut alors vérifier si cette chose peut être insérée dans le système du monde de la perception conformément aux formes de constitution de ce système. Si elle peut l'être sans entrer en contradiction avec la constitution des autres choses de ce monde, et les indications des autres hommes interviennent souvent ici de manière décisive, il est alors légitime de parler de chose de la perception réelle (en tant d'abord que chose visuelle). Sinon c'est une chose de la perception irréelle.

Dans la constitution d'une chose irréelle, une étude plus précise peut ensuite décider à quelle catégorie des choses physiques irréelles elle appartient. Si une chose visuelle est constituée à partir de perceptions visuelles (comme dans notre exemple), entrent alors en ligne de compte le rêve, l'hallucination, la suggestion hypnotique, etc. Si en revanche la constitution s'opère à partir des énonciations des autres hommes (§ 144), il s'agira selon les cas (suivant l'intention de l'autre) de mensonge, d'erreur, de création poétique (d'un autre), etc. Mais on peut aussi constituer une chose physique d'une manière libre, sans s'appuyer sur des vécus propres ou sur des énonciations d'autrui; on doit alors parler d'objet de l'imagination propre, lequel peut servir au mensonge (propre), à la poésie, à la fiction théorique, comme assomption hypothétique ou libre jeu de l'imagination.

Ces indications suffiront pour faire comprendre que *la différence entre réalité et irréalité (rêve, poésie, etc.) conserve tout son sens dans un système constitutionnel à base autopsychique et ne présuppose aucune transcendance.*

171. *Objets réels et irréels de catégorie psychique et spirituelle*

On doit concevoir d'une manière tout à fait analogue la différence entre objets réels et irréels pour les autres catégories d'objets. Si la constitution d'un objet, qu'elle soit menée à partir des vécus propres, des énonciations d'autrui ou par une libre position, est telle qu'en lui-même il ait, quant à sa structure interne, la nature des objets que nous avons constitués comme des processus ou des états autopsychiques, un tel objet est qualifié de « psychique ». Si on peut alors l'intégrer au système connexe et ordonné temporellement du psychisme propre, on dit que c'est un « objet autopsychique réel ». Si on peut l'attribuer suivant les formes constitutives du psychisme d'autrui représentées au § 140 à un autre homme qui est un objet physique réel au sens précédemment expliqué, il est appelé « objet hétéropsychique réel ». S'il est impossible de l'insérer dans l'un ou l'autre de ces ordres, il est dit « objet psychique irréel ». Il faut alors distinguer comme précédemment le rêve, le mensonge, etc.

Pour les objets spirituels, la différence est logiquement encore plus simple (quoique plus difficile empiriquement). Un objet constitué de sorte que, pris en lui-même, il ait la nature des objets que nous avons qualifiés de spirituels, est appelé dans chaque cas, qu'il soit réel ou irréel, un « objet spirituel ». Il est dit « réel » si ses manifestations font partie des objets psychiques réels; sinon il est dit « irréel ». L'application de ce critère est simple pour les objets qui sont constitués en tant qu'objets spirituels primaires; cela se complique pour les objets spirituels de niveaux plus élevés, la réalité ou l'irréalité des objets primaires de base devant être prise en compte. On ne s'y arrêtera pas davantage ici.

En comparant les distinctions relevées dans le domaine du physique, du psychique et du spirituel, nous pouvons caractériser le réel par rapport à l'irréel à l'aide des propriétés communes suivantes :

1. Tout objet réel appartient à un système global soumis à des lois; à savoir les objets physiques au monde de la physique, les objets psychiques au système psychique d'un sujet et les objets spirituels au monde spirituel.

2. Tout objet réel soit est lui-même un objet intersubjectif, soit permet directement la constitution d'un tel objet, ce que nous pouvons dire d'un objet s'il appartient au domaine de validité de la relation de correspondance intersubjective (§ 146).

3. Tout objet réel a une place dans l'ordre temporel.

172. *Le concept des objets du type du réel*

Plus difficile à expliquer que cette différence entre objets réels et irréels est celle entre les objets qui sont soit réels soit irréels et ceux pour lesquels cette distinction n'entre absolument pas en ligne de compte; nous disons des premiers qu'ils sont du type du réel (*wirklichkeitsartig*).

Comme nous l'avons vu, les objets réels et les objets irréels d'un domaine d'objets ont en commun plusieurs propriétés; ce sont les propriétés caractéristiques du type du réel pour le domaine en question que nous allons considérer plus précisément. Si un objet physique par exemple a ces propriétés communes aux objets physiques réels et irréels, c'est un objet physique du type du réel. Il se peut que nous le connaissions alors en tant qu'objet réel ou irréel; mais il se peut aussi que nous n'ayons pas encore fait cette distinction ou que peut-être nous ne puissions pas la faire en fonction de la connaissance présente. Nous pouvons malgré tout savoir de lui qu'il est du type du réel.

REVUE DE LA LITTÉRATURE : Le concept de type du réel est qualifié par Christiansen d'« objectivité empirique » (empirische Objektivität) [Kantkritik]; « Comment un objet doit-il être constitué pour pouvoir répondre à la question de la réalité ? ». Selon Christiansen, Kant, quand il parle d'objet, entend au fond les objets du type du réel. Dans la théorie de l'objet de Meinong, les objets du type du réel sont qualifiés de « réals »[74].

Le concept de réalité (*Wirklichkeit*) n'est pas encore un concept déterminé scientifiquement. Ses limites ne sont pas tracées suivant une unité de principes mais en partie seulement par la tradition, c'est-à-dire en réalité fortuitement (comme les frontières historiques d'un État). De plus ces limites (à la différence de celles d'un État) ne sont pas dépourvues d'ambiguïté. Nous allons essayer dans ce qui suit de déterminer la limite du type du réel pour les différents domaines dans ses traits principaux ; nous nous en tiendrons pour ce faire à l'usage habituellement en vigueur dans la science et aussi dans la vie quotidienne soumise à l'influence éclairante de la pensée scientifique. Cet usage cependant est encore souvent fluctuant.

Pour trouver la limite entre les objets du type du réel et les autres dans un domaine d'objets donné, nous pouvons par simplicité nous limiter au système unitaire du domaine en question à l'aide duquel nous avons séparé les objets réels et irréels (§ 171) : le monde global de la physique, du psychique et du spirituel. En fonction des critères du réel que nous avons donnés, les objets du type du réel qui font partie d'un tel système sont réels. Si nous nous limitons à ce système, la limite du type du réel que nous recherchons coïncide alors avec la limite du réel. Nous sommes autorisés à faire cette restriction puisque la limite du type du réel, à l'extérieur d'un tel système, passe de manière analogue à la limite à l'intérieur.

173. *La limite du type du réel dans le domaine physique*

Nous allons tout d'abord rechercher la limite entre les objets du type du réel et les autres pour la catégorie du physique. Pour ce faire, nous nous limiterons au système global du monde de la physique au sein duquel les objets du type du réel coïncident avec les objets réels. La discussion suivante n'a pas tant pour but de fixer le tracé exact de cette limite que de *montrer plutôt qu'il est assez arbitraire et souvent fluctuant.*

Suivant l'usage linguistique commun, les choses physiques appartenant à ce système sont qualifiées de réelles ; il en résulte pour notre problème que les choses physiques, qu'elles soient réelles ou irréelles, appartiennent au type du réel. Dans bien des cas, des doutes sont déjà possibles ici (par exemple en ce qui concerne une image optique virtuelle). Les difficultés les plus grandes se trouvent cependant ailleurs. Il nous faut en effet nous demander quels objets physiques en dehors des choses sont encore qualifiés de réels. L'usage linguistique veut déjà en général que les processus propres à ces choses et leurs états soient dits réels. Il en est de même pour les propriétés sensibles qualitatives quoiqu'apparaissent ici des divergences. Mais pour les touts constitués à partir des choses, l'usage linguistique varie plus largement encore ; il s'agit de ces objets semblables aux choses qui en forment les parties spatiales mais qui eux-mêmes ne sont pas nécessairement spatialement connexes ; (cf. le § 36 sur le concept de totalité). Si les objets élémentaires qui forment le tout sont proches spatialement, nous disons habituellement du tout qu'il est réel et parfois même le qualifions de chose (par exemple un tas de sable, une forêt). Si les objets élémentaires sont nettement séparés spatialement, le tout est qualifié de réel dans la mesure où ces objets sont de la même espèce.

EXEMPLES : « Mon mobilier », « le stock de charbon qui n'a pas encore été extrait du sol allemand » seront considérés le plus souvent comme des objets réels ; des doutes seront sûrement émis avec l'objet « la végétation actuelle d'Europe centrale » (au sens du tout dont les parties sont les plantes individuelles vivant actuellement). L'objet dont les parties sont des arbres déterminés suscite plus ou moins de doute quant à sa réalité suivant la propriété qui caractérise les arbres : il n'y a guère de doute si les arbres sont serrés, l'objet est une forêt ou une partie d'une forêt ; mais s'il s'agit des chênes d'Europe, des arbres d'Europe hauts de plus de vingt mètres ou des arbres d'Europe dont le propriétaire a un nom commençant par A, la conviction s'impose de plus en plus d'un cas à l'autre qu'il ne s'agit plus d'un objet réel, mais d'un « groupement conceptuel » plus ou moins arbitraire sans objet se trouvant réellement (real) à la base.

Les classes de choses seront moins facilement qualifiées de réelles que les touts constitués de choses (sur la différence entre classe et tout, cf. § 37) ; ce qui est justifié dans la mesure où les classes se distinguent beaucoup plus nettement des choses en appartenant à une autre sphère d'objets alors que les touts appartiennent à la même sphère d'objets que les choses elles-mêmes. Mais ici aussi la limite ne présente pas un tracé simple et univoque. Il y a des classes de choses qui sont souvent conçues comme réelles, ainsi celles dont la propriété caractéristique est perceptible par les sens ou qui passe sinon pour aisément reconnaissable et importante ; cela s'accorde avec ce qui a été dit précédemment des propriétés, car une propriété physique de chose est normalement à constituer comme la classe des choses qui ont cette propriété.

EXEMPLE : Les matières physiques sont parfois qualifiées de réelles, par exemple la substance or en tant que classe des corps en or (à la différence du tout correspondant, l'ensemble du stock d'or mondial).

L'usage est encore plus fluctuant pour les relations entre choses physiques.

EXEMPLE : La relation caractérisée par le choc d'une chose sur une autre vaut assez généralement comme réelle. La distance entre deux choses est tantôt conçue comme quelque chose de réel, tantôt comme quelque chose de purement conceptuel qui vaut pour les choses elles-mêmes réelles. Cette dernière conception apparaît plus nettement encore à propos de l'intervalle de temps entre deux états d'une chose et peut-être plus encore avec la relation reposant sur l'identité ou la ressemblance qualitative de deux choses.

Si nous passons des classes aux classes de classes et aux relations entre classes, et de même des relations aux classes de relations et aux relations entre relations, ces objets en général ne sont plus qualifiés de réels. Mais même parmi ces objets qui se trouvent deux degrés (ou davantage) plus hauts que les choses, il y a des exceptions, c'est-à-dire certains objets qui sont parfois conçus comme réels. On voit particulièrement ici *combien la limite du concept de type du réel est tracée de manière arbitraire et fortuite.* (D'ailleurs l'usage de l'expression « physique » à ces niveaux devient également fluctuante.)

EXEMPLE : La relation entre une génération d'animaux et la génération suivante qui en est issue est une relation entre classes de choses physiques. Cette relation de précession entre générations parentes (*Vorgeneration*) est parfois, mais pas de manière générale, dite réelle.

174. *La limite du type du réel dans les domaines du psychique et du spirituel*

Dans le domaine des objets psychiques, la limite du type du réel établie par l'usage linguistique présente un tracé un peu plus uniforme que dans le domaine des objets physiques. En général, seuls les vécus et les constituants individuels du vécu sont dits réels (ou irréels) ; à ces constituants du vécus s'ajoutent encore les constituants inconscients si ceux-ci sont constitués pour compléter les constituants conscients (§ 132). Parfois aussi un sens déterminé d'un homme donné (par exemple le sens de la vue de monsieur N) est conçu comme quelque chose de réel, plus rarement une classe de qualité déterminée (comme un ton d'un certain bleu, non pas vu une fois mais en général). Avec les relations entre vécus ou constituants du vécu, la limite dans ce domaine fluctue aussi considérablement comme dans le domaine physique.

C'est dans le domaine des objets spirituels que la définition de la limite est la plus difficile. Ici, le tracé de la limite est souvent très changeant non seulement pour une même interprétation mais surtout d'une interprétation à l'autre. La réalité est souvent déniée au domaine entier ; il ne s'agirait avec les objets spirituels que de « constructions conceptuelles ». Mais si on considère certains objets spirituels comme réels, la limite peut alors passer par les niveaux les plus variés et souvent n'inclure qu'une partie des objets de tel ou tel niveau. Le domaine des objets spirituels est très nettement échelonné en degrés. Il en résulte dans ce domaine beaucoup plus de possibilités de délimitation différente. Que suivant l'usage linguistique, un grand nombre de ces possibilités soit effectivement rencontré et que le manque d'unité soit donc ici très prononcé, nous devons l'expliquer avant tout par le fait que le domaine du spirituel n'a été reconnu et admis comme domaine d'objets indépendant qu'il y a relativement peu de temps.

Nous n'avons pas considéré ici le concept de type du réel du point de vue matériel ou systématique, mais seulement relativement à l'usage linguistique. Il est vrai que ce faisant, on trouve un concept qui manque de cohérence et dont les contours ne sont absolument pas tracés de manière univoque. La délimitation du concept est soumise à un certain arbitraire. On peut bien supposer que les variations sont ici produites avant tout par l'attitude subjective envers les vécus et l'orientation de l'attention. L'état de la terminologie que nous avons décrit montre nettement la nécessité de déterminer une limite claire et uniforme, par conséquent de stipuler avec quels concepts on doit faire en général la différence entre réel et irréel. Le but de notre exposé est avant tout de montrer qu'il ne s'agit pas ici d'une question de faits mais d'un manque de stipulation, et en outre de souligner expressement la nécessité d'une telle stipulation.

## D. Le problème métaphysique de la réalité

### 175. *Réalisme, idéalisme et phénoménalisme*

Nous devons à présent distinguer et traiter un autre type de problème de la réalité. Nous avons établi quelles conditions constitutionnelles (qui sont à déterminer empiriquement) doivent être remplies pour qu'un objet appartienne au domaine de ce que l'usage des sciences du réel qualifie habituellement de réel. Au delà de ce problème constitutionnel ou empirique de la réalité se pose à présent la question de savoir si une « réalité » en un sens particulier doit être attribuée à ces objets réels empiriques (*empirisch-wirklichen*). Cette signification particulière peut recevoir différentes formulations; on la caractérise ordinairement comme *l'indépendance à l'égard de la conscience connaissante*. Nous avons donc à distinguer deux significations différentes du terme « réalité ». Lorsque cela est nécessaire, nous le marquerons à l'aide des dénominations de « réalité empirique » et « métaphysique »; la seconde dénomination sera justifiée ultérieurement (§ 176).

Exemples : La différence des deux significations apparaît clairement à travers les deux questions suivantes : « La guerre de Troie est-elle un événement réel ou imaginaire ? » et « Les objets qui ne sont pas fictifs ou simulés, par exemple les choses physiques perçues, sont-ils des objets réels ou seulement des contenus de conscience ? ». La première question est traitée par la science historique; elle doit être résolue par des moyens constitutionnels empiriques (*empirisch-konstitutionalen*) et les partisans des divers courants philosophiques y répondent donc d'une manière concordante. La seconde question est habituellement traitée en philosophie; les différents courants y répondent de manière différente; comme nous le verrons plus tard, c'est une question non-constitutionnelle, donc non-scientifique, métaphysique.

Revue de la littérature : Nous employons ici de manière équivalente, comme c'est le cas le plus souvent, les expressions « réel » et « réal »[74]. Külpe

[Realis.] distingue les objets postulés, inférés (donc constitués) – objets « réals » – de la réalité effective des processus de la conscience; mais cela s'écarte toutefois trop fortement de l'usage habituel.

Le second concept de la réalité (au sens d'indépendance du sujet connaissant) représente le point sur lequel les courants du réalisme, de l'idéalisme et du phénoménalisme divergent. Ces courants se distinguent par le fait qu'ils attribuent la réalité dans ce second sens à des domaines d'objets d'extension différente (au sein du réel empirique). Le réalisme enseigne que sont réels les objets constitués du domaine physique et du psychisme d'autrui. L'idéalisme subjectif, que les objets hétéropsychiques sont certes réels mais non les objets physiques; dans la forme plus radicale du solipsisme, il nie même la réalité des objets hétéropsychiques. (L'idéalisme objectif attribue la réalité à un sujet absolu supra-individuel qui n'est pas constitué dans notre système; nous laisserons donc ici de côté cette orientation.) Le phénoménalisme enseigne comme le réalisme l'existence du réel en dehors du psychisme propre mais il dénie cette réalité au physique comme l'idéalisme; selon cette doctrine, elle revient aux « choses en soi » inconnaissables dont les objets physiques sont les phénomènes.

176. *Le concept métaphysique de la réalité*

Nous devons maintenant montrer que *le concept de la réalité au sens d'indépendance de la conscience connaissante n'appartient pas à la science (rationnelle) mais à la métaphysique*. Pour ce faire, nous examinerons si ce concept peut être constitué, c'est-à-dire exprimé au moyen des objets des catégories les plus importantes que nous avons traitées : objets du psychisme propre, du physique, du psychisme d'autrui et du spirituel. Au premier abord, cela pourrait sembler possible. Un objet qui m'est connu, constitué par conséquent sur la base de mes vécus, sera dit « indépendant de ma conscience » si sa nature ne dépend pas de ma volonté, c'est-à-dire si le fait de vouloir (*Willerlebnis*) un changement de l'objet reste sans effet. Mais cela ne s'accorderait pas avec le concept de réalité tel qu'il est compris de manière concordante par le réalisme et l'idéalisme, réalité que le premier affirme des choses physiques mais non le second. Si nous suivons en effet l'essai de définition du concept précédent, une chose physique se trouvant dans ma main ne pourrait être appelée réelle puisque (même dans la conception du réalisme) elle change bien en fonction de ma volonté (*Willerlebnis*), ce qui contredirait la position du réalisme. A l'opposé, une chose physique située hors de ma portée technique, un cratère lunaire par exemple, devrait être considérée comme réelle suivant notre définition puisque (même pour l'idéalisme) elle ne change pas en fonction de ma volonté, ce qui contredirait alors la position de l'idéalisme.

On pourrait encore essayer de déterminer d'une manière différente le concept de réalité (au sens d'indépendance de ma conscience) de sorte que le concept puisse être constitué. Mais on peut alors montrer que, dans chaque cas, le concept indiqué ne coïncide pas avec le concept tel qu'il est compris de manière analogue par le réalisme et l'idéalisme. Cela ne vaut pas seulement pour un système de constitution ayant la même forme de système que le nôtre, mais pour tout système de constitution conforme à la connaissance et même pour un système qui ne prendrait pas pour base le psychisme propre mais les vécus de tous les sujets ou même le physique. *On ne peut constituer ce second concept de réalité dans un système de constitution conforme à la connaissance; il se caractérise donc comme concept non-rationnel, métaphysique.*

REVUE DE LA LITTÉRATURE : Nous pensons être en accord avec Russell [Scientif.]120 *sq.* sur cette conception que le concept non empirique de réalité ne peut être constitué; mais ceci ne nous semble pas compatible avec le fait que Russell pose fréquemment des types de questions à travers lesquels se manifeste implicitement une conception réaliste (indépendamment de la manière dont il y répond) : les choses physiques existent-elles quand elles ne sont pas observées? Les autres hommes, les classes existent-ils? etc. ([Scientif.]123, [Mind]308; [External W.]126; [Sense-Data.]157 entre autres). Cf. aussi Weyl [Handbuch]89.

Notre conception du concept de réalité est apparentée à celle du positivisme qui remonte à Mach. Voir par exemple Ostwald [Natur Phil.]101 *sq.*; le concept de réalité tel qu'il y est défini correspond au concept constitutionnel. Il en est de même du concept de réalité défini par Bavink ([Ergebn.]26, 187); aussi Bavink peut-il à bon droit le qualifier de neutre par rapport à la controverse du réalisme.

Le concept de « chose en soi » renvoie par sa définition au concept de réalité (au sens d'indépendance du sujet connaissant). Notre conception rejette en conséquence ce concept dans la métaphysique. La métaphysique en effet est le domaine extra-scientifique qui présente une forme théorique (§ 182).

REVUE DE LA LITTÉRATURE : Si (comme le fait Schlick [Erkenntnisl.]179) les choses en soi sont définies comme les objets non donnés du réel, elles font alors partie des objets connaissables et donc du domaine de la science (rationnelle) et non de la métaphysique, car elles concordent alors avec les objets réels constitués. Mais cette définition nous paraît inadaptée car elle diverge trop de l'usage courant (cf. Külpe [Realis.]II, 213]). Il en va de même de la qualification des objets réels constitués de « transcendants » ([Erkenntnisl.]180). La limite essentielle de la « transcendance » passe suivant l'usage général entre les objets connaissables (c'est-à-dire dans notre langage, pouvant être constitués) et les autres. Si l'on veut souligner la limite entre le donné et les objets non donnés constitués par une désignation particulière, on peut utiliser pour ce faire le terme de « transgression » (*transgrediente oder transgressive Gegenstände*) établi par Ziehen [Erkth.]279, qu'à juste titre il distingue nettement de la transcendance [75].

### 177. *La théorie de la constitution ne contredit pas le réalisme, l'idéalisme ou le phénoménalisme*

La théorie de la constitution et le réalisme s'accordent sur les points suivants relatifs aux objets réels empiriques (*empirisch-wirklichen*) des diverses catégories d'objets (c'est-à-dire en langage constitutionnel, les objets qui sont intégrés dans le système global de la catégorie en question, voir § 171 et en langage réaliste, les objets « reconnus et déterminés comme réels ») : 1) On peut les distinguer clairement des objets irréels de la même catégorie (rêve, hallucination, fiction, etc.); et ce n'est que dans la mesure où on peut clairement les distinguer qu'ils sont utilisables pour construire le système de la connaissance. 2) Ils peuvent faire l'objet d'une intersubjectivation, c'est-à-dire prendre place par principe dans les systèmes de constitution des autres hommes (§ 146 *sq.*) et être confirmés ou corrigés dans mon système au moyen des énonciations fournies par les autres hommes (§ 144); ils ne sont admis dans le système de la connaissance que dans la mesure où ils sont « intersubjectivables ». 3) Ils sont indépendants du fait d'être connu dans la mesure où ils existent aussi aux moments où ils ne sont pas présents dans mes vécus ou ceux d'un autre. 4) Ils sont indépendants de moi pour autant que mon souhait (*Erlebnis des Wunsches*) qu'ils puissent changer ne provoque aucun changement de leur comportement, à moins qu'une chaîne causale physique n'aille d'un mouvement de mon corps correspondant à ce souhait jusqu'à l'objet. 5) Ils ont une légalité propre qui rend parfois possible une anticipation : si je mets mon corps dans la situation correspondante, un certain type de vécu qui peut être déterminé d'avance se produit, que je le veuille ou non. Cependant, l'accord ne concerne pas seulement les points énumérés mais tous les points sur lesquels les deux théories peuvent affirmer quelque chose. La théorie de la constitution et le réalisme ne se contredisent sur aucun point.

La théorie de la constitution et l'idéalisme subjectif s'accordent sur le fait que toutes les propositions portant sur des objets de la connaissance peuvent par principe être transformées en propositions portant sur les rapports de structure du donné (en conservant la valeur logique, voir § 50). La théorie de la constitution partage avec le solipsisme la conception selon laquelle ce donné est constitué de mes vécus. La théorie de la constitution et l'idéalisme transcendantal s'accordent pour soutenir que tous les objets de la connaissance sont constitués (en langage idéaliste, ils sont « produits par l'acte de penser »); de fait les objets constitués sont des objets de la connaissance conceptuelle seulement en tant que formes logiques construites d'une manière déterminée. Cela vaut aussi en définitive des éléments fondamentaux du système de constitution. Car s'ils sont posés à la base en tant qu'unités indivisibles, ils sont ensuite dotés dans le déroulement de la constitution de différentes propriétés et divisés en quasi-constituants (§ 116); ce n'est qu'ainsi, et donc seulement en tant qu'objets constitués, qu'ils deviennent au sens propre des objets de la connaissance, à savoir de la psychologie. Un accord règne bien aussi entre les différents types d'idéalisme et la théorie de la constitution sur tous les points sur lesquels en général des affirmations sont établies par les deux théories. Théorie de la constitution et idéalisme (objectif, subjectif et solipsiste) ne se contredisent sur aucun point.

La même chose vaut pour le phénoménalisme. Abstraction faite en effet de l'affirmation de l'existence des « choses en soi », il ne présente pas de divergence avec la théorie de la constitution; et sur les choses en soi, la théorie de la constitution n'énonce rien de positif ou de négatif. Par conséquent il y a ici aussi un accord sur tous les points sur lesquels les deux théories établissent des affirmations. Théorie de la constitution et phénoménalisme ne se contredisent sur aucun point.

178. *Les trois courants ne divergent qu'en métaphysique*

Il n'est pas surprenant que chacune des doctrines du réalisme, de l'idéalisme (dans ses différents types) et du phénoménalisme, prise en soi, ne présente pas de contradiction avec la théorie de la constitution quoiqu'elles se contredisent mutuellement. Ces trois courants en effet s'accordent entre eux et avec la théorie de la constitution sur les points suivants : toute connaissance renvoie en définitive à mes vécus qui sont mis en relation, combinés et traités; la connaissance peut ainsi parvenir selon un développement logique aux différentes formations de ma conscience, puis aux objets physiques, ensuite avec leur aide, aux formations de la conscience des autres sujets, c'est-à-dire au psychisme d'autrui, et par l'intermédiaire du psychisme d'autrui aux objets spirituels. Mais cela résume toute la théorie de la connaissance. Ce que la théorie de la constitution énonce en plus quant aux formes nécessaires ou appropriées et aux méthodes de constitution (*Konstituieren*) appartient à la partie logique et non à la partie cognitive (*erkenntnistheoretisch*) de sa tâche. La portée de la théorie de la connaissance ne s'étend pas au delà de ce qui vient d'être indiqué. Comment la connaissance peut passer d'un objet à l'autre, comment peut-elle édifier les degrés d'un système de connaissance, dans quel ordre et sous quelle forme, c'est ce qui a été indiqué; la théorie de la connaissance ne peut pas poser d'autres questions.

Mais où faut-il ranger les composantes contradictoires des trois courants du réalisme, de l'idéalisme et du phénoménalisme si elles n'appartiennent pas à la théorie de la connaissance? Ce qu'affirment de contradictoire ces doctrines se rapporte au deuxième type de concept de la réalité (§ 175) qui, comme nous l'avons vu précédemment, fait partie de la métaphysique (§ 176). Il en ressort que les courants dits de théorie cognitive du réalisme, de l'idéalisme et du phénoménalisme, s'accordent au sein du domaine de la théorie de la connaissance. La théorie de la constitution représente le fondement neutre[76] qui leur est commun. Ils ne divergent que dans le domaine métaphysique, par conséquent (s'ils doivent être des courants de théorie cognitive) seulement parce qu'ils dépassent leur limite.

On dit parfois qu'un réalisme (le plus souvent implicite) se trouve à la base de la procédure pratique des sciences du réel, en particulier en physique. Mais il faut clairement distinguer ici l'emploi d'un certain langage et l'affirmation d'une thèse. L'attitude réaliste du physicien se manifeste d'abord dans l'emploi du langage réaliste, lequel est approprié et justifié (§ 52). Par contre un réalisme qui irait au delà, en tant que thèse explicite, n'est pas recevable; il doit être corrigé en un « objectivisme » (si l'on veut s'exprimer ainsi): les rapports réguliers (qui sont exprimés sous forme d'implications dans les lois de la nature) sont objectifs, dégagés de la volonté de l'individu; en revanche l'attribution de la propriété de réalité *(die Eigenschaft «real»)* à une substance quelconque (la matière, l'énergie, le champ éléctromagnétique ou quoi que ce soit) ne dériverait d'aucune expérience et serait donc métaphysique.

REVUE DE LA LITTÉRATURE : La conception présentée se rapproche beaucoup de ce que dit Gätschenberger [Symbola]452 sur la conciliation entre idéalistes et spiritualistes d'une part et matérialistes d'autre part : «Le matérialisme est une traduction du spiritualisme»; «tous les philosophes ont raison, seulement ils s'expriment à des degrés variables de façon maladroite et ne peuvent faire autrement parce qu'ils se servent du langage disponible et parlent en conséquence des centaines d'idiomes (*Untersprachen*) au lieu de concevoir une pasigraphie »[77]. Ce langage neutre unique est le but de la théorie de la constitution.

On trouve chez Carnap [Realismus] des exposés détaillés sur la distinction entre les concepts empirique et métaphysique de réalité et une justification plus précise du rejet hors de la science, dans la métaphysique, de la controverse du réalisme.

## E. LA TÂCHE ET LES LIMITES DE LA SCIENCE

### 179. *La tâche de la science*

Nos discussions ont montré à plusieurs reprises qu'il appartient à la science unifiée d'établir l'ensemble du système de constitution tandis que la théorie de la constitution se limite aux études logiques requises pour ce faire. En intégrant les objets de la science au sein d'un seul système global de constitution, les diverses « sciences », organisées en système, apparaissent alors comme les branches de la science unifiée.

Comment déterminer la tâche de la science du point de vue de la théorie de la constitution ? Le but de la science consiste à trouver et à ordonner les propositions vraies portant sur les objets de la connaissance. (Non la totalité des propositions vraies mais une sélection établie selon des principes déterminés ; nous n'avons pas à discuter ici le problème téléologique de ces principes.)

Pour pouvoir commencer cette tâche, pour pouvoir en général faire des propositions portant sur des objets, ceux-ci doivent être constitués (sinon leurs noms n'ont même pas de sens). *La construction du système de constitution est donc la première tâche de la science*. La première non pas au sens temporel mais logique. Dans le cours historique du développement scientifique, il n'est pas nécessaire d'attendre pour traiter d'un objet qu'il soit inséré dans un système de constitution. Pour les objets des niveaux les plus élevés, en particulier les objets biologiques et spirituels, la science ne saurait attendre si elle ne veut pas renoncer pour longtemps encore à ces domaines essentiels et d'une grande importance pour l'usage pratique. Dans le processus effectif de la science, les objets sont plutôt tirés de l'ensemble des connaissances de la vie quotidienne et progressivement épurés et rationalisés; ainsi les composantes intuitives de la détermination de l'objet ne sont pas supprimées mais justifiées rationnellement (cf. § 100). C'est alors seulement que l'objet peut être constitué; et le système de constitution ne peut être construit jusqu'à lui qu'une fois ce travail accompli, non seulement pour lui mais aussi pour tous les objets qui le précèdent constitutionnellement. Historiquement, c'est ainsi que les choses se passent. Logiquement toutefois, les propositions portant initialement sur un objet ne deviennent des propositions scientifiques au sens strict que lorsque cet objet est constitué à partir des objets fondamentaux. Car seule la formule constitutive de l'objet, en tant que règle de traduction des propositions portant sur lui en propositions portant sur les objets fondamentaux, c'est-à-dire sur des relations entre vécus élémentaires, donne à ces propositions un sens vérifiable. Vérification (*Verifikation*) signifie bien contrôle (*Nachprüfung*) sur la base des vécus[78].

A cette première tâche de constitution des objets se rattache *une seconde tâche*, celle d'*étudier les autres propriétés et relations non constitutionnelles des objets*. La première tâche est résolue par une stipulation, celle-ci en revanche par l'expérience. (Pour la théorie de la constitution, il n'y a dans la connaissance que ces deux composantes, conventionnelle et empirique ; il n'y a donc pas de composante synthétique a priori.) Comme il a déjà été dit, les deux tâches sont presque constamment liées au cours du processus effectif de la science. Le plus souvent, le choix des propriétés les plus appropriées pour la définition constitutive ne peut être fait que lorsqu'un plus grand nombre de propriétés d'un objet est connu. Nous dirons de façon imagée que la constitution d'un objet correspond à l'indication des coordonnées géographiques d'un endroit de la surface terrestre. A l'aide de ces coordonnées, l'endroit est caractérisé sans ambiguïté et toute question portant sur sa nature (par exemple sur le climat, la constitution du sol, etc.) prend alors un sens déterminé ; répondre à toutes ces questions demeure bien sûr une tâche illimitée, qui doit être résolue par l'expérience.

REVUE DE LA LITTÉRATURE : Dans la conception de l'école de Marburg (cf. Natorp [Grundlagen] 18 *sq.*), l'objet est le X éternel dont la détermination est une tâche inachevable. Il nous faut souligner au contraire que beaucoup de déterminations sont finalement suffisantes pour la constitution de l'objet, c'est-à-dire pour sa caractérisation univoque parmi les objets en général. Si une telle caractérisation est établie, l'objet n'est plus un X mais quelque chose de déterminé de manière univoque, dont la description complète reste certes une tâche illimitée.

180. *Des limites de la connaissance scientifique*

*La science, système de connaissance conceptuelle, ne connaît pas de limites*. Cela ne veut pas dire qu'il n'y a rien en dehors de la science et qu'elle englobe tout. La totalité du domaine de la vie a encore bien des dimensions en dehors de la dimension scientifique ; mais dans son cadre, la science ne se heurte à aucune borne. A titre de comparaison, on peut utiliser l'image d'un plan infini de l'espace : il ne comprend pas la totalité de l'espace mais il est cependant illimité, sans bord, contrairement à un triangle du plan par exemple. On entend par caractère illimité de la connaissance scientifique le fait qu'*il n'y a aucune question dont la réponse soit par principe impossible pour la science*. Quant à l'expression « par principe » : si l'on ne peut pas répondre en pratique à une question portant par exemple sur un processus donné parce que ce processus est trop lointain spatialement ou temporellement, mais si on peut répondre à une question de même type portant sur un processus actuel et accessible, nous disons que la question a une réponse, non en pratique mais par principe ; l'éloignement spatial et temporel est ici qualifié d'obstacle « purement technique », mais non d'obstacle « de principe ». Une question a également une réponse « par principe » si, ne pouvant y répondre en pratique aujourd'hui, on peut concevoir un état des moyens techniques (au sens le plus large) dont la réalisation rendrait possible la réponse à cette question.

On dit parfois que la réponse à bien des questions ne peut être conceptualisée, qu'elle ne peut être formulée. Mais c'est déjà la question elle-même qui alors ne peut être formulée. Pour comprendre cela, nous allons étudier plus précisément en quoi consiste la réponse à une question. Au sens strictement logique, poser une question consiste à fournir une proposition et à se donner pour tâche d'établir la vérité de cette proposition ou de sa négation. Une proposition ne peut être donnée qu'en indiquant son signe, phrase composée de mots ou d'autres symboles. Il arrive alors fréquemment, précisément en philosophie, quc soit donnée une suite de mots qui ait la structure extérieure d'une phrase et qui soit donc tenue pour telle, mais sans en être une. Une suite de mots n'est pas une phrase si apparaît un mot sans signification ou si (et c'est le cas le plus fréquent) les mots ont individuellement une signification (c'est-à-dire qu'ils peuvent apparaître comme des parties de phrases véritables et pas seulement apparentes), sans que cette signification convienne au contexte de la phrase. Dans la langue naturelle, il est très difficile d'éviter ces apparences de phrase puisque, pour les reconnaître, il faut faire attention à la signification de chaque mot en particulier; avec le langage logistique en revanche, il n'est pas en général nécessaire de s'attacher à la signification du signe mais seulement à son « type » (qui correspond à la sphère de l'objet, § 29); de manière correspondante, dans un langage verbal idéal et logiquement irrécusable, il n'y aurait à s'attacher qu'au type grammatical du mot et à la forme de la flexion. La difficulté de reconnaître les phrases apparentes dans la langue naturelle tient au « mélange des sphères » dans la langue naturelle précédemment traité (§ 30); on ne peut s'arrêter ici sur ce problème logique important[79].

Au cas où une question est bien posée, qu'en est-il alors de la possibilité de répondre? Nous est alors donnée une proposition exprimée à l'aide de symboles conceptuels et correctement formée. Chaque concept scientifique légitime a par principe sa place déterminée au sein du système de constitution (« par principe », c'est-à-dire peut-être pas aujourd'hui mais pour un niveau ultérieur concevable de la connaissance scientifique); sinon le concept ne peut justement pas être reconnu comme légitime. Puisqu'il ne s'agit ici que de la possibilité de répondre par principe, nous faisons abstraction de l'état contingent de la science et nous nous figurons placés à un stade où les concepts présents dans la proposition donnée ont leur place dans le système de constitution. A la place du symbole de chacun de ces concepts, nous introduisons dans la phrase donnée l'expression définissant ce symbole en fonction de sa définition constitutive, puis nous insérons progressivement d'autres définitions constitutives. Comme nous le savons, nous obtenons en définitive pour la phrase une forme dans laquelle il ne reste plus que des symboles de relations fondamentales et des symboles logiques. (Cette transformation a été discutée au paragraphe 119 et représentée à l'aide d'un exemple). La phrase donnée exprimant la question est donc maintenant transformée de sorte qu'elle traduit un état de choses relatif aux relations fondamentales, déterminé de manière formelle et extensionnelle. Nous présupposons à présent au sens de la théorie de la constitution qu'il doit être possible par principe de savoir si une relation fondamentale déterminée existe entre deux vécus élémentaires donnés. Or l'état de choses ne se compose de rien d'autre que de propositions élémentaires de relation de ce type; et le nombre d'éléments intéressés par les relations fondamentales, c'est-à-dire les vécus élémentaires, est un nombre fini. Il en résulte que l'existence ou non de l'état de choses en question peut être établie par principe moyennant un nombre fini d'étapes; il est ainsi possible de répondre par principe à la question posée.

Nous voyons maintenant plus précisément ce que nous entendons en disant que la science n'a pas de borne: *il est possible par principe d'établir la vérité ou la fausseté de toute proposition formée de concepts scientifiques.*

REVUE DE LA LITTÉRATURE : Voir la citation de Wittgenstein au § 183. Le réquisit de ne considérer comme légitimes que les termes conceptuels qui sont constitués et peuvent donc être retraduits en expression des objets fondamentaux, est apparenté à l'exigence soulevée par le positivisme que Petzold [Positiv.]7 formule ainsi : « celui qui n'est pas en mesure de descendre directement des concepts les plus élevés aux ultimes faits individuels qui tombent sous eux, ne possède pas ces concepts. » Il en est de même chez Gätschenberger [Symbola].

Sur la thèse de la décidabilité de toutes les questions, nous sommes d'accord aussi bien avec le positivisme qu'avec l'idéalisme; cf. Becker [Geom.] 412: « Mais suivant le principe de l'idéalisme transcendantal, une question indécidable par principe (par essence) n'a absolument aucun sens. Il ne lui correspond aucun état de choses qui pourrait lui procurer une réponse. En effet il n'existe pas d'état de choses qui soit en droit inaccessible à la conscience. »

181. *Croire et savoir*

Si suivant notre conception, la connaissance conceptuelle ne rencontre aucune limite au sein de son domaine, on peut encore se demander s'il n'existe pas en dehors du connaître par concepts un autre moyen de découvrir des connaissances qui sont inaccessibles à la pensée conceptuelle. Une telle possibilité pourrait se trouver dans la croyance fondée par exemple sur la révélation religieuse, dans la fusion mystique ou tout autre vision (ou intuition).

Les phénomènes de la croyance, religieuse ou autre, et de l'intuition existent sans aucun doute et jouent un rôle important non seulement dans la vie pratique mais aussi pour la connaissance. On peut également concéder que dans ces phénomènes, quelque chose est en quelque sorte « saisi »; mais cette expression figurée n'autorise pas à admettre que dans ces phénomènes une connaissance soit acquise. Est acquise une certaine disposition, un certain état psychique qui peut, il est vrai, être favorable à l'acquisition d'une connaissance le cas échéant. Mais il ne peut y avoir alors de connaissance que si elle est signifiée, formulée, que si une proposition est fournie à l'aide de mots ou d'autres symboles. Certes, ces états nous mettent parfois en position de soutenir une proposition ou d'en établir la vérité. Mais seule une telle proposition que l'on peut exprimer et donc conceptualiser est connaissance, elle doit être clairement distinguée de l'état lui-même. Cette position est liée à notre conception du concept : un concept est la signification d'un symbole qui peut se présenter dans des phrases.

La croyance par exemple à une certaine révélation ou à ce qu'indique un homme peut conduire à une connaissance après vérification approfondie. Par croyance en effet, on entend ici tenir quelque chose pour vrai. Si par contre on entend par croyance, non pas quelque chose de formulable en concepts, mais une attitude intérieure de l'homme, il ne s'agit pas du tout du domaine de la théorie et ce qui résulte de cette attitude ne peut être qualifié de connaissance. Il en va de même de l'intuition. Soit elle a un résultat exprimable ; ce résultat est alors conceptualisé à travers sa formulation et ainsi soumis à la légalité de la connaissance conceptuelle. Soit il s'agit de quelque chose d'inexprimable et cette intuition ne saurait prétendre avoir la valeur d'une connaissance. Encore moins peut-on affirmer que par cette voie soient résolues des questions dont la science ne pourrait donner la réponse. Car on ne peut parler de question et de réponse quand il s'agit de quelque chose d'inexprimable.

On ne porte par là aucun jugement de valeur, positif ou négatif, sur la croyance et l'intuition (au sens irrationnel). Ce sont des domaines de la vie tout comme par exemple les domaines du lyrisme et de l'érotisme. Ceux-ci comme tous les autres peuvent bien devenir objets de science (car il n'est rien qui ne puisse devenir objet de science), mais par leur contenu, ils en sont complètement séparés. Ces domaines irrationnels d'une part et la science d'autre part ne peuvent s'apporter ni confirmation ni réfutation.

Justification de notre usage linguistique : On objecte parfois que le terme « connaissance » ne doit pas seulement être employé pour la connaissance conceptuelle mais qu'il doit également englober autre chose comme par exemple une appréhension irrationnelle ou intuitive de certaines choses. Face à cette objection, nous proposons la méthode suivante pour parvenir à un accord sur la délimitation appropriée de la signification du terme « connaissance ». Nous allons partir de ce que nous et nos adversaires convenons de ranger dans le domaine de la connaissance. Ensuite tout ce qui peut être placé dans une relation de dépendance (positive ou négative, qu'il s'agisse de confirmation ou de réfutation) avec le contenu de ce domaine commun sera également classé dans le domaine de la connaissance ; puis ce qui dépend du contenu du domaine ainsi élargi, et ainsi de suite. Si nous prenons prudemment pour point de départ commun uniquement le domaine des connaissances empiriques (comme « le chêne est un arbre », « j'ai trois pommes ») et si nous nous demandons à titre d'exemple si le contenu des mathématiques peut être qualifié de connaissance, nous appliquerons le critère proposé de la manière suivante. La proposition arithmétique « 3 + 2 H 5 » contredit les propositions supposées suivantes qui appartiennent au domaine de la connaissance empirique (c'est-à-dire dont les affirmations ou les négations sont des connaissances empiriques) : « j'ai trois pommes », « tu as deux pommes », « ensemble nous avons quatre pommes ». La validité de ces trois propositions dépend donc de cette proposition arithmétique. En conséquence la proposition appartient au domaine de la connaissance (c'est-à-dire que son affirmation ou sa négation est une proposition vraie ; laquelle des deux est vraie, cela n'est pas tranché avec notre critère puisque ce qui nous importe ici n'est pas cette différence entre vrai et faux mais seulement l'appartenance au domaine de la connaissance). Toutes les autres propositions de l'arithmétique, de l'analyse et de la géométrie remplissent pareillement le critère. Donc le contenu des mathématiques appartient au domaine de la connaissance ; dans la mesure où sa validité est établie, il peut être qualifié de connaissance conformément à notre proposition de compromis. L'ensemble du domaine de la science rationnelle, aussi bien formelle qu'empirique, doit donc être qualifié de connaissance.

Qu'en est-il alors de la « connaissance irrationnelle », par exemple du contenu d'une vision mystique et indicible de Dieu ? Elle n'entre en relation avec aucune connaissance dans le champ délimité jusqu'ici, ne peut être confirmée ou contestée par aucune ; aucun chemin ne mène du continent de la connaissance rationnelle à l'île de l'intuition alors que nous avons trouvé un chemin du pays de la connaissance empirique à celui de la connaissance formelle, révélant ainsi leur appartenance au même continent. Si notre proposition de compromis est admise, il apparaît que l'intuition irrationnelle et la croyance religieuse (dans la mesure où elles n'ont pas la forme de ce que l'on peut tenir pour vrai mais sont indicibles) ne peuvent pas être appelées « connaissance ».

Il serait plus favorable à la paix dans les relations entre les divers domaines de la vie que deux sphères aussi dissemblables ne soient pas désignées par le même nom. C'est seulement de là que naissent des contradictions et des conflits qui sont impossibles tant que cette hétérogénéité radicale est clairement comprise et soulignée.

### 182. *La métaphysique intuitive*

La réponse aux deux questions principales concernant la métaphysique, à savoir si elle a en général un sens et si son existence est légitime, et dans l'affirmative, si elle est une science, dépend manifestement de ce que l'on appelle métaphysique. Et il ne règne aujourd'hui aucun accord à ce sujet. Certains philosophes qualifient de métaphysique un domaine de la science (conceptuelle) qu'ils délimitent de telle ou telle manière. Etant donné que ce terme a acquis pour beaucoup à travers son histoire la connotation de spéculation dépourvue de rigueur, il pourrait être plus judicieux de ne pas appeler métaphysique des domaines philosophiques qui demandent à être traités à l'aide de concepts rigoureusement scientifiques. S'il s'agit des connaissances premières (au sens de l'ordre logique, cognitif, constitutionnel), on peut plutôt choisir le nom de « science fondamentale »; s'il s'agit des connaissances ultimes les plus générales, celui de doctrine du monde ou un nom semblable.

On utilise par ailleurs le nom de métaphysique pour le résultat d'un processus non rationnel, mais purement intuitif, et ce pourrait être l'usage le plus approprié.

REVUE DE LA LITTÉRATURE : Nous sommes d'accord avec de nombreux métaphysiciens pour placer la métaphysique dans le domaine du non-rationnel. Cf. par exemple Bergson ([Metaphysik]5) : « la science qui entend se passer de symboles »; en d'autres termes, la métaphysique n'entend pas saisir son objet par le détour des concepts qui sont des symboles mais directement par l'intuition. Schlick [Metaphysik] fournit un exposé particulièrement clair de la distinction entre métaphysique et connaissance.

L'emploi du terme « métaphysique » en ce sens montre immédiatement que la métaphysique n'est pas une science (au sens où nous l'entendons). Celui qui veut nous contredire doit bien distinguer s'il refuse notre délimitation du terme « métaphysique » ou bien (comme Bergson) celle du terme « science ». Nous n'attachons pas la même importance à la première qu'à la seconde; si l'on s'accorde pour nommer « métaphysique » ce que nous pourrions appeler « science fondamentale » ou « doctrine du monde », nous pouvons être d'accord et devrions en conséquence nommer « science » la métaphysique. Si en revanche on s'écarte de notre limitation de la signification des termes « connaissance » et « science » au domaine du rationnel à partir des raisons indiquées au § 181, cela nous semble complètement inapproprié.

Que la métaphysique intuitive utilise également des termes pour sa présentation n'autorise pas à penser qu'elle se meut dans le domaine des concepts et fait ainsi partie de la science (rationnelle). Car si nous ne pouvons qualifier de conceptuel que ce qui peut être exprimé à l'aide de mots ou d'autres symboles, tout ce qui se sert de mots n'est pas pour autant conceptuel. Dans des sphères de la vie autres que celle de la connaissance conceptuelle, des mots sont également utilisés comme pour la transmission pratique de la volonté d'homme à homme, dans l'art, dans le domaine du mythe situé entre science et art (auquel la métaphysique intuitive appartient peut-être) et dans d'autres domaines. Des mots ne peuvent être considérés comme des symboles de concepts que s'ils sont définis ou du moins peuvent l'être; plus précisément, s'ils sont ou du moins peuvent être intégrés dans un système de constitution conforme à la connaissance (cf. la citation de Petzold au § 180).

183. *Rationalisme ?*

Notre conception selon laquelle la science (rationnelle) non seulement pourrait faire de chaque chose (*Gegenstand*) son objet (*Objekt*), mais encore ne rencontrerait aucune limite, aucune question à laquelle on ne pourrait répondre par principe, est parfois qualifiée de « rationalisme », mais à tort. Si nous prenons le mot au sens de l'ancienne opposition rationalisme-empirisme en théorie de la connaissance, à l'évidence il ne convient pas à notre conception. Puisque suivant la théorie de la constitution, toute proposition de la science est au fond une proposition portant sur les relations existant entre les vécus élémentaires, chaque connaissance matérielle (c'est-à-dire non purement formelle) renvoie à l'expérience. Il est donc plus justifié de la qualifier d'« empirisme ». (Il n'est guère besoin de souligner qu'il ne s'agit pas d'un empirisme grossier compte tenu de la signification que la théorie de la constitution attribue aux composantes formelles (*Formungskomponenten*) de la connaissance.)

Mais c'est le plus souvent, et pour nous également, dans son sens moderne, que le terme de rationalisme est maintenant compris, à savoir en opposition à l'« irrationalisme ». Pourtant même dans ce sens, nous ne souhaiterions pas le voir appliquer à la théorie de la constitution. Le terme ne vise pas tant les courants qui accordent à la raison (*Ratio*), à l'entendement (*Verstand*) qui procède par concepts, la position dominante au sein de la connaissance comme le fait notre conception, mais plutôt ceux qui veulent lui donner cette position dans la vie. Une telle tendance ne se trouve ni dans la théorie de la constitution en général, ni dans la conception du caractère illimité de la connaissance conceptuelle. Cette fière thèse selon laquelle il n'y a pour la science aucune question par principe insoluble est parfaitement compatible avec le fait de reconnaître humblement que, même avec la réponse à l'ensemble des questions, nous n'aurions pas encore résolu le problème que la vie nous pose. La tâche de la connaissance est dans la vie une tâche importante, déterminée et bien circonscrite ; et en tout cas, cette partie de la vie que l'humanité peut organiser en s'aidant de la connaissance, elle se doit de le faire suivant ce que la connaissance peut apporter de mieux, c'est-à-dire avec les moyens de la science. Mais si la signification de la science pour la vie est souvent sous-estimée dans des courants modernes, nous ne voulons pas tomber pour autant dans l'erreur opposée. Nous-mêmes qui travaillons dans le domaine scientifique, nous devons bien plutôt reconnaître clairement que pour maîtriser la vie, il faut déployer toutes sortes de forces et nous garder de la croyance à courte vue que ce que la vie exige pourrait être satisfait en s'appuyant seulement sur la pensée conceptuelle.

En d'autres termes, il n'y a certes pour nous aucun « ignorabimus »[80]; il y a peut-être malgré tout de l'insoluble parmi les énigmes de la vie (*Lebensrätsel*), ce qui n'est pas contradictoire. « Ignorabimus » signifierait : il y a des questions dont la réponse nous est par principe interdite. Mais les « énigmes de la vie » ne sont pas des questions, ce sont des situations de la vie pratique. L'« énigme de la mort » réside dans le bouleversement provoqué par la mort d'un semblable ou l'angoisse de sa propre mort, ce qui n'a rien à voir avec les questions que l'on peut poser à propos de la mort, même si les hommes, se méprenant eux-mêmes, croient parfois formuler l'énigme en énonçant ces questions. La biologie peut par principe répondre à ces questions (même si c'est dans une proportion minime au stade actuel). Mais ces réponses n'aident pas l'homme ébranlé, ce qui trahit cette méprise. L'énigme réside plutôt dans la tâche de « venir à bout » de cette situation de la vie, de surmonter le choc et peut-être même de le rendre fructueux pour la poursuite de sa vie. Il y a certes un certain lien entre notre thèse sur la possibilité de répondre à toutes les questions et cet effort de dépassement; mais il est si éloigné que rien n'est dit par là sur la possibilité de ce dépassement et nous n'avons pas à en décider ici.

REVUE DE LA LITTÉRATURE : Wittgenstein a clairement exprimé aussi bien la fière thèse de la toute-puissance de la science rationnelle que la modestie de notre compréhension de sa signification dans la vie pratique : « On ne peut énoncer une question dont on ne peut formuler la réponse. L'énigme n'existe pas. Si on peut en général poser une question, on peut alors y répondre… Nous sentons que, même si nous avons répondu à toutes le questions scientifiques possibles, nous n'avons pas encore effleuré les problèmes de la vie. Il est vrai qu'il ne reste plus alors aucune question et tel est précisément la réponse » [Tractatus]262. Ce traité est demeuré malheureusement presque inconnu. Il est certes parfois difficile à comprendre et ne comporte pas assez d'explications, mais il est de grande valeur aussi bien par ses déductions logiques que par l'attitude éthique qui en ressort. Wittgenstein résume le sens du traité par ces mots : « Ce qui peut en général être dit, peut être dit clairement; et ce dont on ne peut parler, il faut le taire » (p. 185).

# RÉSUMÉ

(Les nombres entre parenthèses désignent les paragraphes du livre)

## I. INTRODUCTION : TÂCHE ET PLAN DES RECHERCHES (1-9)

### A. LA TÂCHE (1-5) :

Avec la théorie de la constitution, nous avons mené des recherches formelles (logiques) et matérielles (cognitives) qui servent à l'établissement d'un système de constitution. Un système de constitution est un système qui englobe (par principe) tous les concepts (ou les objets) de la science, non comme système de classification mais comme système dérivationnel (tel un arbre généalogique) : chaque concept est constitué à partir de ceux qui le précèdent dans le système (1). Un concept est dit « réductible » aux autres si on peut transformer toutes les propositions portant sur lui en propositions portant sur ceux-ci; on appelle « constitution » du concept la règle générale de cette transformation des propositions pour le concept (2). La logistique et notamment sa branche la plus importante, la théorie des relations, servent d'instrument méthodique (3). On conclut de la possibilité d'un système de constitution que tous les concepts sont les membres d'un seul système et qu'il n'y a donc qu'une seule science (4). Le système de constitution vaut en même temps pour nous comme système de tous les objets; il n'y a entre « concepts » et « objets » qu'une différence dans la manière de s'exprimer (5).

B. PLAN DES RECHERCHES (6-9)
(il est indiqué provisoirement le contenu des différents chapitres)

## II. DISCUSSIONS PRÉLIMINAIRES (10-25)

### A. DE LA FORME DES ÉNONCÉS SCIENTIFIQUES (10-16)

Une « description de propriété » d'un domaine fournit les propriétés des objets particuliers du domaine ; une « description de relation » en revanche indique seulement les relations entre les objets. La théorie de la constitution considère celle-ci comme plus fondamentale (10). Deux relations sont dites « isomorphes » ou de structure identique si elles ont les mêmes propriétés formelles ; plus précisément, si une application biunivoque de l'une sur l'autre est possible ; (concrètement, si elles ont le même diagramme). Ce qui est commun (la classe pour la logistique) aux relations isomorphes est appelé leur « structure » (11). Une description de relation est une description de structure si elle ne nomme pas les relations en cause elles-mêmes mais si elle n'indique que leur structure. Une description de structure est fournie à l'aide soit d'un diagramme (non dénommé) soit d'une liste de paires de numéros. La description structurelle d'un domaine forme le plus haut niveau de formalisation de la représentation. Thèse : la représentation du monde dans la science est au fond une description structurelle (12). On entend par « caractérisation » d'un objet sa définition univoque, c'est-à-dire une indication suivant laquelle l'objet visé peut être reconnu sans ambiguïté compte tenu du domaine d'objets en cause (13). Thèse : chaque objet de la science peut être « caractérisé » au sein de son domaine par des indications purement structurelles (14,15). Il est donc possible par principe de transformer toutes les propositions scientifiques en propositions de structure ; mais cette transformation est également nécessaire dans la mesure où la science doit progresser du subjectif à l'objectif : la science authentique est toujours science de la structure (16).

### B. APERÇU DES TYPES D'OBJETS ET DE LEURS RELATIONS (17-25)

Pour disposer d'une subdivision provisoire très grossière, nous distinguons les objets physiques, psychiques et spirituels. Les qualificatifs de physique et psychique sont ici entendus au sens usuel ; par objets « spirituels » sont visés les objets des sciences de l'esprit (ou sciences humaines) : processus, états, formations culturelles ou sociologiques (18-23). La « relation psycho-physique » est la relation existant entre un processus psychique et le processus neurologique parallèle. La « relation d'expression » est la relation entre un mouvement, une expression du visage ou de la voix d'un homme et le processus psychique reconnaissable à cette manifestation. La « relation de désignation » est la relation existant entre un signe physique (signe écrit, son, insigne, etc.) et ce qui est signifié (19). Chaque relation suscite un problème de correspondance (quels objets sont dans cette relation ?) et un problème d'essence (quelle est l'essence de la relation ? qu'est-ce qui lie les objets en relation ?) (20). C'est à la science qu'il appartient de traiter les problèmes de correspondance de ces trois relations (à savoir la psychologie et la physiologie ; la psychologie et la caractérologie ; différents domaines sémiologiques). Résoudre les problèmes d'essence de ces relations par contre ne consiste pas à établir les faits mais à les interpréter. Ce n'est pas la tâche de la science. On le voit déjà par le fait qu'existent des essais contradictoires de résolution entre lesquels aucune expérience (même seulement concevable) ne permet de trancher. Les problèmes d'essence doivent donc être rejetés de la science et renvoyés dans la métaphysique ; c'est particulièrement visible pour le problème psycho-physique (21,22).

Les processus psychiques dans lesquels apparaît un objet spirituel (processus culturels) sont appelés ses « manifestations » ; les choses physiques qui portent son empreinte, ses « témoignages ». Les problèmes de correspondance de ces deux relations sont traités par les sciences de l'esprit. Le problème d'essence doit ici aussi être attribué à la métaphysique (24). Les trois types d'objets cités ne sont que des exemples particulièrement importants. Il existe un grand nombre d'autres types d'objets indépendants (25).

## III. LES PROBLÈMES FORMELS DU SYSTÈME DE CONSTITUTION (26 – 105)

### A. Les formes de niveaux (26 – 45)

Si l'on introduit un symbole afin de pouvoir parler directement des objets d'un certain type sans qu'il désigne par lui-même un objet de ce type (quoiqu'en toute rigueur il ne désigne rien), on parle souvent de lui comme s'il désignait bien quelque chose, à savoir un objet d'un type nouveau ; nous disons qu'il désigne un « quasi-objet » (relatif à ce type d'objet). A partir d'une phrase, signe d'une proposition, on déduit le signe d'une « fonction propositionnelle » au moyen de places vides ou places de variables, correspondant à un signe partiel; aux « places d'arguments », on peut insérer des « arguments ». Toute fonction propositionnelle représente un concept; c'est-à-dire une propriété si elle n'a qu'une place d'argument et une relation si elle en a plusieurs (28). En introduisant un argument recevable, on forme une phrase (vraie ou fausse); sinon un signe privé de sens. Si deux objets constituent des arguments admissibles pour la même place d'argument d'une fonction propositionnelle quelconque, ils ont une parenté de sphère; ils sont sans parenté de sphères dans les autres cas. La « sphère d'objets » (ou type) d'un objet est la classe des objets qui lui sont ainsi apparentés (29). Un type d'objets est dit « pur » si tous ses objets appartiennent à la même sphère; la plupart des types usuels d'objets sont impurs, il ne leur correspond aucun concept logiquement irrécusable. Dans la langue courante (comme dans le langage scientifique), presque chaque mot désigne plusieurs concepts de sphères différentes; ce mélange des sphères produit bien des confusions logiques et par suite aussi philosophiques (30,31).

Des fonctions propositionnelles que satisfont les mêmes arguments sont dites « universellement équivalentes » ou de même extension; on attribue à ces fonctions le même symbole d'extension, dont nous disons qu'il désigne l'extension de la fonction. Les extensions sont donc des quasi-objets (32). L'extension d'une propriété s'appelle une « classe », celle d'un relation (*Beziehung*) une « relation[4] » (*Relation*). Classe et « relation » sont donc des quasi-objets (relativement aux éléments de la classe et aux membres de la relation) (33,34). On constitue un concept a à partir de b, c, en donnant sa définition constitutive, c'est-à-dire une règle de traduction qui indique en général comment toute fonction propositionnelle portant sur a peut être transformée en une fonction propositionnelle équivalente portant sur b, c. S'il existe une telle règle, a est dit « réductible » à b, c ou un « complexe (logique) » de b et c. Classe et relation sont par conséquent des complexes respectivement des éléments et des membres (35). Un tout (extensif) appartient à la même sphère que ses parties, peu importe qu'il s'agisse d'un « tout véritable » (une totalité organique, une forme) ou d'une simple collection. Etant donné que la classe n'appartient pas à la même sphère que ses éléments, elle n'est pas le tout, et encore moins la simple collection de ses éléments; elle est plutôt un quasi-objet qui sert à représenter ce qui est commun aux éléments (36, 37).

Le cas le plus simple de définition constitutive de a à partir de b, c consiste à fournir une expression en b, c qui aurait la même signification avec a : « définition explicite »; si celle-ci n'est pas possible, il faut donner pour toutes les formes de phrases (les fonctions propositionnelles) dans lesquelles a apparaît, une règle de traduction en b, c : « définition d'usage ». (Ces formes s'appellent toutes les deux définition explicite au sens large par opposition aux définitions implicites) (38, 39). Dans la construction du système de constitution, nous parlons d'un nouveau « niveau » quand est constitué un objet qui n'appartient pas à la même sphère que les objets constitués jusque là ; cela ne peut s'opérer qu'au moyen d'une définition d'usage. Avec elle est introduit un symbole d'extension, c'est-à-dire le symbole d'une classe ou d'une relation. Classe et relation sont donc les formes des niveaux du système de constitution (40). En utilisant tour à tour à plusieurs reprises ces formes de niveaux, on constitue dans le système de constitution tous les objets à partir des objets fondamentaux du système. D'où l'unité du domaine d'objets (consécutive à l'unité du système) ; et d'autre part la pluralité des types d'objets (appartenant à des sphères différentes) de par la multiplicité des formes de constitution (41). Entre chaque niveau de constitution et le niveau immédiatement supérieur existe la relation de ce qui est à ce qui vaut (42). On oppose une réserve à la méthode extensionnelle de la théorie de la constitution (tout concept est représenté par une extension) : n'y a-t-il pas des propositions, propositions intensionnelles, portant sur des concepts qui ne peuvent être exprimées à l'aide du symbole d'extension du concept ? On écarte cette réserve par la « thèse de l'extensionalité » : il n'y a pas de propositions intensionnelles mais uniquement des propositions extensionnelles (c'est-à-dire telles qu'elles peuvent être transformées en propositions sur des extensions) (43, 45). La justification de la thèse s'appuie sur la distinction entre propositions portant sur le signe, le sens et la signification ; on voit en effet que les propositions extensionnelles et les propositions soi-disant intensionnelles portant sur un concept ne traitent pas du tout du même objet (44).

## B. Les formes de système (46 - 60)

### I. *Recherches formelles (46 – 53)*

Problème de la forme du système : comment doit-on construire le système de constitution afin que tous les objets scientifiques y trouvent leur place ? (46). On doit rechercher pour ce faire les rapports de réductibilité des objets. En langage réaliste ou des faits (langage usuel des sciences du réel), « a est réductible à b, c » signifie que « pour tout état de choses relatif à a (b, c), on peut fournir une condition nécessaire et suffisante qui ne dépende que de b, c » (47) ou bien « il y a pour tout a un indice infaillible et qui ne fait jamais défaut que l'on peut exprimer au moyen de b et c». Puisque la science peut fournir (par principe) un tel indice pour tout concept, chaque concept scientifique peut être constitué (48, 49). La «transformation constitutive», c'est-à-dire la transformation d'une proposition ou d'une fonction propositionnelle à l'aide d'une définition constitutive, est une «traduction logique» et non une «traduction du sens», ce qui veut dire qu'elle laisse inchangée la valeur logique (à savoir la valeur de vérité d'une proposition ou l'extension d'une fonction propositionnelle) mais non toujours la valeur cognitive (50, 51).

## II. *Recherches matérielles (54–60)*

Un objet a est dit «primaire» sur le plan cognitif relativement à b qui est alors dit secondaire si la reconnaissance de b présuppose celle de a. On doit à présent choisir pour notre ébauche de système de constitution la forme de système qui est conforme à la connaissance : chaque objet est constitué à partir de ceux qui le précèdent dans l'ordre cognitif. Nous devons donc étudier, en dehors de la réductibilité, la primauté cognitive des types d'objets (54). Les objets spirituels sont réductibles à leurs manifestations et à leurs témoignages, à l'aide desquels ils sont également reconnus. Mais tous les témoignages sont réductibles aux manifestations; tous les objets spirituels sont donc en définitive réductibles aux objets psychiques et seconds par rapport à ceux-ci pour la connaissance (55, 56). Tous les objets physiques sont réductibles (directement ou par l'intermédiaire d'autres objets physiques) aux qualités sensibles (issues des actes de perception). Mais inversement tous les objets psychiques sont aussi réductibles aux objets physiques (par la relation psycho-physique ou la relation d'expression) (57). Par suite il existe plusieurs formes possibles de système : la «base» (le domaine des objets fondamentaux) réside soit dans le physique soit dans le psychique. Relativement à la primauté cognitive, il nous faut répartir les objets psychiques en deux domaines : les objets autopsychiques sont primaires par rapport aux objets physiques tandis que les objets hétéropsychiques sont secondaires. Dans la forme de système conforme à la connaissance, les types d'objets les plus importants se présentent donc dans l'ordre suivant : psychisme propre, physique, psychisme d'autrui, spirituel (58). Il existe aussi une forme de système à base physique (la forme de système matérialiste) (59). La base de la forme de système conforme à la connaissance réside dans le psychisme propre; il y a également une forme de système dont la base réside dans le psychique en général (60).

## C. La base (61 - 83)

### I. *Les éléments fondamentaux (61 – 74)*

Les objets fondamentaux à partir desquels tous les autres sont constitués sont les « relations fondamentales » ; leurs membres sont appelés « éléments fondamentaux » du système (61). Dans la forme de système conforme à la connaissance que nous avons choisie, la base réside dans le psychisme propre (« solipsisme méthodique ») (64). Mais le concept du « moi » n'est pas posé au départ (65). Malgré la base psychique propre, la connaissance peut parvenir à l'intersubjectif, à l'objectif (66). On doit choisir en tant qu'éléments fondamentaux au sein du psychisme propre les « vécus élémentaires » (67) qui sont pris comme unités indivisibles (68). Malgré tout, la formation conceptuelle doit en venir aux soi-disant « constituants » des vécus ; la méthode ici requise est la « quasi-analyse ». C'est un procédé essentiellement synthétique, mais qui s'exprime dans le langage de l'analyse. Elle conduit à des structures qui remplacent les constituants (lesquels n'existent pas au sens propre) et sont donc appelées « quasi-constituants ». La quasi-analyse consiste à classer les objets (indivisibles) en différents groupes de parenté (*Verwandtschaftszusammenhänge*) sur la base d'une description de relation ; ces différents groupes pour le même objet sont alors ses « quasi-constituants » (69 – 71). La quasi-analyse revêt différentes formes suivant les propriétés formelles de la relation sur laquelle elle se fonde. La forme la plus simple est mise en jeu avec la relation transitive : « principe d'abstraction » ; les quasi-constituants sont appelés dans ce cas « classes d'abstraction » (72 – 74).

### II. *Les relations fondamentales (75 – 83)*

Deux vécus élémentaires sont dits partiellement identiques s'ils possèdent un même constituant et partiellement semblables s'ils concordent approximativement pour un constituant. Pour toute connaissance perceptive, on doit supposer que ces deux relations sont reconnaissables (76, 77). On prendra cependant pour relation fondamentale, la relation asymétrique correspondant à la ressemblance partielle du « rappel de ressemblance » qui comprend encore la direction temporelle : cette relation existe entre les vécus x et y si ceux-ci sont reconnus comme partiellement semblables en comparant un souvenir de x avec y. On peut dériver d'une manière plus simple la ressemblance partielle à partir de cette relation fondamentale (78). Les « cercles de ressemblance » sont dérivables en appliquant la quasi-analyse au rappel de ressemblance (80) et à partir de ceux-ci, les classes de qualité (81), qui représentent les qualités sensibles particulières (ainsi que les sentiments). L'identité partielle découle facilement des classes de qualité (81). Un coup d'œil sur les autres dérivations conduit à présumer qu'aucune autre relation fondamentale n'est nécessaire (82). D'un certain point de vue, les relations fondamentales correspondent aux catégories de la philosophie traditionnelle (83).

### D. LES FORMES D'OBJETS (84 - 94)

Problème des formes d'objets : suivant quelle forme faut-il constituer les objets particuliers ? Les formes d'objets ne sont traitées ici qu'à titre d'exemple ; seuls appartiennent à la thèse de notre théorie de la constitution le choix de la base, de la forme du système et des formes de niveaux, mais non les formes d'objets (84). On a déjà mentionné les objets des niveaux inférieurs et leur dérivabilité a été étudiée ; sont ensuite dérivables la relation de ressemblance entre classes de qualité, les classes sensibles en tant que classes des qualités des domaines sensibles particuliers (85), la caractérisation du sens de la vue à l'aide de son nombre de dimensions (86), l'ordre temporel provisoire (87), les positions du champ visuel et leur ordre dans le champ visuel (88, 89), les couleurs et leur ordre dans le corps des couleurs (90-92). La séparation constitutionnelle entre l'ordre du champ visuel et l'ordre des couleurs repose sur une différence formelle entre les deux ordres : deux couleurs différentes ne peuvent pas apparaître à la même place du champ visuel dans un seul vécu tandis que deux positions différentes du champ visuel peuvent se présenter avec la même couleur dans un vécu. Que l'ordre du champ visuel et l'ordre spatial qui en résulte, mais non l'ordre des couleurs, puissent servir de principe d'individuation de la réalité repose également sur cette différence formelle (91). Sont en outre dérivables les sensations au sens de constituants individuels du vécu (93). A partir des objets cités, on peut dériver les autres objets du domaine autopsychique et à partir de ceux-ci, les objets physiques et ensuite les objets hétéropsychiques et les objets spirituels (94).

### E. LES FORMES DE REPRÉSENTATION D'UN SYSTÈME DE CONSTITUTION (95 - 105)

Le système de constitution consiste en une construction de définitions de chaînes. C'est par l'emploi d'une symbolique que l'on peut assurer au mieux la pureté conceptuelle de cet édifice. Dans notre exemple de construction, on utilise donc comme langage fondamental la symbolique de la logistique; des traductions parallèles en trois autres langages servent à faciliter la compréhension (95). Le langage logistique est retenu à la suite du système de Russell-Whitehead puisque c'est le seul à posséder une théorie des relations développée (96, 97). Une transcription (des définitions constitutives particulières et des théorèmes) dans la langue verbale usuelle sert de première traduction; une seconde traduction est menée dans le langage réaliste des états de choses (98). Le quatrième langage est celui d'une construction fictive; chaque définition constitutive est ici exprimée comme une règle opératoire dans une procédure constructive (99). Ce faisant, nous nous représentons le « donné » sous la forme de la « liste de la relation fondamentale », liste de paires de numéros de la relation fondamentale; les règles opératoires conduisent de cette liste aux autres « listes constitutives » de tous les objets (102). On sépare donc ici artificiellement le fait de vivre un contenu matériel donné de son traitement; il faut encore admettre pour cela fictivement que le donné peut être conservé à volonté (101). La construction du système de constitution ne doit pas porter à la représentation l'acte de vivre des contenus du vécu mais seulement les relations logiques qui s'y trouvent; cela s'opère par une reconstruction rationnelle du traitement synthétique des contenus de vécu qui est accompli le plus souvent de manière intuitive dans la vie réelle (100). Une fois établies les constitutions particulières d'objets, apparaît alors la tâche (non résolue ici) de reconnaître les constitutions comme des applications de règles formelles plus générales (103-105).

## IV. EBAUCHE D'UN SYSTÈME DE CONSTITUTION (106 – 156)

### A. LES NIVEAUX INFÉRIEURS : LES OBJETS DU PSYCHISME PROPRE (106 – 122)

L'ébauche du système de constitution n'est qu'un exemple qui doit servir d'illustration pour expliquer la théorie de la constitution. A la suite des études formelles et matérielles précédentes, on doit indiquer un peu plus précisément les niveaux inférieurs. Les autres niveaux ne doivent être qu'ébauchés. En dehors des définitions constitutives, quelques théorèmes doivent également être fournis à titre d'exemple; ceux-ci sont soit « analytiques », c'est-à-dire déductibles des définitions, soit empiriques. Comme toutes les propositions scientifiques, ces théorèmes peuvent aussi être traduits en propositions portant uniquement sur la relation fondamentale;

un théorème analytique donne alors une tautologie, un théorème empirique une proposition sur une propriété empirique formelle de la relation fondamentale (106).

Il faut tout d'abord définir les concepts logiques et mathématiques (qui n'en sont au fond qu'une partie); ils présupposent seulement les concepts logiques fondamentaux et pas encore la relation fondamentale; ce ne sont pas d'authentiques concepts au sens de concepts du réel (107). La constitution des concepts suivants est établie sur la base de la relation fondamentale (le rappel de ressemblance, 108); (les constitutions correspondent aux déductions des § 67-94 et sont représentées dans les langages indiqués auparavant, § 95-102): les vécus élémentaires (109), la ressemblance partielle (110), les cercles de ressemblance (111), les classes de qualité (112), l'identité partielle (113), la ressemblance entre qualités (114), les classes sensibles, le sens de la vue (115), les sensations, la décomposition des vécus en constituants individuels et généraux (116), les positions du champ visuel et leur ordre dans le champ visuel (117), les couleurs et leur ordre dans le corps des couleurs (118); l'ordre temporel provisoire (120).

La thèse que tout concept scientifique est une classe ou une relation que l'on peut exprimer au moyen seulement de la relation fondamentale, est expliquée à l'aide de l'exemple du concept des domaines sensibles. La thèse que tout énoncé scientifique peut être transformé en une proposition portant seulement sur la relation fondamentale, peut être démontrée avec l'exemple de la proposition sur la tridimensionnalité du corps des couleurs (119).

Par « relation de dérivation » d'un objet, nous entendons une certaine expression qui indique comment l'objet procède de la relation fondamentale; elle désigne un concept purement logique. Si nous posons pour chaque constitution la relation de dérivation correspondante, nous construisons ainsi le système de constitution comme un système purement logique; en introduisant la relation fondamentale, on transforme alors ce système en véritable système de constitution de tous les concepts du réel (121).

## B. Les niveaux intermédiaires : les objets physiques (123 - 138)

Plusieurs possibilités existent pour constituer l'espace tridimensionnel (les choses visuelles d'abord) à partir de l'ordre bidimensionnel du champ visuel (124). Nous choisissons la forme qui n'utilise que la suite temporelle des champs visuels se présentant dans le vécu (mais aucune sensation kinesthésique); le « monde visuel » (à quatre dimensions) en découle par attribution des couleurs aux « points de monde » (125-127). Les « choses visuelles » sont des parties définies de ce monde (128). Parmi celles-ci, il en est une particulièrement importante, « mon corps », qui peut être caractérisée par certaines particularités (129). En s'aidant de lui, on peut caractériser les autres sens (parmi lesquels on compte aussi le domaine des sentiments) (130, 131). Les vécus sont alors décomposés en leurs constituants; ceux-ci sont classés dans les domaines sensibles et divisés en composantes; on peut constituer tous les processus de la conscience à l'aide de ces objets. Pour présenter une légalité plus achevée, on les complète par les processus dits « inconscients » pour former le domaine global du psychisme propre. Le « moi » est la classe des états autopsychiques (132).

Le « monde de la perception » des choses de la perception découle du monde visuel par attribution des qualités des autres sens (133, 134). On complète cette attribution à l'aide de certaines règle analogiques (correspondant aux catégories de la substance et de la causalité) (135). Le monde de la perception s'oppose au monde de la physique dans lequel ce ne sont pas des qualités mais des nombres qui sont attribués aux points de monde, à savoir les valeurs des grandeurs d'état physiques. Le monde de la physique présente sur le monde de la perception l'avantage d'être intersubjectivable de manière univoque et de posséder des lois rigoureuses concevables mathématiquement (136). Dans le monde de la physique, tous les processus et toutes les choses que la physique peut distinguer peuvent faire l'objet d'une caractérisation, par exemple les organismes, et parmi eux notamment les autres êtres humains, et tous les autres concepts biologiques (137). On peut constituer la relation d'expression et la relation psychophysique à l'aide des processus de « mon corps » (138).

## C. Les degrés supérieurs : le psychisme d'autrui et les objets spirituels (139-156)

La constitution du psychisme d'autrui consiste à attribuer des processus psychiques au corps d'un autre être humain à l'aide de la relation d'expression. Le psychisme d'autrui consiste donc, constitutionnellement, en une réorganisation du psychisme propre. Si la relation psycho-physique était déjà connue avec plus de précision, elle pourrait servir à la place de la relation d'expression pour une constitution du psychisme d'autrui plus précise et plus complète. Tout comme le psychisme propre, le psychisme d'autrui est complété par l'adjonction de l'inconscient (140). Pour la constitution du psychisme d'autrui, il faut encore utiliser, outre la relation d'expression au sens restreint, la « donation de signes », les manifestations linguistiques de l'autre. La relation de donation de signes est constituée selon la méthode d'apprentissage d'une langue étrangère sans traducteur, c'est-à-dire d'abord pour des mots (141), puis pour des phrases, « relation d'énonciation » (142). Lors de l'apprentissage effectif d'une langue, la compréhension s'opère le plus souvent de manière intuitive; cette intuition est reconstruite rationnellement dans la constitution (143). Les énonciations des autres êtres humains sont alors utilisées pour poursuivre la constitution : tous les types d'objets sont enrichis, mais sans que par là quelque chose de fondamentalement nouveau soit introduit dans le système. L'emploi des énonciations ne traduit aucun renoncement à la base autopsychique; les énonciations sont en effet constituées sur cette base (144).

De manière analogue à la constitution de « mon monde » à partir de « mes vécus », on peut constituer le « monde de M » à partir des vécus constitués d'un autre homme M. Nous rencontrons alors deux relations entre les objets de M et ceux de mon monde : 1- la relation de constitution analogique qui doit surtout être prise en compte pour les niveaux inférieurs (145), 2- la « correspondance intersubjective » entre des objets qui sont empiriquement identiques (comme entre mon Berlin et celui de M) (146). Cette correspondance peut également servir à compléter chacun des deux systèmes (147). Une classe des objets de mon système et des systèmes des autres êtres humains qui se correspondent de manière intersubjective, s'appelle un objet intersubjectif (par exemple la classe des objets « Berlin » dans les différents systèmes); ils forment le « monde intersubjectif » (148), lequel est le véritable domaine d'objet des sciences (149).

Les objets spirituels primaires (c'est-à-dire ceux qui ne présupposent aucune autre constitution) sont constitués sur la base de leurs manifestations, par conséquent à partir des objets psychiques (150). Avec leur aide, les autres objets spirituels peuvent alors être constitués. Les objets sociologiques sont à constituer pour la plupart comme des relations. La constitution du spirituel à partir du psychique ne traduit pas un « psychologisme » car les objets spirituels forment de nouvelles sphères d'objets (151).

Avec les domaines du psychisme propre, du physique, du psychisme d'autrui et du spirituel, les types d'objets les plus importants se trouvent constitués. Les valeurs sont citées comme exemple d'un autre type d'objets. Elles doivent être constituées sur la base des « vécus de valeur » de manière analogue à la constitution du physique sur la base des qualités sensibles (152).

Toutes les propositions de la science peuvent être traduites par principe en propositions portant sur la relation fondamentale. Celle-ci peut-elle être également éliminée de sorte que toutes les propositions soient de pures propositions de structure? (153). On montre que cela est possible, mais seulement si on ajoute aux concepts logiques fondamentaux le concept des

« relations fondées ». On entend par là les relations qui correspondent à une relation naturelle, susceptible d'être vécue. Que cette adjonction soit admissible demeure problématique (154). L'élimination est expliquée par un exemple (155).

L'ébauche donnée d'un système de constitution doit seulement illustrer la théorie. Ce qui en revanche doit être affirmé comme valable est exprimé en quelques thèses. Les thèses formelles énoncent que les éléments fondamentaux sont de même niveau, les relations fondamentales sont de premier niveau, en petit nombre et peut-être même unique. Les thèses matérielles énoncent que les éléments fondamentaux sont « mes vécus » en tant qu'unités indécomposables; peut-être le rappel de ressemblance suffit-il comme relation fondamentale; on peut constituer successivement les qualités, les sens, le sens de la vue, le champ visuel, les couleurs, l'ordre spatial et temporel, les choses visibles, mon corps, les autres objets autopsychiques; les objets physiques et parmi eux, les autres hommes; les objets hétéropsychiques et les objets spirituels; des objets de tous types en tant qu'objets intersubjectifs; la constitution du monde de la physique est un ordre numérique fondé sur la distribution des qualités; la constitution du psychisme d'autrui repose sur la relation d'expression et la relation d'énonciation ou sur la relation psychophysique; la constitution du spirituel repose sur la relation de manifestation (156).

## V. ELUCIDATION DE QUELQUES PROBLÈMES PHILOSOPHIQUES BASÉE SUR LA THÉORIE DE LA CONSTITUTION (157 – 183)

Quelques exemples sont discutés pour montrer que la mise en ordre des concepts réalisée par la théorie de la constitution permet une saisie plus fine des problèmes (157).

### A. QUELQUES PROBLÈMES D'ESSENCE (158-165)

De l'étude de la distinction traditionnelle entre concepts individuels et concepts généraux, il ressort qu'il ne s'agit pas ici de deux types séparés par essence. Les concepts dits individuels doivent également être constitués comme des classes ou des relations. Une différence n'existe que dans la mesure où à un concept individuel correspond un domaine connexe dans l'ordre spatio-temporel tandis que ce qui correspond à un concept général correspond à un autre ordre (qualitatif). Du point de vue logique, les premiers ne sont pas plus simples ou dotés de plus d'unité que les seconds (158).

Identité : deux symboles sont «équivalents», désignent «la même chose» quand ils sont partout interchangeables. Dans l'usage parlé habituel, on qualifie souvent de «même chose» ce qui n'est pas strictement identique. Cette «identification impropre» ne recouvre certes pas une identité stricte des objets en question eux-mêmes mais de certains objets de niveaux plus élevés (par exemple les classes auxquelles ces objets appartiennent); c'est une autre relation qui existe entre les objets eux-mêmes comme fréquemment la génidentité, l'identité relative à un certain ordre ou la corrélation intersubjective (159).

Quelle est l'essence du physique, du psychique et du spirituel? Les objets de ces catégories sont des quasi-objets, des moyens linguistiques auxiliaires pour présenter certains rapports entre les vécus (160). Tel est leur essence constitutionnelle. Indiquer l'essence scientifique ou constitutionnelle d'un objet consiste uniquement à fournir les critères de vérité des propositions dans lesquelles le nom de l'objet apparaît. Cela se fait en indiquant des définitions de chaînes constitutives. Les questions qui vont au delà ne sont pas susceptibles d'une réponse à l'aide de concepts constituables; elles concernent l'essence métaphysique des objets et sortent du cadre de la science (161).

Problème du dualisme corps-esprit : existe-t-il deux catégories d'objets séparées par essence? Réponse : le physique et le psychique sont des formes différentes d'ordre des éléments fondamentaux (image des constellations). Il n'y a qu'un seul type d'éléments fondamentaux; mais il y a, non seulement deux, mais un nombre quelconque de formes d'ordre. Ce n'est pas une particularité du monde empirique mais cela vaut analytiquement pour tout domaine ordonné (162).

Le moi est la classe (et non la collection) des vécus (ou des états autopsychiques). Le moi n'apparaît pas dans l'expression du vécu fondamental mais n'est constitué qu'à un niveau plus élevé (163).

La relation intentionnelle entre un processus psychique et ce qui est visé en lui, n'est pas une relation spécifique et irréductible. Elle est un cas de la relation entre un vécu et un complexe du vécu qui inclut en lui ce vécu et possède la structure de type réel (164).

Dans la science, la causalité ne traduit qu'une dépendance fonctionnelle. En toute rigueur, celle-ci n'existe pas dans le monde de la perception mais seulement dans le monde de la physique. La dépendance réside entre un état et une certaine valeur limite dans l'attribution des paramètres physiques, et non par conséquent entre deux processus. Les concepts de «cause» et d'«effet», qui, déjà dans les lois dépourvues de rigueur du monde de la perception, ont perdu leur signification d'une « efficace » anthropomorphe, perdent ici dans le monde de la physique absolument toute signification (165).

## B. Le problème psycho-physique (166 – 169)

Le problème psycho-physique de la philosophie traditionnelle a trait à l'explication du parallélisme psycho-physique (166). Ce parallélisme ne peut pas se rapporter originairement au psychisme d'autrui (167) ; il ne peut être constaté empiriquement que comme parallélisme entre une série de vécus du psychisme propre et les processus observés du cerveau propre. Mais ces processus apparaissent ici comme contenus des vécus autopsychiques. Il ne s'agit donc pas d'un parallélisme entre ce qui est fondamentalement différent, mais entre des suites de constituants du vécu. Un tel parallélisme se rencontre d'ailleurs fréquemment (168). La science ne peut que constater ce parallélisme. Son interprétation appartient à la métaphysique ; la science ne peut même pas énoncer la question de ce problème métaphysique (169).

## C. Le problème constitutionnel ou empirique de la réalité (175 – 178)

La distinction entre une chose « réelle » et une chose « irréelle », par exemple une chose seulement imaginée, simulée ou faussement supposée, peut être faite suivant des critères empiriques, concept « empirique » ou « constitutionnel » de la réalité. Ce concept de la réalité conserve également sa validité dans un système de constitution à base autopsychique (170). A cette distinction dans le physique correspond une différence analogue dans le psychique et le spirituel. Les caractéristiques empiriques communes de la réalité dans les différents domaines d'objets sont : l'appartenance à un système global et régulier et la position dans un ordre temporel (171). Nous nommons de type réel les objets qui sont soient réels soient irréels ; pour les autres, la question de savoir s'ils sont réels ou irréels n'a pas de sens (172). La limite du type du réel établie par l'usage de la langue dans les différents domaines d'objets, montre un tracé sans unité, arbitraire et fluctuant (173,174).

## D. LE PROBLÈME MÉTAPHYSIQUE DE LA RÉALITÉ (175-178)

Il existe encore un autre concept de la réalité que l'on formule d'ordinaire comme « l'indépendance à l'égard de la conscience connaissante ». Tel est le concept que visent et le réalisme et l'idéalisme quand la réalité est respectivement attribuée ou déniée au monde extérieur (175). Nous appelons « métaphysique » ce concept parce qu'il ne peut être défini à l'aide de concepts scientifiques, c'est-à-dire susceptibles de constitution ; il en est de même du concept de « chose en soi » (176). Toute question à laquelle aussi bien la théorie de la constitution que les courants du réalisme, de l'idéalisme et du phénoménalisme, répondent, connaît une réponse concordante (177). Les divergences entre les trois courants n'apparaissent que lorsqu'ils quittent le domaine du constituable, par conséquent le domaine de la science ; mais il ne s'agit plus alors de théorie de la connaissance mais de métaphysique. La méthode pratique des sciences du réel est réaliste dans son langage mais non au sens métaphysique ; pour les sciences du réel, le véritable réalisme est dépourvu de sens et doit faire place à un « objectivisme » des rapports légaux (178).

## E. TÂCHE ET LIMITES DE LA SCIENCE (179-183)

La tâche de la science consiste à découvrir les propositions vraies et à les ordonner ; cela se fait premièrement par la construction du système de constitution, c'est-à-dire la mise en place des concepts, et deuxièmement par la constatation empirique des rapports entre ces concepts (179). Il n'y a pour la science aucune question à laquelle par principe on ne puisse répondre. Toute question en effet consiste à établir une proposition (qui doit être déterminée comme vraie ou fausse). Mais toute proposition peut par principe être traduite en une proposition portant sur la relation fondamentale. Et une telle proposition est par principe susceptible d'être vérifiée auprès du donné (180). La croyance et l'intuition au sens irrationnel (religieux par exemple) n'ont pas de rapport avec la différence vrai-faux et n'appartiennent donc pas au domaine du théorique, au domaine de la connaissance (181). Par métaphysique, nous comprenons (comme beaucoup de métaphysiciens d'ailleurs), non pas la doctrine des connaissances logiquement premières ou scientifiquement les plus élevées (« science fondamentale » ou « doctrine du monde »), mais un domaine d'intuition pure ; aussi la métaphysique n'a-t-elle plus rien à voir avec la science, avec le domaine du rationnel ; entre les deux, il ne peut y avoir ni confirmation ni contradiction (182). La conception présentée n'est pas un rationalisme puisqu'elle n'exige de pure rationalité que pour la science; pour la vie pratique en revanche, elle reconnaît l'existence et la signifiance des autres sphères, des sphères irrationnelles (183).

# NOTES DE TRADUCTION

1. *Aufbau, construction, structure ou reconstruction* :

*Aufbau* signifie aussi bien construction que structure. Mais Carnap emploie le terme *die Struktur* pour structure et parle ailleurs de *Nachkonstruktion* pour préciser le sens de l'*Aufbau*. C'est donc bien autre chose qu'il vise avec ce terme. *The structure* fut retenue pour la traduction anglaise de R.A. George en 1967. Il ne s'agit pourtant pas d'exposer *la* structure logique du monde. Il existe en effet différentes possibilités de structure logique relativement à la base systémique choisie, même si une isomorphie doit être retrouvée. Nous n'avons pas à découvrir ce que serait *la* forme logique propre à chaque concept comme on dévoilerait leur essence, mais seulement à montrer la possibilité d'une formulation logique en termes d'éléments fondamentaux. Le terme de reconstruction quant à lui pourrait laisser entendre que le monde de la connaissance devrait être rebâti, comme si les anciens concepts avaient perdu leur validité et devaient faire place à de nouveaux concepts. Il faut au contraire souligner que nous avons affaire au *même* monde et aux *mêmes* concepts. Mais ceux-ci étaient le plus souvent établis de manière intuitive, masquant ainsi leur structure formelle qu'il convient à présent de mettre au jour. Pour ce faire, les concepts doivent être redéfinis en tant que construction logique de concepts fondamentaux, c'est précisément ce *travail de construction logique* que vise le terme *Aufbau*. Et l'on ne saurait y voir l'attitude constructiviste de quelque idéalisme transcendantal qui entendrait rendre compte à nouveaux frais de l'expérience car l'expérience et ses objets nous sont ici déjà donnés.

Enfin le terme *Aufbau* comporte une charge symbolique qu'il convient de maintenir : les membres du cercle de Vienne ne se considéraient-ils pas comme l'avant-garde intellectuelle d'un mouvement qui entendait bâtir une nouvelle manière de philosopher et de vivre en société ?

2. *Die Bestimmungen* : nous n'utilisons pas le terme *détermination* car il ne s'agit pas d'indiquer les caractères qui entrent dans la compréhension d'un concept. Mais le terme *définition* que nous employons ne doit pas être compris dans son sens technique en usage chez Frege ou chez Russell. Carnap vise ici par *Bestimmungen* les définitions constitutionnelles dont il explicitera plus tard la nature.

3. (§ 1) *Aussage* : nous choisissons de traduire, non par *énoncé* qui serait adapté ici, mais par *proposition* dont le sens est toutefois plus technique, par souci de cohérence. Carnap en effet utilise l'expression *Aussagefunktion* pour fonction propositionnelle.

4. (§ 1) *Beziehung / Relation* : Carnap utilise pour relation les deux termes *die Beziehung* et *die Relation*. Il cherche à rendre ainsi, semble-t-il, la dualité de sens en intension et en extension. *Die Relation* correspond à l'ensemble des paires qui satisfont la relation dont *die Beziehung* exprime le sens. Carnap précise sa distinction au § 34 : « On appelle relation (*die Relation*) l'extension d'une fonction propositionnelle à plusieurs arguments, c'est-à-dire d'une relation (*Beziehung*) ». Autrement dit, *Relation* désigne la relation en tant qu'extension. Lorsque la compréhension l'exige dans certains contextes, nous traduirons alors die Relation par relation entre guillemets.

5. (§ 1) *Arten* : catégories. *Catégorie* doit être entendue au sens d'espèce et non dans son sens technique philosophique usuel (catégories de l'être, de la connaissance, etc.). Nous évitons de traduire par *type* pour éviter toute confusion avec les types logiques d'objets ou de concepts qui correspondent chez Carnap aux « sphères d'objets » (cf. § 29).

6. (§ 4) *die Konstitutionsform* : La constitution ne révèle pas l'essence de l'objet, elle explicite sa structure logique. Cette forme – *die Konstitutionsform* – se traduit par une formule logistique qui fait apparaître comment l'objet est formé à partir des éléments fondamentaux du système ou encore les étapes de sa reconstruction rationnelle. C'est pourquoi aussi nous parlons de définition constitutive (*konstitutionale Definition*) pour marquer le sens « (re)constructif » de la définition.

7. (§ 5) Hermann Cohen (1842-1918) est considéré comme le fondateur de *l'école de Marburg* représentée également par Paul Natorp (1854-1924) et Ernst Cassirer (1874-1945) ainsi que Bruno Bauch qui fut le professeur de Carnap à Iéna et dont l'influence apparaît dans ses premiers travaux, notamment sa dissertation *der Raum* écrite en 1921.

L'école reprenait la perspective critique d'une recherche des conditions de possibilité de la connaissance en refusant toutefois d'admettre un donné intuitif extérieur à la pensée qu'un cadre rationnel inné viendrait secondairement mettre en forme. L'*a priori* transcendantal est réinterprété au sens de *méthode* déterminant l'expérience comme telle et la construction de l'objet. Trois moments essentiels à cette démarche sont à souligner. Le développement de la logique moderne des relations conduit à repenser la formation conceptuelle. Les choses ne sont plus l'élément premier dont le concept est tiré par abstraction. Elles ne font sens qu'en tant que termes d'une relation qui est première et le concept est désormais compris comme une fonction de coordination qui ordonne la multiplicité. Ainsi l'espace n'appartient ni à l'objet (réalisme naïf) ni au sujet (idéalisme), c'est un outil méthodologique, une fonction d'objectivation. Ce sont d'autre part les principes logiques et mathématiques qui constituent à présent l'*a priori* transcendantal. Il ne saurait y avoir de fait et d'expérience comme telle sans que soit imposée une légalité fondamentale déterminée par la logique formelle entendue comme forme de toute pensée conceptuelle. Enfin, au delà d'un *a priori* relatif, tributaire de conventions méthodologiques qui rendent compte de la pluralité des modes théoriques de structuration de l'expérience, il s'agira encore de repérer les éléments formels invariants qui persistent en toute théorie scientifique. Cet *a priori* absolu représenterait les conditions universelles et nécessaires de toute expérience et de tout objet.

L'école de Marburg enseigne ainsi que les objets sont « produits » par la pensée. La théorie de la constitution en revanche ne prend pas partie sur la nature de l'objet, entité indépendante ou construction de l'esprit, question qu'elle juge métaphysique. Elle en vérifie simplement la rationalité en établissant un lien logique entre l'objet et le donné empirique fondamental représenté par les vécus élémentaires ; elle ne saurait aller au delà.

8. (§ 9) L'expression *science rationnelle* reprise dans les derniers paragraphes paraîtra paradoxale. Il est clair que Carnap rejette comme irrationnelle toute prétendue connaissance qui s'appuierait sur une révélation, une expérience mystique ou encore une intuition qui viendrait fonder une métaphysique comme chez Bergson (cf. § 181-182). Mais en dehors du « domaine de la science rationnelle », il pourrait viser ici les différentes formes de rationalisme philosophique qui prétendent fournir un savoir fondamental, antérieur à la science proprement dite (« science fondamentale » ou « doctrine du monde », cf. § 182) telles que la *Wissenschaftslehre* de Fichte ou le Savoir absolu de Hegel. N'entend-t-il pas plutôt préciser que la science unitaire acquiert son titre de rationnelle dès lors qu'elle s'appuie sur le travail de *reconstruction rationnelle* de la constitution ?

9. (§ 10) *Die Koordinatengleichung* correspond à *l'équation cartésienne*. Pour une droite d'un plan par exemple, c'est l'équation classique $y = ax+b$ qui permet de calculer l'ordonnée y d'un point de la droite, dont l'abscisse est donnée.

*Die natürliche Gleichung* correspond à *l'équation paramétrique* d'une courbe. Il existe plusieurs possibilités de paramétrage et l'expression anglosaxonne *natural equation* est utilisée dans le cas particulier où le paramètre choisi est l'abscisse curviligne de la courbe, c'est-à-dire la mesure d'arc le long de la courbe. On parlera alors en français d'une courbe paramétrée par son abscisse curviligne.

Par exemple, pour une droite du plan, une équation paramétrique peut être $x = at+b$ et $y = ct+d$, où x et y sont exprimés en fonction du paramètre t (qui correspond à un temps de parcours si la courbe est une trajectoire). L'abscisse curviligne s est telle que $(dx/ds)^2+(dy/ds)^2=1$, soit $s^2=t^2(a^2+c^2)$ ; d'où deux valeurs possibles pour s correspondant aux deux sens de parcours possibles de la droite.

L'équation naturelle pourrait aussi s'écrire $x = (\cos q)s+b$ et $y = (\sin q)s+d$, q désignant l'angle de la droite avec l'horizontale.

10. (§ 11) On dit encore relation plusieurs-un (*mehreindeutig*), un-plusieurs (*einmehrdeutig*), et un-un (*eineindeutig*). Carnap explique ces propriétés au § 34.

11. (§ 12) *Die Realwissenschaften* : Carnap distingue les sciences du réel – *die Realwissenschaften* – des sciences abstraites que sont la logique et les mathématiques. Whitehead et Russell ont cherché à démontrer dans les *Principia Mathema-*

*tica* (1910) la possibilité de réduire les mathématiques à la logique. Ces sciences déterminent les règles d'utilisation des symboles. Les sciences du réel en revanche ont à chaque fois un objet empirique spécifique qu'elles traitent suivant ces règles. Conformément à l'usage de l'époque, les sciences du réel comprennent à leur tour les sciences de la nature – *die Naturwissenschaften* – et les sciences de l'esprit – *die Geisteswissenschaften* – qui leur seraient réductibles.

12. (§ 13) *Aufweisung/Kennzeichnung*: il ne s'agit pas de la manière dont l'objet se présente (comme s'il nous était directement accessible dans un cas et non dans l'autre), mais de la manière dont nous pouvons le désigner pour rendre compte de la signification de son nom: soit nous le montrons (*aufweisen*), soit nous le caractérisons (*kennzeichnen*). On ne saurait assimiler le couple *Aufweisung-Kennzeichnung* chez Carnap et le couple *acquaintance-definite description* chez Russell. Chez Carnap, il s'agit des deux modalités suivant lesquelles un même objet peut être désigné et c'est précisément la tâche de la science de donner la signification d'un objet à l'aide de caractérisations (univoques). Russell en revanche se situe sur le plan de la théorie de la connaissance en opposant la connaissance directe de certains objets (tels que nos sensations et nos états internes) à la connaissance indirecte par description des autres objets. Carnap d'ailleurs utilise à ce propos le terme de *Beschreibung* comme il l'indique à la fin du paragraphe (revue de la littérature).

13. (§ 27 et 71) *Quasi-objet et quasi-analyse* :

Nous avons conservé dans la traduction le préfixe « quasi » utilisé par Carnap mais sa signification mérite d'être précisée. Bien que Carnap revienne ultérieurement sur la distinction traditionnelle entre objets individuels et généraux (§ 158), il se conforme dans le cours du livre à l'usage établi notamment par Frege. Un authentique objet est un individu désigné par un nom propre qui seul est autorisé à faire fonction de sujet d'une proposition. Cependant par simplification linguistique, les signes insaturés sont fréquemment utilisés en tant que sujet comme s'ils désignaient un objet. Carnap parle donc de quasi-objet. Mais *quasi* signifie *presque*; or nous n'avons pas du tout affaire à un objet, le terme en cause est simplement utilisé *comme s'*il désignait un authentique objet. Nous pourrions parler plutôt de pseudo-objet puisque *pseudo* comporte *l'idée d'apparence*. Néanmoins *pseudo* évoque une apparence trompeuse. Or il ne s'agit pas tant ici d'un mésusage du concept d'objet que d'un usage conventionnel. C'est pourquoi nous avons retenu en définitive le préfixe *quasi* avec ces réserves.

Il en sera de même à propos de la « quasi-analyse ». Nous n'avons pas du tout affaire à une véritable analyse puisque le donné, c'est-à-dire les vécus élémentaires, est inanalysable. La méthode de constitution est synthétique, mais du fait d'une analogie formelle avec l'analyse, elle en a l'apparence : c'est « une synthèse qui revêt la forme linguistique d'une analyse », écrit Carnap au § 74. Nous parlerions donc volontiers de pseudo-analyse si le qualificatif *pseudo* n'évoquait pas en plus l'idée de fausseté qui ne saurait convenir ici. Le véritable sens du préfixe est dans chaque cas celui de la locution *"comme si"*.

14. (§ 30) *Der Hahn :* le coq ou le robinet ; *die Feder :* la plume ou le ressort.

15. (§ 30) *Dankbar* : reconnaissant et *die Dankbarkeit* : la gratitude, la reconnaissance.

Pour un français réside ici une difficulté dans la mesure où les termes *reconnaissant* et *reconnaissance* ne se prêtent pas aux multiples usages de *dankbar* et *Dankbarkeit*.

16. (§ 30) La *supposition* – du latin suppositio – est un terme introduit dans la logique scolastique du XIIe siècle par Schyreswood. Il désigne le rapport entre un terme et ce à quoi il se réfère, les *supposita*. Ces suppositions sont dites formelles par opposition à la supposition matérielle dans laquelle le terme est pris pour lui-même. Burleigh introduit la distinction entre suppositions matérielle, personnelle et simple selon qu'est visé le terme lui-même, les individus qu'il désigne ou son sens ; distinction apparentée à celle de Frege entre le signe, le sens et la signification que reprend Carnap au § 44. Occam comme Pierre d'Espagne reconnaissent la supposition discrète quand le terme représente un individu et la supposition commune lorsqu'il fonctionne comme un universel. On observe ainsi une grande variété dans la classification des suppositions selon l'analyse des différentes possibilités référentielles d'un terme (les *modi supponendi*) et des règles d'assignation de ces modes. Avec la notion scolastique de supposition apparaît donc un premier essai de typologie logique de l'emploi d'un terme donné selon le contexte, distinct de son emploi grammatical. Les scolastiques avaient ainsi déjà relevé cette discordance logicogrammaticale dont il est nécessaire de tenir compte dans l'interprétation du sens d'un terme et de la proposition à laquelle il appartient.

17. (§ 32) *Die generelle Implikation* désigne l'implication universelle. Elle correspond à la traduction en termes de quantificateur et d'implication de la proposition universelle classique « tous les A sont B » : (x)f(x)¾g(x). Elle montre que la traditionnelle universelle était en réalité une proposition hypothétique. Cette implication que Russell qualifie de formelle dans Les *Principes de la Mathématique* (1903, chap. II, § 15) pose seulement la relation de l'antécédent au conséquent mais non l'antécédent lui-même. Les fonctions propositionnelles sont formellement équivalentes lorsque cette implication est réciproque, ce qui permet de définir l'identité d'extension.

18. (§ 33) : la référence au § 9 dans le texte allemand paraît erronée, il s'agit vraisemblablement du § 32.

19. (§ 33 et 107) *Die Theoriefunktion de Keyser* :

Pour Keyser, la fonction de théorie est la forme pure de toute théorie, le cadre formel propre à tout contenu théorique particulier. Ainsi en est-il de la géométrie abstraite conçue comme forme de toute géométrie particulière. Elle est analogue à la fonction propositionnelle relativement aux concepts non structuraux

20. (§ 33) *« No class-theory » de Russell* : L'introduction par Frege de la notion de prédicat conçu comme fonction propositionnelle devait conduire à redéfinir la classe à partir des concepts de fonction et d'argument. La définition de la classe à partir du prédicat [x2FH$_{déf}$f(x)] permet seule de comprendre les classes d'extension infinie et la classe vide, et de distinguer la classe unitaire de l'élément qu'elle a pour unique membre. Ce n'est pas pour autant en donner une définition intension-

nelle car la fonction prédicative n'est-elle même définie qu'en extension. La classe apparaît alors comme l'extension d'une fonction à un argument. Il devient alors possible de traduire le calcul des classes en calcul fonctionnel. Aussi de nombreux logiciens en sont venus à considérer le calcul des classes comme superflu et Russell parle à leur propos de « fictions symboliques ». Le symbolisme du calcul des classes n'est plus qu'une écriture abrégée permettant d'exprimer le calcul fonctionnel supérieur dans lequel les prédicats sont eux-mêmes pris pour argument. Si l'on utilise pourtant le symbolisme des classes, il ne faut pas les traiter comme des symboles d'individus (Frege les considérait encore comme d'authentiques objets contrairement aux fonctions) et la hiérarchie des types doit leur être appliquée comme aux prédicats pour éviter les paradoxes logiques.

21. (§ 36) : c'est-à-dire des complexes de type indépendant (indépendant ne se rapporte pas à éléments ou membres).

22. (§ 44) La distinction entre *Sinn* et *Bedeutung* fut introduite par Frege en 1892 dans son article *Über Sinn und Bedeutung* dans lequel il s'interroge sur les conditions d'identité des noms d'objets et plus généralement des signes. Le concept *Bedeutung* renvoie à l'objet que le signe désigne, tandis que le concept *Sinn* correspond au mode de donation de l'objet. Si la "Bedeutung" fonde la valeur de vérité, "Sinn" renvoie au contenu cognitif du concept. Le concept *Sinn* est habituellement traduit par *sens*. Le concept *Bedeutung* a d'abord été traduit par *dénotation* par Claude Imbert (Gottlob Frege : *Écrits logiques et philosophiques*, traduction de Claude Imbert, Seuil, Paris 1971). Cet auteur considérait que le couple sens / signification dans l'usage français ne permettait pas de rendre précisément la distinction conceptuelle entre *Sinn* et *Bedeutung* établie par Frege. Mais précisément nous nous trouvons ici dans le cadre d'un emploi technique et non de la langue usuelle. Imbert reconnaît d'ailleurs que le terme *dénotation* ne va pas sans problème. Il renvoie en effet au couple connotation / dénotation utilisé par ailleurs pour analyser le pouvoir représentatif du concept. Depuis le travail de Claude Imbert, les études techniques ont amené les auteurs anglais à traduire *Bedeutung* par *meaning* de façon entre autres à marquer la différence avec la "denotation" de Russell. Plus récemment les travaux français relatifs à l'exégèse des textes de Frege et en particulier la traduction du *Nachlass* à conduit ces auteurs à adopter *signification* comme traduction de *Bedeutung* (cf. l'introduction des traducteurs du *Nachlass*) et nous avons donc choisi d'être fidèle à ce dernier état de la traduction de Frege.

23. (§ 55) Le concept de *compréhension* fut introduit par W. Dilthey (*Einleitung in die Geisteswissenschaften*, 1883) dans le cadre de la controverse sur l'autonomie des sciences de l'esprit. Les phénomènes naturels nous sont extérieurs et font l'objet d'une explication. Elle consiste à exprimer les régularités observées en traduisant en langage mathématique les relations quantitatives entre phénomènes et à les rapporter à des lois ayant ainsi une fonction prédictive. Mais les phénomènes spirituels ne nous sont pas étrangers et nous avons déjà une connaissance directe de nos propres états internes que nous pouvons décrire et analyser (introspection). Nous pouvons de même appréhender les états internes d'autrui : comprendre, écrit Dilthey, c'est connaître « un intérieur à l'aide de signes perçus de

l'extérieur ». Plus précisément nous attribuons un sens à ces manifestations grâce à un processus de projection dans lequel nous vivons le comportement d'autrui et en dégageons les motifs par analogie. Parce que les produits de l'esprit mettent en jeu des représentations, leur connaissance suppose une interprétation ou élucidation du sens possible (herméneutique). Cette interprétation peut être subjective, mettant en jeu la compréhension, ce qui soulève la question de possibilité de l'objectivité de la méthode ; axiologique, s'appuyant sur les valeurs susceptibles de guider les sujets ; ou téléologique, fondée sur la relation entre les moyens et les fins. Max Weber a repris le concept de compréhension en sociologie : il s'attache à interpréter les comportements collectifs grâce à la compréhension des comportements individuels. Quoi qu'il en soit, compréhension et interprétation ne peuvent être qu'un aspect de la recherche causale. Elles ne fournissent à chaque fois qu'une hypothèse, du fait de la multiplicité des mobiles possibles et de l'influence des facteurs externes à prendre en compte, hypothèse que d'autres méthodes devront étayer pour en éprouver la validité. Notons au demeurant que Carnap ne récuse pas l'idée de compréhension en tant que méthode particulière des sciences de l'esprit qui ne s'oppose pas, une fois établies leurs connaissances, à leur reconstruction rationnelle en les intégrant dans un système de constitution. L'autonomie méthodologique n'est pas incompatible avec la réductibilité logique des concepts.

24. (§ 57) Si Bergson admet une certaine relation entre l'activité cérébrale et la conscience, il s'oppose à l'idée d'un *parallélisme psychophysique* rigoureux, quelle qu'en soit l'interprétation. Il y a pour lui beaucoup plus dans la conscience que dans le cerveau à l'activité duquel elle ne saurait être réduite. Sans doute toute activité psychique, qu'il s'agisse de la perception, la mémoire, l'activité volontaire ou la pensée, s'accompagne-t-elle de mouvements manifestes ou virtuels qui ont leur origine dans le cerveau. Mais l'activité cérébrale ne reflète que cet accompagnement moteur que Bergson assimile à un cadre dans lequel une multitude d'états mentaux distincts pourraient se loger. Il compare ainsi cette activité au jeu d'acteurs dont nous n'entendrions pas le texte. « Le cerveau est un organe de pantomime, écrit-il dans *L'Energie spirituelle*, et de pantomime seulement. Son rôle est de mimer la vie de l'esprit ». Ce faisant, le cerveau lui apparaît comme le point de jonction de l'esprit et de la matière. Cet accompagnement moteur de la pensée assure l'adaptation de l'esprit aux circonstances et son insertion dans la réalité. C'est ainsi que les troubles psychiques associés à une atteinte du cerveau ne seront pas interprétés selon un parallélisme simpliste mais comme une perturbation de cette *fonction motrice d'adaptation qui accompagne la vie psychique mais ne la produit pas*.

25. (§ 62) Les lignes de monde (*die Weltlinien*) représentent le parcours d'un élément physique qu'il soit matériel ou énergétique. Nous nous représentons ainsi le mouvement d'un élément physique par la ligne de monde de ses points de monde dans un continuum spatioremporel à quatre dimensions. On peut alors exprimer les postulats de la physique relatifs à l'espace-temps à l'aide des concepts de temps propre (*Eigenzeit*) et de coïncidence (*Koinzidenz*). La relation de temps propre entre x et y signifie que x et y appartiennent à la même ligne de monde ; ils correspondent donc aux événements d'un même élément physique. Cette notion

renvoie au *local time order* des anglosaxons. Il y a d'autre part une relation de coïncidence entre deux points de monde x et y lorsqu'il existe un système de coordonnées adéquat dans lequel x et y ont les mêmes coordonnées spatiales et temporelle. Cf. Carnap : Abriss der Logistik II, 36a.

26. (§ 64) Tous les vécus élémentaires sont des manifestations conscientes. Certains cependant traduisent des processus inconscients et cette signification n'est-elle même reconnue le plus souvent qu'après coup, précisément après un travail de psychanalyse.

27. (§ 65) La distinction et l'ordre des différentes catégories d'objets répondent à un double critère logique et cognitif, et ce dernier détermine en définitive le choix d'une base autopsychique (§ 64). Cette qualification cependant ne suppose pas qu'un *Moi* soit originellement donné avec le vécu. C'est la possibilité d'une *saisie immédiate* qui confère à une classe particulière de vécus sa primauté cognitive. Mais peut-on reconnaître cette immédiateté sans poser la conscience de soi ? N'est-elle pas ainsi chez Husserl le signe même de l'évidence dans laquelle le vécu m'est donné comme mien : « Je ne puis vivre, expérimenter, penser ; je ne puis agir et porter des jugements de valeurs dans un monde autre que celui qui trouve en moi et tire de moi-même son sens et sa validité. Si je me place au dessus de cette vie tout entière et m'abstiens d'effectuer la moindre croyance existentielle qui pose le monde comme existant, si je vise exclusivement cette vie elle-même, dans la mesure où elle est conscience de ce monde, alors je me retrouve en tant qu'ego pur avec le courant pur de mes cogitationes » [*Méditations cartésiennes*, Paris, Vrin 1986, § 8 p. 18].

La neutralité revendiquée ici par Carnap traduit avant tout le caractère non constitutionnel de cette question du moi. Du point de vue de la constitution, le moi est bien une unité mais une unité logique en tant que classe des vécus élémentaires (§ 132). Sa définition s'appuie toutefois sur un état de choses empirique qui reste ininterrogé, la saisie immédiate de certains vécus. En revanche les vécus hétéropsychiques seront constitués par l'intermédiaire d'un objet physique, le corps d'autrui, à l'aide de ses mouvements d'expression (§ 140). Ces vécus sont analogues aux vécus élémentaires mais ils sont constitués suivant une modalité propre. Le moi et autrui peuvent ainsi être considérés comme des *types d'ordre spécifiques des vécus élémentaires*. Et tandis que la constitution s'attache à la détermination formelle du moi, il appartiendra à la psychologie d'établir le fondement matériel de cette unité du vécu. Par contre toute question portant sur le sens du moi en tant qu'entité sous-jacente au vécu est d'ordre métaphysique.

28. (§ 65) De la dualité sujet-objet chez l'aveugle : L'observation des aveugles-nés opérés tel l'aveugle du chirurgien anglais Cheselden (1728) montre que les objets paraissent au départ leur « toucher » les yeux. A ce stade, *l'aveugle se confond avec ses impressions*. Tout se passe comme si le monde des sensations visuelles ne se constituait pas initialement en tant que monde distinct et extérieur au sujet. Autrement dit, le moi ne se distingue pas des vécus élémentaires dont il est la classe.

29. (§ 67) *A quelle réalité psychique correspondent les vécus élémentaires ?* La vie psychique en effet est un continuum et ce flux du vécu est formé tout au plus de moments qui se pénètrent et dont les contours demeurent flous. Comment réduire les objets clairement définis de la science à des éléments aussi mal limités et dont le nombre est infini ? En fait, les vécus élémentaires ne sauraient être considérés comme des composants déterminés de la vie autopsychique; ils font davantage figure *d'unités logiques* posées conventionnellement pour les besoins de la constitution. Ce sont simplement les termes indéterminés symbolisés *ve* (§ 109) de relations qui elles en revanche assument la fonction de détermination constitutive des (quasi)objets.

30. (§ 72) On se reportera utilement à la présentation de la quasi-analyse fondée sur la relation de ressemblance partielle (*Teilähnlichkeitsrelation*) que donne Jules Vuillemin dans *La logique et le monde sensible* (Flammarion 1971, chap. VII, § 52, p. 265). Les qualités des vécus y sont symbolisées par les lettres et la ressemblance qualitative par le voisinage alphabétique.

31. (§ 72) Le terme *Farbkörper* désigne le solide des couleurs, dont les parties sont des sphères (*Kugeln*) dont les diamètres servent à définir la ressemblance de couleur.

32. (§ 73) C'est dans le cas d'une relation d'identité partielle que les cercles de ressemblance fonctionnent comme classes d'abstraction. Le *principe d'abstraction* (*Abstraktionprinzip*) consiste à déterminer en tant que classes d'abstraction des éléments qui ne sont pas donnés, uniquement à partir d'une description de relation (en fonction du rapport à un élément donné). Ainsi dans l'exemple de Carnap, les couleurs ne sont pas connues. Il n'est fourni qu'une description de relation relative à la relation d'identité de couleur qui permet de déterminer les classes $k_1 \ldots k_n$ correspondant aux différentes couleurs.

33. (§ 75) *Die Sachverhaltssprache* désigne le langage des faits ou des états de choses en usage dans les sciences du réel et correspond à la « *realistische Sprache* » présentée au § 98. Il faut garder présent à l'esprit que la constitution reconstruit un objet déjà « constitué » dans la vie quotidienne ou scientifique. La possibilité de traduire l'expression d'un objet du langage constitutionnel au langage réaliste garantit la juste correspondance des objets visés.

34. (§ 75) *Die bekannten Totalobjekte der Psychologie* désigne les objets donnés ou directement accessibles de la vie autopsychologique comme totalités, c'est-à-dire à l'exclusion à la fois des entités inférées telles que les processus inconscients et des (quasi)constituants du vécu tels que les sensations au sens d'unités constitutives du vécu, propres aux tendances atomistes de la psychologie. Ces divers objets seront constitués secondairement et ne font pas partie des vécus élémentaires.

35. (§ 76) Nous verrons en effet que la constitution du monde physique repose sur l'attribution aux points de l'espace de qualités sensibles à chaque instant t ou encore sur la relation de correspondance entre points de l'espace à quatre dimensions et sensations.

36. (§ 84) *Le travail préparatoire de dérivation* s'opère à partir des matériaux empiriques que fournissent les sciences du réel et dont dépendront les formes de constitution. Il s'agira de choisir au sein de ce matériau les états de choses caractéristiques et de repérer les relations à mettre en jeu pour former les classes que sont les quasi-objets de même que les relations entre ces classes. La constitution proprement dite, c'est-à-dire la formulation logistique des objets, s'appuie sur ce travail préliminaire qui s'exprimera en langage réaliste.

37. (§ 84) L'adjectif *methodisch* ne correspond pas au sens usuel de *méthodique*, à savoir ce qui se fait avec méthode. Nous l'avons traduit par *méthodologique* lorsqu'il désigne ce qui a trait à la méthode en général. Ainsi pourra-t-on parler des principes méthodologiques ou de la dimension méthodologique du système de constitution distincte de sa dimension matérielle. Nous conservons l'expression *méthodique* pour qualifier ce que prescrit la théorie de la constitution en tant que méthode de reconstruction rationnelle des objets : classes et relations sont ainsi les formes méthodiques des objets. De même parlera-t-on de la forme méthodique de constitution des valeurs [§ 152].

38. (§ 87) Ne doit-on pas considérer en effet que le *temps* (comme la notion de ressemblance d'ailleurs) est déjà donné avec la relation fondamentale et qu'il appartient de ce fait aux concepts fondamentaux du système ? Le sens du rappel de ressemblance comprend bien l'idée d'antériorité et c'est précisément cette richesse de sens qui doit permettre d'en faire l'unique relation fondamentale et d'en dériver tous les concepts de la connaissance. Mais rappelons que la constitution ne traite pas du sens des concepts (de leur valeur cognitive) mais de leur valeur logique. On verra d'ailleurs qu'un agent fictif de la constitution ne connaît pas le sens de cette relation fondamentale qui est définie extensionnellement mais seulement la liste des vécus qui la satisfont, sa liste constitutive (§ 102). Le temps doit donc être secondairement constitué, c'est-à-dire dérivé logiquement, et ce en tant que rapport logique spécifique entre les vécus élémentaires. Il apparaît ainsi comme une forme d'ordre des vécus élémentaires. Il en est de même des notions de ressemblance et de rappel qui appartiennent à la signification de la relation fondamentale.

39. (§ 88) *Ähnlichkeitsklassen* : Il s'agit bien de classes de ressemblance et non de classes d'abstraction (comme il est dit dans le paragraphe suivant en italique) puisque la relation Excl n'est pas transitive. L'édition anglaise note ainsi :

« La première édition allemande utilise le terme *Abstraktionsklassen* aux endroits indiqués. Le changement est le fait du Pr. Carnap à la suite de l'observation du Pr. Goodman selon laquelle il ne peut s'agir de classes d'abstraction puisque la relation Excl (*Fre*) est une relation non transitive ».

40. (§ 94) *La forme d'objet – die Gegenstandsform* – désigne la forme logique de l'objet et plus précisément à ce stade préparatoire, la forme que revêt l'objet lorsqu'on l'exprime à l'aide des objets de niveaux inférieurs et en définitive en termes d'éléments fondamentaux du système. Cette forme se traduira ultérieurement dans le langage constitutionnel en une formule logistique.

41. (§ 95) En quoi consiste cette *construction fictive* ? Étant donné une liste de vécus élémentaires liés par la relation fondamentale, la formule constitutionnelle doit permettre la reconstruction de l'objet particulier ainsi constitué par un agent fictif de la constitution. Comme le précisent les § 101 et 102, cette donation initiale d'éléments fondamentaux est elle-même fictive. Par contre, cette donation étant supposée, il conviendra d'indiquer à chaque fois comment l'objet en question pourrait être reconstruit. Il faut garder présent à l'esprit qu'il ne s'agit pas de reconstruire effectivement tous les objets mais d'en établir la possibilité afin d'éprouver la validité de la théorie de la constitution.

42. (§ 98) *Die schematischen Konstitutionsformen* : schématique s'entend ici au sens de schème. La forme constitutionnelle représente la structure de l'objet mais en même temps elle n'en retient que les caractéristiques (*die Kennzeichnungen*) requises pour une distinction univoque de l'objet.

43. (§ 99) *Die Bestandsliste* : La constitution est une procédure purement extensionnelle. Un concept n'y est jamais défini par son sens ou valeur cognitive mais en indiquant la liste des arguments qui satisfont la fonction propositionnelle correspondante. Une classe est donc définie par la liste des membres de la classe et une relation par la liste des paires d'éléments qui la satisfont. En d'autres termes, chaque formule constitutionnelle doit permettre de dresser la liste constitutive de l'objet (*die Bestandsliste*) à partir de la liste constitutive de la relation fondamentale, ce qui constitue un critère essentiel pour vérifier la justesse et la pureté logique de chaque constitution (cf. § 102).

44. (§ 102) S'il s'agit par exemple de constituer des classes de couleur $k_1$, $k_2$, …, $k_n$ à partir de vécus numérotés de 1 à 10, l'agent de la constitution ne sait pas de quelles couleurs est composé chaque vécu. Il ne dispose que de la liste des paires de vécus apparentés pour la couleur, c'est-à-dire d'une description de relation caractéristique de la relation de parenté de couleur mise en jeu dans cette quasi-analyse.

45. (§ 102) Puisque tout objet peut être en définitive ramené aux éléments fondamentaux du système, la reconstruction fictive peut s'opérer à partir d'une liste constitutive de la relation fondamentale et des formules constitutionnelles. Cette liste est propre à chaque agent A supposé de la constitution puisqu'il procède à partir de ses vécus, de son expérience autopsychique ; c'est pourquoi nous n'avons pas à la connaître. La constitution reconstruit toutefois les objets de la vie quotidienne ou de la science que nous sommes censés connaître afin de représenter l'instance de contrôle empirique de la constitution. Pourtant nous pensons *qu'il n'y a pas de point de vue d'ordre empirique extérieur à la constitution* pour juger de celle-ci. Cela supposerait en effet que nous connaissions la composition des vécus de A et disposions d'une procédure distincte de reconstruction des objets. La construction fictive permet seulement d'éprouver la pureté logique de la constitution et la réductibilité des objets aux vécus élémentaires représente son seul ancrage empirique.

46. (§ 103) *Les règles formelles de constitution* sont des règles générales applicables à tout niveau de constitution, mais elles dépendent des propriétés formelles empiriques des états de choses dont elles doivent être tirées par abstraction. Ce ne sont donc pas des connaissances a priori à proprement parler puisqu'elles ne sont pas constitutives de l'expérience. Elles ne peuvent être dites a priori que dans la mesure où elles sont requises pour une dérivation logique des objets, mais contrairement aux objets logiques et mathématiques, elles dépendent de l'expérience. Cependant ce ne sont pas des connaissances empiriques mais des *conventions logiques* conformes au donné empirique et érigées en règles constitutives. Ces règles, de nature conventionnelle, procèdent de stipulations: *Festsetzung* comporte en effet l'idée d'une décision. Avec l'expression « *konventionelle Festsetzungen* » (§ 107), Carnap marque qu'il ne s'agit pas de conventions imposées par l'usage ou introduites subrepticement mais en somme d'arrêtés conventionnels.

47. (§ 105) *Der Zweckzusammenhang* désigne ici la cohérence de la vie quant à son orientation, c'est-à-dire son unité de sens; cette unité de sens renvoie d'une part à la possibilité d'une unité de principe directeur et d'autre part à l'idée d'une finalité de la vie : le problème téléologique de la connaissance que Carnap soulève explicitement se double d'un problème téléologique de la vie.

48. (§ 107) Parmi l'ensemble des concepts de la connaissance, *les concepts de la logique et des mathématiques* se rapportent au maniement des symboles. Ils représentent un certain mode de symbolisation du domaine empirique. Carnap considère la question de leur constitution comme déjà résolue par les travaux de Whitehead et Russell. Les concepts et règles logiques correspondent toutefois à des instruments antérieurs et nécessaires à toute constitution. Nous nous situons désormais au stade de l'application des concepts logico-mathématiques au domaine empirique.

49. (§ 117) La relation Excl est symbolisé chez Carnap par *Fre* pour *fremd*, étranger. Elle lie deux classes de qualité identiques (I) ou n'ayant en commun aucun vécu élémentaire, c'est-à-dire des classes exclusives (Ex). Cf. § 88.

50. (§ 124) Pour Henri Poincaré, différents sens peuvent contribuer à *la genèse de l'espace physique*, distinct de l'espace géométrique qu'il appelle espace représentatif. Mais qu'il s'agisse de la vue ou du toucher, les *sensations musculaires* jouent un rôle décisif dans la constitution de la troisième dimension. Ainsi le passage de l'espace visuel à deux dimensions à l'espace physique à trois dimensions mettrait en jeu les sensations musculaires qui accompagnent les efforts d'accommodation et de convergence: « chacun sait que cette perception de la troisième dimension se réduit au sentiment de l'effort d'accommodation qu'il faut faire et à celui de la convergence qu'il faut donner aux yeux pour percevoir un objet distinctement »[*La science et l'hypothèse*, Paris, Flammarion 1968, p. 79]. Il en est de même du toucher qu'accompagnent les sensations musculaires liées aux mouvements. Si le rôle du sens kinesthésique en général est reconnu, l'importance des sensations musculaires liées à la vision a été en revanche contestée. Ces sensations en effet sont le plus souvent inconscientes. La convergence et surtout

l'accommodation n'interviennent que pour des distances réduites et la netteté de la vision à distance est surtout tributaire de la fixation oculaire de l'objet qui présuppose la conscience de la distance.

51. (§ 135) Comment légitimer le *procédé de constitution par analogie* ? Les règles d'attribution par analogie apparaissent comme l'application à la constitution des catégories de substance et de causalité. Mais on ne saurait y voir l'application kantienne des catégories de substance et de causalité aux analogies de l'expérience, c'est-à-dire de concepts a priori de l'entendement à la « constitution » de l'expérience qui est ici déjà formée. Elles correspondraient selon le § 132 à des « tendances psychologiques ». Elles renvoient plutôt au principe d'uniformité de la nature, principe extralogique qui semble sous-jacent à la logique constitutive ici mise en œuvre. Un tel principe d'uniformité sera introduit par Carnap dans *Logical Foundations of Probability* pour justifier l'induction. On en connaît la critique faite par Karl Popper qui voit en lui un principe métaphysique. Invoqué pour justifier l'induction, il s'appuie lui-même sur une démarche inductive et implique une régression à l'infini : « Si, pour justifier l'induction (lui conférer une certaine probabilité), on a besoin d'un principe (probable) de l'induction comme le principe d'uniformité de la nature, alors on aura aussi besoin d'un second principe pour justifier l'induction du premier » [K. Popper : *The demarcation between Science and Metaphysics* (§ VI)].

52. (§ 135) *Zustandsgesetz / Ablaufgesetz* : de même que l'on parle d'état et d'évolution d'un système physique, nous parlerons de lois d'état et de lois d'évolution.

53. (§ 136) *Le passage du monde de la perception au monde de la physique* nous semble représenter une étape cruciale où se joue la possibilité de la constitution. Il est clair – et Carnap le reconnaît – que la construction du monde de la physique implique le choix d'une métrique, c'est-à-dire de *conventions méthodologiques* qui ne sont ni de simples faits empiriques ni des règles logiques. Aussi et quoique la corrélation physique-qualitative soit co-univoque, on voit mal dès lors comment les concepts de la physique pourraient être définis *simplement* en tant que complexes logiques de vécus élémentaires. En d'autres termes, la définition des concepts de la physique va requérir des principes de liaison pour assurer la connexion entre le langage théorique et le langage préthéorique choisi comme base. De plus ces principes ne sont pas en nombre fini mais forment un ensemble qui détermine un nombre non limité d'implications vérifiables. En somme, un concept théorique ne peut faire l'objet que d'une interprétation partielle et des critères conventionnels liés à la théorie mise en jeu détermineront les états empiriques correspondants au sein de cette variété non limitée d'implications vérifiables.

54. (§ 137) La question de *la réduction de la biologie* aux sciences physico-chimiques fut au centre de la querelle du néovitalisme et du mécanisme. La thèse de la réduction de la biologie à la physique et à la chimie comporte deux aspects : la réduction des termes et la réduction des lois. Il ne s'agit pas d'exprimer le sens des termes biologiques au moyen de termes physiques ou chimiques. La réduction

s'opère à l'aide de *définitions extensionnelles*. Elles expriment les conditions physicochimiques nécessaires et suffisantes (le *definiens*) pour que le terme biologique correspondant (le *definiendum*) soit applicable. Ainsi lorsqu'une substance biologique est définie par sa structure chimique. La substitution *salva veritate* est-elle cependant toujours possible? Remplacer telle hormone par une structure chimique ne peut-il conduire à en changer non seulement le sens mais aussi l'extension? C'est dire que se pose à ce niveau de complexité la question de la possibilité d'une caractérisation univoque qui conditionne la réductibilité. Comment d'autre part dériver les lois de la biologie des lois de la physique et de la chimie? Cela suppose la mise en jeu de prémisses auxiliaires qui établissent les liens entre certains caractères biologiques et des caractères physico-chimiques correspondants. Ces *énoncés connecteurs* servent à fonder les définitions extensionnelles précédentes. Il est clair que de tels énoncés et les définitions qui s'en suivent ne peuvent résulter que des progrès de la science. Seule la science peut démontrer la possibilité de la réduction qui ne saurait valoir comme thèse *a priori* mais seulement comme *principe heuristique*. Par ailleurs, quand bien même la réductibilité des différentes sciences au sein de la science unitaire serait fondée, il resterait à établir la possibilité de réduire le monde de la science au monde de la perception (cf. note 53).

55. (§ 140) *Réduire le psychisme au physique* suppose des définitions réductrices des termes psychologiques. Elles consistent à indiquer les conditions biologiques ou physico-chimiques nécessaires et suffisantes de l'apparition des états mentaux désignés par les termes en cause. La réduction des lois psychologiques impliquent des principes de connection qui lient les caractéristiques psychiques à des caractéristiques biologiques ou physico-chimiques. Pour le béhaviorisme en général, le *comportement extérieur observable* constitue l'indicateur physique type d'un état psychologique. Aussi cherche-t-il à réduire les énoncés portant sur les phénomènes psychologiques en énoncés portant sur les phénomènes de comportement. Le comportement qu'un sujet tend à adopter en réponse à un stimulus approprié sert à caractériser un état psychologique donné et constitue un critère d'application du terme qui le désigne. On se demandera alors si les phénomènes psychologiques sont distincts des phénomènes comportementaux qui les manifestent ou bien si les termes psychologiques ne sont qu'une manière de parler de certains comportements ou de dispositions à se comporter d'une manière spécifique dans une situation donnée. Il n'y aurait plus lieu alors de chercher quelque entité mentale derrière les phénomènes physiques. Sans même en venir à ce point, la réduction du psychisme au physique chez Carnap suppose en tout cas résolu le problème de correspondance des relations d'expression et de donation de signes et en particulier la possibilité de disposer de relations biunivoques. Or il apparaît qu'*un même comportement peut traduire des états mentaux très différents* selon l'interprétation que le sujet fait de la situation dans laquelle il est placé. Et cette interprétation est largement dépendante d'un ensemble de croyances propres à chaque sujet. C'est dire aussi que le comportement physique observable censé traduire tel ou tel état mental ne peut lui-même être expliqué sans se référer à des concepts spécifiquement psychologiques. Inversement on admet aujourd'hui qu'*il*

*n'existe pas une propriété physique unique qui soit la condition nécessaire et suffisante de l'occurrence d'un état mental donné.* Sans doute une propriété dénotée par un prédicat psychologique doit pouvoir être réalisée par une propriété d'une certaine structure physique. Mais cette réalisation peut mettre en jeu une multiplicité de structures différentes. Suivant cette thèse de la *multiréalisabilité*, soutenue notamment par Jerry Fodor [cf. *Special sciences or the disunity of sciences as a working hypothesis*, in Synthese 28 (1974) et Jaegwon Kim : *Multiple realization and the metaphysics of reduction*, in Supervenience and Mind, 1993, Cambridge University Press], il convient de distinguer les phénomènes psychologiques des structures contingentes de leur réalisation dont le nombre est indéterminé. Il n'y a plus d'équivalence conceptuelle qui permettrait de traduire un prédicat psychologique en prédicats physiques, mais l'idée d'une dépendance fonctionnelle entre les différents niveaux de la réalité est maintenue ; elle s'exprime à l'aide du concept de *survenance* [cf. Jargwon Kim : *Mind in a physical world*, 1998, cambridge MIT Press] d'un ensemble de propriétés sur un autre ensemble de propriétés. Le réductionnisme classique fait place à un physicalisme non réductionniste. La formation d'agrégats à partir d'entités fondamentales de nature physique conduit, à partir d'un certain niveau de complexité, à des totalités soumises à des lois autonomes. D'où la conception d'un monde hiérarchisé en niveaux de réalité dotés de leur propre régularité nomologique.

56. (§ 142) Carnap utilise ici encore le terme *Angabe*. Or *Angabe* désigne cet acte particulier de donation de signes que nous traduisons par *énonciation*. De même que la relation de donation de signes lie un mot à l'objet désigné, la relation d'énonciation lie une phrase entière à l'état de choses désigné.

57. (§ 144) *Der Bestand* (*der Grundrelation*) : l'état de la relation fondamentale doit être compris comme son « fonds », ce qui est inventorié avec la relation fondamentale. A rapprocher du concept « *Bestandsliste* » (§ 99). Carnap ne vise pas seulement l'existence de la relation mais ce qui est donné avec elle.

58. (§ 145) Carnap utilise constamment le terme *Mensch* (et non *Mann*). Il vise en effet l'Homme dans son acception la plus large qui ne saurait être réduite à l'objet biologique, a fortiori au masculin. Nous l'avons traduit par *être humain*. Le terme *person* utilisé dans la traduction anglaise nous paraît en revanche interprétatif, voir inadéquat : la personne est en effet ce qui s'oppose à la chose. Or *die anderen Menschen* sont d'abord constitués en tant que choses physiques et c'est à partir du corps de l'autre, par la relation d'expression, qu'un hétéropsychisme peut à son tour être constitué. C'est pour marquer l'emploi du terme *Mensch* que nous avons conservé l'initiale M et ne l'avons pas transcrite en H (correspondant au français homme).

59. (§ 149) Seul le *monde intersubjectif* peut être *l'objet de la science*. Or, selon le schéma de Carnap, après le monde physique de la perception, l'agent fictif de la constitution construit le monde de la physique puis le monde hétéropsychique, toujours à partir de ses vécus élémentaires pris pour éléments fondamentaux. Autrui étant constitué, chaque homme peut alors constituer son propre système de constitution qui apparaît toutefois comme une branche de l'unique système de

constitution. Chaque homme constituera donc son propre monde de la physique. Mais en définitive le monde de la physique, et plus généralement le monde de la science, apparaîtra comme le monde intersubjectif résultant de la corrélation intersubjective entre les divers mondes de la physique propres à chaque sujet constituant. On discutera, notamment du point de vue de l'ordre cognitif qu'entend suivre Carnap, de la possibilité de constituer ainsi des mondes de la physique propres à chaque sujet. La science ne se constitue-t-elle pas *d'emblée* comme monde intersubjectif par l'application aux objets intersubjectifs du langage mathématique et de conventions méthodologiques ? L'objet de la physique n'est pas l'objet singulier de ma perception mais déjà un objet intersubjectif, de même que le fait pour la science n'est pas un état de choses empirique brut mais déjà un fait construit. Et c'est précisément à travers la construction de la physique mathématique en tant que science commune que l'intersubjectivité trouve sa possibilité d'achèvement. Il n'y a pas de monde de la physique qui ne soit en même temps un monde intersubjectif.

60. (§ 154) *Etwas Erlebbares* que nous traduisons par *empirique* désigne quelque chose dont on peut faire l'expérience, qui peut être vécu.

61. (§ 158) Cet « avant » (*vor*) ne traduit pas une nuance temporelle. Il s'agit plutôt de savoir ce qui motive la précession accordée aux ordres spatiotemporels sur les autres ordres.

62. (§ 160) Carnap divise les constituants du vécu en *constituants individuels et généraux* (cf. § 93 et la division du vécu au § 116). Les sensations sont des constituants individuels en tant qu'une sensation n'apparaît que dans un vécu donné (*einmalig*) tandis que les différents types de qualités sont des constituants généraux (des classes de vécus élémentaires).

63. (§ 160) Un objet physique est un ensemble de points de monde, chaque point pouvant être assimilé à un objet mathématique appelé *quadrivecteur* $x_1$, $x_2$, $x_3$, $x_4$. $x_1$, $x_2$, $x_3$ correspondent aux coordonnées spatiales dans un référentiel donné et $x_4$ est égal à $ict$, $c$ étant la vitesse de la lumière dans le vide, $t$ la coordonnée temporelle et $i$ un symbole défini par $i^2=1$. Si le point correspond à une particule dont la vitesse est faible par rapport à $c$, on peut admettre que t correspond à la coordonnée temporelle. Un objet physique est donc un ensemble de points, chaque point correspond à un complexe de qualités et présente une structure numérique à quatre dimensions. On peut d'autre part considérer que le monde est un système de suites de qualités et que chaque objet en est un sous-système.

64. (§ 161) La signification d'un terme, indique Carnap dans *Die Überwindung der Metaphysik*, est établie quand sont déterminées les conditions de vérité de l'énoncé élémentaire dans lequel il apparaît. Dans la perspective neutre de l'*Aufbau*, il ne s'agit pas des conditions de vérification empirique mais de conditions logiques, c'est-à-dire des rapports logiques de l'objet désigné aux éléments fondamentaux, qui s'expriment à travers la définition constitutionnelle (cf. note 78). Celle-ci ne donne pas, soulignons-le, la signification de l'objet au sens de l'ensemble des caractères qui font qu'un objet est ce qu'il est comme la quiddité aristotélicienne. Elle s'appuie sur la caractérisation, caractéristique

univoque qui fait fonction de *signe distinctif* nécessaire et suffisant de l'objet. Il n'y a ici d'essence que constitutionnelle, c'est-à-dire la structure logique que traduit la formule constitutive fondée sur cette caractérisation.

65. (§ 163) *Ich erlebe : erleben* signifie vivre au sens d'éprouver, faire l'expérience de quelque chose. Ce "vivre" est ici à comprendre comme corrélat du vécu (*das Erlebnis*).

66. (§ 163) *Die Tätigkeit* est employée (et rejetée) au sens où précisément l'activité caractérise l'état d'un sujet alors qu'il s'agit au contraire de viser un acte pur, un "il y a de la pensée" sans référence aucune à un ego.

67. (§ 164) Dans la *relation intentionnelle*, notion qui renvoie à Husserl, Brentano et Meinong, l'objet est certes distinct du psychisme qui le vise. Il n'est pas immanent au sujet. A l'opposé, il n'en est pas indépendant comme dans le réalisme naïf. L'objet est toujours le *corrélat d'un acte de visée spécifique* qui le détermine précisément en tant que cette visée particulière ; il est par exemple cet arbre en tant que perçu ou au contraire en tant qu'imaginé, etc. C'est en ce sens que l'acte psychique se projette vers son objet.

68. (§ 164) *Umfassender Zusammenhang :* la relation intentionnelle cependant ne renvoie ici à aucune subjectivité. Elle désigne un rapport purement logique entre un vécu et un certain ordre du vécu, rapport de type « compréhensif » (*umfassend*) au sens où une extension est comprise sous une autre.

69. (§ 165) La causalité, relation causale ou prédictive.

Carnap se rattache clairement à l'orientation positiviste qui entend substituer à l'explication causale, l'explication légale. Cette explication fut exposée dès 1830 par Auguste Comte dans son *Cours de philosophie positive :* « Chacun sait, en effet, que dans nos explications positives même les plus parfaites, nous n'avons nullement la prétention d'exposer les causes génératrices des phénomènes, puisque nous ne ferions jamais alors que reculer la difficulté, mais seulement d'analyser avec exactitude les circonstances de leur production et de les rattacher les unes aux autres par des relations de succession et de similitude ». Et Mach identifiera la notion de loi à celle de *relation fonctionnelle :* « Quand les sciences sont très développées, elles emploient de plus en plus rarement les concepts de cause et d'effet. [...]. Dès qu'on arrive à caractériser les faits par des grandeurs mesurables, la notion de fonction permet de représenter beaucoup mieux les relations des éléments entre eux ». La relation causale revêt donc chez Carnap la *forme logique d'une implication* entre *explanans* et *explanandum* conforme au *modèle déductif-nomologique* proposé par Hempel et Oppenheim (1948). Ce qui doit être expliqué, l'*explanandum*, peut être déduit d'un ensemble de prémisses formant l'*explanans* et comportant d'une part une loi générale, d'autre part des conditions particulières, les conditions initiales qui précèdent temporellement l'*explanans*. Ce modèle cependant n'est pas équivalent à la relation causale. Ainsi Bromberger rapporte l'exemple d'explication suivant ce modèle D-N de la taille de l'ombre d'une tour selon la hauteur de la tour et la position du soleil. Mais la déduction inverse est possible sans que l'on puisse parler encore d'explication [Sylvain Bromberger : *Why-Questions*, 1966, repr. In *On What We Know We don't*

*Know*, Chicago, The University of Chicago Press 1992]. Ailleurs les deux termes qui satisfont les conditions D-N, procèdent en fait d'un troisième terme « causal » commun. Les variations barométriques et la survenue d'une tempête par exemple sont bien corrélées mais elles dépendent en fait conjointement des variations de la pression atmosphérique. Le modèle D-N ne saurait donc valoir comme type d'explication causale et il serait plus exact de remplacer le concept de modèle explicatif ou de relation causale par celui de *modèle prédictif*. C'est au demeurant ce que fera Carnap dans les *Fondements philosophiques de la physique* [1966 / Paris, Armand Colin 1973, p. 186-188] : « Relation causale signifie prédictibilité ». Il faut toutefois garder présent à l'esprit que dans le cadre de l'*Aufbau*, nous n'avons pas à nous interroger sur le sens de la causalité. Du point de vue de la théorie de la constitution, seule importe sa forme logique, à savoir la forme d'une implication entre certaines attributions.

70. (§ 165) Le *concept de cause* traduit classiquement l'idée d'un *pouvoir efficient* entre l'antécédent et le conséquent de la relation et c'est bien cette idée que critiqua Hume pour qui il n'existe pas entre les phénomènes de connexions nécessaires mais seulement des conjonctions régulières que nous enseigne l'expérience. Plusieurs auteurs contemporains cependant se sont attachés à montrer la *réalité de la relation causale*. Whitehead distingue l'expérience de « causal efficacy » caractérisée par la contrainte qu'un sujet impose à des objets ou subit de la part d'objets extérieurs. Cette contrainte est perçue à travers un contact avec le milieu extérieur et les sensations tactiles jouent ici un rôle essentiel. Whitehead étend alors la réalité de cette relation causale à l'expérience de « presentational immediacy » dans laquelle le sujet est simplement spectateur d'un contact entre objets extérieurs (cas des boules de billard par exemple) [Alfred North Whitehead, *Process and Reality : an Essay in Cosmology*, Harper Torchbooks, Harper & Row, 1960]. Les remarques de Whitehead rejoignent les observations de Jean Piaget dans le cadre de la psychologie génétique : l'enfant apprend la nécessité du contact physique pour agir efficacement sur les objets qui l'entourent. Il fait d'autre part progressivement l'expérience de la résistance de ces objets et de la contrainte à leur imposer. Il existerait ainsi une expérience authentique de la causalité fondée sur les sensations tactilo-kinesthésiques [Jean Piaget, *La construction du réel chez l'enfant*, Delachaux et Niestlé, 1967]. Sans doute avons nous ici affaire au monde de la perception. Mais dans le monde de la physique aussi, nous assistons à diverses tentatives pour « déterminer les causes réelles » et ne pas réduire la relation causale à une simple dépendance fonctionnelle qui montre comment s'opère une transformation sans en indiquer le pourquoi. Certains auteurs comme David Fair [*Causation and the Flow of Energy*, Erkenntnis 14, 1979] rapportent ainsi la causalité à la transmission d'une grandeur physique telle que l'énergie. Plus généralement, il s'agira de rendre compte des effets observés à un niveau donné de la réalité en invoquant la structure et les propriétés d'un niveau inférieur.

71. (§ 169) La situation caractéristique du problème psycho-physique comporte donc d'une part une série d'événements physiques, mes processus cérébraux, et d'autre part une série d'événements psychiques comme la représentation imaginaire d'une mélodie. Cette seconde série ne doit pas être appliquée à la constitution

des objets physiques. Inférer un objet à partir d'une représentation psychique quelle qu'elle soit est possible mais un tel procédé constitue alors son objet en dehors de tout contrôle empirique. Il s'agirait là d'une démarche spéculative propre à la métaphysique.

72. (§ 169) Carnap distingue *trois types de corrélations entre les suites de quasi-constituants :* Le premier met en parallèle deux suites de constituants sensibles. La métaphysique interprète ce parallélisme en inférant un objet réel dont les constituants correspondants sont les caractères sensibles. Le second type met en jeu des représentations non perceptives interprétées comme les composantes d'un état mental appartenant au Moi. Le troisième type correspond au parallélisme psycho-physique.

73. (§ 169) La théorie de la constitution exige seulement que soit résolu *le problème de correspondance de la relation psycho-physique.* Interpréter la nature de cette relation relèverait de la métaphysique. Les travaux de Donald Davidson [*Essays on Actions and Events*, New York, Oxford University Press, 1980 / trad.fr. P. Engel : *Actions et événements*, PUF, 1993] conduisent à s'interroger sur la possibilité même d'établir cette correspondance. L'attribution d'un état mental dépend en effet de critères de rationalité que nous prêtons à tout sujet de sorte que la survenue d'une pensée est indissociable d'un ensemble complexe d'autres pensées. Il paraît alors impossible d'attribuer un état mental isolément et *l'occurrence d'un état cérébral ne saurait être une condition suffisante d'attribution d'un état mental.* Par ailleurs il semble douteux de pouvoir résoudre ce problème sans référence aux théories explicatives avec ce qu'elles comportent de présupposés métaphysiques et d'implications ontologiques. Le *modèle fonctionnaliste* développé depuis les années 60 s'appuie sur des analogies cybernétiques. Le fonctionnement mental est assimilé au déroulement de programmes qui assurent la transformation d'entrées en sorties à l'aide d'algorithmes réalisés ou « implémentés » dans des structures neurologiques. David Marr [*Vision*, San Francisco, Freeman, 1982] a ainsi proposé une interprétation du fonctionnement du système visuel selon un double niveau : l'un étudie la transformation des informations que sont les entrées rétiniennes et l'autre les modalités particulières d'implémentation des algorithmes mis en jeu, dans les structures nerveuses spécifiques. Les divers états du système visuel sont ici analogues aux états d'un programme et l'analyse « computationnelle » étudie le passage d'un état à l'autre. Selon cette conception, les propriétés psychologiques occupent une fonction déterminée au sein de l'économie générale du psychisme et chaque état mental joue un rôle au sein d'un réseau de relations causales entre événements psychiques. Si à un état mental correspond un certain état cérébral, son apparition entraîne une restructuration globale de l'ensemble des états mentaux. Il semble donc que l'on puisse *distinguer la fonction psychologique de la structure neurologique particulière et contingente dans laquelle elle se réalise.* Il serait ainsi possible de concilier l'autonomie du fonctionnement psychique et sa dépendance des structures neurologiques. Dans cette perspective, le parallélisme psycho-physique revêt désormais une complexité nouvelle de sorte qu'on ne saurait le réduire à une corrélation élémentaire entre un état du système nerveux central et un état psychologique artificiellement isolé, et

traiter le problème de correspondance indépendamment d'une interprétation de la relation psycho-physique et du fonctionnement général du psychisme.

74. (§ 172), (§ 175) Le terme *réal* présente différentes significations selon les auteurs. Chez Carnap comme chez Meinong qu'il cite, *réal* pourrait qualifier un objet du type du réel, c'est-à-dire tout objet *susceptible d'être réel* au sens de réalité effective. Il peut donc se rapporter à des objets perçus mais aussi à des objets seulement imaginés mais susceptibles d'être perçus. La *réal-ité* de l'objet (*Realität*) est ici distincte de son effectivité. Le plus souvent, *réal* renvoie à l'idée de substance. La réalité en effet est la propriété d'être une chose (*res*); elle est le propre de la substance constitutive de l'être dont la « réalité effective » (*Wirklichkeit*) n'est que la manifestation. Nous avons alors affaire à un concept métaphysique (cf. § 175 et 178).

75. (§ 176) La *transgression* distingue les objets donnés (telle chose physique perçue) et les objets constitués non donnés (tel un concept physique théorique comme l'électron) mais logiquement dérivables des premiers selon la théorie de la constitution. La transcendance en revanche renvoie à des objets inférés (tel que le Moi au sens métaphysique ou la chose en soi) non dérivables de la base empirique du système de constitution.

76. (§ 178) *La neutralité de la théorie de la constitution* n'est-elle pas apparente ou, en d'autres termes, la possibilité de reconstruire logiquement la totalité des objets sur la base de leur réductibilité supposée peut-elle faire l'économie d'un engagement ontologique ? On ne saurait répondre à cette question dans le cadre d'une simple note mais au moins poser ce problème fondamental de l'*Aufbau*. La réductibilité logique s'appuie sur une réductibilité empirique qu'il appartient à la science de démontrer et que Carnap présuppose d'avance tout au long de l'*Aufbau*. L'usage qu'il fait de la thèse de la réductibilité, thèse d'ailleurs centrale de la théorie de la constitution, semble bien dépasser celui d'un simple principe heuristique. Paradoxalement c'est Bergson qui écrit dans *L'Energie spirituelle* (1919; Paris PUF 1990 p. 192), « il est dans l'intérêt de la science de faire comme si la psychologie pouvait être réduite à l'activité cérébrale pour développer l'analyse des conditions neurologiques de la pensée. *Mais la limite est étroite entre règle de travail scientifique et hypothèse métaphysique* ». Suivant la conception classique de la réduction, il doit être possible d'une part de déduire les lois de la théorie réduite de celles de la théorie réductrice et d'autre part de traduire le vocabulaire de l'une dans le vocabulaire de l'autre. Cette traduction met en jeu des principes de liaison. Ainsi, par exemple, la réduction des lois de la thermodynamique à celles de la mécanique statistique suppose l'équivalence entre les concepts de température et d'énergie cinétique moyenne des molécules de gaz. Comment cependant justifier de tels principes connecteurs? On peut soutenir qu'ils expriment une identité métaphysique entre les propriétés dénotées par les prédicats correspondants de chaque théorie. L'idée de réduction comporte alors d'indiscutables implications ontologiques. La neutralité à cet endroit, revendiquée par Carnap, impose de ne voir dans ces principes que des corrélations fonctionnelles entre les phénomènes, justifiées seulement de façon inductive. C'est dire qu'ils ne

peuvent être établis qu'*a posteriori* sur la base de recherches empiriques et ne sauraient servir à fonder la réduction comme thèse. C'est aussi renoncer à découvrir la raison de ces dépendances fonctionnelles observées et substituer à la prétention explicative de la science une ambition purement prédictive.

77. (§ 178) *La pasigraphie* désigne une écriture ou notation universelle. L'idée de « caractéristique universelle » de Leibniz fut reprise par Frege avec son idéographie. C'est un langage symbolique dont l'algèbre symbolique fournit un exemple particulier.

78. (§ 179) *La vérification constitutionnelle* d'une proposition consiste à remplacer les concepts par leur définition constitutive de façon à obtenir une proposition ne portant que sur les éléments fondamentaux du système. Il s'agit donc d'un mode purement logique de vérification, étant admise la base empirique formée des vécus élémentaires liés par la relation fondamentale. Paradoxalement, le contrôle empirique ne joue pas à ce niveau mais dans la mesure où la science fournit la caractérisation de l'objet, c'est-à-dire un index empirique de reconnaissance univoque de l'objet en question. La vérification s'exerce ainsi suivant deux directions complémentaires, logique et empirique. La *caractérisation empirique* est une condition préalable à toute vérification constitutionnelle et celle-ci en revanche est nécessaire pour assurer le signification du concept caractérisant.

79. (§ 180) *L'évaluation du sens d'un énoncé* comporte une *double dimension sémantique et syntaxique* sur laquelle Carnap revient dans son texte de 1931, *Überwindung der Metaphysik durch logische Analyse der Sprache*. A l'aide de l'exemple « César est un nombre premier », il montre l'absence de parallélisme logico-grammatical et la nécessité de prendre en compte le type logique des termes ou la sphère à laquelle appartient l'objet. Dans un langage logiquement idéal, le type logique serait lisible à même le type grammatical. Mais l'ambiguïté logique n'est-elle pas le corollaire de la richesse sémantique ? Ce projet sera poursuivi avec *Der logische Syntax der Sprache* (1934), dans lequel Carnap cherche à élaborer les règles syntaxiques d'un langage idéal de la science unifiée, c'est-à-dire les règles de formation et de transformation des énoncés, qui régissent les relations entre signes du langage. Il montre d'autre part que le langage philosophique et même scientifique usuel mêle un idiome matériel qui utilise des noms de choses et un idiome formel qui met en jeu des noms de classes de noms de choses, c'est-à-dire des catégories syntaxiques. La traduction de l'idiome matériel dans l'idiome formel doit permettre de reconnaître à quelle catégorie syntaxique appartient tel terme et d'éviter les erreurs logiques précédemment évoquées qui seraient à l'origine de la plupart des pseudo-problèmes de la tradition philosophique.

80. (§ 183) *Ignorabimus :* cette expression fut utilisée par Dubois-Reymond dans son ouvrage *Über die Grenzen des Naturerkennens* (1872). Il entendait distinguer les questions auxquelles la science doit pouvoir répondre des questions insolubles de la métaphysique. A *l'ignoramus des savants*, il oppose ainsi *l'ignorabimus des métaphysiciens*. Mais Carnap évoque ici les situations problématiques de la vie qui selon lui ne sauraient être formulées en tant que questions pour la connaissance.

# PRINCIPALES ABRÉVIATIONS DES CLASSES ET RELATIONS UTILISÉES DANS LA PRÉSENTATION DU SYSTÈME DE CONSTITUTION

Nous indiquons l'abréviation française, la version allemande entre parenthèses, sa signification et les principaux paragraphes de référence.

Les classes commencent par une minuscule et les relations par une majuscule.

Rap (Er) : rappel de ressemblance. § 78, 108.
ve (erl) : vécus élémentaires. § 67*sq.*, 109.
Re (Ae) : ressemblance partielle (entre vécus). § 77,110.
cr (ähnl) : cercles de ressemblance. § 80, 111.
qual (qual) : classes de qualité. § 81, 112.
Id (Gl) : identité partielle (entre vécus). § 76, 113.
Rq (Aq) : ressemblance entre qualités. § 77, 114.
sens (sinn) : classes sensibles. § 85, 115.
[Rappelons que Eq'R (Aeq'R) désigne la classe des classes d'abstraction relativement à la relation R.]
vue (gesicht) : la classe sensible du sens de la vue. § 86, 115.
sensa (emp) : sensation. § 93, 116.
Idt (Glzt) : identité temporelle entre sensations. § 93, 116.
$div_1$ : classe de division du premier type d'un vécu élémentaire (constituants individuels du vécu). § 93, 116.
$div_2$ : classe de division du second type d'un vécu élémentaire (constituants généraux du vécu). § 116.
Excl (Fre) : désigne ici la relation d'exclusivité ou d'identité entre classes de qualités visuelles. § 88.
pos (stelle) : classe de position. § 89, 117.
Idp (Glstell) : identité de position. § 88, 117.
Vp (Nbst) : relation de voisinage de position. § 89, 117.
Idcv (Glfarbnb) : identité de couleur entre positions voisines. § 90, 118.
Idc (Glfarb) : identité de couleur. § 90, 118.
cou (farbe) : classe de couleur. § 90, 118.
Vc (Nbfarb) : relation de voisinage de couleur. § 90, 118.

$Rap_{po}$ ($Er_{po}$) : relation constitutive de l'ordre temporel provisoire (chaîne de Rap). § 120.

Drv$\alpha$ (Abl$\alpha$) : relation de dérivation de l'objet $\alpha$ (quasi-objet pouvant être une classe ou une relation). § 121.

fond (fund) : classe des relations fondées. § 154, 155.

Rappelons par ailleurs les abréviations suivantes (cf. § 97) :

I (I) : identité

Ex (Fr) : relation d'exclusivité

V : relation de voisinage (spécifique) (*Nachbarschaftsrelation*)

Vois : concept général de relation de voisinage (*Umgebungsrelation*) spécifiée par la relation de voisinage V.

# INDEX NOMINUM ET BIBLIOGRAPHIE

Les numéros suivant les noms renvoient aux paragraphes du livre. Les abréviations entre crochets désignent les ouvrages tels qu'ils sont cités dans le texte. (La citation se réfère à l'édition dont l'année figure sans parenthèses.)

*(Post.) désigne les livres qui ont été inclus secondairement dans cette bibliographie mais ne sont pas pris en compte dans le texte.*

*Les ouvrages particulièrement utiles à l'étude des problèmes liés à la théorie de la constitution sont caractérisés de la manière suivante :*

1. Pour l'étude des problèmes de théorie de la connaissance (*Erkenntnistheorie*) (analyse de la réalité ; les catégories d'objets et leurs relations ; auto et hétéropsychisme ; rapport du physique et du psychisme ; etc.) :

*EI : premier niveau (adapté à une introduction)*

*EII : second niveau (plus difficile).*

2. Pour l'étude des problèmes logiques (par exemple, proposition et fonction propositionnelle ; classe, relation et structure ; définition ; extensionalité ; types) :

*LI : premier niveau*

*LII : second niveau.*

[Weltbegriff] Der menschliche Weltbegriff. Leipzig (1891), troisième édition 1912. EI

BAUCH 75

[Wahrheit] Warheit, Wert und Wirklichkeit. Leipzig 1923.

BAVINK 176

[Ergebn.] Allgemeine Ergebnisse und Probleme der Naturwissenschaft. Leipzig (1914), troisième édition 1924.

BECHER 57, 58, 140, 143

[Gehirn] Gehirn und Seele. Heidelberg 1911.

[Geisteswiss.] Geisteswissenschaften und Naturwissenschaften. München et Leipzig 1921.

BECKER 124, 180

[Geom.] Beiträge zur phänomenologischen Begründung der Geometrie und ihrer physikalischen Anwendungen. Jahrb. f. Phil. u. phänom. F.VI, 385-560, 1923.

BEHMANN 3

[Math.] Mathematik und Logik. Leipzig et Berlin 1927.

BERGSON 57, 182

[Metaphysik] Einführung in die Metaphysik. (Traduction) Iéna 1916.

[Materie] Materie und Gedächtnis. (Traduction) Iéna 1919.

BRENTANO 164

[Klassifikation] Psychologie vom empirischen Standpunkt. (Wien 1874) II. Von der Klassifikation der psychischen Phänomene. Leipzig (1911) 1925.

BURKAMP

(Post.) Begriff und Beziehung. Studien zur Grundlegung der Logik. Leipzig 1927.

BUSSE 57, 166

[Geist] Geist und Körper, Seele und Leib. Leipzig (1903), seconde édition avec un appendice de Dürr, 1913.

CANTOR 37

CARNAP

[Raum] Der Raum. Supplément 56 des Kant-Studien, Berlin 1922.

[Aufg. d. Phys.] Über die Aufgabe der Physik. Kantstud. XXVIII, 90-107, 1923.

[Dreidimens.] Dreidimensionalität des Raumes und Kausalität. Ann. d. Philos. IV, 105-130, 1924.

[Abhäng.] Über der Abhängigkeit der Eigenschaften des Raumes von denen der Zeit. Kantstud. XXX, 331-345, 1925.

[Phys. Begr.] Physikalische Begriffsbildung. Karlsruhe 1926.

[Uneigentl.] Eigentliche und uneigentliche Begriffe. Symposion I, 355-374, 1927.

[Realismus] Scheinprobleme in der Philosophie. Das Fremdpsychische und der Realismusstreit. Berlin 1928.

[Logistik] Abriss der Logistik, mit besonderer Berücksichtigung der Relationstheorie und ihrer Anwendungen. Wien 1929.

# INDEX RERUM

Les nombres renvoient aux paragraphes du livre, les chiffres en gras aux passages les plus importants.

*Déf. définition ou commentaire explicatif de l'expression.*

*Dér. dérivation du concept.*

*Const. constitution du concept.*

*(E) exemple.*

*(F) référence bibliographique.*

TABLE DES MATIÈRES

Ce livre a été imprimé
en France par **ICN**

Zone Industrielle des Saligues
98, rue Louis Rabier
64300 Orthez

05 59 69 77 80
icn@imprimerie-icn.fr

Dépôt legal : Décembre 2002